JN099287

中小企業診断士2次試験参考書　決定版 !!

2023年版
中小企業診断士2次試験
ふぞろいな合格答案

ふぞろいな合格答案
プロジェクトチーム 編

エピソード
episode **16**

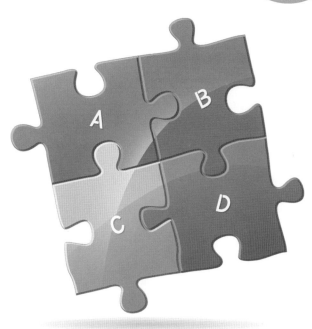

同友館

╱╲╱╲╱╲ は じ め に ╲╱╲╱╲╱

『ふぞろいな合格答案 エピソード16』は、中小企業診断士2次試験の合格を目指す受験生のために作成しています。本書はほかの書籍とは異なり、受験生の生の情報をもとにして作成された参考書であることが大きな特徴です。

受験された皆さまからいただいた膨大な再現答案の分析記事に加え、今回も多彩な企画記事をご用意しました。また購入者特典として執筆陣の再現答案を収録するなどの取り組みも行い、受験勉強の現場でより効果的に活用できる情報を掲載しています。ぜひお役立てください。

╱╲╱╲╱╲ 『ふぞろいな合格答案』の理念 ╲╱╲╱╲╱

1．受験生第一主義

本書は、「受験生が求める、受験生に役立つ参考書づくりを通して、受験生に貢献していくこと」を目的としています。プロジェクトメンバーに令和5年度2次試験受験生も交え、できる限り受験生の目線に合わせて、有益で質の高いコンテンツを目指しています。

2．「実際の合格答案」へのこだわり

「実際に合格した答案には何が書かれていたのか？」、「合格を勝ち取った人は、どのような方法で合格答案を作成したのか？」など、受験生の疑問と悩みは尽きません。われわれは実際に十人十色の合格答案を数多く分析することで、実態のつかみにくい2次試験の輪郭をリアルに追求していきます。

3．不完全さの認識

採点方法や模範解答が公開されない中小企業診断士2次試験。しかし毎年1,000名を超える合格者は存在します。「合格者はどうやって2次試験を突破したのか？」、そのような疑問をプロジェクトメンバーが可能な限り収集したリソースのなかで、大胆に仮説・検証を試みます。採点方法や模範解答を完璧に想定することは不可能である、という事実を謙虚に受け止め、認識したうえで、本書の編集制作に取り組みます。

4．「受験生の受験生による受験生のための」参考書

『ふぞろいな合格答案』は、2次試験受験生からの再現答案やアンケートなどによって成り立っています。ご協力いただいた皆さまに心から感謝し、お預かりしたデータを最良の形にして、われわれの同胞である次の受験生の糧となる内容の作成を使命としています。

令和4年度中小企業診断士試験より、2次試験の全科目を受験した方には、科目ごとの得点が通知されるようになりました。『ふぞろいな合格答案』は、開示得点結果に基づき、得点区分（ＡＡＡ、ＡＡ、Ａ、Ｂ、Ｃ、Ｄ）によって重みづけを行い、受験生の多くが解答したキーワードを加点要素として分析・採点しています。いただいた再現答案と実際の答案との差異や本試験との採点基準の相違などにより、ふぞろい流採点と開示得点には差異が生じる場合があります。ご了承ください。

目　次

2次試験の実像・本書の活用方法

巻頭企画①

第1章

本書の目的は、令和4年度2次試験合格者の再現答案や合格者の生の声をもとにして、試験対策のヒントを提供することです。ここでは、中小企業診断士2次試験の実像、それに合わせた『ふぞろいな合格答案16』のコンテンツの見どころを簡単に紹介します。

1．2次試験の実像

まずは中小企業診断士の2次試験について、その実像をわかりやすく説明します。

(1) 中小企業診断士2次試験はどのような試験？

2次試験では「筆記試験」と「口述試験」の2種類の試験が行われ、筆記試験の合格が最大の難所となります。本書では、特に断りのない限り「2次試験」は「筆記試験」を指すものとして用います。

2次試験は、事例Ⅰから事例Ⅳまでの4つの事例で構成されています。それぞれの事例ごとに、ある中小企業の概要や抱える課題などが1,000文字から3,000文字程度の文章（これを「与件文」といいます）で提示され、そこから4～6問程度の問題（これを「設問文」といいます）が出題されます。ただし、事例Ⅳについては、与件文に加えて財務諸表も提示されており、計算問題もあるため問題数が多くなる傾向があります。

試験時間はそれぞれ80分、そのなかで与件文を読み取り、設問文の題意に沿った解答をする必要があります。

中小企業の診断及び助言に関する実務の事例		時間	得点
事例Ⅰ	組織・人事	80分	100点
事例Ⅱ	マーケティング・流通	80分	100点
事例Ⅲ	生産・技術	80分	100点
事例Ⅳ	財務・会計	80分	100点

(2) 2次試験の合格基準は？

2次試験に合格するためには、以下の基準をどちらも満たす必要があります。

   ① 事例Ⅰから事例Ⅳの合計得点が240点以上であること

   ② 事例Ⅰから事例Ⅳの各点数が40点以上であること

全体で60％以上、かつ1科目でも40％未満の点数がないこと、という条件は1次試験の合格基準と同様です。

自身の得点を知るには、令和3年度試験までは（一社）中小企業診断協会に得点開示の請求をする必要がありましたが、令和4年度からは2次試験受験者全員に科目ごとの得点

が通知されるようになりました。

　2次試験の合格率は近年20%前後を推移しており、おおよそ受験者の5人に1人が合格しています。受験者数は例年5,000人前後でしたが、令和元年度以降は増加傾向にあり、令和4年度では受験者数8,712人、そのうち筆記試験の合格者数は1,632人と発表されています。

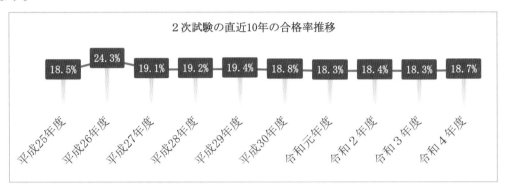

2次試験の直近10年の合格率推移

平成25年度	平成26年度	平成27年度	平成28年度	平成29年度	平成30年度	令和元年度	令和2年度	令和3年度	令和4年度
18.5%	24.3%	19.1%	19.2%	19.4%	18.8%	18.3%	18.4%	18.3%	18.7%

（3）2次試験の対策として、何が難しい？

　それでは、2次試験の対策をするうえで何に困るのでしょう。それはズバリ、<u>2次試験の採点方法や模範解答が一切公表されていないこと</u>です。どの解答が正解か、誰もはっきりとわかりません。だからこそ、2次試験の勉強方法に悩むのです。

　『ふぞろいな合格答案』では、そのような受験生に対し、以下の2つの観点から導き出した有益な情報を数多く掲載しています。

その①　再現答案を分析し、導き出した合格答案の特徴

　模範解答が一切公表されないからこそ、実際の合格点以上の答案（以下、A以上答案）の特徴を知ることは非常に大切です。本書では膨大な再現答案を分析した結果を提供します。合格するためには、高得点答案にいかに近づけるかが重要です。

その②　勉強方法や試験に使える合格者直伝のテクニック

　2次試験では、80分という時間のなかで設問文を読み、出題者の題意を汲み取ったうえで、与件文を読み事例企業の概要を把握・分析して、事例企業における課題やその対応策、事例企業に対する助言を解答することが求められます。そのための<u>勉強方法や、効率的な解法を自分なりに作り上げ、実践する必要があります</u>。

　『ふぞろいな合格答案』では、合格者の勉強方法・解法・テクニックを余すところなく提供しています。そのなかで自分に合った勉強方法を見つけ出し、試行錯誤を繰り返すことで自分に合った解法を導き出してください！

※紙面に書き切れなかった部分は公式ブログで更新中！　こちらもぜひご活用ください♪

　→中小企業診断士の受験対策　ふぞろいな合格答案　公式ブログ　https://fuzoroina.com

2．本書の活用法

ファーストステップ

どのように2次試験の解答を作ればよい？

・初学者で2次試験の解答作成方法がわからない人
・予備校の模範解答に違和感があり、他の視点での見解を知りたい人

→

第2章をご覧ください

ふぞろいな答案分析

15ページから

■ふぞろい流採点による、解答ランキングと再現答案

再現答案を分析し、高得点答案に多く使われているキーワードをランキング化しました。

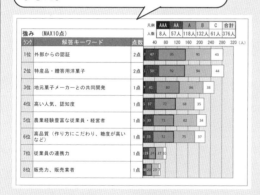

実際に受験生から提供していただいた再現答案を、ふぞろい流に採点します。

■各事例分析メンバーによる、事例ごとの特別企画

事例Ⅰ特別企画
深刻化する人手不足問題に対処する人事施策

事例Ⅱ特別企画
「事業再構築を理解しよう」
〜令和3、4年度の事例Ⅱに共通する重要キーワード〜

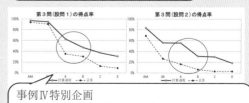

事例Ⅲ特別企画
「デジタル化に愛はあるんか！」

事例Ⅳ特別企画
「ラスボス」への向き合い方
〜難問から部分点をもぎ取るスキルを磨け！〜

〜合格に一番大切なこと〜

気力、体力、努力とそれを支える信念、最後まで諦めないこと。

セカンドステップ

どのように2次試験の勉強を進める？　入門編

・自分の特性（1年目／多年度、独学／予備校通学、など）と似た合格者の勉強方法を知りたい人
・試験当日のリアルな感情を追体験したい人

第3章をご覧ください

合格者による、ふぞろいな再現答案

139ページから

■ふぞろい合格者メンバーの勉強方法と合格年度の過ごし方

ふぞろい合格者メンバーと自分の属性を比較して、参考にするメンバーを探しましょう。

合格者がどのような1年を過ごして、合格にたどり着いたのかがわかります。

		課題：2次試験とはどういうものかを知る	
10月〜5月	学習内容	基本的には1次試験の対策のみ。予備校の講座で「2次の過去問を体験する」というものがあったので、年末年始休み等を利用して、R2年度過去問にチャレンジ。また、2次試験を追体験しようと、ゴールデンウィーク前には事前対策なしで予備校の模試を受験（結果、惨敗）	取り組み事例数：8事例　2次平均学習時間　平日：0時間　土曜：1時間
		課題：とにかく1次試験に合格する！	
5月〜8月	学習内容	1次試験の直前対策を本格的に行う。2次試験対策はスルー。	取り組み事例数：0事例　2次平均学習時間　平日：0時間　土曜：0時間
		1次試験！	
		課題：2次試験の出題形式に慣れ、時間内に解答を書ききる基礎力を身に付ける	
8月〜9月初旬	学習内容	息つく暇もなく、2次試験に突入。文章を書くのは好きだったので、事例Ⅰ〜Ⅲについては、制限時間内に制限字数内で書くことはなんとかできたが、解答が頓珍漢なものばかり。9月初旬の模試は散々。	取り組み事例数：20事例　2次平均学習時間　平日：0時間　休日：7時間

■80分間のドキュメント

2．80分間のドキュメント
【手順0】開始前（〜0分）
　試験官のうち一番偉いと思われる人が、大きな会場の正面にある朝礼台のようなものに上り、試験上の注意事項などを説明。静かに聞き、試験に備える。大きな会場ゆえ、少し体が冷えるが、目の前のことに集中しようと気合を入れる。

【手順1】準備（〜1分）
　まずは、受験番号から。誤りがないように確認しながら記入。
【手順2】設問解釈（〜7分）
第1問　事例Ⅰの過去問では問われたのを見たことがない「強み・弱み」の問題。事例Ⅰの第1問は「分析問題」が来ると思っていたので、軽く衝撃を受けると同時に、一筋縄ではいかない試験だと思い直す。「株式会社化する以前」という時制は重要。
第2問　事例Ⅰは「最終問題が助言問題となる以外は分析問題が多い」という過去問のセオリーに反して、第2問で助言問題となったことにも軽い驚き。「新規就農者を獲得し定着させる」とあるので、「採用」と「離職防止」の2つの観点が必要と認識。

80分間のドキュメントとともに、合格者の再現答案をチェックしましょう。

合格者が試験時間の80分間に何を考えて、解答作成したのかがわかる、リアルなドキュメントです。

■特別企画

過去問大集合！　ふぞメンたちのイチオシ事例紹介
受験生のお悩み解決！　ふぞメン大座談会

合格をつかみ取ったふぞろいメンバー（以下、ふぞメン）たちが、自ら過去問を解いた経験をもとにそれぞれのイチオシ事例をご紹介。過去問演習の参考に大いに役立つこと間違いなし。そのほか、大座談会として試験本番の出来事から勉強への取り組み方、使用した参考書まですべて語りつくします。

サードステップ

どのように2次試験の勉強を進める？　達人編	各章の企画をご覧ください
・長い勉強期間でモチベーションを上げたい人 ・2次試験攻略の戦略／戦術を立案したい人	・"試験合格の先"と"さらに先"にあるもの ・ふぞろい大反省会 ・過去問をどれくらい解く？ ・ふぞフェッショナル～2次試験の流儀～

■ "試験合格の先"と"さらに先"にあるもの（9ページ～）

2次試験の勉強から得られるものとは？
ふぞろい合格者メンバーにインタビュー！

「やればできる」と気づく

【ふぞろい15（令和3年度合格者）】　がき
年齢：45　　　　　性別：男
業種：流通業　　　職種：物流

〈試験合格後1年間で起きた変化や得られたものなど〉
「中小企業診断士の資格を取ろう」と決意したときのことは、今でも憶えています。「絶対に合格するぞ」と決意する一方で、「本当に自分にできるんだろうか？……」という不安も抱えていました。そのときの自分が、合格して1年経った今の自分を見ると、本当に驚くと思います。それくらい、合格後は想像以上に刺激的な経験をすることができ、考え方や価値観も変わりました。まず、経験として一番大きかったのは、なんといっても「ふぞろいな合格答案」の執筆活動。試験に合格したこともそうですが、今まで話したこともない業種・職種のふぞろいな仲間たちから刺激をもらいながら執筆活動を行う経験を通じて、「やればできる」という言葉は真実なんだと、自信を持って言えるようになったと感じています。内面的な話になってしまいますが、それが最大の変化だと思います。
現在受験中で、もしこの文章を読んでくれている方がいたとしたら、私の想いを伝えたいです。とにかく、「絶対合格をつかみ取りましょう！」やり切って後悔することのない試験ですし、合格後に素晴らしい経験ができると、断言します。

感じる成長と得られた自信

【ふぞろい16（令和4年度合格者）】　さとしん
年齢：35　　　　　性別：男
業種：IT　　　　　職種：営業 兼 経営企画

〈私が中小企業診断士を目指した理由〉
今の会社で営業一筋10年。ひととおりの営業経験を終えたとき、「この先普通に働き続けて自分の成長はあるのだろうか」と、ふと不安になっていました。そんな矢先に管理職への登用が。重なった不安とプレッシャーから、確固たる強みを身に付け自信を持って業務に取り組みたいと思うようになりました。いつか経営全般の知識を学びたいとも考えていたこともあり、中小企業診断士に本気で取り組むことを決意しました。

〈2次試験の勉強を通じて得られたもの〉
学習を進めるうちに企業の経営課題解決に向けた視点が養え、自社全体を俯瞰し客観的に分析する癖が身に付きました。論理的思考をもとにした発言や文章作成ができるようになり、説得力も増しました。自分自身でも成長を実感するようになり、自信を持って部門運営や経営層の説得ができるようになりました。経営企画部門への兼任も決まり新たな経験の機会ができ、診断士の勉強をしてよかったと心から実感しています。

試験合格後の1年で得られたものとは？
ふぞろいOB・OGメンバーにインタビュー！

■ふぞろい大反省会（135ページ～）

【テーマ1：情報収集、学習計画、勉強法編】
たく：それでは、栄えある最初のゲストは……！？　はい！はい！はい！僕です！
多辺：は～出た～、司会がしゃしゃり出るタイプね。
先生：多辺！　そこに愛はあるんか？　そいないにいけずなこと、言うんやない。
水友：まぁまぁ、気を取り直して……それで、どんな失敗をしたんだよ。
たく：ずばり「2次試験の勉強の開始が遅すぎ……」
多辺：なんだ～、超ありがちなやつじゃ～ん。
先生：多辺！　最後まで人の話は聞くもんやで！
たく：先生、フォローありがとうございます。それじゃ、改めて……僕の失敗は、「2次□□□□□□□□□□□□□□□□いた」ことです！！！
□□□□□□□□□□□□□□□□です。体幹トレーニングは、□□□□□□□□□□ら開示されてないでしょ！

元・受験生の反省をテーマ別に括ってお伝えします。

■過去問をどれくらい解く？（266ページ～）

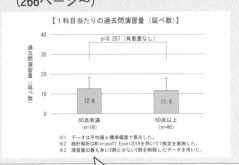

【1科目当たりの過去問演習量（延べ数）】

※1　データは平均値±標準偏差で表示した。
※2　統計解析はMicrosoft Excel2019を用いて検定を実施した。
※3　演習量の最も多い2割と少ない2割を削除したデータを用いた。

得点開示結果をもとに解析！
ふぞろい16メンバーはどの事例をどのくらい勉強した？

■ふぞフェッショナル
～2次試験の流儀～
（269ページ～）

【弱点克服を選択したメンバーの所感】
・だいたい試験後の手応えと一致。
・事例Ⅰ、事例Ⅱは目標どおりの着地となった。
・苦手認識の事例Ⅰに捉われていた。最後に親孝行しやがって…
・事例Ⅰ、Ⅱ、Ⅲは、「採点は加点主義」ということを意識していろんな要素を解答に入れるようにしたのがよかったのかなぁ。
・事例Ⅰが想定よりも大幅に得点がよかった。事例Ⅱは手応えではもう少し取れてもよかった気がする。
・事例Ⅳの得点調整に捉われた感が強い。
・どれかで高得点を稼ごうとするよりも全体的に6割くらいを目標とするような勉強をするのが向いているほうだと思うので、割と自分に合った勉強方法ができたのかなと思っています。

ふぞろい16メンバーにアンケート！　2次試験の受験戦略をまとめてみました。

付録

もっと勉強するためには？

・過去年次のふぞろいで勉強したい人
・セミナーに参加して勉強方法を合格者から聞いたり受験生仲間を作ったりしたい人

まだまだ学びの機会はたくさん！

・オールナイトふぞろい
・受験生支援団体紹介
・過去年次の『合格答案』とふぞろいシリーズの紹介
・ふぞろい主催セミナー
・ふぞろいブログ

■オールナイトふぞろい（273ページ～）

ふぞろいにとって受験生の声は何よりの財産です。皆さまのご意見・お悩みにお答えします。

■受験生支援団体の情報まとめ（277ページ～）

勉強方法や2次試験で使える知識など、受験に役立つ情報を発信する受験生支援団体の概要を紹介します。

■過去年次の『合格答案』とふぞろいシリーズについて

ふぞろい関連書籍は4種類。用途に応じてご使用ください。

書籍名	本体価格	コンテンツ	詳細
『ふぞろいな合格答案』（本書）	2,600	答案分析	直近の受験者から再現答案を提供していただき、得点につながった可能性の高いキーワードを分析したもの
		合格者による再現答案	合格者の試験当日の80分間の過ごし方と再現答案
		豊富な企画記事・コラム	事例研究や受験生活など、さまざまな企画・コラム
『ふぞろいな再現答案』	2,400	2～3年分の「合格者による再現答案」をまとめたもの	
『ふぞろいな答案分析』	2,400	2～3年分の「答案分析」をまとめたもの	
『ふぞろいな合格答案10年データブック』	4,500	H19～H28の「答案分析」をまとめた総集編。特典として10年分の各設問の解答キーワードをまとめた「10年まとめ表」を掲載	

詳細は以下もご参照ください。

https://fuzoroina.com/?p=17407

■ふぞろい主催セミナーについて

ふぞろいプロジェクトでは、受験生支援を目的に、セミナーを開催する予定です。
2次試験の学習方法を中心にお伝えします。
開催時期、場所など詳細はブログをご参照ください。

■ふぞろいブログについて

メンバーが日替わりで投稿しています。勉強方法の話題からゆるわだ（緩い話題）まで、受験生の皆さまにお役に立てる情報を発信中！
左記セミナー開催情報や、本書に掲載しきれなかったアドバイスも掲載。ぜひチェックしてください。

https://fuzoroina.com

~合格に一番大切なこと~

合格までに、「残りどれくらい点数を積み上げるか」の戦略を立てること。

巻頭企画②

"試験合格の先" と "さらに先" にあるもの

【令和4年度合格者5名が語る中小企業診断士を目指した理由、2次試験の勉強を通じて得られたもの】

令和4年度合格のふぞろい16メンバーのうち、さまざまな属性を持つ5名が「私が中小企業診断士を目指した理由」「2次試験の勉強を通じて得られたもの」について紹介します。

【このようなときに読むのがおすすめ】
・勉強に疲れて、ちょっと息抜きしたいとき
・勉強をしていて、診断士試験の勉強が何のためになるのか不安になったとき

感じる成長と得られた自信

【ふぞろい16（令和4年度合格者）】　さとしん

年齢：35　　　　　　性別：男
業種：IT　　　　　　職種：営業 兼 経営企画

《私が中小企業診断士を目指した理由》

今の会社で営業一筋10年。ひととおりの営業経験を終えたとき、「この先普通に働き続けて自分の成長はあるのだろうか」と、ふと不安になっていました。そんな矢先に管理職への登用が。重なった不安とプレッシャーから、確固たる強みを身に付け自信を持って業務に取り組みたいと思うようになりました。いつか経営全般の知識を学びたいと考えていたこともあり、中小企業診断士に本気で取り組むことを決意しました。

《2次試験の勉強を通じて得られたもの》

学習を進めるうちに企業の経営課題解決に向けた視点が養え、自社全体を俯瞰し客観的に分析する癖が身に付きました。論理的思考にもとづいた発言や文章作成もできるようになり、説得力も増しました。自分自身でも成長を実感するようになり、自信を持って部門運営や経営層の説得ができるようになりました。経営企画部門への兼任も決まり新たな経験の機会ができ、診断士の勉強をしてよかったと心から実感しています。

脳内瞬間フレームワーク

【ふぞろい16（令和4年度合格者）】　えとえん

年齢：32　　　　　　　　　　性別：男
業種：医療　　　　　　　　　職種：医師

《私が中小企業診断士を目指した理由》

　「働く人の健康に寄与したい」、その信念で産業医として活動を開始し社員の健康と経営状況の関係性に気づきました。最適な産業保健の実現には経営者の目線が必須と感じ、自ら経営を学ぶことを志しました。とはいえまったくの門外漢でしたので、経営を体系的に学ぶことができ、経営者に信頼してもらえる資格はないかと探したところ、中小企業診断士にたどり着き、「これしかない」と直感し、勉強を開始しました。

《2次試験の勉強を通じて得られたもの》

　事例企業に対しフレームワーク構築と考察を繰り返したところ、現実の企業について「この企業のSWOT分析はどうなる」「3Cの視点から見るとどうだろう」と脳内で瞬時に構築する癖がつきました。街を歩くと目に飛び込んでくる企業や事業を片っ端から無意識に分析するためフレームワーク構築の練度が高まり、新規事業やクリニック経営の初期段階から多面的な視点で提案や助言をすることが容易になりました。

課題設定力のトレーニング

【ふぞろい16（令和4年度合格者）】　あきか

年齢：28　　　　　　　　　　性別：女
業種：金融　　　　　　　　　職種：事務

《私が中小企業診断士を目指した理由》

　私には尊敬する上司がいます。その上司と人事異動でお別れする直前に取得を勧められたのが、中小企業診断士でした。上司は、資格取得のための勉強だけでなく、資格取得後に得られるネットワークを活用することで自身の知見を広げることができていると楽しそうにお話ししてくださり、いつかまたその上司のもとで働きたい、そのときに診断士資格を活用して頑張っていると胸を張りたい、という気持ちから目指しました。

《2次試験の勉強を通じて得られたもの》

　「問題点」「課題」を明確に意識するようになったことから、日常での「課題設定力」も多少は高まったと感じています。家族や友人と議論するときに、より建設的な話し合いができるようになりました。現状と理想を整理し問題点を洗い出すこと、課題を設定すること、そして具体策を考えること。現実で絶対的な正解がないことでも答え合わせできるのは、試験勉強の嬉しい副次効果だと思っています。

〜合格に一番大切なこと〜
忍耐力。

不惑にして、初心に帰る

【ふぞろい16（令和4年度合格者）】　たくろう

年齢：44　　　　　　　性別：男
業種：金融　　　　　　職種：営業

《私が中小企業診断士を目指した理由》
　就職してから、ノリと勢いだけで営業をしてきましたが、40歳を手前にして、これといった知識・スキルが無いことに強烈な不安を感じ、手当たり次第資格の勉強を開始。FP1級、宅建、簿記2級、応用情報等を取得後、せっかく身に付いた勉強癖を維持しようと、中小企業診断士の学習を開始。このとき、診断士を選んだ理由は、周囲にMBA取得者が多く、コンプレックスを感じていたのが、きっかけです。

《2次試験の勉強を通じて得られたもの》
　与件文と向き合い、ふぞろいで自己採点をする度に、社長（クライアント）の"想い"に寄り添うことの大切さを改めて痛感しました（笑）。お陰で、当たり前のことかもしれませんが、日々働くなかにおいても、初心である「クライアント・ファースト」を改めて意識するようになりました。また、フレームワークを実践で活用したり、より俯瞰した経営目線で物事を考えられるようになったと思います。

始まりは下心から

【ふぞろい16（令和4年度合格者）】　しゅうと

年齢：28　　　　　　　性別：男
業種：小売→製造　　　職種：EC企画→工場経営

《私が中小企業診断士を目指した理由》
　思うように上がらない給料、将来への漠然とした不安を抱えていたところに、とある社会人YouTuberの方の動画をきっかけに中小企業診断士を知りました。難易度の高い資格であることを知り、社内でエラソーにできるのでは、という気持ちで受験を決意しました。後日、とある論破に定評のある方が中小企業診断士について語っていたというのを知り、そんなこともモチベーションにしていました。

《2次試験の勉強を通じて得られたもの》
　正解がない2次試験に挑むなかで、ビジネスの世界では正解がないのが当たり前ということに気づき、診断士になるにはこれを乗り越えないといけない！　と勉強に臨んだ結果、普段の仕事でもうまくいく保証がないチャレンジングな取り組みにも飛び込んでいくガッツが身に付いたのではと思います。2023年春から勤務先の新規事業として製造業を始めるプロジェクトを任され、新鮮で刺激的な毎日を過ごしています。

【試験合格後、診断士登録までの道のりと1年で起きた変化について】

　ふぞろい15メンバーの16名に、登録までに行った実務補習と実務従事の日数、および2次試験合格から1年余り経過して起きた変化についてアンケートを行いました。その結果が以下のとおりです。

登録までの日数	人数
実務補習5日 実務従事10日	8
実務補習10日 実務従事5日	5
実務補習15日	1
実務従事15日	1
未登録	8

1年で起きた変化	人数
独立、転職	2
副業	10
独立・転職等を検討中	0
異動	2
変化なし	1
その他	1

　診断士試験に合格してから1年余りで、さまざまな選択肢があることが伺い知れます。そこで、試験合格後1年間で起きた変化や得られたものなどについて、ふぞろい15メンバーの5名から紹介します。いろいろな考え方を持って活動していますので、合格後のさらにその先をイメージしていただき、診断士試験勉強の活力にしていただければ幸いです。

「やればできる」と気づく

【ふぞろい15（令和3年度合格者）】　がき

年齢：45　　　　　性別：男
業種：流通業　　　職種：物流

《試験合格後1年間で起きた変化や得られたものなど》

　「中小企業診断士の資格を取ろう」と決意したときのことは、今でも憶えています。「絶対に合格するぞ」と決意する一方で、「本当に自分にできるんだろうか？……」という不安も抱えていました。そのときの自分が、合格して1年経った今の自分を見ると、本当に驚くと思います。それくらい、合格後は想像以上に刺激的な経験をすることができ、考え方や価値観も変わりました。まず、経験として一番大きかったのは、なんといっても『ふぞろいな合格答案』の執筆活動。試験に合格したこともそうですが、今まで話したこともない業界・職種のふぞろいな仲間たちから刺激をもらいながら執筆活動を行う経験を通じて、「やればできる」という言葉は真実なんだと、自信を持って言えるようになったと感じています。内面的な話になってしまいますが、それが最大の変化です。

　現在受験中で、もしこの文章を読んでくれている方がいたとしたら、私の想いを伝えたいです。とにかく、「絶対合格をつかみ取りましょう！」。やり切って後悔することのない試験ですし、合格後に素晴らしい経験ができると、断言します。

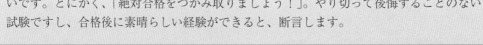

〜合格に一番大切なこと〜
　常に前を向いて勉強を継続していくこと。同時に過去を反省しすぎないこと。

"やりたい" は "できる" のサイン

【ふぞろい15（令和３年度合格者）】 Tommy

年齢：38　　　　　　　　性別：女
業種：事務　　　　　　　職種：会計

《試験合格後１年間で起きた変化や得られたものなど》

　この試験に合格して約1年。私の人生は激変しました。

　勉強を始めたきっかけは「この試験の知識を全部頭に入れられたら、生きていて楽しいだろうなぁ」と思ったことです。特にこの試験で人生の急展開を狙ったわけではありません。そして合格までにはたくさんの苦労と挫折がありました。それでも運よく合格できた今、心にあるのは「"やりたい"と思ったら、それは"できる"の始まり」という思いです。

　私はこれまで、「大変そうだから」「失敗したら嫌だから」と、"やりたい"けれど"しなかった"ことがたくさんありました。でも、この試験は純粋に"やりたい"から始まり、予想よりも困難で、カッコ悪いながらも、なんとか合格"でき"ました。"やりたい"と思うことは、既に"できる"に一歩近づいているのだと思います。その道のりがスマートでなくとも、自分のペースでいつか"できる"ことを信じていたい、そう思えるようになりました。

　簡単にうまくいくとは限らないけれど、もがき苦しんで得た経験もまた「ふぞろい」な個性。これからはうまくいかない自分も受け入れながら、"やりたい"ことに挑戦していきたいです。

チャレンジは面白い！

【ふぞろい15（令和３年度合格者）】 みほ

年齢：35　　　　　　　　性別：女
業種：出版業　　　　　　職種：編集

《試験合格後１年間で起きた変化や得られたものなど》

　診断士試験合格後、実務補習２回と実務従事１回を経て、2023年１月に中小企業診断士登録をしました。その間、執筆活動をいくつかと、補助金申請１件の仕事をしました。独立も転職もせず、傍からみるとあまり変化のない１年だったかもしれません。しかし、中身は１年前とは別人になっていると自分で感じています。

　私のなかで一番変わったのは、本業への取り組み方です。会社の問題点を整理して改善点を考え、建設的な提案ができるようになりました。診断士資格があるためか、社内で私の意見を聞いてくれる人が増えたとも感じています。私は本業が好きなので、独立するとしても15年以上先のことになると思います。ただ、多くの先輩診断士の方と話した結果、本業での経験は、独立の際に必ず私の強みになると感じています。日々の業務管理、業務効率化、マネジメント、新商品開発、……、これまで当たり前だと思っていた仕事も、改めて見直し、磨き上げています。この繰返しが、15年後には自分だけの強みになっていると信じて。このような前向きな気持ちを持つことができたのも、診断士資格があるからです。診断士ってすごい！

~合格に一番大切なこと~

　相手に伝わる文章。

"自分は何者なのか" が少し前進

【ふぞろい15（令和3年度合格者）】 ソーイチ

年齢：38 性別：男

業種：コンサルタント（技術系） 職種：事業開発・事業経営

《試験合格後1年間で起きた変化や得られたものなど》

　得られたもの……まず何よりも「実感」でした（笑）。私は本業の一部で経営コンサルの仕事をしているので、合格後はすぐ実務従事15ポイントを得て診断士登録をしました。合格直後は、その余韻に浸る間もなく執筆活動で忙しくしていたので、それも落ち着いた頃、届いた登録証を手に取ったときにようやく合格の実感が湧いたのを覚えています。

　次に、社内での昇進。勤務先では難関資格の取得が重視される傾向がありますが、診断士試験合格は良いアピール材料となったのか、管理職昇進と子会社の取締役就任が実現し、良いステップアップのきっかけになりました。

　あとはクライアントやビジネスパートナーに、自分の専門性を伝えやすくなったこと。コンサル業務の場でも子会社経営の場でも非常に助かっています。一体自分は何者で、目の前の相手にどんな価値を提供できるのかということを、診断士の資格を名乗ったり名刺に書くことで伝えやすくなった気がします。

　いろいろ書きましたが、これからが勝負。さらに知識を深めながらたくさん良い仕事をして、多くの人の期待に応えられるビジネスマンを目指せればと思っています。

診断士をきっかけに広がった世界

【ふぞろい15（令和3年度合格者）】 まこと

年齢：28 性別：男

業種：IT業 職種：事務職

《試験合格後1年間で起きた変化や得られたものなど》

　合格して一番変わったことは、人間関係が劇的に広がったことでした。診断士に合格してからふぞろいのみんな、診断士のコミュニティ、実務補習で一緒に仕事を行った同期の診断士。キャリアも年齢も全く違う人との人間関係が劇的に広がり、そしていろんな方の仕事の価値観やノウハウに触れることができました。そのなかでも「診断士にしかできないことがある。それは、企業の将来を踏まえて問題を解決することである」。実務補習の先生が強い口調でおっしゃっていた言葉は診断士活動の指針になっています。

　そんな1年間の経験で変わったことは、仕事を具体的な作業にまで落とし込んで確実に対処していくようになったことです。本の言葉を使えば、「やりぬく力」とでもいえばいいのかわかりませんが、普段の仕事から事の構え方が変わったように感じます。これも実務補習で手段まで考えるようにご指導いただいた先生のおかげです。

　私は、ほかの人とは違い、まだ診断士活動を本格的に行えてはいません。ですが今後は診断士の研究会などで勉強しながら頑張っていきたいと思っています！

~合格に一番大切なこと~

当日に全力を出し切ること。

第2章

ふぞろいな答案分析
～実際の答案を多面的に分析しました～

　本章の第1節では、424名の令和4年度2次試験の受験生からご提供いただいた再現答案を、得点区分（ＡＡＡ、ＡＡ、Ａ、Ｂ、Ｃ、Ｄ）ごとに分類。受験生が実際に解答に盛り込んだキーワードを抽出し、集計・ランキング化しています。解答に盛り込んだキーワードによってどのように点差がついたのかを確認するために、本分析を活用してください。また、答案分析中に話題になった論点について、事例ごとに特別企画も併せて掲載しています。

　本章の第2節では、「ふぞろい大反省会」と題して受験生に役立つ情報もまとめています。第1節の分析に加えて活用することで、読者の皆さまそれぞれの「合格できる答案」を書くためのヒントを見つけてください。

今年も多くの受験生に協力いただきました。再現答案を多面的に分析して、合否を分けたポイントをじっくり見ていきましょう。受験生に役立つ情報満載でお届けします！

第1節 ふぞろいな答案分析

　本節では、全部で424名の令和4年度2次試験受験生にご協力いただき、収集した再現答案をもとに解答ランキングを作成し、分析を行いました。

　合格者に限らず不合格者を含めた答案を整理して、「解答ランキング」と「採点基準」を掲載しています。令和4年度2次試験より、受験生全員に得点が通知されるようになったことを受け、再現答案をＡＡＡ、ＡＡ、Ａ、Ｂ、Ｃと区分を細分化して分析しました。当該事例において60点以上を獲得した答案（以下、Ａ以上答案）が実際の本試験でどのように点数を積み重ねているのかを確認し、あなたの再現答案の採点に活用してください。

【解答ランキングとふぞろい流採点基準の見方】

・解答キーワードの加点基準を「点数」として記載しています。記述されている「解答」と同じ、または同等のキーワードについて点数分を加算してください。

・右上の数は、提出いただいた再現答案のうち分析データとして採用した人数です。

・グラフ内の数字は、解答ランキングのキーワードを記述していた人数です。

●解答ランキングとふぞろい流採点基準

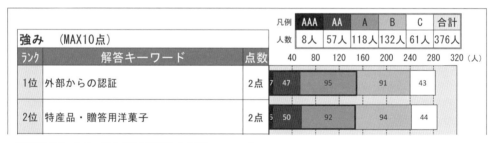

凡例	AAA	AA	A	B	C	合計
人数	8人	57人	118人	132人	61人	376人

強み （MAX10点）		
ランク	解答キーワード	点数
1位	外部からの認証	2点
2位	特産品・贈答用洋菓子	2点

【解答ランキングと採点基準の掲載ルール】

　「解答ランキング」と「採点基準」は以下のルールに則って掲載しています。

(1) 再現答案から、Ａ以上答案の解答数が多かったキーワード順、またＡ以上答案の数が同じ場合は全体の数に対してＡ以上答案の割合が高いほうを優先して解答ランキングを決定しています。

(2) 原則、上記ランキングに基づいて解答の多い順に点数を付与します。

(3) 解答に記述すべき要素をカテゴリーに分け、それぞれ「MAX点」を設定しています。各カテゴリーのなかに含まれる解答キーワードが多く盛り込まれていても、採点上はMAX点が上限となります。

【注意点】

(1) ふぞろい流の「採点基準」は本試験の採点基準とは異なります。また、論理性や読み

やすさは考慮していません。

（2）たとえ正解のキーワードであっても、A以上答案で少数であるものや受験生全員が書けなかったものは、点数が低いまたは掲載されていない可能性があります。

（3）題意に答えていないキーワードなど、妥当性が低いと判断される場合は採点を調整していることがあります。また、加点対象外でも参考に掲載する場合があります。

【再現答案】

・再現答案の**太字・下線**は、点数が付与されたキーワードです。

・答案の右上に記載された上付きの数字は点数を表しています。ただし、MAX点を上限として採点しているため、右上の数字を足しても「点」と一致しない場合があります。

・「区」：一般社団法人中小企業診断協会より発表された点数をもとに区分しています。

●再現答案

区	再現答案	点	文字数
AAA	強みは①**高品質**な農産物②**有能な従業員**③地元百貨店での**贈答品**販売④**地元菓子メーカーと連携**した**人気**洋菓子。⑤消費者ニーズに対応し**認証**取得。弱みは①**不明確な業務分担**②**需給調整への対応**③新規就農者の**低い定着率**。	17	100

【難易度】

「解答ランキング」の解答の傾向に応じて、「難易度」を設定し、それぞれ「みんなができた（★☆☆）」、「勝負の分かれ目（★★☆）」、「難しすぎる（★★★）」と分類しています。

【登場人物紹介】（登場人物はすべてフィクションです）

令和5年度合格を目指す2人と診断士受験を指導する先生が、再現答案の統計処理、分析を行っています。

〈**大空 真央（おおぞら まお（67歳 女）**〉（以下、先生）

愛のある診断士を育てるため指導に励んでいる。職歴は旅館の女将から現代文講師など多岐にわたる。愛のない誤答への指摘は厳しいが、若者文化にも造詣の深い頼れる先生。

〈**永友 柊斗（ながとも しゅうと）（36歳 男）**〉（以下、永友）

長く海外で活躍していたが、数年前に帰国し受験への挑戦を開始。自慢のスタミナで過去問を何百周とこなしてきたが、それゆえに思考がパターン化してしまうことも。勉強の息抜きは体幹トレーニング。

〈**ふぞ塾 多辺（ふぞじゅく たべ）（39歳 女）**〉（以下、多辺）

グルメが大好きなストレート受験生。好きなお店の味を守るために経営の勉強が必要だと感じ試験に挑戦。素直な性格で、人の気持ちに寄り添いすぎるあまりセオリーから外れた解答を作ってしまうことも。

▶事例Ⅰ（組織・人事）◀

令和4年度　中小企業の診断及び助言に関する実務の事例Ⅰ
（組織・人事）

　A社は、サツマイモ、レタス、トマト、苺、トウモロコシなどを栽培・販売する農業法人（株式会社）である。資本金は1,000万円（現経営者とその弟が折半出資）、従業員数は40名（パート従業員10名を含む）である。A社の所在地は、水稲農家や転作農家が多い地域である。

　A社は、戦前より代々、家族経営で水稲農家を営んできた。69歳になる現経営者は、幼い頃から農作業に触れてきた体験を通じて農業の面白さを自覚し、父親からは農業のイロハを叩き込まれた。当初、現経営者は水稲農業を引き継いだが、普通の農家と違うことがしたいと決心し、先代経営者から資金面のサポートを受け、1970年代初頭に施設園芸用ハウスを建設して苺の栽培と販売を始める。同社の苺は、糖度が高いことに加え、大粒で形状や色合いが良く人気を博した。県外からの需要に対応するため、1970年代後半にはハウス1棟、1980年代初頭にはハウス2棟を増設した。その頃から贈答用果物として地元の百貨店を中心に販売され始めた。1980年代後半にかけて、順調に売上高を拡大することができた。

　他方、バブル経済崩壊後、贈答用の高級苺の売上高は陰りを見せ始める。現経営者は、次の一手として1990年代後半に作り方にこだわった野菜の栽培を始めた。当時限られた人員であったが、現経営者を含め農業経験が豊富な従業員が互いにうまく連携し、サツマイモを皮切りに、レタス、トマト、トウモロコシなど栽培する品種を徐々に広げていった。この頃から業務量の増加に伴い、パート従業員を雇用するようになった。

　A社は、バブル経済崩壊後の収益の減少を乗り越え、順調に事業を展開していたが、1990年代後半以降、価格競争の影響を受けるようになった。その頃、首都圏の大手流通業に勤めていた現経営者の弟が入社した。現経営者が生産を担い、弟は常務取締役として販売やその他の経営管理を担い、二人三脚で経営を行うようになる。現経営者と常務は、新しい収益の柱を模索する。そこで、打ち出したのが、「人にやさしく、環境にやさしい農業」というコンセプトであった。常務は、販売先の開拓に苦労したが、有機野菜の販売業者を見つけることができた。A社は、この販売業者のアドバイスを受けながら、最終消費者が求める野菜作りを行い、2000年代前半に有機JASとJGAP（農業生産工程管理）の認証を受けた。

　また、A社では、地元の菓子メーカーと連携し、同社の栽培するサツマイモを使った洋菓子を共同開発した。もともと、A社のサツマイモは、上品な甘さとホクホクとした食感があり人気商品であった。地元菓子メーカーと開発した洋菓子は、販売開始早々、地元の百貨店から贈答用としての引き合いが入る人気商品となった。この洋菓子は、地域の新たな特産品としての認知度を高めた。

　他方、業容の拡大に伴い、経営が複雑化してきた。現経営者は職人気質で、仕事は見て

盗めというタイプであった。また、A社ではパート従業員だけではなく、家族や親族以外の正社員採用も行い従業員数も増加していた。しかし、従業員間で明確な役割分担がなされていなかった。そこに、需給調整の問題も生じてきた。作物は天候の影響を受ける。また収穫時期の違いなどによる季節的な繁閑がある。そのため、A社では、繁忙期は従業員総出でも人手が足りず、パート従業員をスポットで雇用して対応する一方、閑散期は逆に人手が余るような状況であった。それに加え、主要な取引先からは、安定した品質と出荷が求められていた。

　さらに、従業員の定着が悪く、新規就農者を確保することが難しかった。農業の仕事は、なかなか定時出社・定時退社で完結できる仕事ではない。台風などの際には、休日であっても突発的な対応が求められる。また、新参者が地域の農業関係者の中に溶け込み関係をつくることも難しかった。A社では、農業経験者だけではなく、農業未経験者にも中途採用の門戸を開いていたが、帰属意識の高い従業員を確保することが難しかった。県の農業大学校の卒業生など新卒採用も始めたが、長く働き続けてくれる人材の確保は容易ではなかった。

　2000年代半ばには、有機野菜の販売業者が廃業することになり、A社はその事業を土地や施設、既存顧客を含めて譲渡されることになった。A社は、そのタイミングで株式会社化（法人化）をした。A社は、有機野菜の販売業者から事業を引き継いだ際、運よく大手中食業者と直接取引する機会を得た。この取引は、A社に安定的な収益をもたらすことになった。大手中食業者からの要求水準は厳しかったものの、A社は同社との取引を通じて対応能力を蓄積することができた。大手中食業者からの信頼も増し、売上高の依存割合が年々増加していった。このコロナ禍にあっても、大手中食業者以外の販売先の売上高は減少したが、デリバリー需要を背景に同社からの売上高は堅調であった。他方、ここ数年、A社では、大手中食業者への対応に忙殺されるあまり、新たな品種の生産が思うようにできていない状況であった。

　ここ数年、A社では、直営店や食品加工の分野に展開を行っている。これらの業務は、常務が中心となって5名の生産に従事する若手従業員と5名のパート従業員が兼任の形で従事している。A社は、2010年代半ばに自社工場を設置するとともに、地元の農協と契約し倉庫を借りることになった。自社工場では、外部取引先からパン生地を調達し、自社栽培の新鮮で旬の野菜（トマトやレタスなど）やフルーツを使ったサンドイッチや総菜商品などを製造し、既存の大手中食業者を含めた複数の業者に卸している。作り手や栽培方法が見える化された商品は、食の安全志向の高まりもあり人気を博している。

　現在、直営店は、昨年入社した常務の娘（A社後継者）が担当している。後継者は、大学卒業後、一貫して飲食サービス業で店舗マネジメントや商品開発の業務に従事してきた。農業については門外漢であったものの、現経営者や常務からの説得もあり、40歳の時に入社した。直営店では、サンドイッチや総菜商品、地元菓子メーカーと共同開発した洋菓子に加え、後継者が若手従業員からの提案を上手に取り入れ、搾りたてのトマトジュー

ス、苺ジャムなどの商品を開発し、販売にこぎ着けている。現在、直営店はA社敷地の一部に設置されている。大きな駐車場を併設しており、地元の顧客に加え、噂を聞きつけて買い付けにくる都市部の顧客も取り込んでいる。また最近、若手従業員の提案で、オープンカフェ形式による飲食サービス（直営店に併設）を提供するようになった。消費者との接点ができることで、少しずつではあるがA社は自社商品に関する消費者の声を取得できるようになった。この分野は、着実に売上高を伸ばしてきたが、一方で、人手不足が顕著になってきており、生産を兼務する従業員だけでは対応できなくなりつつあった。A社は、今後も地域に根ざした農業を基盤に据えつつ、新たな分野に挑戦したいと考えている。

コロナ禍をなんとか乗り切ったA社であるが、これまで経営の中枢を担ってきた現経営者と常務ともに60歳代後半を迎え、本格的に後継者への世代交代を検討し始める時期に差し掛かっている。現経営者は、今後のA社の事業展開について中小企業診断士に助言を求めた。

第1問（配点20点）
　A社が株式会社化（法人化）する以前において、同社の強みと弱みを100字以内で分析せよ。

第2問（配点20点）
　A社が新規就農者を獲得し定着させるために必要な施策について、中小企業診断士として100字以内で助言せよ。

第3問（配点20点）
　A社は大手中食業者とどのような取引関係を築いていくべきか、中小企業診断士として100字以内で助言せよ。

第4問（配点40点）
　A社の今後の戦略展開にあたって、以下の設問に答えよ。

（設問1）
　A社は今後の事業展開にあたり、どのような組織構造を構築すべきか、中小企業診断士として50字以内で助言せよ。

（設問2）
　現経営者は、今後5年程度の期間で、後継者を中心とした組織体制にすることを検討している。その際、どのように権限委譲や人員配置を行っていくべきか、中小企業診断士として100字以内で助言せよ。

〜合格に一番大切なこと〜
　学ぶことに対する興味。

事例
Ⅰ

第1問（配点20点）【難易度　★☆☆　みんなができた】
　A社が株式会社化（法人化）する以前において、同社の強みと弱みを100字以内で分析せよ。

●出題の趣旨
法人化前における内部環境分析に関わる問題である。

●解答ランキングとふぞろい流採点基準

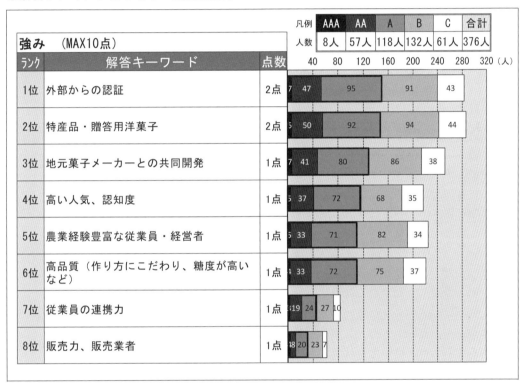

凡例	AAA	AA	A	B	C	合計
人数	8人	57人	118人	132人	61人	376人

強み　（MAX10点）

ランク	解答キーワード	点数					
			40 80 120 160 200 240 280 320（人）				
1位	外部からの認証	2点	7 47 95 91 43				
2位	特産品・贈答用洋菓子	2点	5 50 92 94 44				
3位	地元菓子メーカーとの共同開発	1点	7 41 80 86 38				
4位	高い人気、認知度	1点	5 37 72 68 35				
5位	農業経験豊富な従業員・経営者	1点	5 33 71 82 34				
6位	高品質（作り方にこだわり、糖度が高いなど）	1点	4 33 72 75 37				
7位	従業員の連携力	1点	19 24 27 10				
8位	販売力、販売業者	1点	18 20 23 7				

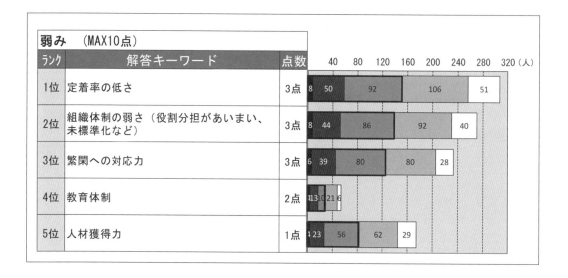

弱み	（MAX10点）		
ランク	解答キーワード	点数	40 80 120 160 200 240 280 320 (人)
1位	定着率の低さ	3点	8 50 92 106 51
2位	組織体制の弱さ（役割分担があいまい、未標準化など）	3点	8 44 86 92 40
3位	繁閑への対応力	3点	6 39 80 80 28
4位	教育体制	2点	4 13 10 21 6
5位	人材獲得力	1点	4 23 56 62 29

●再現答案

区	再現答案	点	文字数
AAA	強みは①高品質な農産物②有能な従業員③地元百貨店での贈答品販売④地元菓子メーカーと連携した人気洋菓子。⑤消費者ニーズに対応し認証取得。弱みは①不明確な業務分担②需給調整への対応③新規就農者の低い定着率。	17	100
A	強みは①高品質な苺・地元メーカーと共同開発した洋菓子が贈答品として人気、②有機JAS・JGAPの認証を受け高品質な生産体制。弱みは①定着率が低い、②需給調整の問題に苦慮、③社員間で明確な役割分担がなく非効率。	16	100
B	強みは、経験豊富な職人による高品質な商品の評価が高く、百貨店から引き合いが入る人気商品があること。弱みは、業容の拡大にあっても仕事が標準化されておらず、繁閑の調整ができないこと、従業員の定着が悪いこと。	12	100
C	強みは①高糖度で大粒な形状等が良い苺②地元メーカーと共同開発したこだわりの栽培で作ったサツマイモを使った洋菓子。弱みは①繁閑状況に応じた雇用が困難であり②従業員の帰属意識が低く、定着率が低いこと。	10	98

AAA：≧80，　AA：79〜70，　A：69〜60，　B：59〜50，　C：49〜40，　D：≦39

●解答のポイント

> 　与件文のなかから時制に即した強み・弱みに関する記述をピックアップし、限られた文字数のなかで、要点を多面的に盛り込めるかがポイントだった。

【設問解釈】

先生：令和4年度の1問目、張り切っていくで。この問題、2人はどない対応したんかな？

永友：SWOT分析はドリブルと同じ基礎中の基礎。どんどん与件文から抜き出したっス。

多辺：え〜、「株式会社化（法人化）する以前」って書いてあるよ〜。

先生：多辺、あんたには時制への意識があるなぁ。せや、時制の条件は絶対に守らないとあかん。

永友：しまった、裏をとられた……。

【強み】

先生：切り替えていくで。A社の強みについては、どないな感じで考えたん？

永友：与件文にばっちり書いてある「農業経験が豊富な従業員」「有機JASとJGAPの認証」「地域の新たな特産品」のハットトリックで決まりっス。

多辺：それと、従業員が連携して品種を拡大していること、特産品を地元の菓子メーカーと共同開発する開発力、認知度の高さ、なんかも強みなんじゃない？

先生：2人とも、ええ感じや。特に認証と特産品についてはA以上答案では8割以上が解答しとる。高得点者は幅広く強みを解答している傾向があったから、文章をうまく要約する力も試される問題やったんや。

【弱み】

先生：続いて、弱みや。2人はどない解答したんや？

多辺：おすすめのスイーツくらい、これは自信ある〜。「従業員の定着が悪く」って書いてるよ。

先生：ええ感じや。従業員の定着については、A以上答案では8割以上が解答している外されへんポイントや。一方、人材獲得力の弱さを解答したA以上答案は4割5分。こちらはA評価以上とB評価以下の受験者の割合に大きな差がなかったことから、大きな得点源とはならんかったみたいやな。

永友：先生、オレは「需給調整の問題」を解答に入れたっス。業務の繁閑に対応できていないことは弱みっス。あとは、「明確な役割分担がされていなかった」というのも見逃せないチャンスボール！　キーワードを自分の答案へシュート！

先生：永友の言うとおり、定着率だけでなく、需給調整（3点）、役割分担（3点）も得点源になったようや。さらに言えば、高得点者は教育体制（2点）にも触れとる！　つまり、弱みも多面的な解答が必要やったんや。

第2問（配点20点）【難易度　★★☆　勝負の分かれ目】

A社が新規就農者を獲得し定着させるために必要な施策について、中小企業診断士として100字以内で助言せよ。

●出題の趣旨

基盤事業における人材の採用と定着の方法について、助言する能力を問う問題である。

●解答ランキングとふぞろい流採点基準

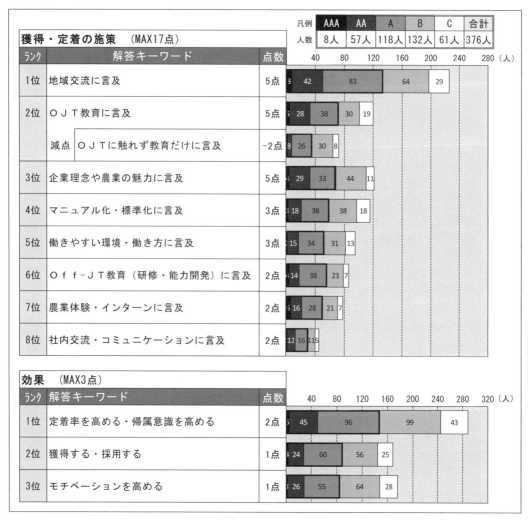

事例Ⅰ

●再現答案

区	再現答案	点	文字数
AAA	施策は①<u>就労体験やインターンシップ制度</u>[2]を設け事業の理解を促す事②業務の<u>標準化</u>[3]を行い、<u>OJTを行う等教育</u>[5]体制を整える事③<u>地域の農業関係者との交流機会</u>[5]を提供する事。以上で<u>新規就労者を増</u>やし<u>定着率を高める</u>[2]。	18	100
AA	①<u>企業コンセプト</u>[5]からビジョン構築し共有し一体感醸成②<u>作業標準化</u>[3]と計画的<u>OJT教育</u>[5]で若手へ承継③職務内容と公平な評価制度整備し納得感高め④<u>社内交流</u>[2]高め繁閑応じ柔軟な勤務体制で<u>労働環境整備</u>[3]し満足度向上図る。	17	100
A	施策は①<u>コンセプト</u>[5]を内外に明確に打出し②業務内容を<u>マニュアル化</u>[3]して<u>OJT等で教育</u>[5]し誰でもわかりやすく覚えられるようにし③役割分担を明確にし④繁閑に応じて柔軟な勤務体系にする事で、<u>土気向上</u>[1]・<u>定着率向上</u>[1]図る。	16	100
B	獲得面では、<u>コンセプト</u>[5]に共感できる人材に対し<u>インターンシップや職業体験</u>を行い<u>採用</u>[1]につなげる。定着面では、業務のシフト制で突発的な対応に応え、業務の<u>マニュアル化</u>[3]、初期、中期等段階的な<u>教育</u>[3]を行う事である。	14	100
C	施策は①従業員の役割分担の明確化②ノウハウを持つ経営者達による<u>勉強会</u>[2]の開催と<u>マニュアル化</u>③表彰制度の導入と成果給を導入④<u>イベントや社内報</u>[2]によりコミュニケーションの活性化効果は<u>モラール向上</u>[1]と組織活性化。	8	100

●解答のポイント

> 獲得と定着の施策について多面的に解答し、効果まで示すことがポイントだった。

【何を書くか、どう書くか】

先生：さて、あんたら第2問はできたんか？

永友：余裕っス。獲得の施策はインターンや職場体験で、定着の施策はOJTで丁寧な教育したり、働きやすい環境を整えたりで……ってあれ？　働きやすい環境の整備は獲得でもあるのか？

多辺：永友、それは余裕って言わないと思う～。

先生：せやなぁ～。でも確かに今回は獲得と定着を区別するのが難しかったみたいや。実際に受験生の多くが施策として区別せずに書いとったね。だからあんたみたいに悩んでまうのもしゃーないわ。

永友：じゃあ獲得と定着は分けずに、過去問でやったように賃金や能力開発、評価などの観点から波状攻撃を仕掛けていけば、高得点も狙えるっスね！

多辺：私は地域の農業関係者との交流も大事な施策だと思うな〜。

先生：そう、そのポイントに気づけた人が全体解答数でも、A以上答案数でも多かったんや。多辺、あんたさすがやわ。

多辺：まぁね〜。

先生：それに引き換え、永友！　なんでもフレームワークに当てはめたらええわけちゃうで。施策の解答キーワード見ても8つには、育成の悩みを解決したり、逆に強みのコンセプトを活用したりする施策などが入っていて、経営環境に沿った解答が求められてるんや。

永友：じゃあシフト調整とかはどうっすか？

先生：惜しいけどもう一歩必要やな。たとえば突発的な対応のためのシフト調整みたいな断片的な表現だと点数にはならず、労働環境の改善のような大きな視点が入ると3点加点やったんちゃうか。

永友：そうやってベスト8以上を狙っていくってことっスね！

先生：なんかちょっとちゃう気もするけど、まぁええか。さらに言うと、配点の高いと思われるキーワードを押さえつつ3つ以上のキーワードは書くという多面的な解答をしないと高得点は難しいで。

永友：ひぇ〜、出題者には「受験生にやさしく」をコンセプトにしてほしいっス。

多辺：はぁ〜い！　それじゃあ次に行きましょ〜。

先生：あんたら、まだ話は終わってへんで。まさか施策を並べて終わりになんてしてへんやろうな？

多辺：当たり前ですよ〜。最後は、ちゃんと「新規就農者を獲得して定着させる」って締めたよ。

永友：オレはモチベーション上げていくって繋げました！

先生：せや、実際に「獲得は〜」と書き出す人に比べて、「〜して獲得させる」と効果として書いた人のほうが、高得点者が多かったんや。

永友：何を書くかだけじゃなく、どう書くかまで考えるべきってことっスね。よし、これで4年後はいける気がするぞ！　ブラボー！

先生：なんでやねん！　試験は今年もあるんやで。

～2次試験で学んだ人生哲学～

人生も2次試験と同じ。正解がわからなくて当然。

第3問（配点20点）【難易度　★☆☆　みんなができた】

　A社は大手中食業者とどのような取引関係を築いていくべきか、中小企業診断士として100字以内で助言せよ。

●出題の趣旨

　主要取引先との関係の強化と新しい分野の探索について、助言する能力を問う問題である。

●解答ランキングとふぞろい流採点基準

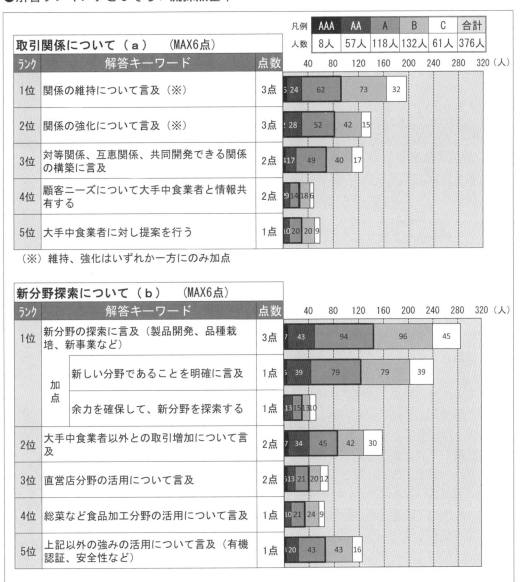

凡例	AAA	AA	A	B	C	合計
人数	8人	57人	118人	132人	61人	376人

取引関係について（a）　（MAX6点）

ランク	解答キーワード	点数	
1位	関係の維持について言及（※）	3点	5 24　62　73　32
2位	関係の強化について言及（※）	3点	2 28　52　42　15
3位	対等関係、互恵関係、共同開発できる関係の構築に言及	2点	4 17　49　40　17
4位	顧客ニーズについて大手中食業者と情報共有する	2点	9 14 18 6
5位	大手中食業者に対し提案を行う	1点	10 20 20 9

（※）維持、強化はいずれか一方にのみ加点

新分野探索について（b）　（MAX6点）

ランク	解答キーワード	点数	
1位	新分野の探索に言及（製品開発、品種栽培、新事業など）	3点	7 43　94　96　45
加点	新しい分野であることを明確に言及	1点	6 39　79　79　39
	余力を確保して、新分野を探索する	1点	13 15 13 10
2位	大手中食業者以外との取引増加について言及	2点	7 34　45　42　30
3位	直営店分野の活用について言及	2点	5 13 21 20 12
4位	総菜など食品加工分野の活用について言及	1点	10 21　24　9
5位	上記以外の強みの活用について言及（有機認証、安全性など）	1点	3 20　43　43　16

効果　（MAX8点）

ランク	解答キーワード		点数	人数分布
1位	依存度低下		3点	40 / 72 / 72 / 33
	加点	（a）で関係の維持・強化に触れている	2点	36 / 59 / 48 / 22
2位	経営リスクの分散、安定化		2点	30 / 48 / 42 / 24
	加点	（b）で新分野の探索に触れている	1点	21 / 25 / 24 / 15
3位	売上・収益拡大		1点	20 / 36 / 40 / 20
4位	高付加価値化、差別化		1点	16 / 176

●再現答案

区	再現答案	点	文字数
AA	① 連携を強化 し 共同開発 を 提案 して 新品種の生産 を 行 う ② 最終消費者の声を共有 してもらい商品開発に活かす。以上を行い総菜商品 の開発力を強化して 中食業者以外 の売上も拡大し 売上依存度を下げ経営リスク分散 する。	20	99
AA	大手中食業者と 新たな品種 の 共同開発 を行い、開発力を強化するとともに 関係性を強化 する。併せて大手中食業者の 売上げ依存からの脱却 を目指し、自社の生産性を向上させて生まれた 余力 を 他社からの売上向上 に生かす。	17	100
A	コロナ禍でも売上が堅調である大手中食業者との 取引関係は維持 しつつ、競争とならないような 販路を開拓 し、品種生産等 新たな分野 に挑戦 する。以上より競争回避しつつ安定した売上を獲得、経営のリスク分散 を図る。	12	99
B	①大手中食業者と 連携を強化 しデリバリー需要に合った 顧客ニーズを収集 し、蓄積した対応能力を活かし顧客ニーズを反映した 品種栽培や地域ブランド製品を共同開発する 。②百貨店も加え 販路と学習機会を確保 する。	10	98
C	長期的取引と競合回避を前提に取引量を減らすべき。理由は①大手中食業者への対応忙殺による経営資源圧迫を減らし繁忙期・開発の 余力創出②経営リスク分散③新 市場・顧客接点拡大 でニーズ発掘や 売上拡大 を図るため。	8	100

●解答のポイント

> 大手中食業者との取引関係について助言することに加え、与件文を根拠として新た
> な分野への挑戦について助言することがポイントであった。

【設問文と与件文から解答に盛り込むべき要素を見つける】

永友：この問題は結構解きやすかったっス。自信あるっス！

多辺：え〜。私は設問文が抽象的でよくわからないと思った〜。

先生：せやなぁ。多辺は抽象的と言うけど、なんでそう思ったんや？

多辺：私、嘘つけないんで言いますけど、大手中食業者のことを厄介に思っているのか、
　　　それとももっと親密になりたいのか、態度をはっきりさせてほしいです〜。決断力
　　　のない男って嫌い〜。

先生：多辺、1つ聞いてええか？　取引をなくしてしまうんか？

多辺：……。そこまではいかないと思います〜。厳しく鍛えてもらったご恩がありますか
　　　らね〜。

永友：安定的な収益をもたらしてくれたうえに、コロナ禍であっても売上が堅調だった取
　　　引先なんで、さらに友好的な関係を構築、ってことっスよね。よっしゃ！

多辺：永友、それだけじゃ足りないと思う〜。与件文には、新たな品種の生産が思うよう
　　　にできていないとか、新たな分野に挑戦したいとか書いてあるよ〜。今の関係に社
　　　長は満足してないと思うのよね〜。

先生：ええか、大切なことはな、社長の気持ちに寄り添うことやねん。社長は大手中食業
　　　者ともええ関係を築きたい、でも新しい分野に挑戦したいねん。せやから、中小企
　　　業診断士として求められとるんは、現実的なアドバイスと社長の思いが重なる部分
　　　を見つけて解答を作ること、というわけやな。

永友：ちなみに、オレは関係強化って書いたんスけど、先輩はどうしました？

多辺：え〜、私は関係を維持するって書いたけど、間違っていたのかな〜。

先生：関係強化と書いとるんはA以上答案が占める比率が高かったけど、維持と書いとる
　　　答案もA以上に結構あったわ。せやから合否を分けるような大きな点差はついてな
　　　い可能性があるなぁ。

【効果について】

永友：やっぱ助言ときたら効果っスよね。

先生：あんた、ただ効果だけを並べたらええと思っとらんか？　そこに根拠はあるんか？

多辺：社長に助言するんだから、説得力があるほうがいいよね〜。スイーツも、味と見た
　　　目の両方がそろってこそ食べたときに幸せな気持ちが増すよね〜。

先生：なんで社長が大手中食業者との関係に悩んだり、新しいことをやりたいと思ったり

しとるんか考えてみ。現状の課題を解決したいからやろ？　ちゃうか？

永友：社長の思いに寄り添えるようにしっかりトレーニングするっス。

先生：A以上答案では、関係は維持しつつ依存度は低下させるとか、新分野に挑戦して経営リスクを分散させるとか、社長に寄り添っとる答案が多かったんやで。答案数は少なかったけど、徐々に依存度を低下させると記載して時間軸を意識した答案もA以上では見かけたで。この答案なら、現在のA社と大手中食業者との関係に配慮しつつ、将来のA社のためを思った提案をしとるというのが伝わるな。

多辺：やっぱり愛が必要だね〜。私も、推しがいるから頑張れるって気持ちを忘れずに、試験勉強頑張らないと〜！

Column

したい人10,000人、始める人100人、続ける人１人

「したい人10,000人、始める人100人、続ける人１人」とはよく言ったものですが、自分がその１人に入れるかは、結局自分次第なのだと実感しました。私が初めて中小企業診断士を知ったのは、会社の先輩との飲み会でした。「俺も受けてみようと思うから、一緒に受けようや」と言われて二つ返事で「はい！」と答えた私でしたが、調べてみると予想以上に難しい資格であることを知りました。別のときにも部長が中小企業診断士を取ってみたいと言っていたり、大学時代に実は目指していた友人もいました。

初めは自分に継続して勉強できる自信もなかったですが、今勉強しないでいつ勉強するんだという気持ちで勉強を続けました。続けていくうちに、勉強が生活の一部に溶け込んでいき、土日も朝９時に図書館に行くことが普通になっていました。結果的に私は運を呼び寄せて合格できましたが、結局先輩と友人は途中で諦めてしまい、部長は勉強すらしていませんでした。だからこそ、まずは一歩踏みだすこと、そしてそれを習慣にしていくことがゴールに向かう絶対的なルートなのだと感じました。　　　　　　（いっけー）

Column

中小企業診断士試験は、できないを楽しめるチャンス

今更言うまでもありませんが、中小企業診断士試験は難しい試験です。毎年たくさんの人が挑戦し、たくさんの人が失敗しています。

大人の私たちは、普段「失敗できない」生活を送っているのではないでしょうか？　会社で、家庭で、「ほかの人にもできることをちゃんとやる」ことばかりを求められていると思います。中小企業診断士試験は、普段の生活ではできない「自分の努力でできないことをできるようにしていく、完璧にできなくても当たり前」なものです。ぜひ、日常生活でのプレッシャーやストレスを忘れて、できなかった、わからなかった問題が解けるようになっていく過程を楽しんでもらえたら幸いです。　　　　　　（しゅうと）

事例
Ⅰ

第4問（配点40点）

　A社の今後の戦略展開にあたって、以下の設問に答えよ。

（設問1）【難易度　★★★　難しすぎる】

　A社は今後の事業展開にあたり、どのような組織構造を構築すべきか、中小企業診断士として50字以内で助言せよ。

●出題の趣旨

　経営戦略の展開にあたっての経営組織の構造について、助言する能力を問う問題である。

●解答ランキングとふぞろい流採点基準

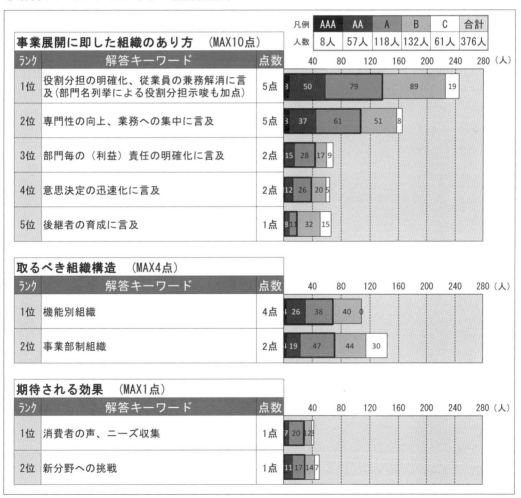

　試験に合格することがゴールではない。

●再現答案

区	再現答案	点	文字数
AAA	①<u>機能別組織</u>に移行し、<u>役割分担の明確化</u>で<u>専門性を高める</u>②新分野に専任担当を置き、<u>新分野の探索</u>を促す。	15	50
AA	生産・営業・商品開発など従業員の<u>役割を明確化</u>し、<u>専門性を発揮</u>するための<u>機能別組織</u>を構築すべきである。	14	50
A	<u>事業部制組織</u>を採用し、①<u>専門性の追求</u>、②<u>利益責任の明確化</u>、③<u>迅速な意思決定</u>、で売上向上を図る。	11	47
B	<u>直営店と飲食サービス部門を独立</u>させる<u>事業部制組織</u>構造にし、後継者に権限を与えて、<u>事業承継</u>に備える。	8	49

●解答のポイント

> 兼務の従業員だけでは新分野の事業に対応できなくなりつつあるというA社の問題を解決するための組織のあり方を解答できたかがポイントとなった。

【新分野への挑戦を可能とする組織のあり方】

先生：事例Ⅰも終盤戦の第4問。（設問1）と（設問2）に分かれての出題や。

多辺：（設問1）は「組織構造」がダイレクトに問われてて、びっくりした〜。

先生：まず、2人はこの問題を見てどう取り組んだのか聞かせてもらおか。

永友：与件文の第10段落に、「生産を兼務する従業員だけでは対応できなくなりつつあった」とあったから、「農業生産」、「食品加工」、「直営店」の事業部制組織を前提に、意思決定の迅速化や後継者育成などの、事業部制組織のメリットを書いたっス。

先生：なんでやねん！ 設問文をよう見てみ。「今後の事業展開にあたり、どのような組織構造を構築すべきか」の「今後の事業展開」がすっぽり抜け落ちとるやないの。

永友：しまった。裏を取られた……。

多辺：私は、与件文の第10段落に「今後も地域に根ざした農業を基盤に据えつつ、新たな分野に挑戦したい」というA社の将来像があったから、新分野へ挑戦するためには、どのような組織のあり方が望ましいかから解答を考えた〜。

先生：ほな、もう1つ聞くけど、「新たな分野への挑戦」は何のことやろか？

永友：農業以外の分野、つまり、直営店や食品加工の分野のことっス。

先生：せや。ここまでのことをまとめると、「地域に根ざした農業」は従来どおり守り続けたうえで、「直営店、食品加工」を新分野として挑戦していくためにどのような組織のあり方が望ましいかをこの設問を通じて考えるんや。

【課題を解決する組織のあり方とは？】

先生：もう少し具体的に見ていこか。新分野に挑戦していくための課題は何や？

多辺：「生産を兼務する従業員だけでは対応できない」ってことから、兼務を解消して、役割分担を明確化するっていうのがポイントになりそうですね～。

先生：せや。ただ「兼務の解消」については多くの受験生が書けてたんや。得点の上積みを狙うには、新分野の事業を強化するために必要なことを考える必要があったんや。

永友：新分野の事業を強化……。「従業員の専門性を高めることで新分野に注力できるようにする」ということか。よっしゃー、ナイスタックル！

先生：あんた、ええとこに気づいたなぁ。『ふぞろい』に寄せられた再現答案を見ても、「専門性の向上」について言及した解答のうち、実に6割以上がA以上答案やった。このポイントを書けたかどうかが点数に大きく影響したと考えられるんや。

【機能別組織？　事業部制組織？　さぁ、どっち？】

先生：まず、言うておくけど、A以上答案のほぼ4分の1が「○○組織」と直接言及してないことから、「役割の明確化」「専門性の向上」のほうが「○○組織」よりも解答要素として重要やったと思われるんや。そのうえで組織構造について考えていこか。

永友：オレは、さっき言ったとおり、深く考えずに事業部制組織と書いてしまったっス。

多辺：私は機能別組織って書いた～。従業員が40人の会社で、兼務が発生している状態なのに、事業部制組織を採用できるほどのリソースがあると思えないよ。

先生：ええ指摘や。事業部制組織のデメリットの1つに、「経理や調達などの『職能』が各事業部で重複する」ということがあるけど、現在の会社の規模を考えると、そんな余裕はないはずや。現在の組織形態が役割を明確化できていない状態だと考えると、まずは、機能別組織を採用するほうが解答としての妥当性が高そうや。実際、機能別組織と書いた答案のうち、6割以上がA以上答案やったけど、事業部制組織のA以上答案は4割強にとどまっとる。さらに、事業部制組織を解答に書いた人でも、意思決定の迅速化や後継者育成など、1次試験の知識からメリットを書いただけの解答は得点が伸びてないんや。

多辺：この設問を解いているときに、マトリックス組織も思い浮かんだんだけど～。

先生：マトリックス組織について書いている受験生も一部にいたけど、A以上答案はほとんどなかったんや。与件文に沿った解答ではないということやな。

永友：先生の言うように、まずはA社の現状や将来像を正しく踏まえたうえで、組織構造にも言及すると高得点が狙えたんっスね。オレも、2次試験の得点王になれるように頑張るっス。

先生：永友、よう言うた！　その意気や。頑張ってや。

> **（設問2）【難易度 ★★★ 難しすぎる】**
> 　現経営者は、今後5年程度の期間で、後継者を中心とした組織体制にすることを検討している。その際、どのように権限委譲や人員配置を行っていくべきか、中小企業診断士として100字以内で助言せよ。

●出題の趣旨

　円滑な次世代経営体制への移行プロセスについて、助言する能力を問う問題である。

●解答ランキングとふぞろい流採点基準

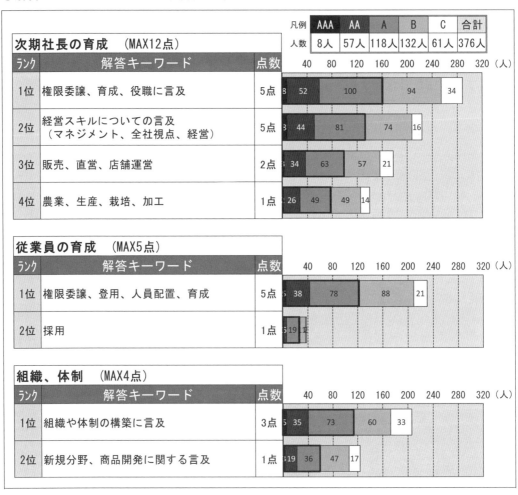

凡例	AAA	AA	A	B	C	合計
人数	8人	57人	118人	132人	61人	376人

次期社長の育成　（MAX12点）

ランク	解答キーワード	点数
1位	権限委譲、育成、役職に言及	5点
2位	経営スキルについての言及（マネジメント、全社視点、経営）	5点
3位	販売、直営、店舗運営	2点
4位	農業、生産、栽培、加工	1点

従業員の育成　（MAX5点）

ランク	解答キーワード	点数
1位	権限委譲、登用、人員配置、育成	5点
2位	採用	1点

組織、体制　（MAX4点）

ランク	解答キーワード	点数
1位	組織や体制の構築に言及	3点
2位	新規分野、商品開発に関する言及	1点

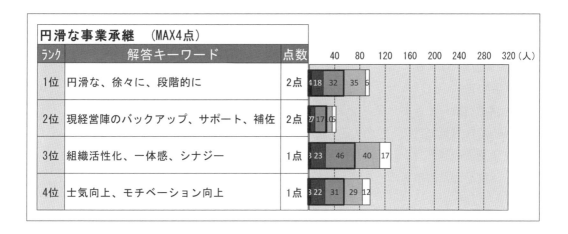

ランク	解答キーワード	点数	40　80　120　160　200　240　280　320（人）
1位	円滑な、徐々に、段階的に	2点	4 18 32 35 6
2位	現経営陣のバックアップ、サポート、補佐	2点	7 17 65
3位	組織活性化、一体感、シナジー	1点	3 23 46 40 17
4位	士気向上、モチベーション向上	1点	3 22 31 29 12

円滑な事業承継　（MAX4点）

●再現答案

区	再現答案	点	文字数
AAA	若手従業員を部門長としその下にパート従業員を配置し、A社後継者が全体を管理する人員配置とする。現経営者が補佐として助言できるような組織体制とし段階的に権限委譲を行い、若手従業員とA社後継者の育成を行う。	22	100
A	後継者へ段階的な権限委譲を行い、部門長として社長から経営ノウハウを教育・承継する。取引先・社内への理解を深め、バックアップ体制を構築する。以上より、後継者の負荷低減しつつ円滑な承継を図る。	17	94
B	助言は①家族や親族以外の正社員で優秀者を役員に登用し、経営陣として育成する事によりモラール向上を図り②営業や企画の経験者を中途採用して社内活性化を図り、新たな品種の開発を行える体制作りを行う事である。	11	100
C	組織体制は、①公平な評価制度を作り、提案制度を設置する。②採用された提案の事業化を行い、若手従業員を責任者に配置し、権限委譲を行なう。以上により、新たな分野に挑戦をする会社風土を醸成する。	9	94

●解答のポイント

　円滑な事業承継に向けて、後継者および従業員に対する適切な権限委譲や組織構築のための適切な人員の配置が行えているかどうかを多面的に解答することがポイントだった。

【解答の視点について】

先生：さ、最後や。前年度に続いて事業承継についての設問が出題されたんやけど、2人とも対策はできとるんか？

永友：若い世代の台頭もあって自分の地位を脅かされることもあるけど、体幹トレーニングで対策してきました。事業承継もばっちりっスよ、先生！

先生：そんな対策で点数とれると思っとるんか？

多辺：永友、それは違うと思う～。私は、最近行きつけのスイーツ屋さんで2代目に事業承継をした例があって、具体的な事例を毎日見て勉強してきたから対策はばっちり～。

先生：あんた、それええなあ。

永友：先輩、さすがっス！

先生：今回の事業承継は前年と違って、5年程度という期間を区切って事業承継の体制を作る設問だったんや。これまでにはない形で受験生はみな戸惑ったと思うわ。

多辺：組織体制の確立、権限委譲、人員配置、といった文言が設問文にあったので、とっかかりやすかったな～。

先生：あんた、設問文に寄り添っとるなぁ。後継者や従業員への権限委譲、人員配置、そして組織に対する言及、これらがそろった答案は得点が高い傾向にあったんや。

多辺：まぁね～。スイーツ屋さんでも課題になっていたから、先代や2代目と会話するとき、助言してみた～。

永友：オレは生まれながらにしてサイドバックだけど、先輩は生まれながらの診断士なんスか！

多辺：スイーツ屋さん以外は興味ないけどね～。

【後継者、従業員への権限委譲、人員配置について】

先生：権限委譲や人員配置については具体的にどんな答案を考えたんや？

多辺：私は後継者に権限を委譲しつつ、それをサポートするように従業員への権限を委譲したり人員の配置を見直したりする施策を考えてみました～。スイーツ屋さんでも同じ感じでやってうまくいっていたし、これは自信ある。

永友：オレは「後継者への世代交代」という与件文に寄り添って、全権を後継者に渡すトップダウン形式の権限委譲を考えたっス。

先生：1つ聞いてええか？　永友、それで従業員はついてくると思うんか？　従業員に対する愛はあるんか？　設問文に寄り添うんやで。

永友：しまった。与件文のフェイントにだまされた。設問文に寄り添う気持ちか。ダッシュしまくって設問文にも対応できるようにしないと。

多辺：永友、甘すぎだよ～。スイーツだったらそれでもいいけど、試験ではだめだよ～。

先生：これまでにない問われ方をしても、設問文に素直に答える気持ちを忘れたらあかん。

~診断士試験を受験してよかったこと~ ─────────
　ビジネスマンとしての自信がついたこと、ふぞろいのメンバーと出会えたこと。

　　　愛をもって接するんや！

【事業承継における士気向上と組織活性化について】

先生：最後は定番の士気向上と組織活性化や。この2つ、あんたらは答案に書いたんか？

永友：もちろんっス。過去問を見ても事例Ⅰの最後の問題は、「士気向上、組織活性化を図る」って書いておけば得点が取れそうだったからっス！

多辺：それって与件文も設問文にも寄り添ってないよね。私は、書かなかったな〜。

先生：今回は、今後5年程度の期間で、後継者を中心とした組織体制にすることが設問文で問われとるから、事業承継が最終的な目的になっとるんや。せやから、その手段として、士気向上や組織活性化が書けていれば得点が入ったと思われるで。ただ、C、D答案にも書いているケースが多く、合否を分けるキーワードではなかったみたいやな。永友のような与件文にも設問文にも寄り添っていない答案は論外や。何回も過去問を解きすぎて頭が凝り固まっているんやないか？

永友：体幹トレーニングやダッシュだけじゃなく、ストレッチも必要ってことっスね。次回の試験に向けて頑張ります！

多辺：それって試験勉強なのかな〜。あ〜お腹すいた〜。スイーツ食べよ〜。

先生：あんたら、はよ勉強せえ！

自分にとっての受験理由

　診断士の勉強をしているとき、「めんどくさい！　この時間無駄かも…」と感じてしまうことがたびたびありました（笑）。今振り返ってみて、科目数の多さや内容の難しさもあるものの、2次試験は模範解答が発表されないため正誤のフィードバックを受けられず、自分のやっている勉強の意味がわかりにくかったことが、そのように感じた一番の理由だったように思います。もちろん試験制度の変更を提案するという方法もありますが、模範解答を発表しないと決められている以上、ひとまずそのなかでなんとかするしかありません。徒労を感じたとき、自分はなぜ診断士を受けているんだっけ？　と自分にとっての受験理由をそのつど思い出し、どうにか受験までたどり着くことができました。

　一人ひとり異なる背景を抱えながら勉強し、大変なことも多いかもしれませんが、たまに一旦停止して、自分にとっての受験理由を思い出してみるのもよいかもしれません。その結果、勉強を続けることになってもお休みすることになっても、きっとより納得できる結果が待っているはずです。皆さんのご健闘をお祈りしています！　　　　（かじしゅん）

〜診断士試験を受験してよかったこと〜

　職場で起きている問題（組織や人間関係、作業効率など）について分析・説得できる力がついた。

▶**事例 I 特別企画**　◀

深刻化する人手不足問題に対処する人事施策

【人手不足解消は中小企業にとって大きな課題】

先生：そこに人はおるんか！？

永友：うぉーっ、びっくりした。いきなりどうしたんスか、先生。

先生：令和4年度の第2問で「人材の獲得と定着」が問われた理由は、中小企業が「人手不足」という喫緊の問題に直面しとることが背景にあると考えられるんや。

多辺：確かに、私の行きつけのカフェの店長も、アルバイトを募集しているけど人材がなかなか集まらないって言ってた〜。

永友：ニュースでも「人手不足が深刻」っていう記事をよく見るようになったけど、実際、どのくらい深刻なんっスか？

先生：ええ質問や。2022年版の中小企業白書の表を見てみよか。

図表1　業種別に見た、従業員数過不足 DI の推移

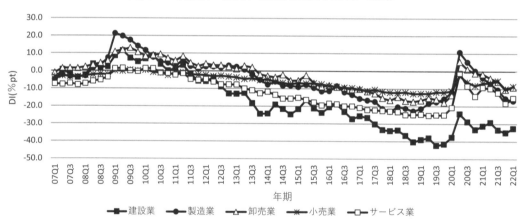

資料：中小企業庁・（独）中小企業基盤整備機構「中小企業景況調査」

（注）　従業員数過不足 DI とは、従業員の今期の状況について、「過剰」と答えた企業の割合（%）から「不足」と答えた企業の割合（%）を引いたもの。

（出所：『2022年版　中小企業白書』第1-1-48図、I-40p より『ふぞろい16』作成）

多辺：マイナス幅が大きいほど、人手不足が深刻っていうことですよね〜？

先生：そのとおりや。新型コロナウイルスが流行した2020年あたりに一時的に弱まったけど、足元では人手不足感が再度強まってきとる。上の表にもあるとおり、人手不足問題はあらゆる業種の中小企業が直面する大問題やねん。新型コロナウイルスによる業況悪化からの回復を目指す企業にとっても悩みの種となっとるんや。

【工夫を凝らした人手不足への対処法】

多辺：人手不足にうまく対処する方法はあるんですか？

永友：これは茶化（サハホイヒ）のフレームワーク使うしかないっス。やりがいアピール
　　　して「採用」、「配置」で組織活性化、「報酬」アップと「育成」、そして「評価」を
　　　成果主義にすることでモチベーションアップだ。茶化の美しいパス回しからの採用
　　　と定着でゴーールッ！！

先生：永友！　ほんまに、それだけでええんか？　「茶化」は確かに事例Ⅰを解くには大
　　　いに役立つフレームワークやけど、企業の実情に寄り添って考えなあかんわ。

多辺：はい出た〜、知識やフレームワークが先行するタイプ〜。でも、企業が現場で人手
　　　不足にどのように向き合っているかは確かに気になる〜。

先生：中小企業庁が人手不足問題に対応した企業の事例集をホームページで公開してはる
　　　んやけど、2人は知ってるか？　勉強になるから、一部だけやけど見てみよか。

図表2　中小企業庁が公表した人手不足対応の事例（抜粋）

所在地	規模	業種	課題と対応のポイント
福島県	320人	警備業	【課題：業界的な慢性的人手不足解消】 ①採用の**ターゲットを就職氷河期世代(35〜54歳)に設定** ②採用活動のプレゼンを「業務説明型」から**「共感型」にシフト** ③各営業所所長クラスからの**きめ細いヒアリング**
岡山県	11人	製造業	【課題：事業承継による変革期における中核人材不足の対応】 ①**採用者が担う業務の切り出しと人材像の明確化**（それまでは役員が兼務） ②求める人材像を精査し、**採用対象を業界未経験者にも拡大** ③**社員に明確なキャリアパスを示す**と同時に、働きがい向上の機運醸成
徳島県	264人	建物管理、建築工事業	【課題：採用後の早期離職の防止】 ①「高齢者：新聞・求人誌、若者：WEB・SNS」と採用時の**媒体の使い分け** ②入社後の習熟度や希望に応じた**「カスタム型研修」**の導入 ③人事部門による**月2回以上の面談**、勤務場所変更等への柔軟な対応

（出所：中小企業庁「人手不足の対応事例集（令和3年度）」より『ふぞろい16』作成）

先生：事例集にはほかにも、さまざまな業種の企業の具体的な対応事例が載ってるから、
　　　詳しくは中小企業庁のホームページを見てほしいねんけど、2人はどない感じた？

多辺：いずれの企業も、「ターゲットの設定」や「採用者に応じた研修方法」と、求める
　　　人材像を明確化したうえで、採用後も社員に寄り添ってフォローしていることがわ
　　　かりますよね〜。

永友：令和4年度の事例Ⅰでも、「企業や農業の魅力や理念を伝える」がキーワードとなっ
　　　てたけど、中小企業庁が紹介している実例を見て、もっとイメージを膨らませてみ
　　　ようと思ったっス。

　　事例Ⅲは勉強になった（営業していたときに、顧客企業の工場見学で見たことがやっと理解できた）。

【能力開発によるモチベーションアップの重要性】

先生：今回の事例Ⅰ第2問の解答キーワードとして、「OJTでの研修」があったけど、実は中小企業白書のなかでも、能力開発と従業員のモチベーションの関係について興味深い結果が出とる。次はこの表を見てみよか。

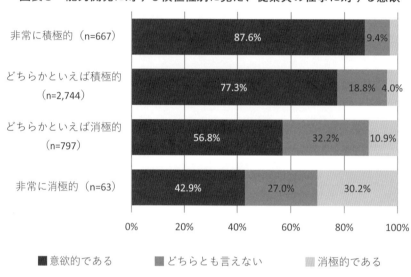

図表3　能力開発に対する積極性別に見た、従業員の仕事に対する意欲

資料：（株）帝国データバンク「中小企業の経営力及び組織に関する調査」
（出所：『2022年版　中小企業白書』第2-2-19図、Ⅱ-98p）

永友：サッカーだと、契約金や年俸が評価指標になって、そのチームでプレーするモチベーションになることはよくあるっス。これを見ると、能力開発も従業員のモチベーションアップにつながることが明確っスね。

先生：せやねん。中小企業白書では、「企業は従業員の能力開発を行い、また、適切な人事施策（報酬や評価）により従業員の能力やモチベーションを高める取組を実施することが重要」と指摘してはる。つまり、研修により従業員が能力やモチベーションを高く持っとることは、従業員の定着にもつながり、人手不足への対応にもつながるし、スキルを持った従業員の確保で他社との差別化にもつながるということや。

多辺：人事施策をうまく組み合わせていくことが人手不足への対処にも有効ってことね〜。

【事例Ⅰの過去問に見る採用・モチベーション向上の方法】

先生：ほな、ここからは事例Ⅰの過去問を見ていこか。事例Ⅰでは、有能な社員を確保し続けるための人事施策や社員のモラールを向上させる取り組みなど、広い意味で人手不足への対処にもつながる人事施策が頻繁に問われとる。

永友：オレなりに近年の人事施策の出題をまとめてみたんで、ちょっと見てほしいっス。

〜診断士試験を受験してよかったこと〜
　いろいろな業界、立場の人と知り合えたこと。

図表4　近年の事例Ⅰにおける「人事施策」の主な出題

年度	A社の業種	設問	設問内容	想定される解答例
R2	酒蔵	4	グループ全体の人事制度を確立していくための留意点	成果主義、適正な評価、権限委譲、グループをまたいだ適正配置
R1	葉タバコ乾燥事業者	4	社員のモラールが上がった理由	成果主義、ドメインの明確化＆共有、古い考えを持つ社員のリストラ
H30	エレクトロニクスメーカー	4	チャレンジ精神や独創性を維持していくための施策	権限委譲、外部研究への参画機会、成果主義、基礎研究への適正評価、技術者交流の促進
H28	学校アルバムの印刷業者	3	有能な人材を確保していくための人事施策	社員研修の充実、経営理念、成果主義、適正な評価、働きやすい環境づくり
H27	スポーツ用品メーカー	4	成果主義を導入しない理由	ベテランの士気向上、一体感の醸成、長期的目線の育成
H25	サプリメント販売業者	2-2	非正規が低い離職率を維持していくための施策	リーダー制度、教育制度、表彰制度、評価制度、標準化、業務改善提案制度

多辺：確かに、平成25年度の「非正規が低い離職率を維持していくための施策」や平成28年度の「有能な人材を確保していくための人事施策」なんかは、まさに人材の「定着」に焦点が当たってるね～。

永友：平成30年度の「チャレンジ精神や独創性を維持していくための施策」や令和元年度の「社員のモラールが上がった理由」なんかも、従業員にモチベーション高く働いてもらうという意味で重要な論点っスね。

先生：面白いポイントでいうと、平成27年度の問題では、「成果主義を導入しない理由」として、「ベテランの士気向上を図ったり、長期的な目線での育成を行う」ということが解答例となっとるけど、令和元年度の問題では、「社員のモラールが上がった理由」として成果主義に言及されとる。こうしてみてもわかるように、何より大切なことは、事例企業の置かれている環境や社長の気持ちに寄り添った解答を作成することや。それだけは絶対に忘れたらあかんで。

2人：はいっ！！

【試験勉強のモチベーションは？】

先生：ところで永友、多辺。2人は試験勉強のモチベーションは十分に維持できとるか？

多辺：私は、事例1つ解き終えたら、ご褒美のスイーツ食べるようにしてモチベーションを維持してます～。

永友：オレは、合格後のキャリアプランをいろいろ想像して、それをモチベーションにしてる。あとは、勉強の合間の体幹トレーニング。体幹トレーニングのあとの勉強が一番集中できるっス。

先生：診断士試験の勉強はどうしても長丁場になってまう。2人とも、自分なりの方法でモチベーションを維持しながら頑張ってや。

ふぞろい流ベスト答案　事例Ⅰ

第1問（配点20点）　100字　【得点】20点

強	み	は	①	農	業	経	験	豊	富	な	従	業	員[1]	の	連	携	に	よ	る
高	品	質	な	野	菜[1]	の	栽	培	②	認	証	を	受	け	た	有	機	野	菜[2]
の	販	売	力[1]	③	共	同	開	発[1]	し	た	特	産	品[2]	の	認	知	度[1]	。	弱
み	は	①	従	業	員	の	定	着	悪	く[3]	②	役	割	分	担	あ	い	ま	い[3]
で	③	繁	閑	へ	の	対	応	力	低	く[3]	④	教	育	体	制	が	弱	い[2]	点。

第2問（配点20点）　98字　【得点】20点

施	策	は	①	農	業	体	験[2]	を	通	し	て	A	社	の	コ	ン	セ	プ	ト[5]
を	伝	え	、	②	作	業	の	標	準	化[3]	や	OJ	T	教	育[5]	で	働	き	や
す	い	環	境	を	整	え[3]	、	③	地	域	の	農	業	関	係	者	と	の	交
流[5]	で	溶	け	込	み	や	す	く	す	る	こ	と	で	、	士	気	を	向	上[1]
さ	せ	、	新	規	就	農	者	を	獲	得[1]	し	定	着[2]	さ	せ	る	。		

第3問（配点20点）　100字　【得点】20点

顧	客	ニ	ー	ズ	の	共	有[2]	、	共	同	開	発[2]	に	取	り	組	み	関	係
を	強	化[3]	す	る	。	あ	わ	せ	て	直	営	店	事	業[2]	で	収	集	し	た
ニ	ー	ズ	や	食	品	加	工	技	術[3]	を	活	用	し	新[1]	製	品	を	開	発[3]
し	新	規	取	引	先	を	開	拓[5]	す	る	。	以	上	に	よ	り	、	徐	々
に	依	存	度	を	下	げ[5]	、	経	営	リ	ス	ク	の	分	散[3]	を	図	る	。

第4問（配点40点）

（設問1）　50字　【得点】15点

従	業	員	の	役	割	明	確	化[5]	と	専	門	性	向	上[5]	を	図	る	た	め
機	能	別	組	織[4]	を	採	用	。	新	分	野	へ	の	挑	戦[1]	を	可	能	と
す	る	組	織	構	造	と	す	る	。										

（設問2）　100字　【得点】25点

後	継	者	を	直	営	店[2]	と	農	業[1]	を	統	括	す	る	ポ	ジ	シ	ョ	ン
に	配	置	し	、	経	営	ス	キ	ル[5]	向	上	を	図	る[5]	。	直	営	店	は
従	業	員	に	権	限	委	譲[5]	し	、	新	商	品	開	発[1]	を	促	進	す	る
体	制[3]	を	構	築	す	る	。	現	経	営	陣	は	後	継	者	や	従	業	員
を	補	佐[2]	し	、	円	滑	な[2]	事	業	承	継	の	サ	ポ	ー	ト	を	行	う。

ふぞろい流採点基準による採点

100点

第1問：強み・弱みについて、重要度が高いと考えられる要素を多面的に取り入れることを意識して記述しました。

第2問：「○○で△△をし、○○で△△をし、□□させる」と並列列挙し、A社の経営環境を踏まえた施策と、その期待効果について多面的に記述しました。

第3問：大手中食業者と対等な関係を築き関係を強化すべきとの助言に加え、A社の新たな分野への挑戦を後押しすることでどのような効果が得られるかを記述しました。

第4問（設問1）：今後の事業展開を意識し、役割分担の明確化と専門性の向上をキーワードとしたうえで、「機能別組織」がA社の現状により適していると考え、記述しました。

第4問（設問2）：後継者への権限委譲、従業員への権限委譲や人員配置、さらに現経営陣によるサポート体制を構築することを多面的に記述しました。

Column

体調管理は0次試験

　私たちが受験した令和4年は、まだ全国的に新型コロナウイルスが蔓延り、マスクの着用がほぼ義務化されていた時期でした。特に1次試験のあった8月は、第7波と呼ばれる流行の真っ只中。その一方で、前年まで設定されていた、新型コロナウイルスによる返金措置や科目合格延長制度は廃止。私たち受験生たちは見えない敵に怯え、徹底的に健康管理に気を遣っていました。「体調管理は0次試験」というどこかで聞いた話を、心の底から実感したものです。

　さて、皆さんがこれを読む頃、新型コロナウイルスは過去のものとなっているのでしょうか。街中でマスクをする人は珍しくなっているのでしょうか。そうであることを望んでいますが、だとしても、受験生は健康管理が第一。どんなに圧倒的な実力を持っていても、当日の体調が悪ければ勝負の土俵にすら立てません。私の知り合いにも、感染して受験を断念した方がいます。どうか、体調に気をつけて。これを読む皆さんが、万全の状態で戦いに臨まれることを願っています。

（やーみん）

～資格以外に得られたこと～
　ふぞろいのメンバーや Twitter 上の勉強仲間。

▶事例Ⅱ（マーケティング・流通）◀

令和4年度　中小企業の診断及び助言に関する実務の事例Ⅱ （マーケティング・流通）

　B社は資本金3,000万円、従業者数は45名（うちパート従業員21名）で、食肉と食肉加工品の製造・販売を行う事業者である。現在の事業所は本社、工場、直営小売店1店舗である。2021年度の販売額は約9億円で、取扱商品は牛肉・豚肉・鶏肉・食肉加工品である。

　B社はX県の大都市近郊に立地する。高速道路のインターチェンジからも近く、車の利便性は良いエリアだ。B社の周辺には、大規模な田畑を所有する古くからの住民もいるが、工業団地があるため、現役世代が家族で居住する集合住宅も多い。

　1955年、B社はこの地で牛肉、豚肉、鶏肉、肉の端材を使った揚げたてコロッケなどの総菜を販売する食肉小売店を開業した。当時の食肉消費拡大の波に乗って順調に売り上げを伸ばしたB社は、1960年代に入ると、食肉小売事業に加え、地域の百貨店や近隣のスーパーなどの大型小売業へ食肉を納入する事業を手がけるようになった。

　百貨店やスーパーを取引先としてきたこともあって、B社の商品はクオリティの高さに定評がある。仕入れ元からのB社に対する信頼も厚く、良い食肉を仕入れられる体制が整っている。B社は、百貨店向けには贈答用を含めた最高級品質の食肉や食肉加工品の販売を行い、直営の食肉小売店では対面接客による買物客のニーズに合わせた販売を行い、スーパー向けには食卓で日常使いしやすいカット肉やスライス肉などの販売を行っており、さまざまな食肉の消費機会に対応できる事業者である。

　大型小売業の成長とともにB社も成長していたが、1980年代後半以降、スーパーは大手食肉卸売業者と取引を行うようになったため、B社からスーパーへの納入量は徐々に減少していった。現在、B社の周囲5km圏内には広大な駐車場を構える全国チェーンのスーパーが3店舗あり、食肉も取り扱っているが、いずれもB社との取引関係はない。

　こうした経営環境の変化を前に、B社社長は、直営の食肉小売店での販売と百貨店やスーパーを主要取引先とする商売を続けていくことに危機を感じた。そこで1990年代に入ってすぐ、次に挙げる3点で事業内容の見直しを行った。

　第1に、新たな取引先の開拓である。従来の百貨店やスーパーとの取引に加え、県内や隣接県のホテル・旅館、飲食店などに活路を見出した。B社のあるX県は、都市部と自然豊かな場所がともに存在し、高速道路で行き来できる。また、野菜・果物・畜産などの農業、漁業、機械や食品などの工業、大型ショッピングセンターなどの商業、観光サービス業がバランスよく発展している。山の幸、海の幸の特産品にも恵まれ、大規模な集客施設もあれば、四季それぞれに見どころのある観光エリアもあり、新たな取引先探しには事欠かなかった。

　第2に、自社工場を新設し、食肉加工品製造も行えるようにした。高い技術力を有する

　職人をB社に招き入れ、良質でおいしい食肉加工品を製造できる体制を整えた。これによって、B社は最高級のハムやソーセージ、ローストビーフなどの食肉加工品を自社ブランドで開発できるようになった。単品販売もできるうえ、詰め合わせれば贈答品にもなり、これら食肉加工品は直営小売店や高速道路の土産物店、道の駅などで販売している。また、取引先のニーズに応じて、相手先ブランドでの食肉加工品製造を請け負うことも可能になった。

　これと関連して第3に、取引先へのコンサルテーションも手がけるようになった。自社工場設立以前、B社は食肉販売を主な事業としていたため、取り扱う商品は標準的なカットやスライスを施した食肉であり、高度な加工を必要としなかった。しかし、ホテル・旅館や飲食店との取引の場合、販売先の調理の都合に合わせた形状のカットや、指定された個数でのパッキング、途中工程までの調理済み商品が求められるなど、顧客ニーズにきめ細かく合わせることが必要となってきた。B社は自社工場という加工の場をもつことによって、個々の顧客の要望に応じた納品が可能になった。最近では、飲食店に対してメニュー提案を行ったり、その半加工を請け負ったりすることも増えている。

　事業見直しを進めた現在、B社取引先の多くは1990年代以降に開拓した事業者となった。2019年度時点でのB社の売上構成比は、卸売事業が9割、直営小売事業が1割である。折からのインバウンド需要の拡大を受け、ホテル・旅館との取引は絶好調であった。加えて2020年夏には東京オリンピック・パラリンピックを控え、B社はさらなる飛躍を期待し、冷凍在庫も積み増していた。

　ところが、国内での新型コロナウイルス感染症の発生を受け、ホテル・旅館や飲食店などを主要取引先とするB社の経営は大打撃を受けた。B社の2020年度の売り上げは、2019年度のおよそ半分となった。2021年度の売り上げも2020年度から多少回復がみられる程度だ。東京オリンピック・パラリンピックのために積み増した冷凍在庫をさばくため、B社は大手ネットショッピングモールに出店し、焼肉用やステーキ用として冷凍肉の販売も試してみた。しかし、コロナ禍で同じことを考えた食肉販売業者は多く、B社紹介ページはネット上で埋もれ、消費者の目にはほとんど留まらないようだった。B社にとってせめてもの救いは、直営の食肉小売店であった。コロナ禍の巣ごもり需要拡大の影響で、開業以来、とくに何の手も打って来なかった食肉小売店での販売だけが急上昇した。料理の楽しさに目覚めた客や、作りたての揚げ物を買い求める客が、食肉専門店の魅力に気づいて足を運ぶようになった結果だった。

　B社社長はこの2年以上、コロナ禍で長期にわたって取引が激減しているホテル・旅館や、続々と閉店する飲食店を目の当たりにしてきた。もちろんB社の販売先の多くはまだ残っているが、コロナ収束後、これらの事業者がすぐにコロナ前の水準で取引してくれるようになるとはとても思えずにいる。

　B社社長は高齢のため、同社専務を務める息子がまもなく事業を承継する予定だ。アフターコロナと事業承継を見据え、B社社長は自社事業の再構築を行うべく、中小企業診断

士に相談した。B社はこのところ卸売事業を主軸としてきた。しかし、中小企業診断士との対話を重ねていくうち、B社社長は自社の売り上げが他社の動向に左右されていることに気づき、今後はB社自身が最終消費者と直接結びつく事業領域を強化すべきであると納得するに至った。B社社長は、自社の強みを生かした新たな事業展開ができるよう、中小企業診断士にさらなる助言を求めた。

第1問（配点30点）

　B社の現状について、3C（Customer：顧客、Competitor：競合、Company：自社）分析の観点から150字以内で述べよ。

第2問（配点20点）

　B社は、X県から「地元事業者と協業し、第一次産業を再活性化させ、県の社会経済活動の促進に力を貸してほしい」という依頼を受け、B社の製造加工技術力を生かして新たな商品開発を行うことにした。商品コンセプトと販路を明確にして、100字以内で助言せよ。

第3問（配点20点）

　アフターコロナを見据えて、B社は直営の食肉小売店の販売力強化を図りたいと考えている。どのような施策をとればよいか、顧客ターゲットと品揃えの観点から100字以内で助言せよ。

第4問（配点30点）

　B社社長は、新規事業として、最終消費者へのオンライン販売チャネル開拓に乗り出すつもりである。ただし、コロナ禍で試した大手ネットショッピングモールでの自社単独の食肉販売がうまくいかなかった経験から、オンライン販売事業者との協業によって行うことを考えている。

　中小企業診断士に相談したところ、B社社長は日本政策金融公庫『消費者動向調査』（令和4年1月）を示された。これによると、家庭での食に関する家事で最も簡便化したい工程は「献立の考案」（29.4％）、「調理」（19.8％）、「後片付け」（18.2％）、「食材の購入」（10.7％）、「容器等のごみの処分」（8.5％）、「盛り付け・配膳」（3.3％）、「特にない」（10.3％）とのことであった。

　B社はどのようなオンライン販売事業者と協業すべきか、また、この際、協業が長期的に成功するためにB社はどのような提案を行うべきか、150字以内で助言せよ。

〜資格以外に得られたこと〜
　新規事業への異動で知識を役立てるチャンスを得られた。

第１問（配点30点）【難易度　★☆☆　みんなができた】
　B社の現状について、３C（Customer：顧客、Competitor：競合、Company：自社）分析の観点から150字以内で述べよ。

事例Ⅱ

●出題の趣旨
　内外の経営環境を分析する能力を問う問題である。

●解答ランキングとふぞろい流採点基準

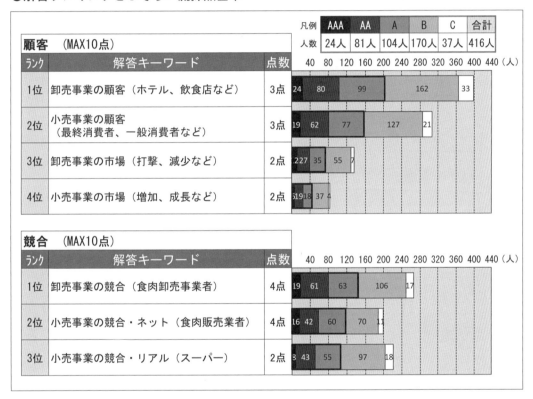

凡例	AAA	AA	A	B	C	合計
人数	24人	81人	104人	170人	37人	416人

顧客　（MAX10点）

ランク	解答キーワード	点数
1位	卸売事業の顧客（ホテル、飲食店など）	3点
2位	小売事業の顧客（最終消費者、一般消費者など）	3点
3位	卸売事業の市場（打撃、減少など）	2点
4位	小売事業の市場（増加、成長など）	2点

競合　（MAX10点）

ランク	解答キーワード	点数
1位	卸売事業の競合（食肉卸売事業者）	4点
2位	小売事業の競合・ネット（食肉販売業者）	4点
3位	小売事業の競合・リアル（スーパー）	2点

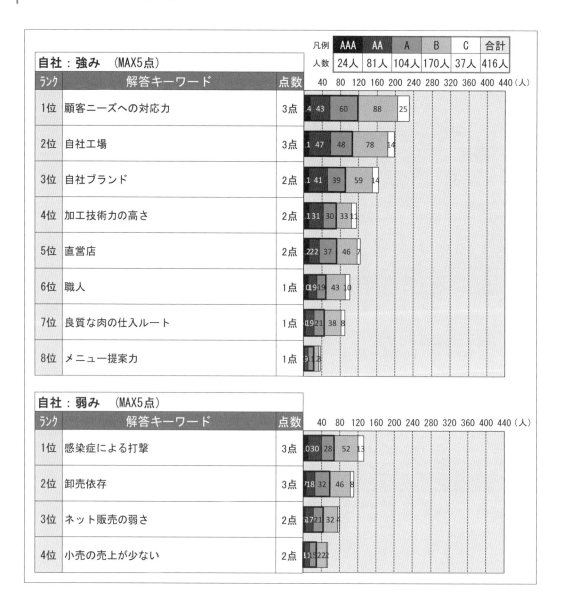

凡例	AAA	AA	A	B	C	合計
人数	24人	81人	104人	170人	37人	416人

自社：強み　（MAX5点）

ランク	解答キーワード	点数
1位	顧客ニーズへの対応力	3点
2位	自社工場	3点
3位	自社ブランド	2点
4位	加工技術力の高さ	2点
5位	直営店	2点
6位	職人	1点
7位	良質な肉の仕入ルート	1点
8位	メニュー提案力	1点

自社：弱み　（MAX5点）

ランク	解答キーワード	点数
1位	感染症による打撃	3点
2位	卸売依存	3点
3位	ネット販売の弱さ	2点
4位	小売の売上が少ない	2点

●再現答案

区	再現答案	点	文字数
AAA	顧客は、ホテルや旅館、飲食店が9割で、コロナで閉店や取引縮小が進展。直営店の顧客は1割で、コロナによる巣ごもり需要で増加中。自社は、高い技術力と自社工場所有で良質な食肉加工品が出来る事、仕入元からの信頼が強み。弱みは卸売事業への依存。競合は、スーパーと取引する大手食肉卸、ネット上の多数の食肉販売業者。	26	150

事例Ⅱ

AA	顧客は、①感染症の影響で売上が半減した卸売事業のホテル・旅館、飲食店等②巣ごもり需要拡大中の直営小売事業の最終消費者である。競合は、①大手食肉卸売業、②大手ネットショッピングモールに出店する食肉販売業者である。自社は、利便性の良い立地、良質な肉の仕入れが可能だが、他社動向に左右される経営体制。	22	147
A	顧客の9割はホテル・旅館・飲食店でコロナ禍により取引が激減。1割はB社近隣に住む現役世代。競合は大手食肉卸売業者でスーパーとの取引を奪われている。自社の強みは商品の質の高さ、高い技術力、自社ブランドがあり、OEM受注も可能である事。弱みはネット販売が不得手で近隣スーパーとの取引がない事。	19	144
B	顧客は百貨店・スーパー・ホテル・旅館・飲食店とネットショップや直営食肉小売店の消費者。競合はB社周辺の全国チェーンのスーパー3店舗とネット上の食肉販売事業者。自社の強みは①クオリティの高い商品②高い加工技術力で自社ブランドを開発できる③自社工場を持ち個々の顧客の要望に対応可能なこと。	17	142
C	顧客：売上の9割を占める卸売事業の主要顧客であるホテル・旅館・飲食業がコロナ禍により大打撃で売上激減でコロナ収束後も回復見込めない。競合：同業他社も大手ネットショッピングモールに出店も市場は飽和状態。自社：食肉専門店の魅力に再度脚光も食品加工能力とコンサル能力を生かす場がコロナ禍で失われる。	12	146

AAA: ≧70, AA: 69〜65, A: 64〜60, B: 59〜50, C: 49〜40, D: ≦39

　本事例Ⅱに関しては、開示得点の分散が小さいため、より緻密にキーワード分析を行うべく、A以上答案は5点刻みの区分としています。

●解答のポイント

> 　外部環境（顧客／競合）については卸売と小売の視点から、内部環境（自社）については強みと弱みの視点から、続く設問も踏まえて多角的に分析できたかがポイントだった。

【Customer：顧客】

先生：続いて事例Ⅱを見てみよか。「３Ｃ分析」は平成30年度に続いて2度目の出題やけど、どないやった？　まず顧客から聞こか。

永友：はい！　基本的には平成30年度と同じだと考えました。ホテルや飲食店という卸売事業の顧客、最終消費者という小売事業の顧客をそれぞれ解答したっス！

多辺：私は卸売事業が新型コロナウイルスの影響で打撃を受けていること、逆に小売事業が新型コロナウイルスにより追い風が吹いていることを書きました〜。

先生：あんたら2人ともええ感じやね。３Ｃ分析において「顧客」を分析するときは、本

　　仲間。

来「市場」まで踏み込んで分析するんやけど、字数が限られる2次試験においてどう判断するかは難しいところや。でも、「卸売事業が打撃を受ける状況で、小売事業を強化」というのは、第3問や第4問に関連してくる内容や。実際、「市場」について書いた人の半数はA以上答案やったから、今回は加点されとるやろなぁ。

【Competitor：競合】

先生：「競合」はどないやった？

多辺：卸売事業の競合である「食肉卸売業者」、小売事業の競合である「ネット販売している食肉販売業者」を書きました～。

永友：小売事業は直営店もあるよね？　ネットだけでなく、リアルの競合である「近隣のスーパー」も書くのが世界で戦ううえで必要じゃないか！？

先生：さすがや永友！　第3問では直営店に関する提案が求められており、「スーパー」も加点された可能性が高い。A以上答案の約半数が解答しとったで。

【Company：自社】

先生：最後は「自社」やけど、ここが第1問の勝負の分かれ目や！

多辺：まぁね～。何を書けばよいのかピンとこなくて、B社の強みを詰め込んでみた～。

永友：内外の経営環境を分析する問題だから、「自社」は内部環境、強みと弱みが必要！

先生：永友、あんた冴えとるなぁ。多くの受験生が強みと弱み両方聞かれていることに気づかず、強みのみを書いていたんや。弱みまで書かれているのは主にA以上の答案やった。まず強みやけど、「顧客ニーズへの対応力」や「自社で加工できる」ことに関して書くことができれば、点数につながったみたいや。これは第2問でB社が期待されている製造加工技術力や、第3問の最終消費者対応につながる点やね。

多辺：逆に弱みは何を書けばよかったのでしょうか？

永友：卸売事業に売上が依存していることを書いたっス！

先生：せやなぁ。実際B社は第3問で直営店の小売事業を強化しているし、第4問でもネットでの小売事業を強化しようとしとる。ところで、B社がネットでの小売事業に挑戦するのは今回が初めてやろか？

永友：2回目の挑戦っス！　失敗からの4年越しの再挑戦。かっこいい！

先生：4年越しかどうかは知らんけど、永友の言うとおりや。B社は一度ネット販売に失敗した。今回は再挑戦。そして協業を必要としとる。つまり？

多辺：ネット販売が苦手！

先生：多辺の言うとおりや。このように第4問を意識すると、「ネット販売の弱さ」が重要な点やと思わんか？　この点を書いた答案の半数はA以上答案で、加点されている可能性が高いんやわ。

多辺：ですよね～。ほかの設問と関連させて多角的に答えることが必要なんですね～。

～資格以外に得られたこと～
努力した自分に自信を持つことができた。

第2問（配点20点）【難易度　★☆☆　みんなができた】

　B社は、X県から「地元事業者と協業し、第一次産業を再活性化させ、県の社会経済活動の促進に力を貸してほしい」という依頼を受け、B社の製造加工技術力を生かして新たな商品開発を行うことにした。商品コンセプトと販路を明確にして、100字以内で助言せよ。

●出題の趣旨

　自社の強みを生かして地域課題の解決を図るための商品戦略と流通戦略について、助言する能力を問う問題である。

●解答ランキングとふぞろい流採点基準

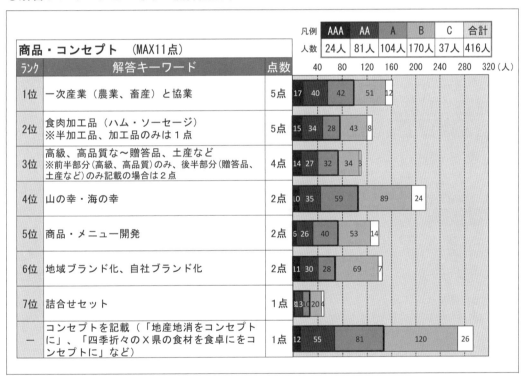

凡例	AAA	AA	A	B	C	合計
人数	24人	81人	104人	170人	37人	416人

商品・コンセプト　（MAX11点）

ランク	解答キーワード	点数	AAA	AA	A	B	C
1位	一次産業（農業、畜産）と協業	5点	17	40	42	51	12
2位	食肉加工品（ハム・ソーセージ） ※半加工品、加工品のみは1点	5点	15	34	28	43	8
3位	高級、高品質な〜贈答品、土産など ※前半部分（高級、高品質）のみ、後半部分（贈答品、土産など）のみ記載の場合は2点	4点	14	27	32	34	8
4位	山の幸・海の幸	2点	10	35	59	89	24
5位	商品・メニュー開発	2点	6	26	40	53	14
6位	地域ブランド化、自社ブランド化	2点	11	30	28	69	7
7位	詰合せセット	1点	13	10	20	4	
—	コンセプトを記載（「地産地消をコンセプトに」、「四季折々のX県の食材を食卓にをコンセプトに」など）	1点	12	55	81	120	26

〜知識以外に自分に身に付いたこと〜
勉強する習慣。

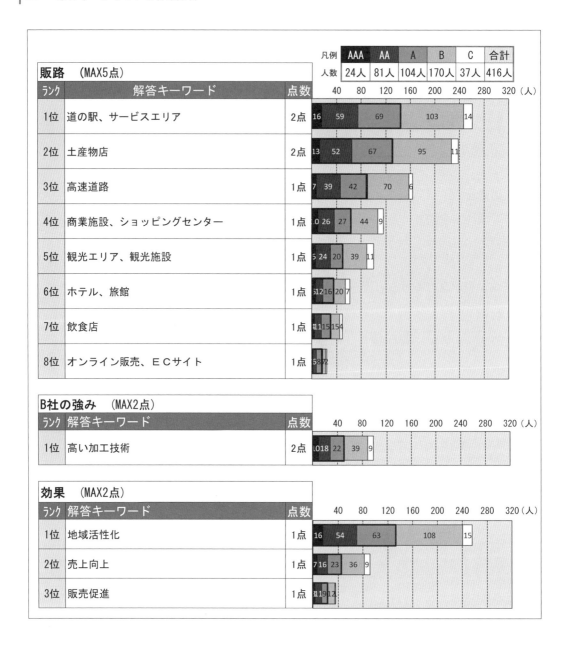

販路　（MAX5点）

凡例	AAA	AA	A	B	C	合計
人数	24人	81人	104人	170人	37人	416人

ランク	解答キーワード	点数	グラフ（人）
1位	道の駅、サービスエリア	2点	16 / 59 / 69 / 103 / 14
2位	土産物店	2点	13 / 52 / 67 / 95 / 11
3位	高速道路	1点	7 / 39 / 42 / 70 / 6
4位	商業施設、ショッピングセンター	1点	10 / 26 / 27 / 44 / 9
5位	観光エリア、観光施設	1点	5 / 24 / 20 / 39 / 11
6位	ホテル、旅館	1点	5 / 12 / 16 / 20 / 7
7位	飲食店	1点	11 / 15 / 15 / 4
8位	オンライン販売、ＥＣサイト	1点	5 / 3 / 2

B社の強み　（MAX2点）

ランク	解答キーワード	点数	グラフ（人）
1位	高い加工技術	2点	10 / 18 / 22 / 39 / 9

効果　（MAX2点）

ランク	解答キーワード	点数	グラフ（人）
1位	地域活性化	1点	16 / 54 / 63 / 108 / 15
2位	売上向上	1点	7 / 16 / 23 / 36 / 9
3位	販売促進	1点	11 / 19 / 12

●再現答案

区	再現答案	点	文字数
AAA	X県内の農業、漁業関係者と協業し、高い食肉加工技術を活かした食肉加工品と、山の幸、海の幸の特産品のセット商品を、地元産として販売し、ホテル、旅館で提供、土産物店、道の駅で販売し、経済活動の促進に繋げる。	19	100
AA	観光業及び畜産業と協業し、良質でおいしい食肉加工品を製造できる強みを生かし、地域の名産ブランド商品を開発する。販路は、ホテルの土産店や直営店、道の駅で観光客向けに販売し、社会経済活動の促進を推進する。	19	100
A	地元農漁業者と連携し、自然豊かな高品質、安心というコンセプトで加工品を開発し、高速道路の土産物店や道の駅で、詰め合わせ贈答品として販売する。DMの同封で再来訪を促し、観光事業者等の活性化にも貢献する。	17	100
B	X県の野菜・果物・畜産等の農業、漁業と協業し新規商品開発を図る。商品コンセプトはX県の魅力の訴求である。X県の観光エリアの観光サービス業・飲食店・ホテルへ販売し、X県の一次産業活性化、販路拡大に繋げる。	13	100
C	X県の農業・漁業会社と協力し、地元の野菜や魚とB社の肉を加工し、X県の四季をコンセプトにした弁当の開発を行うべき。販路は、全国チェーンのスーパーに対し全国展開の提案営業を行い、X県の経済活性化を図る。	11	100

●解答のポイント

> ①商品コンセプト、②販路の2点を解答の軸にして、設問文記載のX県からの依頼（地元事業者との協業、第一次産業の再活性化、県の社会経済活動の促進）に沿って、与件文記載のX県の地域資源を活用した提案を検討し、一貫性のある解答にまとめることがポイントだった。

先生：ほな、次は第2問にいこか。助言問題やけど、2人はしっかり解答できたんか？

永友：「商品コンセプトと販路を明確にして」と設問文に記載があるから、商品コンセプトと販路を解答の軸にしたっス。

多辺：そうね〜。あとは与件文に従って、「地元事業者と協業」、「第一次産業を再活性化」、「県の社会経済活動の促進」の3点を踏まえて解答を解答を練りました〜。

先生：2人ともええな。第2問は、「第一次産業を再活性化」、「県の社会経済活動の促進」という課題に対し、商品戦略と流通戦略の両面から助言する問題やったで。

~知識以外に自分に身に付いたこと~
諦めないこと、自分の力を信じること。

【商品・コンセプトについて】

先生：まずは、商品・コンセプトからや。2人はどない考えたんや？

永友：先生！　第一次産業の再活性化を図りたいんだから、「地産地消をコンセプトに、地域の農産物を使った商品を開発する」だとどうっスか？

先生：おお、商品コンセプトを明確にしつつうまくまとめたな！　確かに、「一次産業との協業」はA以上答案の6割、「商品開発」は5割が記載したキーワードやった。けどな、設問文に「B社の製造加工技術力を生かして」と書いとるやろ？　B社の製造加工技術力（強み）を生かしてどんな商品が作れるのかを、もっと具体的に考えてほしいんや。「地域の農産物を使った商品を開発」のみで十分な助言と言えるやろか？

多辺：なるほど～、永友の解答もいいと思ったけど……B社は自社工場を新設し、高度な加工技術を有しているから、良質でおいしい食肉加工品を製造できるって与件文に書いてあるね～。あと、X県は畜産業もあるみたいだから、X県産の肉を調達できる環境みたい。それなら……「X県の畜産農家と協業して、B社の製造加工技術を生かして、高品質なハムやソーセージなどの食肉加工品を製造し、地域ブランド化を図る」とかどうですか？

先生：B社の製造加工技術力に着目することで、より具体的な助言になったな。第2問では、「地元事業者と協業」、「第一次産業を再活性化」、「県の社会経済活動の促進」の3つのポイントを押さえつつ、B社の食肉加工技術（強み）を踏まえた提案になっているかが、得点の差につながったんや。あとは、「県の社会経済活動の促進」という課題に対して「地域ブランド化」について触れとるのもええな。「地域ブランド化」について記載している解答は全答案の3割程度ではあるが、A以上答案のうち5割を占めとったで。

永友：B社の食肉加工技術を踏まえたほうが点が高いってどういうことっスか？

先生：たとえば、「加工品（を開発する）」を記載したA以上答案の割合は5割だったけど、「食肉加工品（を開発する）」と食肉に言及したA以上答案は6割で、前者に比べ1割高かった。ほかにも、「贈答品、土産」のみよりも、B社の良質でおいしい食肉加工品を製造できる強みを踏まえ「高品質な～贈答品、土産」を開発すると解答した答案のほうが、2割弱A以上答案の割合が高かったんや。

多辺：なるほど～。思っていた以上に、与件文と設問文に即した内容やキーワードを使って、解答を作ることって大事なんだね～。

永友：オレも、まだまだトレーニングが足りないようだぜ！　（帰ったら早く体幹を鍛えなければ。）

【販路について】

先生：ほな、販路についてはどない考えたん？

～知識以外に自分に身に付いたこと～
自分に自信がついたこと。

永友：先生！　ここは任せてください！　地元事業者と協業して開発した商品を、「社会経済活動の促進」につながる販売先に販売するって考えるのはどうっスか？　高速道路で行き来できるアクセスの良さや、大型ショッピングモールや観光エリアがあることを踏まえて、他県から訪れる観光客向けの商品を開発し、観光客が訪れそうな場所で販売することで、地域活性化を図るとか！

先生：つまり？　……販路は？

永友：……。いろいろ思い浮かんで決められないっス！

多辺：永友〜、いい考えしてるんだからちゃんと最後まで答えなさいよ〜。

先生：せやなぁ。永友の考えはええと思うで。具体的な販売先としては、「高速道路の道の駅」、「土産店」と答えた解答が多かった。新型コロナウイルスで打撃を受けた「ホテル・旅館」、「飲食店」と記載した解答は全答案の2割を下回っているほか、与件文にB社社長の考えとして「新型コロナウイルス収束後、これらの事業者（ホテル・旅館、飲食店）がすぐにコロナ前の水準で取引をしてくれるようになるとは思えずにいる」と記載されていることから、「ホテル・旅館」、「飲食店」への加点は少なかったと思われるわ。

【効果について】

先生：最後に聞くけど、ちゃんと効果についても触れたんか？

永友：そりゃ〜先生！　散々「第一次産業を再活性化」、「県の社会経済活動の促進」という目的に沿って、商品コンセプトと販路を考えてきたんだから当然書きました！　オレは「地域活性化」にしたっス！

多辺：やるじゃん、永友〜。ちなみに、「売上向上」とか「販売促進」とかB社にとってのメリットを書くのも問題ないですかね〜。

先生：「地域活性化」と比べて解答数は少ないんやけど、A以上答案が占める割合は、「売上向上」は5割、「販売促進」は7割弱だったみたいやから、加点対象であったと思われるで。

永友：やっぱり、助言するなら効果も書くって感じか！　試合でも、オーバーラップしたらシュートまでいかないと怒られるもんな。

先生：そのたとえはようわからんが、社長の気持ちになって考えてみ。助言されたことに対してどんな効果が期待できるか具体的に教えてもらうほうが納得しやすいやろ？　愛のある診断士として、ただ知識があって助言ができるだけやったらあかんのやで。

〜知識以外に自分に身に付いたこと〜

わからないなりに理論立てて正解を作ろうとするガッツ。

> **第3問（配点20点）【難易度　★★☆　勝負の分かれ目】**
> 　アフターコロナを見据えて、B社は直営の食肉小売店の販売力強化を図りたいと考えている。どのような施策をとればよいか、顧客ターゲットと品揃えの観点から100字以内で助言せよ。

●**出題の趣旨**
　自社の成長事業を強化するためのターゲティング戦略について、助言する能力を問う問題である。

●**解答ランキングとふぞろい流採点基準**

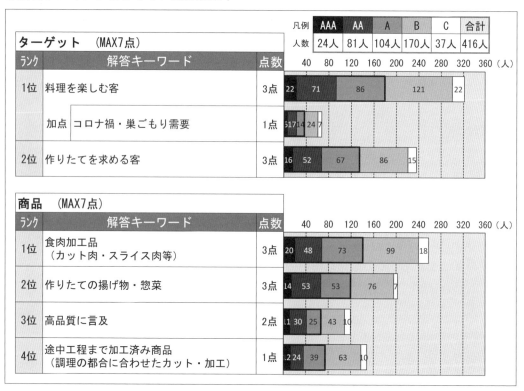

凡例	AAA	AA	A	B	C	合計
人数	24人	81人	104人	170人	37人	416人

ターゲット　（MAX7点）

ランク	解答キーワード	点数	グラフ値
1位	料理を楽しむ客	3点	22／71／86／121／22
	加点　コロナ禍・巣ごもり需要	1点	5／17／14／24／7
2位	作りたてを求める客	3点	16／52／67／86／15

商品　（MAX7点）

ランク	解答キーワード	点数	グラフ値
1位	食肉加工品（カット肉・スライス肉等）	3点	20／48／73／99／18
2位	作りたての揚げ物・惣菜	3点	14／53／53／76／7
3位	高品質に言及	2点	11／30／25／43／10
4位	途中工程まで加工済み商品（調理の都合に合わせたカット・加工）	1点	12／24／39／63／10

事例Ⅱ

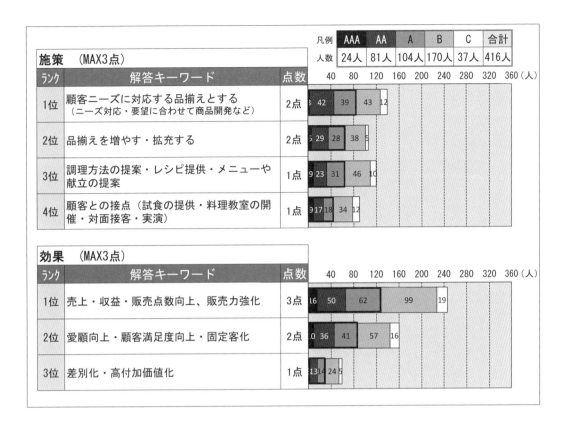

凡例	AAA	AA	A	B	C	合計
人数	24人	81人	104人	170人	37人	416人

施策　（MAX3点）

ランク	解答キーワード	点数	グラフ
1位	顧客ニーズに対応する品揃えとする（ニーズ対応・要望に合わせて商品開発など）	2点	3 42 39 43 12
2位	品揃えを増やす・拡充する	2点	5 29 28 38 5
3位	調理方法の提案・レシピ提供・メニューや献立の提案	1点	9 23 31 46 10
4位	顧客との接点（試食の提供・料理教室の開催・対面接客・実演）	1点	9 17 18 34 12

効果　（MAX3点）

ランク	解答キーワード	点数	グラフ
1位	売上・収益・販売点数向上、販売力強化	3点	16 50 62 99 19
2位	愛顧向上・顧客満足度向上・固定客化	2点	10 36 41 57 16
3位	差別化・高付加価値化	1点	13 14 24 5

●再現答案

区	再現答案	点	文字数
AAA	ターゲットは、料理の楽しさに目覚めた客と作り立ての揚げ物を求める客で、高品質な食肉と揚げたての商品を品揃える。顧客の要望を聞きながらレシピ提供も兼ねた実演調理を行い、満足度・客単価・売上向上を図る。	19	99
AA	施策は、料理の楽しさに目覚めた客や作りたてを求める消費者をターゲットとして、顧客ニーズに応じた食肉や揚げ物の品揃えを増やす。対面販売で揚げたてを提供することで魅力を訴求し、顧客愛顧を獲得する。	17	96
A	巣ごもりで拡大した料理の楽しさに目覚めた客に対して、食肉加工の料理セットによる調理メニューの提案や半加工の食材を提供する。これらにより小売店の販売力を高めると共に、顧客愛顧を向上し、売上を拡大する。	12	99
B	B社周辺の集合住宅に住む現役世代の家族層に対し①職人の高い技術力を活用した調理に応じた形状カット品②最高級品質の肉の端材を使用した惣菜品種増加。対面接客でニーズ収集し定期的に見直し来店頻度向上。	10	97

～知識以外に自分に身に付いたこと～

自信。

| C | コロナ禍の巣ごもり需要拡大で来店した顧客を標的に聞き取りし、ニーズ把握に努め、食肉専門店として<u>ニーズに応じた²加工品³や新メニュー</u>を<u>試食会¹</u>で提案し、反応に応じ品揃えを改変し関係性構築・<u>固定客化²</u>を図る。 | 8 | 98 |

●解答のポイント

> 「顧客ターゲット」と「品揃え」という観点から、ポテンシャルのある「顧客層」と顧客ニーズを的確に捉え、B社の強みが生かせる「商品」を具体的に記載することがポイントだった。

先生：続いては第3問。2人はどない解答したんか、ちょっと聞かせてくれる？

多辺：「品揃えの観点から」って聞き方が気になるけど、つまりは誰に何を売るかっていうことですよね～。

永友：自分も、「誰に、何を、どのように、効果」の「ダナドコ」フレームワークを使ったっス。

先生：少し捻りのある聞き方やけど、基本は「ダナドコ」をベースに考えると多面的な解答ができると思うわ。ほな、まずターゲットからやな。

【ターゲットについて】

永友：ターゲットといえば「デモ・ジオ・サイコ」のフレームワークが使えるっス。与件文にしっかりB社周辺には工業団地があって、現役世代が家族で住んでいる集合住宅があるって書いてあります。

多辺：「料理の楽しさに目覚めた客」や、「作りたての揚げ物を買い求める客」という記載もあるよ。これは「サイコ」に当たるのかな？

先生：せやなぁ。特に、「料理の楽しさに目覚めた客」や「作りたての揚げ物を買い求める客」を書いた答案はA以上答案の6割以上を占めていて多かったんや。

永友：先生、「B社周辺の工業団地の集合住宅に住む家族層で、料理の楽しさに目覚め、作りたての揚げ物を買い求める客」と書いたら、ターゲットだけで相当な文字数になっちゃうっス！

先生：工業団地に家族で住んでいる現役世代も間違いやないけど、「家族」、「ファミリー層」、「近隣」、「集合団地」、「工業団地」などデモ・ジオ要素は全体の3割程度しか記載した答案がなかったんや。A以上答案でも言及している割合は変わらんかったから、加点されていたとしてもそこまで大きく差がつかなかったかもしれへんな。限られた字数でほかの要素も盛り込まなければならないなか、デモ・ジオに字数を割くよりかは、明確な顧客ニーズとなるサイコに言及することを優先することにし

た受験生が多かったんやな。与件文中に散りばめられた情報を拾ってうまく編集する力が求められたといえるやろね。

永友：しまった、裏を取られた……。

【商品について】

永友：商品は、「食肉加工品」だと思うっス。カット肉や、スライス肉はどうですか？

先生：それだけでええんか？　ターゲットで、「料理の楽しさに目覚めた客」と「作りたての揚げ物を買い求める客」の2つの対象が出てきたが、この2つにそれぞれ対応する商品を具体的に書くことがポイントやろうな。「食肉加工品」については、A以上答案の7割が記載していたので、得点が入ったと思うわ。B社は自社工場を保有していて、食卓で日常使いしやすいカット肉やスライス肉の加工ができる。まさにターゲットのニーズに合った商品やな。ほな、もう1つの「作りたての揚げ物を買い求める客」には何を販売するんや？

多辺：作りたてのコロッケが売っていたら、私なら絶対買います～。

先生：せやなぁ。「作りたての揚げ物・惣菜」はA以上答案の6割が記載していたんや。

永友：先生、第1問で3C分析をしたとおり、周辺には競合他社がいます。差別化できるように、B社の強みである「良い肉を仕入れられる体制」がここで生かせるのではないでしょうか。

先生：そのとおりや。良い肉を仕入れられるB社の強みが生かせる「品質の良い」商品であることに言及できるとさらに加点されたと思われる。ここまで書けたのはA以上でも3割程度にとどまるんや。あんた、センスあるんちゃう？

永友：よっしゃー！　ナイスタックル！

【施策について】

先生：施策についてはどない思う？　そもそも施策まで書いていない答案もあり、対応が分かれた要素だったかもしれへんな。

永友：「どのような施策」と設問文にありますし、「ダナドコ」のフレームワークに従って、もちろん書いたっス。

多辺：しかも、「品揃えという観点から」という制約条件がありますね。

先生：ただ施策を書くだけじゃアカンで。制約条件に従って「品揃え」に言及できたかがカギを握る。ターゲットに合わせた商品をそろえることや、B社が強みを生かせる商品群を強化する方向で書けたかどうかが大事や。

永友：オレは、「作りたての揚げ物の品揃えを増やす」と書きました。

多辺：直営店って、お客さんと直接接点を得られるのがよいところですよね。調理の実演とか見ちゃったら、絶対買っちゃう。試食配ってくれないかな～。食べたら絶対B社のお肉の良さをわかってもらえるのに～。

~知識以外に自分に身に付いたこと~

学習習慣。

先生：試食や料理教室など、顧客と接点を持てる直営店ならではの施策を書いた答案も一定数あったんやけど、設問要求に応えるにはもう少し踏み込んで、収集したニーズから品揃えに生かすことまで言及が必要やった。特に「品揃えを充実させる」というところまで書けていたのはA以上答案でも3割にとどまっとった。

多辺：そうか、「品揃え」について助言しなきゃいけないんだった。忘れてた〜。

【効果について】

永友：「誰に、何を、どのように」ときたら、最後は絶対に「効果」っス。

先生：設問文では、明確に「効果」の記載についての指示はないんやけど、全体の7割以上の答案が何かしらの効果には言及しとったんや。助言に説得力を持たせるため、効果を書くと判断した答案が多かったみたいやな。

多辺：「販売力強化」って設問文にも書かれているし、売上が増えることに直結する効果を書けばいいんでしょ〜。おすすめのスイーツぐらい、これは自信ある。

先生：「売上向上」、「販売点数の増加」などの効果についてはA以上答案の6割が記載しとった。外されへんポイントやな。

永友：さすが、アモーレ！

多辺：まぁね〜。

先生：今回は、いつもと違った聞き方の設問やったから、何を書いてよいか焦った受験生も多かったと思う。そういうときほど、「ダナドコ」などのフレームワークを活用して解答すべき内容を切り分けて考えると、重要なキーワードを漏らさずに多面的な解答を書く助けになることもあるんや。しっかり覚えときや！

Column

診断士は「役に立つか、立たないか」→それより自身の動機づけを

　「診断士を取ると人生が変わる」派がいる一方で、「診断士なんて役に立たない（足の裏の米粒）」派もいます。どちらが正しいのでしょうか。ネットではいろんな意見が発信されているので、つい振り回されてしまうのですが、正直どちらも正解なのかなと思います。人それぞれの事情にもよるので。それよりも、「そこまで苦労して取得して、自分は一体何をしたいのか」を考えるのが大事、というのが個人的な意見です。

　考えた結果、診断士の勉強をやめて別のことを頑張るというのもアリだと思います。やっぱり○○のために診断士を勉強したい！　と改めて気持ちを整理することで、それがモチベーションとなり、知識定着度につながってくると思います。月並みですが、診断士試験はほかの資格と比べるとやや長期戦になるため、目的を見失ってしまうことがあります。そのようなとき、ふと振り返ってもらえたらと思います。　　　　　　　　　　（けーた）

〜診断士の魅力〜
　独占業務がないゆえの人材の豊富さ。

第4問（配点30点）【難易度　★★☆　勝負の分かれ目】

　B社社長は、新規事業として、最終消費者へのオンライン販売チャネル開拓に乗り出すつもりである。ただし、コロナ禍で試した大手ネットショッピングモールでの自社単独の食肉販売がうまくいかなかった経験から、オンライン販売事業者との協業によって行うことを考えている。

　中小企業診断士に相談したところ、B社社長は日本政策金融公庫『消費者動向調査』（令和4年1月）を示された。これによると、家庭での食に関する家事で最も簡便化したい工程は「献立の考案」（29.4%）、「調理」（19.8%）、「後片付け」（18.2%）、「食材の購入」（10.7%）、「容器等のごみの処分」（8.5%）、「盛り付け・配膳」（3.3%）、「特にない」（10.3%）とのことであった。

　B社はどのようなオンライン販売事業者と協業すべきか、また、この際、協業が長期的に成功するためにB社はどのような提案を行うべきか、150字以内で助言せよ。

●出題の趣旨

　新規市場への参入にあたって必要となる取引関係の構築、商品戦略、協業先がとるべきコミュニケーション戦略の提案について、助言する能力を問う問題である。

●解答ランキングとふぞろい流採点基準

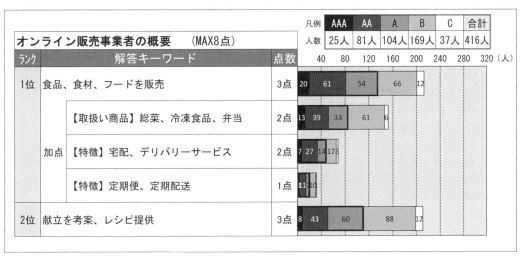

　　　さまざまな背景を持った方がいる。

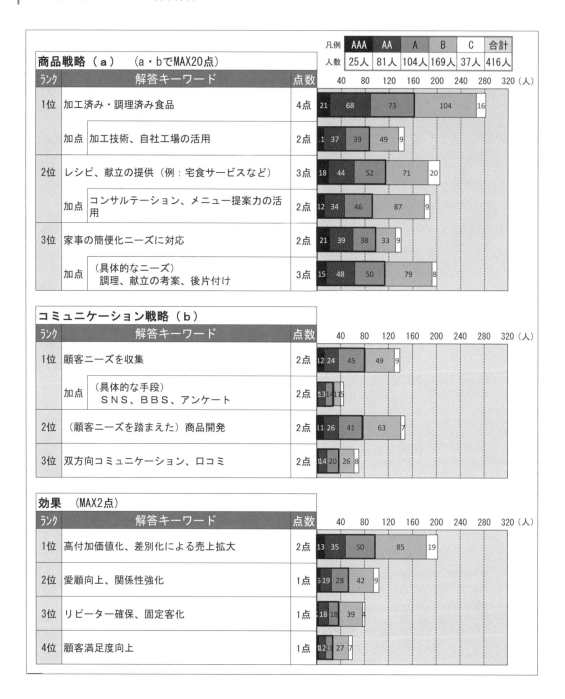

凡例	AAA	AA	A	B	C	合計
人数	25人	81人	104人	169人	37人	416人

商品戦略（a）　（a・bでMAX20点）

ランク	解答キーワード	点数	分布
1位	加工済み・調理済み食品	4点	21 / 68 / 73 / 104 / 16
加点	加工技術、自社工場の活用	2点	11 / 37 / 39 / 49 / 9
2位	レシピ、献立の提供（例：宅食サービスなど）	3点	18 / 44 / 52 / 71 / 20
加点	コンサルテーション、メニュー提案力の活用	2点	12 / 34 / 46 / 87 / 9
3位	家事の簡便化ニーズに対応	2点	21 / 39 / 38 / 33 / 9
加点	（具体的なニーズ）調理、献立の考案、後片付け	3点	15 / 48 / 50 / 79 / 8

コミュニケーション戦略（b）

ランク	解答キーワード	点数	分布
1位	顧客ニーズを収集	2点	12 / 24 / 45 / 49 / 9
加点	（具体的な手段）ＳＮＳ、ＢＢＳ、アンケート	2点	13 / 14 / 11 / 15
2位	（顧客ニーズを踏まえた）商品開発	2点	11 / 26 / 41 / 63 / 7
3位	双方向コミュニケーション、口コミ	2点	14 / 20 / 26 / 8

効果　（MAX2点）

ランク	解答キーワード	点数	分布
1位	高付加価値化、差別化による売上拡大	2点	13 / 35 / 50 / 85 / 19
2位	愛顧向上、関係性強化	1点	5 / 19 / 28 / 42 / 9
3位	リピーター確保、固定客化	1点	18 / 18 / 39 / 4
4位	顧客満足度向上	1点	12 / 11 / 27 / 7

　まだわからないが、ふぞろいメンバー含め、さまざまな業界の方々と触れ合える機会ができたこと。

事例Ⅱ

●再現答案

区	再現答案	点	文字数
AAA	宅食販売を行うオンライン販売事業者と協業し、献立の立案、調理、後片付けを簡便化したい顧客に向けた宅食サービスを提案する。注文時に形状、個数、調理済み商品等の消費者ニーズを聴取し、それに基づく商品を提供すると共に、顧客ニーズを商品開発に反映する。以上で差別化、顧客獲得、オンライン販売拡大を図る。	23	147
AA	料理を楽しむ客に対して、グルメレシピもコンテンツに持つオンライン販売事業者と協業し、高い製造加工技術力を活かし、良質な食肉を使用したカット・スライス商品を販売する。毎週の献立を提案し、毎週配達することで、顧客の献立の考案、調理の負担を軽減。以上で、顧客満足度を高め、固定客化をして、売上拡大する。	19	148
A	献立の考案や調理を簡便化したいというニーズを満たすため、調理済みの食品や冷凍食品を販売する事業者と提携すべきである。長期的な成功には①食肉加工品やB社取引先のホテルや飲食店とコラボしたメニュー提案②加工技術力を生かした半加工請負③要望に合わせ相手ブランドの生産を提案し差別化とCS向上を図るべき。	17	148
B	提案は、X県の観光サイトや地元密着型のオンライン販売事業者と協業し、調理済の料理を販売する。これにより「献立の考案」「調理」と簡便化したい家事の半数を解決できる。X県の特産品と合わせた「鍋セット」などを販売し、消費者との接点を持つ。以上、X県の社会経済活動の促進と売上の拡大を図る。	13	141
C	地域の特産品や専門店の品を扱うオンライン販売事業者と協業し、B社の強みである調達力、加工技術、消費機会への対応力を活かしてX県特産品とB社製品の1週間分の献立と食材付きの調理キットの定期購買を提案する。X県とB社の認知度を全国に広げ、長期的な売上と地域活性化を実現。	12	132

●解答のポイント

　設問文に記載のある簡便化ニーズを踏まえ、第1問の3C分析で述べた自社の強みを活用した商品戦略と、中長期的に成功するためのコミュニケーション戦略を立案することがポイントだった。

多辺：やっと最後の問題〜。だと思ったら、設問文、長くないかな、これ？

永友：オレはまだまだ余裕だぜ！　体幹トレーニングで、流した汗は裏切らない！

先生：長い設問文やけど、2人はどない考えたんや？

永友：事例Ⅱの助言問題といえば、「ダナドコ」で決まりっス！？

〜診断士の魅力〜
　　新しい世界が目の前に広がった。

多辺：永友～、それは違うと思う。「消費者動向調査」の結果が記載されているけど、これって、消費者のニーズの変化、つまりSWOTでいう機会（O）でしょ？　ってことは、機会（O）に対して、強み（S）を生かし、弱み（W）を協業で補うってことじゃない！？

先生：多辺、なかなかええんちゃうか。ほな、具体的に見ていこか。

【協業するオンライン販売事業者について】

先生：まず、最初に問われているのは、何やと思う？

永友：先生！　「どのようなオンライン販売事業者と協業すべきか」です！　設問文に記載のある「消費者動向調査」の結果に対応できる業者だと思います。家事の簡便化ニーズで上位の「献立の考案」、「調理」、「後片付け」を対応できる業者で決まりっス！

多辺：ちょっと待って！　「献立の考案」とか「調理」って、B社の強みである「コンサルテーション」や「加工技術」と被るんじゃない？

先生：ええところに気がつきよったな！　1次試験で学習したはずやけど、協業とは、お互いに強みや経営資源を補完し合うことやろ？　せやから、B社と同じ強みを持っている相手とは、そもそも協業は成立しにくいと考えるべきや。実際、オンライン販売事業者の特徴として、「簡便化のニーズに対応できる」まで記載した解答は一定数あったけど、B以下答案に多かったようやで。

多辺：ということは、B社にない強みを持つ、すなわちB社の弱みを補完できる相手と協業するってわけね～。B社の弱みって……ネット販売の弱さ？　そっか！　だから、オンライン販売事業者と協業するわけね。そうだとすると、「どのようなオンライン販売事業者と協業するべきか」という問いには、何と答えればよいのでしょうか？

先生：8割以上の受験生が「食品を販売する」もしくは「レシピを提供する」といったキーワードを記載していたようや。特にA以上答案は、オンライン販売事業者の説明に字数をかけないシンプルな記載が多かったようやで。

永友：簡便化ニーズへの対応は、提案内容に取っておけってことっスね！

【提案内容について】

先生：ほな、次に問われているのは、何やと思う？

多辺：「協業が長期的に成功するためにB社はどのような提案を行うべきか」ですね。それならB社の強みを生かした商品開発がよいかも！　具体的には、加工技術やコンサルテーションを生かした「調理」や「献立の考案」みたいに家事の簡便化ニーズに対応できるミールキットとかいいんじゃないかな～。

永友：おおっ！　まさに、機会（O）に対して、強み（S）を生かしている！

先生：多辺の言うとおりや。8割近くの受験生が、簡便化ニーズに対応した「調理済みの食材」や「献立・レシピ」と解答しとったようや。一方で、「加工技術」、「コンサルテーション、提案力」といったB社の強みに関するキーワードまで記載できた受験生は、全体の3割くらいやな。A以上答案では6割以上が強みに触れていたことから、強みを踏まえた商品戦略の立案を助言できたかが、勝負の分かれ目やったと思う。

多辺：でも、これだけで設問文にある「協業が長期的に成功する」と言えますかね？

永友：先輩！　何言ってんスか！？　十分じゃないですか。強みを生かした商品戦略で、差別化できてます。ブラボー！！！

先生：いや、多辺の言うとおりや。問われている「長期的に成功」とは一体なんやと思う？

永友：そりゃ、協業先との取引関係が長～くアモーレな感じに続くことじゃないっスか？　そのためには、B社の強みを協業先にアピールしまくって、信頼関係を構築すればよいでしょ。代表に選ばれるために監督へアピールするのと同じっス！

多辺：そうかな～。協業関係が長く続くためには、商品が売れ続ける必要があるでしょ。そのためには固定客化じゃない？

先生：多辺、ええ着眼点や。固定客化するために、協業先へ何を提案すればええと思う？

多辺：はい！　SNSで、双方向コミュニケーションです。ニーズを収集して、商品開発に反映して愛顧向上です！　あれ？　これって、前年度と同じじゃん！！！

先生：そのとおりや！　実は、事例Ⅱの最終問題は令和3年度も製品戦略とコミュニケーション戦略が問われていたんや。ただ、前年度は設問文に「製品戦略とコミュニケーション戦略について助言せよ」と明記してある。そういう意味では、今回のほうが難しかったやろうな。実際、コミュニケーション戦略に言及していた解答は全体の3割程度やったが、A以上答案では6割以上が言及しとったんや。

永友：くそっ！　2年続けて、同じ出題趣旨を間違えるとは……（2大会連続でベスト16を突破できなかったときと同じだぜ）。

【効果について】

多辺：先生、効果は「顧客満足度向上、愛顧向上、固定客化」で十分でしょうか？

永友：オレは強みを生かした商品戦略で、「差別化を図って売上拡大」だと思うな。

先生：2人とも素晴らしいで。第4問では、半数以上の答案が、何かしらの効果を記載しとったようや。合格答案でも、効果を記載しとったのは半数程度やから、配点はそんなに大きくなかったと思われるけど、効果を記載したほうが、助言として説得力が増すんとちゃうか。

~診断士の魅力~
何でもできるマンになれる。

▶事例Ⅱ特別企画 ◀

「事業再構築を理解しよう」
～令和３、４年度の事例Ⅱに共通する重要キーワード～

【コロナ禍で奮闘する事例Ⅱ企業】

多辺：前年度と同様、令和４年度の事例Ⅱも新型コロナウイルスの影響を受けた企業が登場しましたね。どちらも深刻な業績不振に陥ったものの、企業努力を重ねて再起する過程が書かれていて胸が熱くなったな～。

先生：確かに、令和３、４年度の事例はコロナ禍で激変した外部環境に対して柔軟に対応しようとする中小企業に焦点を当てとった。ところで、この令和３、４年度に登場した企業なんやけど、ウィズコロナ時代における厳しい経営の打開策として、中小企業庁が猛プッシュしてはる「事業再構築」を行うことで難局を乗り切ろうとしていたんや。今回の特別企画では、今後もこのテーマが出題される可能性が高いと考え、事業再構築とは何か、なぜ中小企業庁が重視しているかを中小企業白書に記載のあるデータを使って説明するで。ほんで、具体的な事業再構築補助金の採択事例を掲載して、本キーワードの理解を深めようってのが本企画の趣旨や。それじゃ、まずは事業再構築とは何かについて見ていこか！

【事業再構築とは何か？】

先生：中小企業庁が制定した「事業再構築指針」に記載のある定義から見ていこか。

　　　〈定義〉事業再構築とは、新分野展開、事業転換、業種転換、業態転換または事業再編のいずれかを行う計画に基づく中小企業等の事業活動をいう。

永友：なんとなくイメージは湧くけど難しいっス……具体例ってありますか？

先生：これも中小企業庁が各項目について具体例を出してはるから見てみよか。

図表1　補助金採択事例から見る「事業再構築計画」の概要①

事業	類型	事業計画概要
レストラン	業態転換	店舗を縮小。非対面式注文システムを活用したテイクアウト販売を開始。
宿泊施設経営	新分野展開	キャンプ需要を受けてオートキャンプ場施設経営を開始。
衣服品販売フィットネス	事業転換	既存事業との相乗効果を狙い健康・美容関連商品の販売店を展開。
ホテル・旅館	業種転換	客室の大半をコワーキングスペースに改修し運営開始。
弁当屋	事業再編	会社法上の組織再編（吸収分割）を行い、病院などの施設給食業に着手。

（出所：中小企業庁の事業再構築補助金ホームページより『ふぞろい16』作成、https://jigyou-saikouchiku.go.jp）

多辺：なるほど、よく理解できました！　あれ、そういえば業態転換の計画を見ていると既視感が……もしかして、令和３、４年度とも事業再構築の業態転換の話でした？

先生：あんた、鋭いな！　確かに、令和３年度は豆腐の製造販売事業者が、令和４年度は食肉加工品の製造販売事業者がそれぞれ EC サイトやオンライン販売チャネル開拓に乗り出そうとした事例やった。業態転換はほかの類型に比べて自社の強みを生かしやすく、ハードルも低い。事例Ⅱでは自社の強みとする商品・サービスをどう生かすかがテーマになったものが多いことから、業態転換をした企業を連続で取り上げたのは偶然とは言われへんやろなぁ。

多辺：ネット販売への業態転換はターゲットとする顧客数がグッと増えるし、非対面チャネルに参入するトレンドはまだまだ続きそうだね～。

【なぜ中小企業庁は事業再構築を重視しているのか？】

永友：でも、結局事業再構築ってそんなに効果あるんスか？　エビデンスあります？

先生：あんたいけずやなぁ、急に論破王みたいな口ぶりにならんとって！　エビデンスは『2022年版中小企業白書』や。それを見ると、中小企業庁の事業再構築に対する期待と課題意識が垣間見えて面白いで。まず前提として、中小企業の取るべき戦略は外部環境の変化に応じて、競争優位に立てる事業領域に進出すること。そして、コロナ禍における足下の事業継続とその後の成長につなげる戦略の１つとして、事業再構築の重要性を記載しているんや。下図のとおり、「売上面の効果が出た」もしくは「今後出る予定」と回答した企業数は96％と驚異的な数字で、事業再構築の効果が高いことがデータで示されているんやで。

図表２　事業再構築による売上面での効果

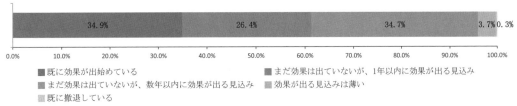

資料：（株）東京商工リサーチ「中小企業の経営理念・経営戦略に関するアンケート」
（出所：『2022年版　中小企業白書』第2-1-52図、Ⅱ-63p を参考に『ふぞろい16』作成）

永友：本当だ、96％はすごいっスね！　でも、こんなに効果があるのなら勝手にどの企業もやるのでは？　わざわざ国が主導する必要もない気がするっス。

先生：あんた、いいところに目をつけたわ！　確かに効果はあるんやけど実施状況は芳しくないんや。次の図のとおり「行う予定はない」と回答した企業数は８割弱もおる。

~診断士の魅力~
自分次第でいろいろな仕事に携われる可能性があること。

図表 3　事業再構築の実施状況

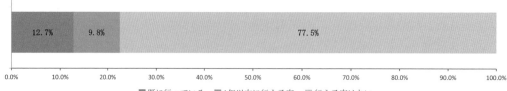

資料：（株）東京商工リサーチ「中小企業の経営理念・経営戦略に関するアンケート」
（出所：『2022年版　中小企業白書』第2-1-44図、Ⅱ-58p を参考に『ふぞろい16』作成）

　　この高い効果と低い実施状況のギャップをどう埋めるかについて、中小企業庁が課題意識を抱えていることが中小企業白書から読み取れる。そして、そのギャップを埋めるために誰が活躍するかというと……？

多辺：中小企業診断士ってことですね！

先生：そのとおり！　事業再構築を実施する企業を増やすため、中小企業診断士への期待は大きいと思うで。

永友：よし、それじゃ令和 5 年度の事例Ⅱも事業再構築がテーマで決まりっスね！

先生：そこまでは言うとらんやろ！　ただ、新型コロナウイルスの影響を織り込んだ事例が出題される限り、頭に入れておくべきキーワードとは言えるやろね。

【補助金採択事例から事業再構築のイメージを膨らませよう】

多辺：せっかくだから、もう少しどんな事業再構築事例があるか知りたいな〜。

先生：中小企業庁の事業再構築補助金のホームページがあるんやけど、そこで企業のリアルな事業再構築計画や採択事例を見ることができるで。この特別企画でも事例Ⅱで出題実績の多い事業者の採択事例をいくつか挙げてみたわ。これを見て事業再構築のイメージを膨らませてみなはれ！

多辺：もしこのなかで今年の事例Ⅱと近い企業があればラッキーだね！

図表 4　補助金採択事例から見る「事業再構築計画」の概要②

事業	類型	事業計画概要
美容室	業態転換	店舗を縮小し、訪問美容サービスを開始。
宿泊、飲食サービス	新分野展開	飲食店経営から高齢者配食事業への新展開。
宿泊	事業転換	民泊から旅館業に転換しビジネス・ファミリー層に向けた新規プランを開設。
宿泊、飲食サービス	業態転換	セントラルキッチンで製造した料理を「ケータリング」で店舗に運ぶビジネスモデルから、すべて小分けした個包装で製造した「物販商品」販売に転換。

（出所：中小企業庁の事業再構築補助金ホームページより『ふぞろい16』作成、https://jigyou-saikouchiku.go.jp）

〜診断士の魅力〜
　経営者の役に立つ力を養える。

永友：実際に申請した事業計画も見れて面白いっス！　飲食料品卸の事業計画を見ると、SWOT 分析を通じて事業再構築の必要性を書いてありますね。

多辺：確かに、新型コロナウイルスで既存事業が赤字（T）のなか、BBQ を市場拡大の機会（O）として捉え、集客・製造・販売を一気通貫でできるケータリング業者としての強み（S）を生かして、BBQ 事業を強化するという内容になってるね。そしてBBQ 事業強化のために補助金で設備投資するってわけね！

永友：こう見るとこれまで勉強してきたことが実務にも密接に関連しそうでワクワクするっス！　引き続き勉強頑張るぞ！！

Column

試験前日・リラックスのススメ

　資格試験を受験するとき、それまで要した時間（コスト）に見合う結果（合格）を得なければと、ついつい自分を追い込んでしまいがちです。特に、一生懸命に時間をかけて取り組んだからこそ、絶対に合格しなければと考えてしまいます。自分も、過去に受けたFP1級や宅建は、前日の夜まで根を詰めて勉強し、なかなか寝付けず、睡眠不足で試験会場に行ったことをよく覚えています。

　翻って、今回の診断士2次試験は、そうではありませんでした。ストレート受験生の自分は、今回の2次がダメでも来年チャンスがあるということもあり、心に余裕が持てたのかもしれません。一方で、1次試験の勉強時間も加味すると、相応なコストを払っているので、できれば一発で合格したい気持ちもあったと思います。でも、結局のところ、前日は息子のサッカーの試合を応援に行き、そのあとPS5でサッカーゲームをして遊んでいました。なぜ、そのようなことになったのか、自分でもよくわかりません。でも、この試験は知識の詰め込みだけではなく、一種のヒューマニティが試されているのだと思います。だって、中小企業の社長さんの思いに寄り添わなきゃいけないのですから、寝不足の一夜付けでは太刀打ちできないですよね。結果論かもしれませんが、試験前日を子供と過ごして、精神的に充実していたからこそ、与件文の社長さんに寄り添えた気がしてならないのです。ぜひ、前日はリラックスして、そして当日は余裕をもって、与件文の社長さんに寄り添ってあげてください。

(たくろう)

~診断士の魅力~

　仲間の経歴が幅広く、当たり前だけれど優秀な人ばかり。刺激されっぱなしです。

ふぞろい流ベスト答案　　　　　　　　　　事例Ⅱ

第1問（配点30点）　148字　　　　　　　　　　【得点】30点

顧客はホテルや飲食店[3]等の卸売がコロナ禍で売減少[2]している一方で、最終消費者[3]向けの小ネット販売は増加[2]している。競合は食肉卸売事業者[4]、ネット販売を行う食肉販売業者[4]、近隣スーパー[2]。自社は工場[3]と直営店[3]を保有し、高い加工技術力[2]を生かして幅広いニーズに対応[3]できるが、売上が卸売に依存[3]しており、ネット販売のノウハウがない[2]。

第2問（配点20点）　98字　　　　　　　　　　【得点】20点

X県の畜産農家と協業し[5]、B社の加工技術を生かして[2]高品質な食肉加工品[5]を開発[2]。観光客向けに高速道路の[1]道の駅[2]や土産物店[2]で販売し認知度向上および地域ブランド化[2]を図ることで売上拡大[1]と地域活性化[1]に貢献すべき。

第3問（配点20点）　98字　　　　　　　　　　【得点】20点

巣ごもり需要拡大[1]で料理の楽しさに目覚めた客[3]や作りたてを求める客[3]に対して、出来たての揚げ物[3]や食卓で日常使い[1]しやすいカット肉[3]など顧客ニーズに合わせ[2]て品揃えを拡充[3]し、直営店の販売力強化[3]・売上増加[3]を図る。

第4問（配点30点）　150字　　　　　　　　　　【得点】30点

総菜[2]などの食材[3]を定期的[1]に宅配する事業者と協業し、調理や献立考案[3]といった家事簡便化ニーズに対応[2]する提案を行う。具体的には①加工技術[2]を生かした調理済食品[4]②メニュー提案力[2]を生かしたレシピの提供[3]③SNS[2]による顧客ニーズの収集[2]と商品開発への反映[2]。以上により差別化することで、売上拡大と顧客との関係性強化[1]を図る。

事例Ⅱ

ふぞろい流採点基準による採点

100点

第1問：顧客・競合・自社に関し、第2問以降との関連を考慮しながら優先順位を付け
たうえで、多角的かつ要素の抜け漏れに注意して記述しました。

第2問：B社の食肉加工技術（強み）を踏まえ、「地元事業者と協業」「第一次産業を再
活性化」「県の社会経済活動の促進」の3つのポイントを押さえた助言になる
よう記述しました。

第3問：ターゲットに対応するB社の強みが生かせる商品を明記し、顧客ニーズに合わ
せて品揃えを充実させることを記述しました。効果まで言及することで、誰
に・何を・どのように・効果のキーワード要素を多面的に盛り込みました。

第4問：協業するオンライン販売事業者の特徴については、与件文に手掛かりとなる記
載が乏しいため、簡潔な記述に留めました。設問文にある「消費者動向調査」
から読み取れる顧客ニーズを踏まえ、商品戦略については、与件文中にある
キーワードを多用し、具体的に記述しました。そのうえで、中長期的に協業が
成功するための提案についても、与件文に手掛かりが乏しいため、一般論を中
心にコミュニケーション戦略を簡潔に記述しました。

Column
モチベーションを保つために自分自身の期待値を下げる

　私は勉強していても長く集中力が持たない人間です。気がつくとSNSを見たり、勉強
に関係ないネットサーフィンを行ったりと、すぐ勉強以外のことに手を出してしまいます。
そのようなときは、「自分はなんてダメな人間なんだ」、「勉強することに向いていないの
では」と落ち込み、しばしばモチベーションが低下することがありました。でもあるとき、
自分の理想の姿と比較するから落ち込んでしまうことに気がつき、このような自分を受け
入れることにしました。すると、集中力がないことでいちいち落ち込まなくなったのです。
勉強中も感情が安定するようになり、20分経ったら5分休んでよいといった、短期集中を
繰り返す自分にとっての効果的な勉強方法も身に付きました。

　勉強しているとうまく行かない自分を攻めてしまうこともあるでしょう。でも、自分の
弱みを受け入れ一緒になって闘う気持ちを持つことで、そのなかでどうすればベストを尽
くせるようになるか、という前向きな考え方に変えられるかもしれませんよ。

（さとしん）

〜診断士の勉強が仕事に活かせた瞬間〜
投資案件の審議コメントを多面的にできるようになった。

▶**事例Ⅲ（生産・技術）**◀

令和4年度　中小企業の診断及び助言に関する実務の事例Ⅲ（生産・技術）

【企業概要】

　C社は1964年創業、資本金2,500万円、従業員60名の金属製品製造業である。製品は、売上の7割を占めるアルミニウムおよびステンレス製プレス加工製品（以下「プレス加工製品」という）と、残り3割のステンレス製板金加工製品（以下「板金加工製品」という）である。プレス加工製品は金型を使用して成形する鍋、トレー、ポットなどの繰返受注製品で、板金加工製品は鋼材を切断や曲げ、溶接加工して製作する調理台、収納ラック、ワゴンなどの個別受注製品である。どちらもホテル、旅館、外食産業などの調理場で使用される製品で、業務用食器・什器の卸売企業2社を販売先としている。

　C社は、卸売企業が企画する業務用什器の板金加工製品を受託生産する企業として創業した。その後金属プレスや金型製作設備を導入してプレス加工製品の生産を始めている。難易度の高い金型製作技術の向上に努めて、ノウハウを蓄積してきたため、コスト低減や生産性向上に結びつく提案などが可能である。

　近年は観光需要で受注量は毎年増加していたが、2020年からの新型コロナウイルス感染拡大による外国人の新規入国規制や、外食産業の営業自粛による影響を受けて減少している。

【生産の現状】

　生産部門は、生産管理課、資材課、設計課、金型製作課、プレス加工課、製品仕上課、板金加工課、品質管理課で構成されている。

　プレス加工製品の生産プロセスには、金型を製作する金型製作工程と、その金型を利用して同じ製品の繰返受注生産を行う製品量産工程がある（次ページの図参照）。

　C社の金型製作工程は、発注元から提示される形状やサイズの概要を表したデザイン図を基に仕様を確認した後に「金型設計」を行い、金型を構成する部品を製作する「金型部品加工」、加工した部品を組み立てる「金型組立」、その後の調整や研磨などを行う「金型仕上」を経て、「試作確認」を行い、さらに試作品の品質を発注元との間で確認して完成する。設計開始から完成までの金型製作期間は、難易度によって異なるが、短いもので約2週間、長いもので約1か月を要する。

　「金型設計」は、設計課が2次元CADを活用し担当している。発注元との仕様確認が遅くなることや、発注元からの設計変更、仕様変更の要請があり、設計期間が長くなることもある。また設計課では、個別受注の板金加工製品の製品設計も担当するため、設計業務の混乱が生じ金型製作期間全体に影響することもしばしば生じている。

　「金型組立」、「金型仕上」は、プレス加工技術にも習熟するベテラン技能者が担当しているが、高齢化している。担当者は、金型の修理や改善作業も兼務し、製品の品質や製造コストに影響を及ぼす重要なスキルが必要なことから、若手の養成を検討している。

図　C社のプレス加工製品の生産プロセス

	顧客	営業課	生産管理課	資材課	品質管理課	設計課	金型製作課	プレス加工課	製品仕上課
金型製作工程	デザイン図 →	仕様確認				金型設計			
							金型部品加工		
							金型組立		
							金型仕上		
						試作確認			
	品質・仕様確認 ←				品質評価				
製品量産工程	量産発注								
	繰返発注	量産受注							
			月度生産計画						
				資材発注					
								プレス加工	
									製品部品組付
									製品仕上
				製品検査					
	納品 ←								

　金型が完成した後の製品量産工程は、発注元から納品月の前月中旬に製品別の生産依頼数と納品指定日が通知され、それに基づいて前月月末までに「月度生産計画」を作成して「資材発注」する。プレス加工課では「プレス加工」を行い、製品仕上課で取っ手などの部品を組み付ける「製品部品組付」と製品の最終調整をする「製品仕上」を行い、通常月1回発注元へ納品する。

　C社の「プレス加工」は、生産能力に制約があり、C社全体の生産進捗に影響している。プレス加工機ごとに担当する作業員が材料の出し入れと設備操作を行い、加工製品を変えるときには、その作業員が金型交換作業と材料準備作業など長時間の段取作業を一人で行っている。

　プレス加工製品の生産計画は「プレス加工」の計画だけが立案され、「製品部品組付」、「製品仕上」はプレス加工終了順に作業する。生産計画は、各製品の1日間の加工数量でそれぞれの基準日程を決めて立案する。以前は発注元もこれを理解して、C社の加工ロットサイズを基本に発注し、C社で生産した全量を受領して、発注元で在庫対応していた。

しかし、最近は発注元の在庫量削減方針によって発注ロットサイズが減少している。ただＣ社では、基準日程によって設定しているロットサイズで加工を続け、確定受注量以外はＣ社内で在庫している。

　Ｃ社の受注から納品に至る社内業務では、各業務でパソコンを活用しているが、情報の交換と共有はいまだに紙ベースで行われている。

【新規製品事業】

　数年前Ｃ社では受注拡大を狙って、雑貨・日用品の商談会に出展したことがある。その際商談成立には至らなかったが、中堅ホームセンターＸ社から品質を高く評価された。今回そのＸ社から新規取引の商談が持ち込まれた。

　Ｘ社では、コロナ禍の2020年以降も売上が順調に推移しているが、その要因の一つとしてアウトドア商品売上の貢献がある。しかし新型コロナウイルスのパンデミックにより、中国や東南アジア諸国企業に生産委託しているＰＢ商品の納品に支障が生じて、生産、物流など現在のサプライチェーンの維持が難しくなっている。また今後も海外生産委託商品の仕入れ価格の高騰が懸念されることから、生産委託先をＣ社へ変更することについてＣ社と相互に検討を行った。

　Ｃ社社長は、当該事業の市場成長性と自社の強みを考慮して戦略とビジネスプロセスを見直し、積極的にこの事業に取り組むこととした。

　Ｘ社の要請は、Ｘ社のアウトドア用ＰＢ商品のうち、中価格帯の食器セット、鍋、その他調理器具などアルミニウム製プレス加工製品の生産である。ただＣ社社長は、今後高価格な製品に拡大することも期待している。

　Ｘ社からの受注品は、商品在庫と店舗仕分けの機能を持つ在庫型物流センターへの納品となり、商品の発注・納品は、次のようになる。まず四半期ごとにＸ社が商品企画と月販売予測を立案し、Ｃ社に情報提供される。確定納品情報については、Ｘ社各店舗の発注データを毎週月曜日にＸ社本社で集計する。在庫量からその集計数を差し引いて発注点に達した製品についてＸ社の発注データがＣ社に送付される。納期は発注日から７日後の設定である。１回の発注ロットサイズは、現状のプレス加工製品と比べるとかなり小ロットになる。

第1問（配点20点）

　2020年以降今日までの外部経営環境の変化の中で、Ｃ社の販売面、生産面の課題を80字以内で述べよ。

第2問（配点20点）

　Ｃ社の主力製品であるプレス加工製品の新規受注では、新規引合いから量産製品初回納品まで長期化することがある。しかし、プレス加工製品では短納期生産が一般化している。Ｃ社が新規受注の短納期化を図るための課題とその対応策を120字以内で述べよ。

第3問（配点20点）

　Ｃ社の販売先である業務用食器・什器卸売企業からの発注ロットサイズが減少している。また、検討しているホームセンターＸ社の新規取引でも、1回の発注ロットサイズはさらに小ロットになる。このような顧客企業の発注方法の変化に対応すべきＣ社の生産面の対応策を120字以内で述べよ。

第4問（配点20点）

　Ｃ社社長は、ホームセンターＸ社との新規取引を契機として、生産業務の情報の交換と共有についてデジタル化を進め、生産業務のスピードアップを図りたいと考えている。Ｃ社で優先すべきデジタル化の内容と、そのための社内活動はどのように進めるべきか、120字以内で述べよ。

第5問（配点20点）

　Ｃ社社長が積極的に取り組みたいと考えているホームセンターＸ社との新規取引に応えることは、Ｃ社の今後の戦略にどのような可能性を持つのか、中小企業診断士として100字以内で助言せよ。

第1問（配点20点）【難易度　★★☆　勝負の分かれ目】

　2020年以降今日までの外部経営環境の変化の中で、C社の販売面、生産面の課題を80字以内で述べよ。

●出題の趣旨

　新型コロナウイルスのパンデミックや急激な円安など2020年以降今日までの外部経営環境変化の中で、C社に生じている販売面と生産面の課題について、分析する能力を問う問題である。

●解答ランキングとふぞろい流採点基準

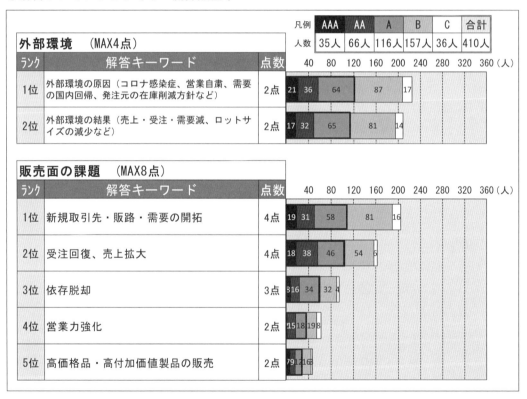

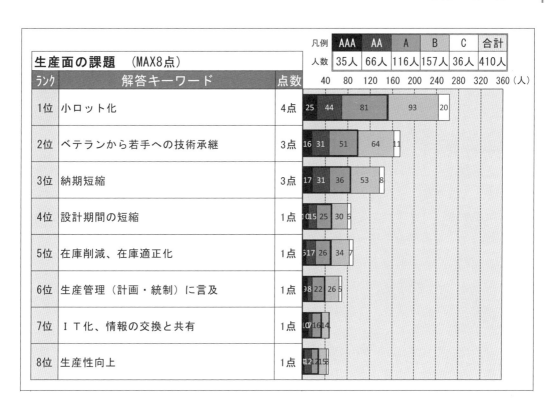

●再現答案

区	再現答案	点	文字数
AA	販売面は①コロナ禍にて販売先数を増やしリスク分散を図る②X社との取引で高価格製品を販売し収益性を改善する。生産面は①生産統制で短納期・小ロット対応②若手の育成。	18	80
A	販売面は、旅行業や外食産業の動向影響を受けない、新たな販路確保による経営リスクの分散。生産面は、発注先の在庫削減方針に沿った、発注量に合わせたロット生産。	13	77
B	販売面の課題は感染症拡大の影響で需要が減少する業務用食器等に代わる新たな取引先を開拓すること。生産面の課題は、金型製作減少による金型組立等の技術継承を図ること。	11	80
C	販売面の課題は、営業部門の新設による営業力強化である。生産面の課題は、ロットサイズ適正化とプレス加工のベテラン従業員から若手へのOJT等研修による技術継承である。	9	80

AAA：≧70，AA：69〜65，A：64〜60，B：59〜50，C：49〜40，D：≦39

　本事例Ⅲに関しては、開示得点の分散が小さいため、より緻密にキーワード分析を行うべく、A以上答案は5点刻みの区分としています。

●**解答のポイント**

> 外部環境の内容に触れながら、販売面・生産面それぞれの課題について多面的に解答できたかがポイントだった。

【課題にしっかり答えよう】

先生：さあ後半戦、事例Ⅲの始まりや。「課題を述べよ」とあるが、課題の意味は理解できとるんか？

永友：後半戦キックオフ！　先生、課題といえば目標と現状とのギャップを埋めるために解決すべき事柄のことっスね？

先生：永友、そのとおりや！　問題点の指摘だけやなく、課題は「どうすればよいか」まで答える必要があるんや。解答方法に注意しいや。

永友：よっしゃー、ナイスタックル！

多辺：後半開始早々冴えてるね〜。まあここは基本的なポイントだよね〜。

先生：油断はあかんで。課題やなく問題点を解答しとった答案が思いのほか多かったんや。問題点を解答した答案も一定の点数は入っとるものの、全体的に点数が低い傾向にあったところを見ると、課題と比べて加点されてない可能性があるで。

多辺：わかっていても試験本番で焦って間違えないようにしないと〜。

【外部環境を書くか】

先生：設問文に「2020年以降今日までの外部経営環境の変化」という制約条件があるで。1つ聞いてええか？　課題が発生した原因である外部環境について言及できとるか？

多辺：「新型コロナウイルスの影響で受注が減少した」っていう原因を解答しました〜。

永友：設問が「課題を述べよ」だから課題しか書いてないっス。生産面の課題をいろいろ書いたので、80字の短い解答に外部環境のことまで書くことはできないっス！

多辺：永友、それは違うと思う〜。因果を意識すると必要じゃない？　制約条件に答えていることもアピールできるし。おすすめのスイーツぐらい、これは自信ある。

先生：永友！　その答えに採点者への意識はあるんか！？　実際にA以上答案の半分以上が外部環境について言及しとったで。80字という字数制限のなかで、簡潔に原因を書くことが採点者へのアピールになるんとちゃうか？

永友：体幹トレーニングしながら鍛え直します。

【販売面】

先生：さあ、ここからは実際の課題についてや。まず販売面の課題はどない？

永友：ズバリ、「売上の拡大」です！　2020年から新型コロナウイルスの影響で受注量が

減少して売上が減っているため、間違いないっス。

先生：せや、しっかりと時間軸を意識できとるな。ほんなら、多面的な解答を行うために具体的な施策を掘り下げてみるで。何をすることで売上拡大につながると思う？

多辺：私は「アウトドア商品需要を取り込む」っていう施策を書きましたよ。与件文の第13段落以降【新規製品事業】の項目に機会が書かれていましたからね〜。

先生：ええやないの。新規取引先や新たな需要の開拓に関する具体的な施策を書いとった答案が多数あったで。この具体的施策から売上拡大につなげられると高得点になったと考えられるな。そのほか、卸売企業2社に依存しとる現状から、「依存脱却」の記載も一定数あったで。

永友：「高付加価値製品の販売」はどうですか？　C社社長は今後高価格な製品の拡大を期待していることが与件文に書かれています。

先生：売上拡大につながる施策としては悪くないが、その解答は第5問の今後の戦略で使われとることが多かったようや。ここは設問全体のつながりを意識して、少し大枠で捉えられるほうがよかったかもしれへんな。

永友：ピッチ全体を見渡せる冷静さが必要ってことっスね！

【生産面】

先生：では生産面の課題を見ていくで。

多辺：ここは「小ロット化」と「納期短縮」で決まり〜。最近、発注元の在庫量削減方針によって発注ロットサイズが減少しているって与件文に書かれているからね。

先生：ええ視点や。「最近」を2020年以降の外部環境の変化として捉えられとるな。C社の課題はほかにもありそうやけど、これ以外ではどない？

永友：オレは小ロット化に加え、「高齢化による若手への技術承継」と「生産統制の実施」を挙げてみたっス。

先生：2人とも素晴らしいで。生産面の課題というざっくりした問いやったから、C社のたくさんの問題点からさまざまな課題が挙げられたで。そのなかでも永友、多辺が挙げた解答は重要なポイントや。「小ロット化」、「短納期化」、「若手への技術承継」は多くの解答者が記載しており、かつA以上答案でも多く使われとったで。

多辺：設計期間が長いとか、生産管理面とか、情報の交換と共有とか、ほかにも問題点がたくさんあるみたい。「2020年以降の外部経営環境の変化」とすべてつながりがあるんですかね〜？

先生：実際、外部環境はほとんどの解答において「販売面」のなかに言及されてたんや。それに対する生産面の課題として、現状の複数の問題点から記載があったで。どの問題点も広い目で見れば、販売面の課題である「需要の開拓」や「売上拡大」につながる課題として捉えることができるかもしれへんな。

多辺：やっぱり多面的な解答が大事ってことなんだね〜。

~資格を取ってやりたかったこと~

　社内でエラソーにしたかった。経営に携われるようになりたかった。

第2問（配点20点）【難易度　★★☆　勝負の分かれ目】

　C社の主力製品であるプレス加工製品の新規受注では、新規引合いから量産製品初回納品まで長期化することがある。しかし、プレス加工製品では短納期生産が一般化している。C社が新規受注の短納期化を図るための課題とその対応策を120字以内で述べよ。

●出題の趣旨

　プレス加工製品の金型製作工程と製品量産工程の生産プロセスにおいて、新規受注の際に長期化する要因を整理し、短納期化するための課題とその対応策について、助言する能力を問う問題である。

●解答ランキングとふぞろい流採点基準

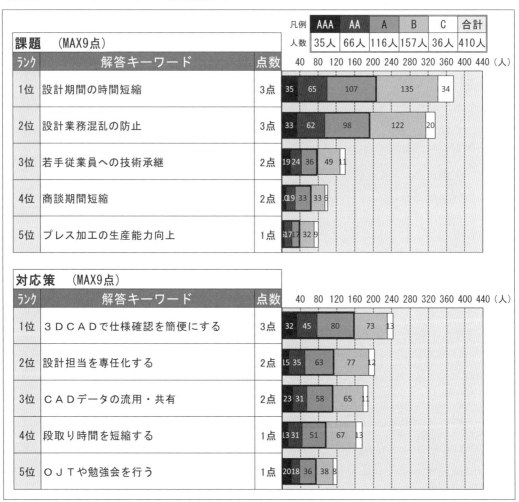

効果　（MAX2点）			凡例	AAA	AA	A	B	C	合計
			人数	35人	66人	116人	157人	36人	410人
ランク	解答キーワード	点数	40　80　120　160　200　240　280　320　360　400　440（人）						
1位	短納期化を図る	2点	18　29　41　63　13						

●再現答案

区	再現答案	点	文字数
AAA	課題は金型製作期間の短期化である。対応策は①３ＤＣＡＤを導入して発注元とデータ共有し確認や変更を減らし②プレス加工と板金加工の設計担当を分けて設計期間を短縮③ベテラン技術者からＯＪＴで若手に技術承継して生産性を向上することで短納期化する。	15	119
AA	課題は①顧客との設計変更等のやり取りの短縮②設計課の負担が大きく負荷平準化③プレス加工での生産能力向上④各工程統一した生産計画の実施。対応策は①３次元ＣＡＤ導入②営業課で設計やりとりを担当③段取り作業の外段取化にて生産統制し短納期化を図る。	15	120
A	課題は①発注元との設計確認・仕様変更の短時間化②プレス加工の段取作業の短縮③設計業務の混乱解消である。対応策は①３ＤＣＡＤを導入し、発注元との確認に活用し②複数人による段取作業とし③板金加工と金型製作の設計を分割し、リードタイム短縮を図る。	13	120
B	金型設計の短期化が課題である。対策としては①３次元ＣＡＤ導入で過去データ活用や発注元とのデータ共有で打ち合わせ短期化②ＣＡＥ導入で設計図に基づくシミュレーション実施後に試作確認し、設計時の認識相違・手戻り解消し早期量産化を図る。	10	114
C	課題は、①全社的生産計画の作成、②仕様変更等による設計期間の短縮、③設計業務の混乱解消。対応策は、①全社的計画に基づいた生産統制、②発注元との情報共有を強化し設計の効率化、③製品間を横断的に進捗管理することで効率化し、短納期化を実現する。	8	119

●解答のポイント

> 金型製作だけにとらわれることなく、商談から初回納品までのプロセスを思い浮かべ、具体的な課題や対応策を記述できたかがポイントであった。

～資格を取ってやりたかったこと～
営業時代の罪滅ぼし〇〇〇〇

【設問解釈】

先生：さあ第2問、新規受注を短納期化するための課題と対応策や。

多辺：C社のプレス加工製品の生産プロセス全体を把握する必要があるね～。

永友：与件文に工程がたくさん記載されていて理解までの時間が足りない。アディショナルタイムはあと何分だ？

先生：工程が多くて理解に時間がかかる？　そんなときこそ図を活用するんや。

永友：なるほど。そのために書いてあったのか。

多辺：営業課、設計課、金型製作課、プレス加工課、品質管理課が関わっているね～。

永友：それぞれの課をマンツーマンでマークだ！　図を見れば簡単に突破か！？

先生：永友！　与件文もちゃんと読まなあかんで！

多辺：図はあくまでも理解を促すためだもんね～。

先生：あんた、賢いなぁ。ほな、C社が一番困っとることはなんや？

多辺：初回納品までが長期化することで～す。

先生：そのとおりや。せやから、それぞれの課に納期短縮につながる課題がないか、丁寧に探すのが大事になんのや。

【課題と対応策】

先生：ほんならそれぞれの課で納期短縮ができそうなとこがあるか与件文を見ていこか。

多辺：金型製作期間が2週間から1か月も要するのは長そうね～。

永友：設計課での設計期間が長くなっている。どんどん前にパス出していかないと。

先生：「設計期間の短縮」、これは課題になりそうやな。対応策はどないする？

多辺：発注元との仕様確認や手戻りが多くなっているですよ～。私はそんなことないけど、図面ってわかりにくいからね～。

永友：図面作成には2次元CADを使っているし、ここは「3次元CADの導入」だ！

先生：冴えとるなぁ。設計期間短縮には図面の迅速な理解が必要やからな。

永友：よっしゃー！　ナイスタックル！

多辺：CADを使うなら発注元と「データを共有」できないかな～。営業の時間短縮～。

先生：「商談期間短縮」の課題を解決するのにええ対応策やね。2人ともええ感じやな。

多辺：まぁね～。

先生：設計課にはほかにも問題がありそうやけど、わかるか？

永友：プレス加工製品と板金加工製品で挟み撃ちされているのか。これはさすがのオレも正面突破はできない。誰か助けに来てマークを外してくれ。

先生：そのとおり。1人で2つのことを一度にしようとして混乱が生じとるのが問題やな。「設計業務の混乱防止」も課題にできそうや。

多辺：それなら「専任化」するのが、いいんじゃな～い。

先生：ええ感じや。じゃあ、金型製作課で何か困っとることはないか？

多辺：ベテラン技能者の高齢化が問題ですね〜。若手の養成を検討しているわ〜。

永友：若手の養成なら任せろ！「OJT」！　オレたちジャパンは体幹トレーニング！

多辺：体幹は鍛えてどうするの〜。「マニュアル化」や「勉強会」もよさそう〜。

先生：高齢化対策には「若手の養成」も重要課題やな。

永友：プレス加工課にも切り込んでいきたい！　逆サイドからのクロス！

多辺：プレス加工については第3問だと思った〜。切り分け困難〜。

先生：なかなか難しいとこやな。設問要求を見るとそこまで記述が必要やねんけど、実際プレス加工に言及しとる答案はそこまで多くなかったんや。

永友：オレの「段取準備時間短縮」は幻のゴールだったのか？

先生：「プレス加工の生産能力向上」も大事な課題に違いないんやけどな。

【基本に忠実な答案を心掛ける】

先生：さて、ここまで課題と対応策について洗い出したけど、問題はこれらをどう記述するかや。

永友：サッカーで1点の重みはよくわかっているっス！　たくさん得点を取ろうと、思いつくキーワードをふんだんに盛り込みました！

先生：1点の重みを感じることは大事やねんけどな。永友、その答案に愛はあるんか？

永友：確かにそう言われるとC社へのアモーレが欠けていたっス。

先生：キーワードが詰まった答案のほうが点数を取れるように思えるかもしれへん。せやけどな、実際の答案を見るとそうとも限らんのや。

多辺：どんな答案が高評価だったんですか〜？

先生：A以上答案として多かったんは、与件文に沿った形で課題を明示し、適切な対応策を提案したうえで、短納期化するという方向性で設問要求に応える形やな。

多辺：基本に忠実ってやつね〜。

永友：CADに加えてCAMやCAEを記述したが、ゴールポストに阻まれていたのか。

先生：逆にC以下答案にはコンカレントエンジニアリングやVEなどの与件文には書かれてないキーワードが特徴的やった。与件文の情報で解答するという基本が大事や。

第3問（配点20点）【難易度 ★★☆ 勝負の分かれ目】

　C社の販売先である業務用食器・什器卸売企業からの発注ロットサイズが減少している。また、検討しているホームセンターX社の新規取引でも、1回の発注ロットサイズはさらに小ロットになる。このような顧客企業の発注方法の変化に対応すべきC社の生産面の対応策を120字以内で述べよ。

●出題の趣旨

　顧客企業の発注ロットサイズの小ロット化への変化に対応するためのC社の製品量産工程の課題を整理し、その対応策について、助言する能力を問う問題である。

●解答ランキングとふぞろい流採点基準

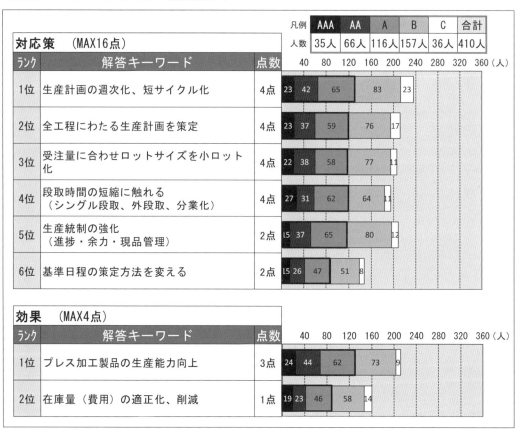

凡例：AAA / AA / A / B / C / 合計
人数：35人 / 66人 / 116人 / 157人 / 36人 / 410人

対応策　（MAX16点）

ランク	解答キーワード	点数
1位	生産計画の週次化、短サイクル化	4点
2位	全工程にわたる生産計画を策定	4点
3位	受注量に合わせロットサイズを小ロット化	4点
4位	段取時間の短縮に触れる（シングル段取、外段取、分業化）	4点
5位	生産統制の強化（進捗・余力・現品管理）	2点
6位	基準日程の策定方法を変える	2点

効果　（MAX4点）

ランク	解答キーワード	点数
1位	プレス加工製品の生産能力向上	3点
2位	在庫量（費用）の適正化、削減	1点

●再現答案

区	再現答案	点	文字数
AAA	対応策は①基準日程から確定受注量にあわせてロットサイズを決定②小ロット化で増加する段取り作業の見直しと人員補強③プレス加工のみの生産計画を全社化、短サイクル化して生産統制を実施する。以上で生産能力の効率化を図り、在庫適正化する。	20	114
AAA	対応策は、①生産計画を短サイクル化し、全社的な生産計画の立案を行い、②生産計画に連動した発注と在庫管理を徹底し、生産統制を行い、③段取り作業の外段取り化で段取り作業を短縮し、生産効率向上と生産リードタイム短縮で小ロット対応を図る。	17	115
AA	対応策は①全体の生産計画を発注ロットサイズに合わせ週次・日次で立案②全社で計画を共有しルール化された加工順で作業を行い③納品サイクルを多頻度にする。以上で適正ロットでの生産を行い小ロット化に対応し、在庫減少しコスト削減図る。	13	112
A	対応策は、①受注見込みと在庫状況を踏まえたロットサイズの見直し②生産計画の策定頻度を週次に変更した上で、受注見込みを反映して修正すること、③全工程をもれなく対象として策定をすること、④計画策定のために全体を統括する専任者を置くこと、である。	12	120
B	対応策は①X社の発注ロットに合わせた全社的な生産計画を設定して、柔軟な生産体制構築②生産ロットの見直しにより在庫費用の減少。③生産計画をDB化し一元管理し、随時社内で共有、それに基づいて生産統制を行う。以上により発注方法に対応する。	11	116
C	C社は、①受注量以上のロットサイズの設定に対し、ロットサイズの適正化、②月度の生産計画に対し、X社の確定納品情報に合わせた週次化など計画立案の短サイクル化、③プレス加工工程のみの生産計画の立案に対し、組付等も含めた全工程での計画立案等を行う。	8	120

●解答のポイント

> 　小ロット化するにあたり、生産管理や段取作業における各種課題を見出し、多面的な対応策を記述することが重要であった。

【設問解釈】

先生：まずC社の現在抱えている課題はなんや？

永友：発注ロットサイズの減少への対応が遅れ、在庫量が増加していることっス。

先生：せやなぁ。ほんなら、まずは何から考えんとあかんのや？

永友：生産管理の強化で決まりっスね。過去の問題でも定番っス。生産計画の短サイクル化や、全社的な生産計画の策定や……。

修行。

先生：ちょっと待ち。それだけでええんか？

多辺：段取作業の短縮も必要なんじゃないですか〜？

先生：そのとおりや。もともと事例Ⅲに出てくるような中小企業は、大量生産による規模の利益の追求やなく、小ロットによる多品種少量生産で多様なニーズを満たすのが基本戦略や。せやから小ロット化は事例Ⅲでは頻出の問題やねん。

多辺：つまりは小ロット化に対する解答方法がわかっていたら、事例Ⅲでの高得点獲得は間違いないってことね。

【生産管理】

先生：ということで、まずは生産管理面からや。

永友：生産管理といえば、日程計画・工数計画・材料計画の3つの生産計画を立てて、進捗管理・現品管理・余力管理の3つの生産統制を徹底することっスよね。そして、日程計画では大日程・中日程・小日程計画を立てて……。

先生：あんた、そこに愛はあるんか？

永友：え？

先生：そこにC社への愛はあるんかと聞いてるんや！　さっきも言うたけどテキストに書いてある一般的な知識を並べ立てたところで、それがC社に当てはまるとは限らへんのや。与件文に寄り添うというのは、知識をベースにC社に合った解答を書くということなんやで。

多辺：でしたらC社の課題に合った生産管理方法を解答するということですね。

永友：多辺さんの順応性の高さはJリーグでも通用しますね。

多辺：まぁね〜。

永友：それでしたらC社は月度生産計画を立てているようですが、小ロット化が求められているなかでかなり柔軟性を欠きそうな状況っスね。

先生：そのとおりや。しかも、X社との取引について、納期が発注日から7日後の設定とある。それやったら生産計画も短サイクル化して、柔軟化することが大事やろ。

多辺：プレス加工製品の生産計画が、プレス加工の計画だけ立案されている状況も気になる〜。それでは、ほかの工程との調整ができないんじゃないかな。

先生：せやなぁ。今はいわゆる部分最適という状態や。せやから、全工程で一貫して生産計画を立てて、全体最適を目指す必要があるということやねん。

永友：基準日程によって設定しているロットサイズで加工を続けているのはいけませんね。状況によってフォーメーションを変えないと。ディフェンダーも攻撃に参加するチームは手強いっス！

先生：何の話をしてんねん！　せやけど、言うとることはそのとおりや。受注量に生産ロットサイズを合わせて、やっぱり柔軟性を保つことが重要ってことやな。

【段取作業】

先生：次は段取作業やな。小ロット化するということはそれだけ生産ラインの切り替えが頻発することになる。つまり、段取作業が多発するということやから、段取作業の改善はめっちゃ重要なんや。

多辺：段取作業を1人で行っていると書いているから、複数人でやればいいってことね。

永友：段取作業の改善といったら、シングル段取や外段取じゃないっスか？

先生：ここでは段取作業の改善策の中身について、A以上答案では特定のキーワードに偏っとったわけやなかったわ。段取作業の改善につながる何かしらの改善策を示せとったら正解やったみたいや。

永友：あと、作業の標準化とOJTはどうっスか？　作業の改善では定番っスよね。第2問でも出ましたが。

先生：A以上答案の解答数が少なく、加点はされへんかったかもしらんな。でも、ほかに思い浮かぶのがなかったら書いたほうがええで。特に事例Ⅲは解答要素の設問ごとの切り分けに悩むこともあるやろ？　最終的に判断つかへんかったら、同じ解答要素を複数の設問に書くのもリスクを回避する意味では重要なんや。

多辺：解答要素の切り分けに失敗して、どちらの問題も外すくらいなら、同じ解答要素を複数個所に書くのも試験攻略の戦略のうちってことね。

永友：多辺さんのまとめのうまさはセリエAでも通用しますね。

多辺：まぁね～。

【効果】

先生：効果はどない？

永友：プレス加工の生産能力の向上です。

多辺：在庫の削減によるコストの減少もあるんじゃない。

先生：わかってきたやないか！　この問題は対応策を聞かれとるわけやから助言の問題や。提案した対応策の効果を記述することによって、説得力のある解答を記述するのが重要やな。配点が高いわけではないかもしらんけど……効果も記述することで、点数の取りこぼしのない解答ができるってことやな。

永友：はい！　先生！

> **第４問（配点20点）【難易度　★★☆　勝負の分かれ目】**
> 　Ｃ社社長は、ホームセンターＸ社との新規取引を契機として、生産業務の情報の交換と共有についてデジタル化を進め、生産業務のスピードアップを図りたいと考えている。Ｃ社で優先すべきデジタル化の内容と、そのための社内活動はどのように進めるべきか、120字以内で述べよ。

●出題の趣旨

　生産業務のスピードアップを図り、生産リードタイムを短縮するためのＣ社の生産業務の課題を整理し、そのために優先すべきデジタル化の対象、業務内容と、デジタル化構築のために必要となる社内活動について、助言する能力を問う問題である。

●解答ランキングとふぞろい流採点基準

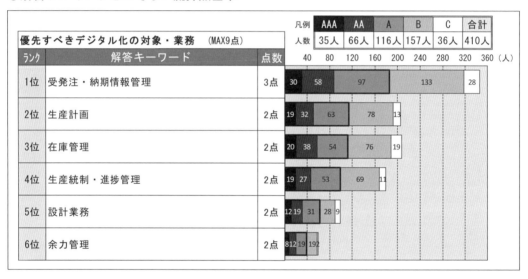

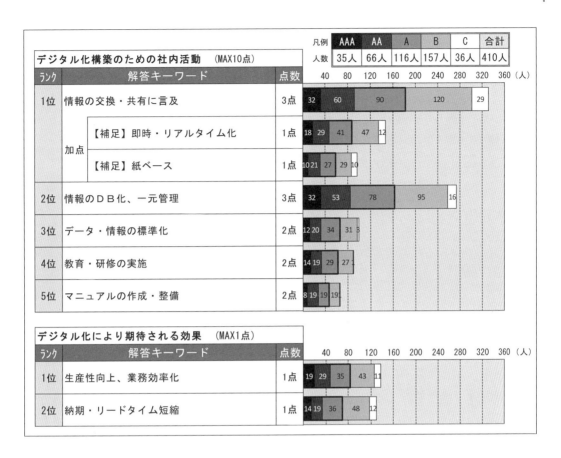

凡例	AAA	AA	A	B	C	合計
人数	35人	66人	116人	157人	36人	410人

デジタル化構築のための社内活動　（MAX10点）

ランク	解答キーワード		点数
1位	情報の交換・共有に言及		3点
	加点	【補足】即時・リアルタイム化	1点
		【補足】紙ベース	1点
2位	情報のDB化、一元管理		3点
3位	データ・情報の標準化		2点
4位	教育・研修の実施		2点
5位	マニュアルの作成・整備		2点

デジタル化により期待される効果　（MAX1点）

ランク	解答キーワード	点数
1位	生産性向上、業務効率化	1点
2位	納期・リードタイム短縮	1点

●再現答案

区	再現答案	点	文字数
AAA	情報は、生産能力、<u>商品在庫量</u>[2]、<u>受注情報</u>[3]や<u>仕様・CAD図面</u>[2]、受注納期、<u>進捗余力状況</u>[2]である。社内活動は、①<u>紙ベース</u>[2]の情報を整理し<u>標準化</u>[2]を実施し、②<u>データベースへ一元化</u>[3]、③生産部門間や顧客と<u>共有</u>[2]し、④<u>教育</u>[2]を行い定着化と社内連携を効率化し<u>納期短縮化</u>[2]。	20	120
AA	内容は①<u>受注情報</u>[3]②<u>生産統制</u>[2]に必要な<u>在庫</u>[2]、進捗、<u>余力</u>[2]情報③納期④<u>生産計画</u>[2]である。社内活動は、上記情報のパソコンからの登録、<u>リアルタイム</u>[1]で<u>共有</u>可能とした上で、使用方法を<u>研修等</u>[2]で<u>教育</u>[2]し、<u>紙ベース</u>[2]での情報の交換・共有を取り止めるよう社内啓蒙する。	16	119
A	内容は、<u>受注</u>[3]や<u>生産計画</u>[3]に関する情報を全社で<u>リアルタイム</u>[1]で<u>共有</u>[3]できるようネットワークを構築することである。社内活動は、前記の共有を行うための<u>データフォーマット</u>[2]の策定、ネットワーク環境の構築、及びネットワークの使用法についての<u>従業員教育</u>[2]である。	13	120

B	優先すべきデジタル化の内容は①いまだ<u>紙ベース</u>の<u>受注</u>から納品に至る社内業務をデジタル化し②ビジネスプロセスを明文化して③全社で生産業務のデータを<u>一元化</u>して<u>情報の交換と共有</u>を行えるようにし、<u>生産業務のスピードアップ、生産効率化</u>を図る。	11	115
C	内容は<u>受注</u>から納品までの確定納品情報、進捗情報を<u>共有化</u>すること。社内活動は①作業指示、進捗情報を共有化し各工程で<u>進捗管理</u>を行い平準化を図ること、確定納品情報に基づき適切な生産管理を行うこと。	8	95

●解答のポイント

> デジタル化の対象、業務内容とデジタル化構築のために必要となる社内活動を、C社が抱える課題に関連して多面的に解答できたかがポイントだった。

【優先すべきデジタル化の内容について】

先生：第4問はデジタル化についての問題や。設問文からどんなことが読み取れる？

永友：「ホームセンターX社との新規取引を契機として」とあるから、X社と取引を行うにあたってどのような課題が生じているか確認する必要があるんじゃないっすか？

多辺：X社との取引で生じる課題が、C社社長がデジタル化によって「生産業務のスピードアップを図りたい」と考えたきっかけになっていそうね〜。

先生：次の質問や。X社との取引によって、C社はどのような対応が求められるんや？

永友：これまでの取引先は受注から納品までのサイクルがおおよそ月単位だったが、X社との取引では発注日から7日後に納期が指定されているぞ！

先生：よう気づいた！　短納期化への対応が求められるからこそ、C社社長がデジタル化によって「生産業務のスピードアップを図りたい」と考えるのは自然な流れや。

多辺：そうすると、X社からC社に送られてくる受発注や納期に関する情報をデジタル化して管理することは、まさに課題への対応策になるんじゃないですか？

先生：お、あんたええやん！　受発注や納期といった、X社との取引で必要となる情報は多くのA以上答案で記載されとったで。また、これらを用いて行う生産統制や統制を行うために欠かせない生産計画についても加点されとった可能性があるで。

永友：生産統制が不十分だと納期遅延が発生してしまう恐れがありますもんね。

多辺：ちょっと待って、C社はX社と取引する以前から設計期間の短縮や在庫の削減といった課題も抱えていなかったっけ？　でも、設問文には「優先すべきデジタル化の内容」とあるし、詰め込みすぎかな？

先生：ええ指摘や。設問文の「優先すべき」から、キーワードは詰め込みすぎず的を絞った解答のほうがよい、という解釈もできるかもしらんな。せやけど、デジタル化に関する直接的な文章が与件文にあまり記載されてなかったこともあってか、A以上

答案の多くはC社が従前から抱えとる課題も含めて解答してたんやで。

永友：この問題では、多くの猛者たちが「多面的に解答する」という戦略を取ったわけっスね。これもまた勝利のための戦術の1つというわけか。ブラボー！

【社内活動について】

先生：デジタル化やIT化ときたら、まず最初に何を思い浮かべる？

多辺：それはもうDRINKですよ〜。C社では「情報の交換と共有はいまだに紙ベースで行われている」とあるから、K（共有化）とR（リアルタイム）はセットで記載したらいいんじゃない？

永友：オレはD（データベース化）も今回は外せないと考えたぞ！　過去から蓄積したデータをうまく活用できれば、業務効率化につながるはずだ！　それと、1つ気になったんだけれど、「情報の交換と共有」は「優先すべきデジタル化の内容」と解釈することはできないっスか？　どっちに書いていいか判断に迷ったっス。

先生：そこは受験生の間でも判断が分かれとった。ただ、高得点者の多くが「社内活動」として記載していた傾向にあったで。せやけど、「優先すべきデジタル化の内容」として記載していたA以上答案も多く見られたことから、論理的に文章が記述できてれば、結果としてどっちに書いても加点された可能性はあるわ。それと、DRINKだけやなくほかにも大事なことがあるやろ？　ここからは、数は少ないが全体に占めるA以上答案の割合が高く、点数に差がついたと思われる論点やで！

多辺：うーん、ほかには何があるかな〜。あ、そうか、X社との情報共有やデータベースの構築を行うためには、準備段階としてデータの標準化が必要じゃないかな〜。

先生：ええ気づきや！　「データの標準化」は円滑にデータベースやシステム構築を行うために必須やで。1次試験にもよく出る論点や。

永友：マニュアルの整備や従業員教育はどうだろう？　苦労してデジタル化したとしても、従業員がうまく使いこなせなかったら元も子もないんじゃないか？

先生：そのとおりや！　単に業務をデジタル化するだけでは不十分。それをうまく活用できるよう、データの標準化、マニュアル整備、従業員教育、といった社内活動でフォローしていく必要があるんや！　ほかにも、高得点者の一部には、「運用ルールの策定」といったキーワードを記載しとった受験生もおったで。

永友：直接的に問われているわけではないけれど、生産性向上や納期短縮といったデジタル化の目的や効果は記載する必要あったんだろうか？　悩みどころっス。

先生：デジタル化の目的や効果は、A以上答案を中心に多くの受験生が解答してたで。なぜデジタル化を進める必要があるかをしっかり理解したうえで解答を組み立てていた、という観点で加点された可能性があるな。

多辺：結論があったほうが論理的な文章に見えるしね〜。

〜試験に持って行ってよかったもの〜
羊羹。

第5問（配点20点）【難易度　★☆☆　みんなができた】

　C社社長が積極的に取り組みたいと考えているホームセンターX社との新規取引に応えることは、C社の今後の戦略にどのような可能性を持つのか、中小企業診断士として100字以内で助言せよ。

●出題の趣旨

　ホームセンターX社との新規取引に応えることによって、C社の今後の戦略に影響する製品や市場、業績などに生じる新たな可能性について、助言する能力を問う問題である。

●解答ランキングとふぞろい流採点基準

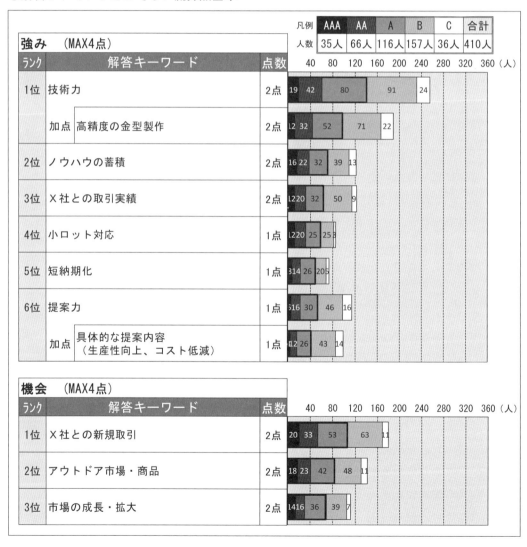

凡例	AAA	AA	A	B	C	合計
人数	35人	66人	116人	157人	36人	410人

強み　（MAX4点）

ランク	解答キーワード	点数	グラフ
1位	技術力	2点	19 42 80 91 24
	加点 高精度の金型製作	2点	12 32 52 71 22
2位	ノウハウの蓄積	2点	16 22 32 39 13
3位	X社との取引実績	2点	12 20 32 50 9
4位	小ロット対応	1点	12 20 25 25 3
5位	短納期化	1点	3 14 26 20 5
6位	提案力	1点	6 16 30 46 16
	加点 具体的な提案内容（生産性向上、コスト低減）	1点	12 26 43 14

機会　（MAX4点）

ランク	解答キーワード	点数	グラフ
1位	X社との新規取引	2点	20 33 53 63 11
2位	アウトドア市場・商品	2点	18 23 42 48 11
3位	市場の成長・拡大	2点	14 16 36 39 7

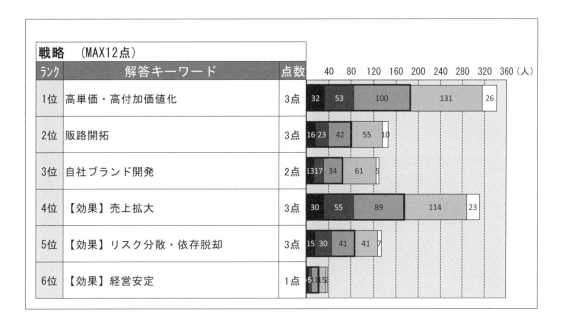

●再現答案

区	再現答案	点	文字数
AAA	可能性は①アウトドア商品の受注拡大、ノウハウ蓄積による新規顧客獲得②取引先の分散による経営リスク低減③強みである金型製作技術を生かした高付加価値製品開発による差別化④納期遵守、生産効率改善などへの対応。	18	100
AA	X社との新規取引により①販売先拡大に伴う売上増加を通し経営リスクの分散、②小ロット生産、短納期対応の体制確立とX社の取引実績を活かし新規受注獲得が見込める、③高価格帯な製品の受注可能性がある。	18	96
A	可能性は①好調なアウトドア商品で強みである難度の高い金型製作技術のノウハウ蓄積で顧客に費用低減や生産性向上を提案し顧客獲得で売上拡大②それを足掛かりにしてより高付加価値製品を製造し販売で収益拡大を図る。	15	100
B	短期的には①関連多角化によるシナジー発揮・収益性向上、②取引先分散による依存リスク低下・経営安定に資する。中長期的には③最終消費者との接点獲得とノウハウ蓄積により、更なる高付加価値化を目指し得る。	12	98
C	成長性の高い市場への参入により売上拡大が見込め、強みである高い技術を活かすことで、高価格製品に拡大ができるとともに、若手の技術力向上により長期的に生産が可能となる。	10	82

~試験に持って行ってよかったもの~

サンドイッチとチョコ（昼食で外に行く元気と余裕がなかったので、朝に買っておいてよかった）。

●解答のポイント

> 　C社の強みと機会を与件文や設問から捉え、戦略の可能性について一貫性を持ちながら多面的に記述できたかどうかがポイントであった。

【C社の可能性】

先生：いよいよ最後の問題や。気い抜かずにいくで。C社の今後の戦略にどのような可能性を持つかが問われとるけど、永友、何を書けばええと思う？

永友：可能性は無限大っすね。何を書いてもいい気がします、先生。目指せ海外展開とかどうっすか？　セリエAも夢じゃないっス！

多辺：はい出た～、勢いで書いていくタイプ～。可能性といっても与件文の根拠からC社の方針に合わせた戦略を助言する必要があると思うよ。

先生：多辺、永友の暴走を止めてくれておおきに。あんたには愛があるなぁ。せやけど永友の言っとることも間違いでもない。可能性という問われ方をしただけあってA以上答案でも解答はばらけており、幅広く加点されたと思われるわ。

多辺：確かにこの問題は与件文から根拠も探しやすく、とても解答が作りやすかった～。

先生：せやな。ほかの設問と比較して得点区分間の点数の開きも少なく、差がつきにくい問題やったわ。比較的、解きやすい問題やったと思うで。

【具体的な解答の構成は？】

永友：先生！　そもそも戦略とは何を書けばいいのでしょうか？　戦略を立てるには3C分析やSWOT分析など、フレームワークを行う必要があるのでしょうか？

多辺：そんなことやっている余裕ない～。私はもっとシンプルに「強みを発揮して機会を生かす」をベースに解答を考えたよ。フレームワークに固執しすぎよ～。

先生：そのとおり。80分のなかで5問すべてを最後まで解き切るために、シンプルに考えるのは非常に重要や。与件文のなかに「自社の強みを考慮して戦略とビジネスプロセスを見直し、積極的にこの事業に取り組むこととした」という記述があったわ。与件文にはこうした解答を構成するヒントが記載されとるから見逃さへんようにな。機会は設問文の制約条件にもなっとる「X社とのアウトドア用PB商品の新規取引」や。この機会についても解答構成に加えとることも加点要素やったと思われるで。

永友：なるほど！　戦略だけじゃなくて根拠も書く必要があるということっすね。

先生：診断士として、愛を持って助言するには、因果を明確にするということが非常に重要や！　覚えときや。ほんならC社の強みについてもう一度考えるで。強みはなんや？

永友：C社の強みは「金型製作技術力の高さやノウハウの蓄積」と「コスト低減・生産性

　　向上に結びつく提案力」っス！　与件文にそう書いてあるっス！

多辺：永友〜。まぁそうだけれど私はそれだけじゃないと思うな〜。第1問から第4問を
　　　通してC社の課題対応に触れてきて「短納期化」と「小ロット化」を行っていくこ
　　　とになっていたから、これもC社の強みになると思うんだよね〜。

永友：アモーレ、さすが視野が広い。でも、それはまだC社では発展途上だから強みとし
　　　ては書けないんじゃないっスか？

先生：永友、固く考えたらあかんわ。今後の戦略の可能性について問われとるわけやけど、
　　　「短納期化」と「小ロット化」の対応を行うことでC社の戦略も広がってくるから
　　　強みとして十分に記載してええはずや。実際に解答を分析してみると「短納期化」
　　　と「小ロット化」の記載はA以上答案の割合が多くなっとったから、加点もされと
　　　ると考えられるわ。このようにほかの設問と関連して解答を作ることも重要やな。

【戦略＋効果で記載する】

先生：強みと機会を整理できたから最後に戦略を立てるで。そもそも戦略とはなんや？

永友：先生、戦略はゴールするための作戦やプランっス！　（決まった！）

多辺：永友、いいこと言うね〜。つまりC社の「ありたい姿」を実現するためのストーリー
　　　ね。与件文に「C社社長は、今後高価格な製品に拡大することも期待している」と
　　　あったから、1つは「高価格化・高付加価値化」が「ありたい姿」としたよ。

先生：ええ感じや。それを強みと機会を踏まえ戦略として立てるとどうなる？

多辺：ん〜、そうですね〜。「C社の高い技術力・提案力でX社アウトドアPB商品の高
　　　価格化・高付加価値化を行う」でしょうか？

先生：多辺、あんたばっちりやわ。でもほかにも考えられるから、もっと多面的に考えて
　　　み。X社との取引関係を強化していくことでデメリットはないんか？

永友：依存度が高まっていくデメリットもあるっス。つまりは販路開拓を行って依存度を
　　　低下させ、経営リスクを分散させるっス。戦略は「技術力・提案力を生かし新たな
　　　販路を開拓し経営リスク分散」っス。

多辺：永友、やるね〜。私も「C社の自社ブランド開発」を考えたよ。X社との取引でア
　　　ウトドア商品のノウハウ獲得もできるしね〜。

先生：2人ともええやん。特に永友の解答は「経営リスク分散」という「効果」が入っと
　　　るしな。中小企業診断士としての助言を求められとるからには、「効果」を加える
　　　ことが必要や。「効果」があれば、社長は安心して戦略を実行に移せるんやで。

永友：ブラボー！　「戦略＋効果」この組み合わせでゴールを量産できる気がするっス！

多辺：なるほど〜。それじゃ「高価格化・高付加価値化」の効果は「売上拡大」ね〜。

先生：まとめるで。戦略はいろいろ考えられるけど、中小企業は経営資源に限りがあるか
　　　ら、強みをしっかり捉え機会を生かした、一貫性のある戦略を助言することが求め
　　　られてたんやわ。大切なことは社長の気持ちに寄り添うことや。

▶事例Ⅲ特別企画

「デジタル化に愛はあるんか！」

【中小企業白書でのデジタル化の扱われ方】

永友：ふー、令和4年度は第4問で「デジタル化」って出たけれど、サッカーの試合中は
　　　デジタルな環境にないから、困ったよ。

多辺：私はYouTubeもやってるし、スイーツの情報収集もスマホでデジタルにやってい
　　　るから、そこまで悩まなかった〜。

先生：あんたら、何の話をしとるんや。事例ⅢのC社でのデジタル化やで。

多辺：冗談ですよ〜先生。でも、確かにデジタル化ってわかっているようで、聞かれると
　　　意外と解答に詰まるかも。

先生：そもそも中小企業におけるデジタル化の重要性を知らずして、デジタル化の助言を
　　　してもあかんわな。事例Ⅰと同様に、まずは中小企業白書ではどう書かれているか
　　　を押さえるところからや。これ見てみ。

時点別に見た、事業方針におけるデジタル化の優先順位

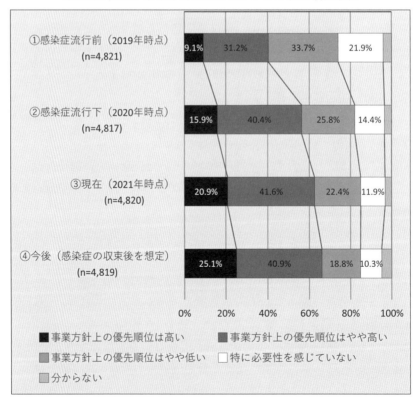

資料：（株）東京商工リサーチ「中小企業のデジタル化と情報資産の活用に関するアンケート」
（出所：『2022年版　中小企業白書』第2-3-15図、Ⅱ-283p）

永友：新型コロナウイルス感染症でデジタル化の優先順位が高まったのは知ってたっス。でも、収束後の想定はさらに優先順位が高まっているとは知らなかったっス。

多辺：今後もますますデジタル化の観点で問われそうだね～。

先生：中小企業白書には、企業が行っている実際の取組事例も紹介されとる。イメージが湧きやすくなるから、2次試験を受験するうえで読んでおいて損はないで！

【一定間隔で出題されてきた、デジタル化（IT化、コンピュータ化）】

先生：さて本題、デジタル化に関してやな。まずはこれまでにどんな出題形式で問われてきたか確認してみよか。

出題年度、配点	設問文（上段）、出題の趣旨（下段）
令和2年度 第3問 （配点20点）	C社社長は、納期遅延対策として社内のIT化を考えている。C社のIT活用について、中小企業診断士としてどのように助言するか、120字以内で述べよ。
	C社の納期遅延の対策に有効な社内のIT活用について、助言する能力を問う問題である。
平成30年度 第4問 （配点20点）	C社が検討している生産管理のコンピュータ化を進めるために、事前に整備しておくべき内容を120字以内で述べよ。
	C社の生産職場の状況を把握し、生産管理のコンピュータ化を進めるために必要な事前整備内容について、助言する能力を問う問題である。
平成27年度 第3問 （配点20点）	C社は、納期遅延の解消を目的に生産管理のIT化を計画している。それには、どのように納期管理をし、その際、どのような情報を活用していくべきか、120字以内で述べよ。
	納期遅延の解消を目的とした生産管理のIT化を計画しているC社の課題を把握し、納期管理の方法を提案する能力を問う問題である。

永友：過去問全部解いたので薄々気づいてたけれど、「デジタル化」という単語は令和4年度が初めてでも、似たような形式で何度も出題されてるっス。しかもある程度法則があるっス。これって必ず短いパスをつないで攻めるスペイン代表と同じだ。ドーハの歓喜に沸いた2022年ワールドカップの予選を思い出してきたぞ！　スペイン戦、VARチェック、テクノロジー発動っス。微妙な判定もデジタル技術のおかげで正確に検証されたっス！　ブラボー！

多辺：はい出た～、1mmの奇跡～。最後まで諦めない姿勢が勝利を引き寄せた～。

先生：なんや読者のこと置き去りにし始めたけれど、言いたいことは伝わってるようやな。

多辺：でも、似たような出題でも問われ方が少し違うと、本番で出たときに、これまでと同じかどうか迷って考えちゃいそう～。デパ地下のスイーツみたいに、この店なら間違いなくこれ！　みたいなのってないんですか～？

先生：それはな……しゃあなしやで、教えたるわ。デジタル化（IT化、コンピュータ化）

~試験に持って行ってよかったもの~
セロテープ。受験票を机に貼って落下防止としていました。

を行うことでC社の課題をどう解決するかや、デジタル化を検討するうえで必要な内容が問われる傾向にあるんや。しかも出題されるのは第3問前後で、ほかの設問からある程度独立した助言問題として出ることが多いんや。設問の切り分けにはあまり影響してこんからいろんなことが書けそうなのが特徴やな。そして解くうえで大事になるんが、事例Ⅲでおなじみの「DRINK」や。

【D：データベース活用　R：リアルタイム　I：一元管理　N：ネットワーク　K：共有化】

先生：「D：データベース活用　R：リアルタイム　I：一元管理　N：ネットワーク　K：共有化」の、頭文字を取ったのが「DRINK」や。初めて聞く人もいると思うけど、この5つの観点で課題解決の方向性を検討し、具体的な施策に落とし込むのが大事やで。

多辺：はい、私聞いたことあります〜DRINK。

永友：オレもいつも試験開始のキックオフと同時に余白にDRINKって書いているから忘れたことはないけれど、具体的な施策を考えるのに悩んでしまって。試合中でもデジタル化せずともチームで密に声かけすれば共有化できるわけだし。

先生：なんでやねん。あんたと違って企業では同じ空間や同じ時間に全員がいるわけやないし、皆自分の仕事で忙しいやろ。中小企業への愛はあるんか？

多辺：（中小企業への愛を溢れさせると先生は止まらないんだから……話を戻さないと）先生、DRINKの解説を聞きたいです〜。

先生：ほな、第4問の解説ではD（データベース活用）、R（リアルタイム）、K（共有化）は触れたから、残るI（一元管理）、N（ネットワーク）について説明したるわ。I（一元管理）は、C社内に情報があっても分散しとっては活用しにくく、管理しやすくするためにも、1か所でまとめて管理すべきやな。N（ネットワーク）は、社内がネットワーク化されていて各部署から情報にアクセスできると効率的に仕事を進められるわけやな。この5つを組み合わせて業務改善を進めるんやで。

多辺：なるほど〜。バランスよく五感に働きかけるスイーツは美味しいよね。

先生：ただな、デジタル化は、前提としてあくまで会社が抱える課題解決や目的達成のための手段やからな。当然やけど、背景にある課題や目的を与件文から抜け漏れなく把握することが大切や。ここを無視して答案作成したとしたらあかんで。切り口としてDRINKを押さえておくことは非常に重要やけど、設問文を無視して会社への愛なしに書かれたDRINKだけの答案は課題解決にはつながらへんし、合格点には及ばへん可能性が高いわな。

多辺：とてもよくわかりました〜。

先生：せやけど、逆に落としたらほかの受験生に差をつけられる可能性が高いから、確実に得点できるように練習が必須やで。

永友：なるほど。試合中のこまめな水分補給くらい「DRINK」は大事ってことか、先生！！

体幹トレーニングで必ず身につけます！！ 先生！ あと過去問でほかの事例でも似たよう問題があって気になったっす。令和２年度事例Ⅰの第２問では、「どのような手順を踏んで情報システム化を進めたと考えられるか」って問われたんですけれど、DRINK 関係ありますよね？

多辺：永友、確かに〜。

先生：永友、あんたには、応用力があるなぁ。老舗の蔵元Ａ社で情報システム化を進めた若い女性社員の話やな。SECI モデルが解答の中心の問題やけれど、解答要素にはＤ（データベース活用）、Ｋ（共有化）があったから、DRINK の観点は大事やったで。詳しくは『ふぞろいな合格答案エピソード14』をちゃんと読んでな。

永友：よっしゃー！ ナイスタックル！

【まとめ】

先生：さて、中小企業におけるデジタル化の重要性、過去の出題、DRINK についていろいろ見てきたけど、あんたら、何が一番か、わかったやんなあ？ 大事なポイントをおさらいしてみよか。

多辺：はい！ デジタル化の優先順位が増して今後もっと重要になってくることもですし、ある程度パターンがあって今後問われたらどう解答すればよいかもわかりました。でも一番は、やっぱり愛って大事〜ってことですね。私も幸せになりた〜い。

先生：多辺はきっと幸せになれるで。

永友：オレも愛しのアモーレに会いたくなってきた！

先生：あんたはその前に与件文と、社長の気持ちに寄り添うことが必要や！

Column

日本の中小企業はすごい

私は仕事を通して多くの製造業の中小企業と接点を持つ機会がありました。切削加工やプレス加工、鍍金加工など多くの技術が中小企業によって作られていることを、仕事を通して感じられました。一方で経営者の高齢化や人手不足による後継者不足で廃業していく企業もありましたが、一会社員にはどうすることもできず虚しさを感じていました。

そのようななかで、ある講演会で聞いた話ですが、某自動車メーカー役員の中小企業向けのメッセージがとても印象に残っています。それは「日本の自動車メーカーが国際社会で勝ち続ける理由は、ほかの国々との大きな違いがあるからです。日本には技術力の高い中小企業が多く存在しているが他国にはそれがない。これからも中小企業が存在し続ける限り日本の自動車は負けない」。正確かは定かではありませんが、ニュアンスは合っていると思います。この言葉が忘れられず、ずっと頭に残っています。

現在私は中小企業診断士として、中小企業を支援することで日本の産業に貢献できると考えており、ほかのどのような仕事にも負けないやりがいがあると確信しています。

(はやと)

ふぞろい流ベスト答案 ──────── 事例Ⅲ

第1問（配点20点）　80字　　　　　　　　　　　　　　　　【得点】20点

販	売	面	で	は	、	コ	ロ	ナ	感	染	症²	の	影	響	で	受	注	が	減
少	し	て	い	る²	為	、	新	た	な	販	路	を	開	拓⁴	し	売	上	を	拡
大⁴	す	る	。	生	産	面	で	は	、	生	産	統	制	を	強	化¹	し	顧	客
ニ	ー	ズ	で	あ	る	小	ロ	ッ	ト	化⁴	・	短	納	期	化³	を	図	る	。

第2問（配点20点）　119字　　　　　　　　　　　　　　　【得点】20点

課	題	は	①	商	談²	と	設	計	期	間	の	短	縮³	②	設	計	業	務	の
混	乱	防	止³	③	若	手	の	養	成²	④	プ	レ	ス	加	工	の	生	産	能
力	向	上¹	で	あ	る	。	対	応	策	は	①	3	次	元	CA	D³	の	デ	ー
タ	を	共	有²	し	仕	様	確	認	の	簡	便	化	②	設	計	担	当	の	専
任	化²	③	OJ	T	に	よ	る	技	術	承	継¹	④	外	段	取	り	の	導	入¹
で	生	産	能	力	を	向	上	さ	せ	、	短	納	期	化²	を	図	る	。	

第3問（配点20点）　120字　　　　　　　　　　　　　　　【得点】20点

対	応	策	は	①	全	社	的	な	生	産	計	画⁴	を	週	次	で	策	定⁴	し
生	産	統	制	を	徹	底²	し	②	受	注	量	に	合	わ	せ	て	ロ	ッ	ト
サ	イ	ズ	を	設	定⁴	し	③	段	取	作	業	の	負	荷	軽	減	の	た	め
複	数	人	で	の	分	業	制	に	し	て	シ	ン	グ	ル	段	取	化⁴	す	る。
以	上	で	、	プ	レ	ス	加	工	に	お	け	る	生	産	能	力	を	向	上³
し	て	小	ロ	ッ	ト	化	対	応	し	、	在	庫	削	減¹	す	る	。		

第4問（配点20点）　120字　　　　　　　　　　　　　　　【得点】20点

内	容	は	①	受	注	と	納	期	管	理³	、	②	在	庫	管	理²	、	③	設
計	業	務²	、	④	余	力	管	理²	を	デ	ジ	タ	ル	化	し	生	産	統	制²
を	強	化	す	る	。	活	動	は	①	情	報	の	即	時¹	共	有³	が	で	き
る	体	制	を	構	築	し	、	②	情	報	を	標	準	化²	し	て	D	B	で
一	元	管	理³	し	、	③	研	修	実	施²	と	マ	ニ	ュ	ア	ル	整	備²	で
定	着	化	を	図	る	。	以	上	で	短	納	期	化¹	に	対	応	す	る	。

第5問（配点20点）　100字　　　　　　　　　　　　　　　　　　　【得点】20点

今	後	の	可	能	性	は	X	社	と	の	取	引²	で	ア	ウ	ト	ド	ア	商
品²	の	生	産	ノ	ウ	ハ	ウ	を	獲	得²	し	、	強	み	の	技	術	力²	や
生	産	性	向	上¹	に	帰	す	提	案	力¹	を	生	か	し	、	高	付	加	価
値	商	品³	へ	の	展	開	や	新	た	な	販	路	の	開	拓³	に	よ	り	売
上	拡	大³	と	リ	ス	ク	分	散³	で	経	営	の	安	定¹	が	見	込	め	る。

ふぞろい流採点基準による採点

100点

第1問：「2020年以降今日までの外部経営環境の変化」という設問要求を意識し、外部環境に触れながら施策とともに重要度の高い課題を記述しました。

第2問：担当課ごとに納期短縮につながる課題とその対応策を抽出し、短納期化するという効果を明確にして記述しました。

第3問：プレス加工製品における生産管理と段取り作業の課題について、それぞれ対応策を多面的に記述しました。

第4問：デジタル化の内容は、目的となる短納期化を意識しつつ、C社の課題に対応するよう記述しました。社内活動は、デジタル化に必要な体制構築について多面的に記述しました。

第5問：第1問との整合性を意識しながら、X社との取引機会を捉えC社の強みを踏まえ戦略を記述しました。

Column　　　限られた字数内で情報を詰め込むために

　設問に答えるために、さまざまな情報を詰め込みたいけれど「与えられた字数が足りず、表現しきれない！」という悩みをお持ちの方も少なくないはず。そういう方には、単語レベルで文字数を節約することを考えてみてはいかがでしょうか。たとえば、「つなげる」は「繋げる」、「組み合わせ」は「組合せ」など、漢字表記（熟語使用）＆送り仮名を少なくする、というのはその1つ。なかでも、私が多用していたのは、「以て」。この言葉を使い始める前は、「Aに取り組む、これにより、Bとなる」みたいな書き方をしていたのだけれど、「これにより」を「以て」に変えるだけで3文字も節約できちゃいます。たかが3文字、されど3文字。多面的な解答を目指すためにも、文字数節約は効果あるかも。

（ぜあ）

▶事例Ⅳ（財務・会計）◀

令和４年度　中小企業の診断及び助言に関する実務の事例Ⅳ
（財務・会計）

　D社は、1990年代半ばに中古タイヤ・アルミホイールの販売によって創業した会社であり、現在は廃車・事故車の引取り・買取りのほか中古自動車パーツの販売や再生資源の回収など総合自動車リサイクル業者として幅広く事業活動を行っている。D社の資本金は1,500万円で直近の売上高は約10億3,000万円である。

　創業当初D社は本社を置く地方都市を中心に事業を行っていたが、近年の環境問題や循環型社会に対する関心の高まりに伴って順調にビジネスを拡大し、今では海外販売網の展開やさらなる事業多角化を目指している。

　D社の事業はこれまで廃車・事故車から回収される中古パーツのリユース・リサイクルによる販売が中心であった。しかし、ここ数年海外における日本車の中古車市場が拡大し、それらに対する中古パーツの需要も急増していることから、現在D社では積層造形３Dプリンターを使用した自動車パーツの製造・販売に着手しようとしている。また上記事業と並行してD社は、これまで行ってきた廃車・事故車からのパーツ回収のほかに、より良質な中古車の買取りと再整備を通じた中古車販売事業も新たな事業として検討している。

　中古車販売事業については、日本車の需要が高い海外中古車市場だけでなく、わが国でも中古車に対する抵抗感の低下によって国内市場も拡大してきており、中古車販売に事業のウエイトを置く同業他社も近年大きく業績を伸ばしているといった状況である。D社は中古車市場が今後も堅調に成長するものと予測しており、中古車販売事業に進出することによって新たな収益源を確保するだけでなく、現在の中古パーツ販売事業にもプラスの相乗効果をもたらすと考えている。従って、D社では中古車販売事業に関して、当面は海外市場をメインターゲットにしつつも、将来的には国内市場への進出も見据えた当該事業の展開を目指している。

　しかしD社は、中古車販売事業が当面、海外市場を中心とすることや当該事業のノウハウが不足していることなどからリスクマネジメントが重要であると判断しており、この点について外部コンサルタントを加えて検討を重ねている。

　D社と同業他社の要約財務諸表は以下のとおりである。なお、従業員数はD社53名、同業他社23名である。

貸借対照表
（令和４年３月31日現在）

（単位：万円）

〈資産の部〉	D社	同業他社	〈負債の部〉	D社	同業他社
流動資産	33,441	29,701	流動負債	9,067	13,209
現金預金	25,657	18,212	固定負債	21,506	11,285
売掛金	4,365	5,297			
たな卸資産	3,097	5,215	負債合計	30,573	24,494
その他流動資産	322	977	〈純資産の部〉		
固定資産	27,600	20,999	資本金	1,500	4,500
有形固定資産	16,896	8,395	利益剰余金	28,968	21,706
無形固定資産	208	959			
投資その他の資産	10,496	11,645	純資産合計	30,468	26,206
資産合計	61,041	50,700	負債・純資産合計	61,041	50,700

損益計算書
自　令和３年４月１日
至　令和４年３月31日

（単位：万円）

	D社	同業他社
売上高	103,465	115,138
売上原価	41,813	78,543
売上総利益	61,652	36,595
販売費及び一般管理費		
人件費	22,307	10,799
広告宣伝費	5,305	3,685
減価償却費	2,367	425
地代家賃	3,114	4,428
租税公課	679	559
外注費	3,095	1,124
その他	9,783	4,248
販売費及び一般管理費合計	46,650	25,268
営業利益	15,002	11,327
営業外収益	1,810	247
営業外費用	302	170
経常利益	16,510	11,404
特別損失	—	54
税引前当期純利益	16,510	11,350
法人税等	4,953	3,405
当期純利益	11,557	7,945

事例
Ⅳ

> **第1問 （配点25点）**
> **（設問1）【難易度　★☆☆　みんなができた】**
> 　D社と同業他社の財務諸表を用いて経営分析を行い、同業他社と比較してD社が優れていると考えられる財務指標を2つ、D社の課題を示すと考えられる財務指標を1つ取り上げ、それぞれについて、名称を（a）欄に、その値を（b）欄に記入せよ。なお、優れていると考えられる指標を①、②の欄に、課題を示すと考えられる指標を③の欄に記入し、（b）欄の値については、小数点第3位を四捨五入し、単位をカッコ内に明記すること。また、解答においては生産性に関する指標を少なくとも1つ入れ、当該指標の計算においては「販売費及び一般管理費」の「その他」は含めない。

●**出題の趣旨**

　財務諸表を利用して、診断及び助言の基礎となる財務比率を算出する能力を問う問題である。

●**解答ランキングとふぞろい流採点基準**

凡例	AAA	AA	A	B	C	合計
優れている指標①② （MAX8点）	16人	42人	71人	71人	52人	252人

ランク	(a)指標	点数	(b)数値	点数
1位	売上高総利益率	2点	59.59%	2点
2位	流動比率	2点	366.82%	2点
3位	棚卸資産回転率	2点	33.41回	2点
4位	当座比率	2点	331.11%	2点
5位	売上高原価率	2点	40.41%	2点
6位	売上高営業利益率	1点	14.50%	2点
7位	売上高経常利益率	1点	15.96%	2点

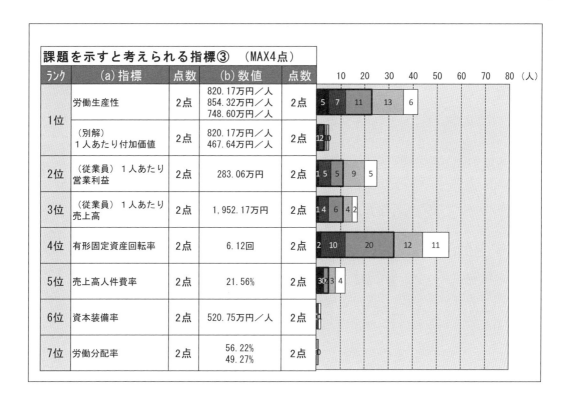

●解答のポイント

　診断と助言のために指摘すべき指標を財務諸表から適切に選択し、正しい算出方法により求めることがポイントだった。

【いきなりやってきた「生産性」】

多辺：やっと事例Ⅳまで来た〜。疲れたし早く終わってスイーツ食べに行きたいな〜。

永友：なにバテてんすか、先輩！　最後まで走りきっちゃいましょう！　今回は指摘する指標3つだったな、楽勝だぜ！

先生：あんたら！　設問文を読んで、何か気づいたことはないんか？

多辺：「生産性に関する指標を少なくとも1つ」っていう制約がありました〜。

永友：なにっ？　例年はそんな指示なかったぞ！？

多辺：それに「当該指標の計算においては『販売費及び一般管理費』の『その他』は含めない」って書いてあるってことは……。

永友：そうか！　「販売費及び一般管理費」から「その他」を引いたうえで生産性の指標を計算するってことだったんだな！

多辺：はい出た〜。人の手柄取っちゃうタイプ〜。

先生：永友、あんたはいけずやなぁ。

〜ファイナルペーパーに書いた一言〜
とにかく埋める、社長の思いは使う。

永友：す、すみません。でも先輩、生産性の指標ってどう計算すればいいんでしたっけ？

多辺：私はわかんなかったから、別の指標書いちゃお〜と思って、有形固定資産回転率にしたよ。

永友：ちょっと待ってくださいよ、先輩。有形固定資産回転率は効率性に関する指標でしょう。設問指示にあった、生産性に関する指摘をしてないってことになるじゃないですか！　そんなんで世界と戦えるんですか？

先生：あんたが今戦う相手は世界やない。目の前の試験や。実際に、指標として労働生産性を指摘した人は多かったけど、計算まできちんとできていた人はほとんどおらんかった。そもそも、生産性に関する指標の計算にあたり付加価値の算出が必要なんやが、その付加価値の算出方法は複数あるんや。さらに「販売費及び一般管理費」の「その他」は含めないという指定も受験生を混乱させたんやろう。

永友：そうだったのか。欧州の強豪ぐらい手強いぜ、事例Ⅳ……！

先生：ちなみに、有形固定資産回転率はA以上答案にも多くの解答があったわ。生産性の計算に設備などの数値を用いることもあるから、これも題意を外していないとして加点されたんちゃうか。題意にしっかりと則って労働生産性を指摘したのに、計算できずに失点した人が多い一方、例年どおり収益性・効率性・安全性の観点から妥当な有形固定資産回転率を答えた人が結果的に得をした。……そこに愛はあるんか！？　と疑いたくなる人もおったやろうな。

永友：そうだったのか。有形固定資産回転率、左右どちらのサイドでもプレーできるオレみたいに万能だったんだな。これからもどんどん使っていくぜ！

先生：調子に乗りなさんな。診断士としての仕事のことを考えたら、生産性についてもしっかりと押さえておくべきや。付加価値の算出方法については、中小企業庁方式（控除法）、日銀方式（加算法）を含めいくつかの計算方法がある。しかし、診断士の実務においては、事業再構築補助金やものづくり補助金で採用されている「営業利益、人件費、減価償却費の合計」という付加価値額の算出方法を押さえとくべきとちゃうか。「販売費及び一般管理費」の「その他」を含めないという記載から、営業利益に「その他」を足して付加価値として計算していた人もおったみたいや。今回は加点されたかもしらんけど、診断士として活躍したいと思うなら、正しい計算方法をしっかりとマスターしておくんやで。

永友：同じ指標なのにいくつも算出方法があるなんて、ややこしいな……でも考えようによっては、試験のための勉強で、実務をこなす力がつけられるってことだな。うおお、俄然やる気が出てきたぜ！！！

多辺：それ、当たり前だと思うけど〜。

〜合格してから知って驚いたこと〜

ふぞろいで出会った仲間が向かいの建物で働いていたこと。

（設問2）【難易度　★☆☆　みんなができた】
　D社が同業他社と比べて明らかに劣っている点を指摘し、その要因について財務指標から読み取れる問題を80字以内で述べよ。

●出題の趣旨
　財務比率を基に、事例企業の財務的問題点とその要因を分析する能力を問う問題である。

●解答ランキングとふぞろい流採点基準

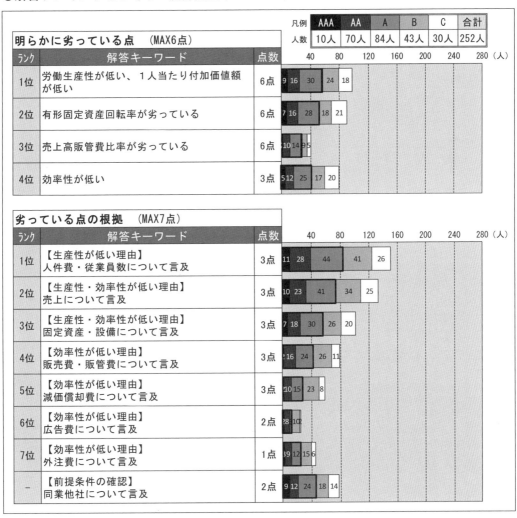

事例Ⅳ

●再現答案

区	再現答案	点	文字数
AAA	従業員あたりの<u>生産性に劣る</u>。要因として、事業多角化により<u>多くの従業員</u>を必要とし、投じた<u>広告宣伝費</u>に比して効果が分散している。投資に対する<u>減価償却費</u>も利益を圧迫。	13	80
AA	<u>販管費率が高い</u>。従業員に比して<u>人件費が高く</u>、人材活用の効率性が低い。投資負担による<u>減価償却費</u>、<u>広告宣伝費</u>、<u>外注費も高く</u>、それらの<u>売上貢献度に問題がある</u>。	13	76
A	<u>従業員一人当たりの売上高</u>が低く<u>生産性が低い</u>。要因は事業多角化により管理部門が重複している点と中古車販売事業のノウハウが不足しており<u>期待している売上が出ていない</u>。	12	80
B	<u>有形固定資産回転率が劣っている</u>。海外販売の展開や事業の多角化により投資を行なっているがまだ需要の獲得ができておらず、<u>資産や設備を活かしたが効率性が劣っている</u>。	9	79
C	<u>販管費額が多く</u>劣っている。理由は多角化に伴い<u>人件費</u>や<u>広告宣伝費</u>が高く、中古車販売事業において海外進出のための<u>外注費が高くなっている</u>ためである。	7	71

AAA：≧80，AA：79～70，A：69～60，B：59～50，C：49～40，D：≦39

●解答のポイント

> D社が同業他社と比べて明らかに劣っている点を分析し、その要因として与件文と財務指標から読み取れる問題について制限文字数のなかで簡潔に説明することがポイントだった。

【設問文のアシストで確実にゴールを】

多辺：わざわざ（設問1）で生産性に関する指標を入れるように指示されて、次の（設問2）では明らかに劣っている点について指摘させるということは……。

先生：あんた、読みが鋭いなあ。そう、ここで劣っている点として多くの高得点者が生産性を指摘しとった。「生産性」という言葉自体は出てこなくても、従業員数や人件費、広告費、減価償却費などのコストに対して売上や利益が上がっていないという解答には加点されたんとちゃうか。

永友：設問文が、答えを導くスルーパスを出してくれていたのか……！

先生：そのたとえはわかりづらいわ、永友。あんたに読者への愛はあるんか？

【生産性指標の計算方法を押さえておこう】

先生：ちょっと聞いてくれる？　今回の試験で「労働生産性」が問われた理由は、事業再構築補助金の採択要件として、「1人当たりの付加価値額が増加する事業計画」の策定が求められとるからやと思うねん。

永友：じゃあ、ほかの生産性に関する指標は別に知らなくてもいいってことっスかね？

多辺：診断士の仕事は補助金だけじゃないでしょ〜？　先生、教えてくださ〜い。

先生：ほな、代表的な指標を「付加価値額」、「労働生産性」を含めて4つご紹介するで。

〈代表的な生産性指標〉

① 付加価値額

　企業活動によって生み出される新たな価値の総額。その用途によって定義、計算式が異なる。

【事業再構築補助金用途】　営業利益＋人件費＋減価償却費
【日銀方式】　　　　　　　経常利益＋金融費用＋人件費＋賃借料＋租税公課＋減価償却費
【中小企業庁方式】　　　　売上高−外部購入価額（仕入高、原材料費、外部加工費、運賃など）
【経産省企業活動基本調査】営業利益＋減価償却費＋福利厚生費＋動産・不動産賃借料＋租税公課

② 労働生産性

　従業員1人当たりの付加価値を示す指標。今回の事例Ⅳにおいてテーマの1つであり、労働生産性の向上は、日本の企業経営における大きな課題といえる。

$$労働生産性（円／人）＝\frac{付加価値額}{従業員数}$$

③ 付加価値率

　売上高に対する付加価値額の比率。人件費が高い飲食業や情報通信業は高くなる一方、小売・卸売業や設備投資で自動化が進んでいる製造業は低い傾向にある。

$$付加価値率（％）＝\frac{付加価値額}{売上高}×100$$

④ 労働装備率

　従業員1人当たりの設備投資額。企業の設備投資の合理性をみる分析指標。

$$労働装備率（円／人）＝\frac{有形固定資産}{従業員数}$$

〜試験1週間前からの過ごし方〜

毎日4事例解く。

第2問（配点20点）

D社は、海外における中古自動車パーツの需要が旺盛であることから、大型の金属積層造形3Dプリンターを導入した自動車パーツの製造・販売を計画している。この事業においてD社は、海外で特に需要の高い駆動系の製品Aと製品Bに特化して製造・販売を行う予定であるが、それぞれの製品には次のような特徴がある。製品Aは駆動系部品としては比較的大型で投入材料が多いものの、構造が単純で人手による研磨・仕上げにさほど手間がかからない。一方、製品Bは小型駆動系部品であり投入材料は少ないが、構造が複雑であるため人手による研磨・仕上げに時間がかかる。また、製品A、製品Bともに原材料はアルミニウムである。

製品Aおよび製品Bに関するデータが次のように予測されているとき、以下の設問に答えよ。

〈製品データ〉

	製品A	製品B
販売価格	7,800円／個	10,000円／個
直接材料（400円／kg）	4kg／個	2kg／個
直接作業時間（1,200円／h）	2h／個	4h／個
共通固定費（年間）	4,000,000円	

（設問1）【難易度　★★☆　勝負の分かれ目】

D社では、労働時間が週40時間を超えないことや週休二日制などをモットーとしており、当該業務において年間最大直接作業時間は3,600時間とする予定である。このとき上記のデータにもとづいて利益を最大にするセールスミックスを計算し、その利益額を求め（a）欄に答えよ（単位：円）。また、（b）欄には計算過程を示すこと。

●出題の趣旨

3Dプリンターを用いた新事業における短期利益計画において、与えられた製品データと制約条件のもとで、利益を最大化するセールスミックスを算出する能力を問う問題である。

●解答ランキングとふぞろい流採点基準

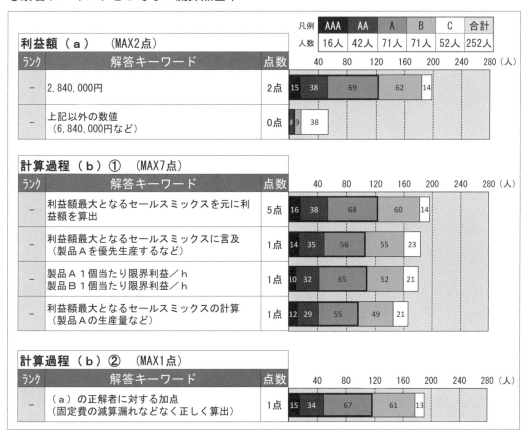

凡例	AAA	AA	A	B	C	合計
人数	16人	42人	71人	71人	52人	252人

利益額（a）　（MAX2点）

ランク	解答キーワード	点数
－	2,840,000円	2点
－	上記以外の数値 （6,840,000円など）	0点

計算過程（b）①　（MAX7点）

ランク	解答キーワード	点数
－	利益額最大となるセールスミックスを元に利益額を算出	5点
－	利益額最大となるセールスミックスに言及 （製品Aを優先生産するなど）	1点
－	製品A1個当たり限界利益／h 製品B1個当たり限界利益／h	1点
－	利益額最大となるセールスミックスの計算 （製品Aの生産量など）	1点

計算過程（b）②　（MAX1点）

ランク	解答キーワード	点数
－	（a）の正解者に対する加点 （固定費の減算漏れなどなく正しく算出）	1点

●再現答案

区	再現答案	点	文字数
AAA	製品Aの限界利益＝7,800－4×400－2×1,200＝3,800円／個 製品Bの限界利益＝10,000－2×400－4×1,200＝4,400円／個 制約条件となる直接作業時間単位当たりの限界利益を計算すると 製品A＝3,800／2＝1,900　製品B＝4,400／4＝1,100 以上より、制約条件下で全て製品Aを製造販売することで最大の利益を得ることができる。 その場合の製品Aの販売量は制約条件3,600h／2h＝1,800個 その際の利益額は、限界利益3,800円×1,800個－4,000,000円＝2,840,000円	8	－
AA	製品1個の1時間当たりの限界利益を計算すると、 製品A：(7,800－400×4－1,200×2)÷2＝1,900円／h 製品B：(10,000－400×2－1,200×4)÷4＝1,100円／h 作業時間以外に制約条件がないので、限界利益が大きい製品Aを作業時間の上限まで生産する。生産数は、3,600÷2＝1,800 この時の利益は、3,800×1,800 ＝6,840,000	7	－

| C | 製品Aの時間当たりの利益
$7,800-(400\times4)-(1,200\times2)=1,900$ 円／h
製品Bの時間当たりの利益
$10,000-(400\times2)-(1,200\times4)=1,100$ 円／h[1]
よって製品Aの生産を優先する。[1]週40時間の稼働であり
年間 $40\times365\div7=2,085.714$ 時間の稼働
利益は $1,900\times2,085.7-4,000,000=-37,143$ | 2 | － |

●解答のポイント

> 製品データをもとに、製品A、製品Bの1時間当たりの「限界利益／個（1個当たりの限界利益）」の計算を正しく行ったうえで両者を比較し、利益が最大となる「各製品の生産量（製品Aを優先して生産すること）」を判断できたか、がポイントだった。

【平常心を取り戻し、落ち着いて処理できたか】

先生：第2問はセールスミックスや。あんたら、この問題解けたんか。

永友：全力を尽くしましたが、固定費引き忘れの凡ミスでゴールを外してしまいました！

多辺：はい、空回り〜。私はアニメカフェで何回も問題演習したから解けたけど〜。

先生：何の話をしてるんや。設問文が少し長いから焦るかもしれへんけど、ほかの問題と比べるとまだ対応しやすかった。実際に、1個当たり、1時間当たりの限界利益と順を追って慌てずに処理することで、製品Aだけ生産すればよいとわかったはず。もしかしたら、この問題を優先して、落ち着いて処理することができたかは、合否の分かれ目になったかもしれへん。

永友：標準的な問題だからこそ、普段のトレーニングの質で差がつきそうですね……。スタミナが切れがちな終盤こそ、冷静に戦うことで勝利につながると改めて痛感しました。

> **（設問2）【難易度　★★★　難しすぎる】**
> 　最近の国際情勢の不安定化によって原材料であるアルミニウム価格が高騰しているため、D社では当面、アルミニウムに関して消費量の上限を年間6,000kgとすることにした。設問1の条件とこの条件のもとで、利益を最大にするセールスミックスを計算し、その利益額を求め（a）欄に答えよ（単位：円）。また、（b）欄には計算過程を示すこと。

●出題の趣旨

　当該事業の短期利益計画において、制約条件が複数存在する場合のもとで、利益を最大化するセールスミックスを算出する能力を問う問題である。

●解答ランキングとふぞろい流採点基準

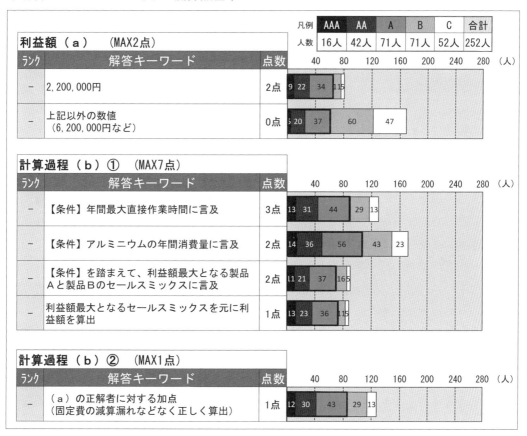

●再現答案

区	再現答案	点	文字数
AAA	製品Aの販売個数を x、製品Bの販売個数を y とする。 直接労務時間＝2x＋4y≦3,600 時間 直接材料＝4x＋2y≦6,000kg この連立方程式を x と y について解く x＝1,400 個　y＝200個 利益＝(3,800 円×1,400 個) ＋(4,400 円×200個)－4,000,000 円＝2,200,000	8	－
A	製品Aの生産量を x、製品Bの生産量を y とし、 7,800×x－(400×4×x+1,200×2×x)＋10,000y－(400×2×y+1,200×4×y) 4x+2y≦6,000　2x+4y≦3,600 を満たす生産量の組み合わせのうち利益が最大化するものを選ぶ。	5	－

●解答のポイント

> 　設問文、製品データといった制約条件をもとに、利益が最大となる製品A、製品B
> の生産量を表現できたか、がポイントだった。

【線形計画法にどれだけ立ち向かえたか】

永友：先生、この問題はワールドクラス並に難敵です。でも必死に食らいつきました。

多辺：私は解き切る元気なかったな。部分点狙いで制約条件をそれっぽく書いてみた～。

先生：A以上答案の受験生を見てみても、利益額（2,200,000円）まで導けている解答は少
　　　なかった。せやけど、直接材料の年間消費量と年間直接作業時間を使って、少しで
　　　も制約条件を表現しようと頑張っていた傾向が見られ、そこで点がもらえたかもし
　　　れへん。多辺の言うこともわかるわ。

多辺：まぁね～。難しい問題で時間切れになるくらいなら、ほかの標準的な問題を確実に
　　　取れるようにするよね～。永友みたいに凡ミスしたくないし～。

永友：そんな弱気でいいんスか！？　果敢に攻め込んでこそ得点につながるでしょ！

先生：永友の言い分も一理ある。確かに、今回のように制約条件が2個以上ある場合は線
　　　形計画法を使う、いわばセールスミックスの応用編。せやけど、まったく同じと言
　　　わないまでも1次試験で過去に出題されたことがあるテーマやし、制約条件を x や
　　　y などと置いて連立方程式を解くだけの話で、手順は難しくない。わかっていれば
　　　案外あっさり解ける。次回以降の試験でも言えることやけど、単に過去問を解くだ
　　　けじゃなく、時間が許す限り1次試験の「財務・会計」を丁寧に振り返って、過去
　　　問以外でも演習を積み重ねることで本番での対応力につながるんや。

第3問（配点35点）

　D社は新規事業として、中古車の現金買取りを行い、それらに点検整備を施したうえで海外向けに販売する中古車販売事業について検討している。この事業では、取引先である現地販売店が中古車販売業務を行うため、当該事業のための追加的な販売スタッフなどは必要としない。

　D社が現地で需要の高い車種についてわが国での中古車買取価格の相場を調査したところ、諸経費を含めたそれらの取得原価は1台あたり平均50万円であった。それらの中古車は、現地販売店に聞き取り調査をしたところ、輸送コスト等を含めてD社の追加的なコスト負担なしに1台あたり60万円（4,800ドル、想定レート：1ドル＝125円）で現地販売店が買い取ると予測される。また、同業他社等の状況から中古車販売事業においては期首に中古車販売台数1か月分の在庫投資が必要であることもわかった。

　D社はこの事業において、初年度については月間30台の販売を計画している。

　以下の設問に答えよ。

（設問1）【難易度　★★☆　勝負の分かれ目】

　D社は買い取った中古車の点検整備について、既存の廃車・事故車解体用工場に余裕があるため月間30台までは臨時整備工を雇い、自社で行うことができると考えている。こうした中、D社の近隣で営業している自動車整備会社から、D社による中古車買取価格の2％の料金で点検整備業務を請け負う旨の提案があった。点検整備を自社で行う場合の費用データは以下のとおりである。

〈点検整備のための費用データ（1台あたり）〉

直接労務費	6,000円
間接費	7,500円

　＊なお、間接費のうち、30％は変動費、70％は固定費の配賦額である。

　このときD社は、中古車の買取価格がいくらまでなら点検整備を他社に業務委託すべきか計算し（a）欄に答えよ（単位：円）。また、（b）欄には計算過程を示すこと。なお、本設問では在庫に関連する費用は考慮しないものとする。

●**出題の趣旨**

　中古車販売事業における点検整備業務において、与えられた費用データに基づいて関連原価を適切に把握し、外注すべきか否かに関する適切な意思決定について助言する能力を問う問題である。

●解答ランキングとふぞろい流採点基準

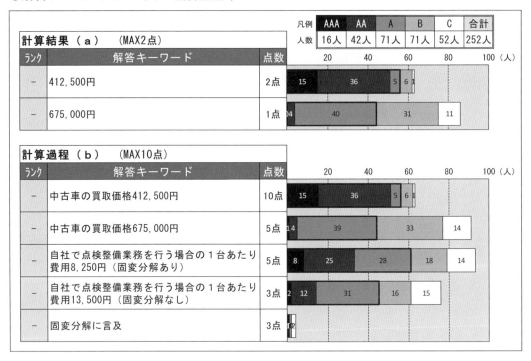

凡例	AAA	AA	A	B	C	合計
人数	16人	42人	71人	71人	52人	252人

計算結果（a）　（MAX2点）

ランク	解答キーワード	点数
－	412,500円	2点
－	675,000円	1点

計算過程（b）　（MAX10点）

ランク	解答キーワード	点数
－	中古車の買取価格412,500円	10点
－	中古車の買取価格675,000円	5点
－	自社で点検整備業務を行う場合の１台あたり費用8,250円（固変分解あり）	5点
－	自社で点検整備業務を行う場合の１台あたり費用13,500円（固変分解なし）	3点
－	固変分解に言及	3点

●再現答案（計算過程のみ。MAX10点）

区	再現答案	点	文字数
AAA	中古車の買取金額を x とする。与件文より、自社で点検整備を行うときの１台あたりの間接費は<u>変動費：2,250円、固定費：5,250円と分解される</u>[3]ので<u>１台あたりの点検整備に発生する変動費は 8,250円</u>[5]である。よって$0.02x \leqq 8,250$ $x \leqq 412,500$ 円 以上より、<u>412,500 円までなら他社に業務委託すべき</u>[10]である。	10	－
AA	単位は円。条件より、<u>１台当たりの点検整備の費用は、6,000+7,500 = 13,500</u>[3]（内、変動費8,250、固定費5,250）。買取価格を X とすると、外注した場合の整備費用は、0.02X となり、0.02X <= 13,500 の場合、他社に委託すべきである。$X = $<u>675,000円</u>[5]	8	－

普段どおり。直前の金曜は有給休暇を取りました。あまり根を詰めず、PS5で少し遊んだりしました。

●解答のポイント

> 　中古車買取価格がいくらまでなら点検整備業務を他社に業務委託すべきかを計算する際、D社の1台当たり点検整備費用を固変分解して変動費を適切に算出できたかがポイントだった。

【設問文を正確に読み取ろう】

先生：第3問（設問1）は内外作区分の問題や。CVPを応用して点検整備費用を固変分解できたかがポイントやな。この設問におけるA答案以上の得点率は8割、B答案以下の得点率は3割であり、得点率に5割もの大きな乖離があったんや。まさに合否を決める勝負の分かれ目、ここが天王山や！　ちゃんとできたか？

永友：くそっ！　1台当たりの点検整備の費用を、固変分解せずに13,500円としてしまいました！

先生：焦ってもうたな。受験生の再現答案でも、固定費を含めて675,000円と解答した人がA答案以下で多く見られたんや。焦りは禁物やで。

多辺：私は、きちんと変動費で算出したよ〜。固定費は外部委託しなくても発生するからね〜。

先生：やるやないか！　「間接費のうち、30％は変動費、70％は固定費の配賦額」という記載から、関連原価を変動費で算出した解答は、ＡＡ答案以上に多く見られたで。固変分解の考え方は、CVPをはじめさまざまな問題に応用が利くからしっかり対策しときや！

永友：基礎が大事ってことだな、まだまだ練習が足りない！　まずは体幹トレーニングだ！

多辺：永友、それは違うと思う〜。

Column

1日4事例のすゝめ

　試験1週間前から、可能であれば毎日4事例解くことをおすすめします。毎日4事例解くことで、①タイムマネジメントが身につく、②4事例解き終える体力がつく、③脳幹反射の如き速度で解答が思いつく、とよいことだらけです。さらに4事例ぶっ通しで解くことで、休憩のある本番が相対的に楽であると錯覚することができ、事例Ⅳまで集中力が継続できます。自分はこの毎日4事例を解いたことで気持ちと体力に余裕ができ、事例Ⅳが難しすぎてやばいことを冷静に見極めることができました（解けるとは言っていない）。

（えとえん）

　9日前に新型コロナウイルスワクチン接種。体調を崩さないように外出を控えてました。

（設問２）【難易度　★★★　難しすぎる】

　D社が海外向け中古車販売事業の将来性について調査していたところ、現地販売店よりD社が販売を計画している中古車種が当地で人気があり、将来的にも十分な需要が見込めるとの連絡があった。こうした情報を受けてD社は、初年度においては月間30台の販売からスタートするが、２年目以降は５年間にわたって月間販売台数50台を維持する計画を立てた。

　この計画においてD社は、月間50台の販売台数が既存工場の余裕キャパシティを超えることから、中古車販売事業２年目期首に稼働可能となる工場の拡張について検討を始めた。D社がこの拡張について情報を収集したところ、余裕キャパシティを超える20台の点検整備を行うためには、建物および付属設備について設備投資額7,200万円の投資が必要になることがわかった。また、これに加えて今後拡張される工場での点検整備のために、新たな整備工を正規雇用することにした。この結果、工場拡張によって増加する20台の中古車にかかる１台あたりの点検整備費用は、直接労務費が10,000円、間接費が4,500円（現金支出費用であり、工場拡張によって増加する減価償却費は含まない）になる。

　この工場拡張に関する投資案について、D社はまず回収期間（年）を検討することにした。回収期間を求めるにあたってD社は、中古車の買取りと販売は現金でなされ、平均仕入価格や販売価格は今後も一定であると仮定した。なお、設備投資額と在庫投資の増加額は新規の工場が稼働する２年目期首にまとめて支出されることとなっている。また、D社の全社的利益（課税所得）は今後も黒字であることが予測されており、税率は30％とする。

　上記の条件と下記の設備投資に関するデータにもとづいて、この投資案の年間キャッシュフロー（初期投資額は含まない）を計算し（a）欄に答えよ（単位：円）。また、（b）欄には計算過程を示すこと。さらに、（c）欄には（a）欄で求めた年間キャッシュフローを前提とした回収期間を計算し、記入せよ（単位：年）。なお、解答においては小数点第３位を四捨五入すること。

〈設備投資に関するデータ〉

設備投資額	7,200万円
耐用年数	15年
減価償却法	定額法
残存価額	初期投資額の10％

●**出題の趣旨**

　工場拡張投資において、与えられた予測情報に基づいて適切に将来キャッシュフローを計算し、回収期間を算出する能力を問う問題である。

●解答ランキングとふぞろい流採点基準

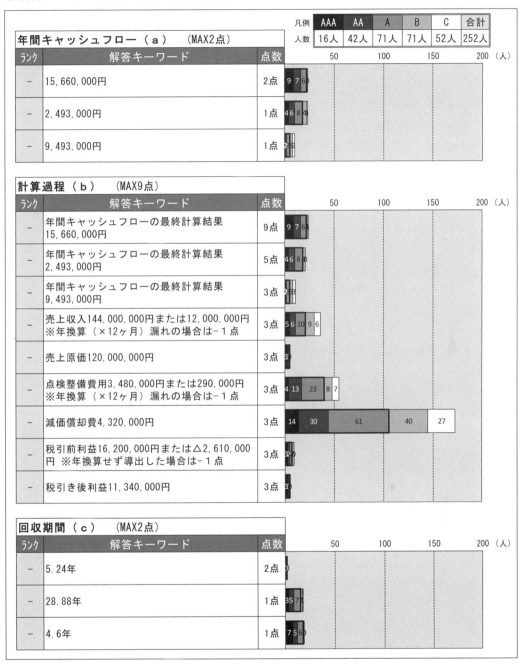

凡例	AAA	AA	A	B	C	合計
人数	16人	42人	71人	71人	52人	252人

年間キャッシュフロー（a）　（MAX2点）

ランク	解答キーワード	点数
−	15,660,000円	2点
−	2,493,000円	1点
−	9,493,000円	1点

計算過程（b）　（MAX9点）

ランク	解答キーワード	点数
−	年間キャッシュフローの最終計算結果 15,660,000円	9点
−	年間キャッシュフローの最終計算結果 2,493,000円	5点
−	年間キャッシュフローの最終計算結果 9,493,000円	3点
−	売上収入144,000,000円または12,000,000円 ※年換算（×12ヶ月）漏れの場合は−1点	3点
−	売上原価120,000,000円	3点
−	点検整備費用3,480,000円または290,000円 ※年換算（×12ヶ月）漏れの場合は−1点	3点
−	減価償却費4,320,000円	3点
−	税引前利益16,200,000円または△2,610,000円 ※年換算せず導出した場合は−1点	3点
−	税引き後利益11,340,000円	3点

回収期間（c）　（MAX2点）

ランク	解答キーワード	点数
−	5.24年	2点
−	28.88年	1点
−	4.6年	1点

~試験1週間前からの過ごし方~
新型コロナウイルスに感染すると試験を受験できないので、家に引きこもり体調を整えていた。

●再現答案（計算過程のみ。MAX9点）

区	再現答案	点	文字数
AA	20台分の販売収入=600,000*20*12=<u>144,000,000</u> (3) 20台分の調達費用=500,000*20*12=<u>120,000,000</u> (3) 20台分の整備費用=14,500*20*12=<u>3,480,000</u> (3) 減価償却費＝72,000,000×0.9÷15=<u>4,320,000</u> (3) よって、ＣＦ＝（144,000,000-120,000,000-3,480,000-4,320,000)*0.7 　　　　　　＋4,320,000 =<u>15,660,000</u> (9)	9	－
A	<u>(10,000＋4,500)×20</u> (2)　減価償却 <u>432</u> (3)　利益 739　税金 221.7 減価償却費＋利益－税金＝<u>9,493,000</u> (3)	8	－
B	374,580,000 円 収入 60万×50台×12ヶ月=3.6億 支出 50万×50台×12ヶ月=3億 　　（13,500×30＋14,500×20）×12＝834万 　　7,200万×0.9÷15＝<u>432万</u> (3) ＣＦ＝4,734万×70％＋432万＝3,745.8万	3	－

●解答のポイント

> 　既存工場の余裕キャパシティを超える月間20台分の点検整備に関して、売上収入や売上原価を年換算で適切に算出できたかがポイントだった。計算ミスが起きやすく正答者が少ない問題だが、そのなかで途中式による部分点を積み上げられたか否かで、得点差がついたと思われる。

【部分点も狙いに行く？】

先生：（設問2）からは投資評価の意思決定、いわゆるNPV問題や。

多辺：設問文が長くて読むの大変〜。

永友：NPVはしっかり特訓してきたからな！　今回は、既存工場の余裕キャパシティを超える20台の点検整備を行うための設備投資を評価すると考えればいいですね！

先生：せや！　NPVは例年設問文が長くなることが多いから、しっかり情報を整理していくことが大事やで。再現答案のなかには、誤って50台分を対象にキャッシュフロー（以下、CF）を計算している答案も多かったんや。

永友：今回注意すべきはもう1点！　月間20台分なので、年間CFを計算する際は、月間20台分の売上や費用に12か月を掛けて年換算が必要です！　ブラボー！

先生：冴えとるやないか！

多辺：永友やるね〜。

永友：ただ、実はこの後、税引き前利益の算出の際に減価償却費432万円を引き忘れて、

正答には至らなかったっス。

先生：惜しいなぁ〜。ただ、そこまで書けとったら計算過程で多くの加点がされていると思うわ。

多辺：私はこの問題は自信ないし、ほかの問題に注力するためにパスした〜。時間も足りないし〜。

先生：多辺！　そないな姿勢で本当に合格を勝ち取れるんか？

多辺：どういうことですか〜？

先生：今回、（設問2）の再現答案の空欄解答は、A以上答案に1割、B以下答案に3割と、特に不合格答案に多く見られた。一方で、（設問2）に解答したA以上答案のうち、正答者は2割弱のみ。これらから推測されるのは、完答できなくとも計算過程を書いとけば、大きく加点された可能性がある、ということや！

多辺：答えにたどり着かなくても、計算過程には何かしら書いたほうがよいということですね〜。

事例Ⅳ

> **（設問3）【難易度　★★★　難しすぎる】**
>
> 　D社は、工場拡張に関する投資案について回収期間に加えて正味現在価値法によっても採否の検討を行うことにした。当該投資案の正味現在価値を計算するにあたり、当初5年間は月間50台を販売し、その後は既存工場の収益性に鑑みて、当該拡張分において年間150万円のキャッシュフローが継続的に発生するものとする。また、5年間の販売期間終了後には増加した在庫分がすべて取り崩される。この条件のもとで当該投資案の投資時点における正味現在価値を計算し（a）欄に答えよ（単位：円）。また、（b）欄には計算過程を示すこと。
>
> 　なお、毎期のキャッシュフロー（初期投資額は含まない）は期末に一括して発生するものと仮定し、割引率は6%で以下の係数を用いて計算すること。また、解答においては小数点以下を四捨五入すること。
>
> | 複利現価係数（5年） | 0.7473 |
> | --- | --- |
> | 年金現価係数（5年） | 4.2124 |

●出題の趣旨

　工場拡張投資において、計画された期間終了後のターミナルバリューと各期のキャッシュフローを算出し当該投資案の正味現在価値を求めることで、投資の経済性評価を行う能力を問う問題である。

●解答ランキングとふぞろい流採点基準

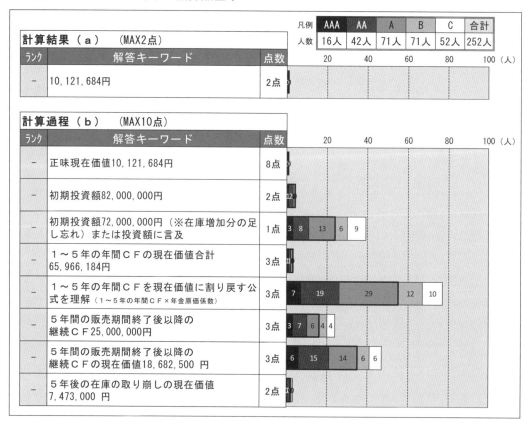

凡例	AAA	AA	A	B	C	合計
人数	16人	42人	71人	71人	52人	252人

計算結果（a）　（MAX2点）

ランク	解答キーワード	点数
－	10,121,684円	2点

計算過程（b）　（MAX10点）

ランク	解答キーワード	点数
－	正味現在価値10,121,684円	8点
－	初期投資額82,000,000円	2点
－	初期投資額72,000,000円（※在庫増加分の足し忘れ）または投資額に言及	1点
－	1～5年の年間CFの現在価値合計65,966,184円	3点
－	1～5年の年間CFを現在価値に割り戻す公式を理解（1～5年の年間CF×年金原価係数）	3点
－	5年間の販売期間終了後以降の継続CF25,000,000円	3点
－	5年間の販売期間終了後以降の継続CFの現在価値18,682,500円	3点
－	5年後の在庫の取り崩しの現在価値7,473,000円	2点

●再現答案（計算過程のみ。MAX8点）

区	再現答案	点	文字数
AAA	5年目までのＣＦの現在価値は在庫増加分の戻しも含めて $\underline{1,566×4.2124}^{3}+\underline{50×20×0.7473}^{2}=7,343.9184$（万円） 5年目より後のＣＦの現在価値は $150÷0.06×\underline{0.7473}^{3}=1,868.25$（万円） 正味現在価値は $7,343.9184+1,868.25\underline{-7,200-50×20}^{2}=\underline{1,012.1684（万円）}^{8}$	8	-
AAA	当初5年につき、$\underline{15,660,000*4.2124}^{3}$ その次の10年につき、$1,500,000*4.2124*(0.7473+0.7473^2)$ 投資に係るキャッシュフロー $\underline{-72,000,000-20*500,000}^{2}*(1-0.7473)$ これらを総和して、$-2,552,158$ 円	5	-
A	初期投資額　$\underline{7,200\text{ 万円}}^{1}$ 投資後1〜5年期末ＣＦ　$1,560$ 万円$×\underline{4.2124}^{3}=6,596.6184$ 万円 投資後6〜10年期末ＣＦ　150 万円$×4.2124×0.7473=472.188978$ 万円 投資後11〜15年期末ＣＦ　150 万円$×4.2124×0.7473×0.7473=352.866$ 万円 投資後15年期末ＣＦ　（$7,200$ 万円$×10\%+60$ 万円$×30$ 台） $×0.7473×0.7473×0.743=1,051.684$ 万円 正味現在価値　$6,596.6184+472.188978+352.866+1,051.684-7,200=1,273.358736$ 万円	4	-
C	正味現在価値$=\underline{7,200\text{ 万円}}^{1}-（551.7$ 万円$×4,4124）$	1	-

●解答のポイント

　（設問3）は、（設問2）の解答を用いて計算するため、（設問2）を正答していないと正しい計算結果を導けない。そのなかで、いかに計算過程で部分点を狙える工夫ができたかがポイントだった。

【超難問とどう向き合う？】

先生：（設問3）もNPVやな。予備校の解答と同じ解答をした人が再現答案のなかで1人しかおらんかった超難問や。

多辺：（設問2）書けなかったからここも空欄です〜。

先生：この設問の白紙答案は、A以上答案に5割、B以下答案に6割と、合格答案も半数近くが白紙答案やった。えらいこっちゃで。解法自体はオーソドックスなNPVの問題やし、計算量も例年に比べて多いわけでもない。それなのに、ほとんど解答できなかったのはなんでやと思う？

多辺：私もそうですけど、前年度同様、（設問2）で出した答えを使う問題なので、端から諦めちゃったんだと思います〜。

翌日の昼、休憩時間に摂取するゼリーを吟味。

永友：NPV は、長い設問文から必要要素を抜き出していくので、なかなか時間が足りなくて本当に難しいっスよね！

先生：せやな、だから今回も NPV を捨てた受験生が多かったようや。ただな、ほかの問題で思うように得点できないことも考えて、部分点だけでも取っといたほうがええ！

永友：そうっスよね！　オレは、正答まで導けなくとも計算過程で少しでも部分点がもらえるよう、最後の1秒までペンを走らせましたよ！　ブラボー！

先生：よい心掛けや。今回、（設問3）の計算過程についての再現答案をふぞろい流で分析したところ、計算過程を記載した答案に対しては平均4点の加点がされてたんや。

多辺：4点のインパクトは大きいかも～。

先生：せや！　中小企業診断士の2次試験は、得点の分布が合否のライン前後に多くなる傾向にある。つまり、合格までたった数点足りずに涙を飲む受験生が必然的に多くなるいうことや。だから、いかに点数を稼いでいくかは常に考えなあかんで！

永友：サッカーと同じく1点にこだわり、できることはすべてやっていきます！　俺のスタミナなら大丈夫！

先生：せやな。今回の（設問3）では、初期投資額を正しく算出したり、値が正しくなくとも年間 CF を現在価値に割り戻したり、NPV の基本的な解答プロセスの記載があれば、何らかの加点がされたと思われる。試験本番で正答まで導けなくても、計算過程で加点がもらえるよう、NPV の基本的な解法は頭に叩き込んどきや！　それから、限られた試験時間のなかで、どの問題からどれくらい点を積み上げていくのかを考えたうえで、設問ごとにかける時間を決めてしっかり合格点を超えていこな！

2人：はい！

注釈：

　本設問の解答プロセスにおいては、本事業投資によって生ずる6年目以降の CF とターミナルバリュー（以下、「TV」）を評価する必要があった。TV の算出では、①DCF 法による永続価値（継続価値）を使う方法、②想定事業期間終了時点における CF を使う方法が考え得る。本問題ではどちらとするか悩むところであり、予備校の模範解答も割れている。

　永続価値は、企業価値や事業価値の算定など、企業や事業が永続し、CF が継続的に生みだされるものを評価する際に使われる考え方である。そのため、本問のように耐用年数が明示され、残存価値の算出が可能な事業資産を評価する場合には、耐用年数を想定事業期間と見なすとともに、事業終了時点の設備売却額（残存価値）を用いて TV の算出を行うほうが合理的であると思われる。

　ただし、本稿では、②の考え方に基づく解答が再現答案のなかに確認できなかったことを踏まえ、後述の「ふぞろいベスト答案」には①DCF 法による永続価値を TV とした解法を記載した。②想定事業期間終了時点の CF を使う解法については、別解として掲載したので、余裕がある方は両者の考え方の違いをご自身で吟味いただきたい。

第4問（配点20点）【難易度　★★☆　勝負の分かれ目】
　D社が中古車販売事業を実行する際に考えられるリスクを財務的観点から2点指摘し、それらのマネジメントについて100字以内で助言せよ。

●出題の趣旨

　新規事業である中古車販売事業の諸特性を理解し、それらに付随する財務的リスクを指摘するとともに、それらのリスクマネジメントについて助言する能力を問う問題である。

●解答ランキングとふぞろい流採点基準

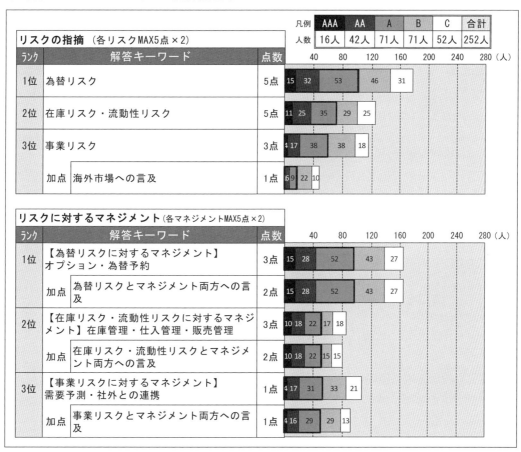

事例Ⅳ

●再現答案

区	再現答案	点	文字数
AAA	リスクは①**為替変動**より収益が安定しない可能性②販売がうまくいかず**投資額が回収できない**可能性である。ヘッジ方法は①**為替予約**などでレートを固定する②**現地ニーズと採算性の検証**を十分に行うことである。	20	96
AA	①**為替変動**によるリスク②**在庫と借入金による負債増加**による財務状況悪化のリスク。マネジメントは①売掛金に対する**為替予約**を行う②市場調査を行い、**販売可能な車種の仕入**を行い、在庫の過多を防ぐこと、である。	20	99
A	リスクは①**為替変動**による収益低下、為替差損の発生、②ノウハウ不足による**外注費や人件費のコスト増加**。マネジメントは①**オプション取引**で為替差損を回避し、②**買収や連携**によりノウハウを獲得すること。	15	95
B	リスクは、**為替変動**による為替リスクと**カントリーリスク**である。マネジメントは、**為替予約やプットオプション**によりリスク回避し、カントリーリスクは、**対象国の政治や市場の動向の情報収集**し、対応を図ることである。	15	100
B	**為替レート変動**のリスクと、それにより収益性が悪化するリスクが考えられる。対策として、ドル売りの**為替予約やドルのプットオプション**を購入し、円高時は権利を行使し、円安時は権利を放棄し、為替差益を得るべき。	10	100
C	リスクは、①海外展開における**為替変動**リスク、②有形固定資産の売上獲得の効率性で、マネジメントは、①ノウハウに長けた海外現地法人との**業務提携**によりノウハウを早期に習得し、信用リスク等のリスクに備えること。	6	100

●解答のポイント

> 　D社にとって、「中古車販売事業は新規事業であること」「当面は海外市場をターゲットとすること」を踏まえた財務リスクとそのマネジメントを指摘することがポイントだった。

【与件文や設問要求に忠実に】

先生：いよいよ令和4年度2次試験のラスト問題や！　疲れとると思うけど、最後まで気合い入れていくで。

永友：はい、先生！　事例Ⅳの最終問題ともなるとさすがのオレでもスタミナ切れになりそうだったけど、財務リスクならしっかり勉強してきたからこの設問は楽勝でした！

先生：ほんまか？　突っ走ってしまうのはあんたの悪い癖や。知識が豊富なのはええことやけど、大切なこと見落としてへんか？

永友：え、大切なこと……？

多辺：私、わかったんで言いますけど〜、設問文に「D社が中古車販売事業を実行する際

に考えられる」とあるので、単に財務リスクを挙げるだけでは不十分だということですよね～。

先生：あんた、わかっとるなぁ。事例IVでは単に知識を問う問題が出されることもあるけど、ここでは、D社にとっての中古車販売事業がどういう特性を持つものだったかを踏まえて解答せなあかんかったんや。

永友：しまった、裏を取られた……。

先生：疲労がピークのときこそ、こうした設問要求の見落としに気をつけなあかん。事例IVに限った話やないけど、設問文には解答への制約が書かれとったり、時にはヒントになるようなことが書かれとることもある。与件文と同じようにしっかり読み込まなあかんで。そこが勝負の分かれ目になってしまう可能性もあるんや。

2人：はい！

多辺：それで、永友はどんなリスクを挙げたの？

永友：海外ってことなんで、やっぱ為替リスクだと思ったっス。オレもよく海外行くけど円安だとお小遣い少ない気がするし。

多辺：永友はそんなの気にしないくらい稼いでると思うけど～。輸出企業にとっては、円高が進むと業績が悪化してしまうということですよね。

先生：そうや。それを回避するためのマネジメントといえば……。

永友：先生、答えはプットオプションっス。

多辺：為替予約もマネジメントになるよね～。

先生：そうやな。実際、為替リスクとオプション取引、為替予約を挙げた解答者が一番多かったし、当面は「海外市場をターゲットにする」という与件文にも合致する解答やな。問題はもう1つのリスクとして何を挙げるかや。

永友：海外だからやっぱりカントリーリスクを挙げました。オレも海外行くときは日本と同じようにトレーニングできないんじゃないかと思って心配になるもんな。

多辺：私は、中古車販売事業のノウハウが不足しているという記述があるので、期待どおりに事業を展開できないことがリスクになるんじゃないかと思うな。

先生：2人とも、なかなかいい気づきや。どちらも考えられるリスクやし、ふぞろい流の分析でも加点要素になった可能性はある。ただ、あんたらの解答は本当に設問要求を満たしとると言えるんか？　設問文をもう一度読み直してみ。

多辺：あ、「財務的観点から指摘」ってありますね～。

先生：それや。カントリーリスクや事業リスクも海外での新規事業という特性に合致した解答ではある。ただ、「財務的観点」という条件が加わると少し説得力に欠けてしまうと思わへんか？

永友：なるほど。確かにそうっスね。

多辺：「財務的観点」っていうと、安全性や収益性、効率性が低下するリスクのことだと思うんだけど～。

~試験前日の過ごし方~

22時には就寝（とはいっても、なかなか寝付けなかった…）。

先生：そやな。一般的な考え方として、そういった分析の仕方もあると思う。

永友：先輩、中古車を現金買い取りするってことだから、さっき先輩が言ったように期待
　　　どおりに売れないと、現金が減るのに在庫ばっかり抱えることになりますよね。

多辺：まぁね〜。つまり、資金繰りの悪化とか過剰在庫のリスクがあるってことよね〜。

永友：それって財務的リスクと言えるよな。

先生：あんたら、だいぶわかってきたやないか。つまり、流動性リスクとか在庫リスクと
　　　いうことやな。こういった指摘であれば「新規事業である中古車販売事業の諸特性」
　　　を踏まえた財務リスクと言えるし、実際に再現答案を見ると、為替リスクの次に解
　　　答者が多かったんや。ほんならマネジメントはどうしたらええやろか？

多辺：現金取引なので、資金がショートしないように適切な資金管理が必要だよね〜。

永友：あとは、需要予測の精度を上げて、ニーズに合致した車種や台数を仕入れるとか。

先生：そういうことや！　この設問では、リスクとマネジメントを2点指摘する必要が
　　　あった。リスクだけでも加点はあったと思うけど、指摘したリスクに対して的確な
　　　マネジメントを助言することが、本問でしっかりと点数を積み上げるためには必要
　　　な要素やったんや。

多辺：単にキーワードを挙げるだけでなく、解答の組み立ても大切ということなんだね〜。

先生：そやな。まず知識を整理しておくことは大切なことやけど、試験の緊張感のなかで
　　　いかに冷静に与件文や設問文を読み取り実力を発揮できるかは、日頃のトレーニン
　　　グが重要ということや。

永友：努力は裏切らないってことですね！　ブラボー！　ブラボー！　ブラボー！！！

先生：その意気や！　私もみんなの合格の後押しができるよう、愛を持って指導していく
　　　で！

Column

試験当日、想定外の難化があったときには……

　難関の1次試験を突破したツワモノが一堂に会する2次試験。会場の異様な雰囲気のな
か、目の前には超難化した問題がずらり……。これは令和4年度の事例Ⅳで多くの受験生
が直面した事態です。過去問を何周もして自信をつけて本番に臨みましたが、見た瞬間に
足切りが脳裏をよぎる内容で動揺が止まりませんでした。「これで落ちたらまた1次試験
からだ」、「絶対40点も行かない」、「諦めてほかの試験受けようかな？」など雑念が頭を支
配し、落ち着きを取り戻すのに何分もかかりました。冷静になれたのは、周りも同じ気持
ちだろう、そして相対評価でそこまで悪い点数にはならないだろうと割り切れたからで
す。

　皆さんも大幅に難化した事例を目の前にしたときにどうすれば冷静になれるか自己分析
すると、動じることなく普段どおりの実力が発揮できると思います！　　　　　　（じゅん）

▶ **事例IV特別企画** ━━━━━━━━━━━━━━━━━━━━━━━━━◀

「ラスボス」への向き合い方
～難問から部分点をもぎ取るスキルを磨け！～

先生：令和4年度の事例IVはいつも以上に難しかった、という受験生が多いように思う。あんたらはどのように取り組んだんか、ちょっと聞かせてくれる？

多辺：私は事前に作戦を決めてました～。例年第1問で出題される経営分析と、そのほかの記述問題でしっかり得点を獲得し、CVPを1問とればA答案というのを信じて、今回も経営分析と記述重視で取り組みました～。

先生：事例IVへの取り組み方の定石やな。しかも今回は「生産性」やら、「線形計画法」やら、今までにはない知識が必要となったんやけど、その対応はできたんか？

多辺：そうなんですね～。設問文で「生産性」の制約が出てきて、頭が一瞬真っ白になりました。でも、考えてもわからないから、悩まず有形固定資産回転率と書きました。第2問（設問2）の線形計画法もわからなかったけど（設問1）は解けたし、第4問の記述、第3問の内外作区分はできたので、ふぞろい流採点ではぎりぎり60点取れたんですよ～。

先生：多辺、あんたには目利きの力がある。さすが、私の教え子やな。

多辺：まぁね～。第3問（設問2、3）を白紙で答案出すのは恥ずかしいけど、NPVは疲れるし、時間もないから仕方ないよね～。

永友：なんですか先輩、その適当な取り組み方。事例IVの花形はNPV！　社長の気持ちに応えるべく、出された問題はすべて全力で答えてこその試験じゃないんスか？　それを白紙で出すなんて！

先生：ほう永友、あんた、ええこと言うやないか。で、あんたはどないやったんや？

永友：オレは、前年の試合で負けて悔しい思いをして！　1年間毎日欠かさずトレーニングに励んだから、全問題に全力でぶつかったっス！　第1問は「生産性」で面食らって時間を浪費したし、第2問は線形計画法が思い浮かばなかった。それでも、ラスボスの第3問のNPVは試合終了まで20分切ったところで、アドレナリンを最大限分泌させて、力を振り絞って取り組みました！

多辺：はい出た～、努力と根性を一生懸命アピールするタイプ～。でもさ～永友、結果NPV正解できたの～？

永友：実は……途中で計算ミスして、第3問はすべての設問でゴールを外したっス。

多辺：永友は、第2問でも共通固定費を引き忘れて、みんなが取れてる問題を落としてるよね～。NPV諦めて、第2問を見直しておけば正解できてたんじゃないの？　私、嘘つけないんで言いますけど～、永友のやり方はコスパ悪いと思うな～。

永友：でも、オレの日頃のトレーニングの成果を採点者に感じてもらうことはできたと

━━━**～試験前日の過ごし方～**━━━━━━━━━━━━━━━━━━━━━━━━━━
　前日は息子のサッカーの試合を応援。普段どおり晩酌でビール2本。

　　　思ってるし！　最終的な解答は間違えだらけでも、70点超の高得点をもらうことは
　　　できたし！　悔いはありません！

多辺：え〜、それで70点取れたの？　でも、永友の取り組み方はリスク高いと思う〜。試
　　　験はリスク回避が重要って言われますよね、先生？　私はNPVを捨て問にして、
　　　落ち着いて取れる問題をゆっくり見直したいな〜。

先生：そういうやり方を勧める人もいるみたいやが、1つ聞いてええか？　試験における
　　　リスク回避ってどういうことや？

多辺：難問を避けて、確実に取れる問題に集中して安定的に点数取るってことですよね
　　　〜？　つまり、計算量が多くて正答率の低いNPVは避ける〜が正解ですよね〜。

先生：それは本当にリスク回避になるんやろか？　永友のやり方は本当にリスクが高いん
　　　やろか？　永友、あんたが試験において大切にしていることはなんや？

永友：はい、全身全霊で試合にぶつかり、日頃の努力の成果を採点者に見てもらうことです！

先生：よう言うた！　採点者に見てもらうのは最後の答えだけやない、その過程や。診断
　　　士に求められている力をあんたが備えているということを、採点者に示すことや。
　　　多辺、解答用紙の計算過程欄があんなに大きな理由はなぜか、よう考えてみ。

多辺：え〜と、つまり計算過程を書かせて、問題に対する理解度やスキルを測るってこと
　　　ですか〜。あ〜、つまり部分点獲得のチャンスがたくさんあるってことか〜。

先生：そうや。特に正答率が極端に低いNPVでは、最後の正解よりも計算過程を見て、
　　　受験生の理解度を測る、つまり途中式の配点が高いと考えるべきやろう。どないに
　　　正答率が低くても、協会が毎年NPV問題を出し続けとるんは、NPVは診断士と
　　　して習得すべきスキルやからしっかり勉強せえ、という思いを込めてはるんやない
　　　かと思う。だとすれば、正答にたどり着けなくとも、計算過程を書いた受験生には、
　　　要素ごとで相応の点数が与えられるはずや。そこに、出題者のメッセージがあり、
　　　愛があるんや！

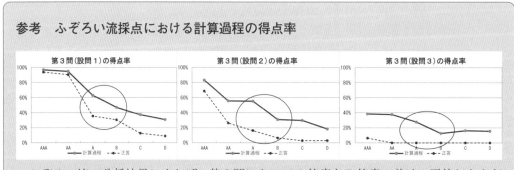

参考　ふぞろい流採点における計算過程の得点率

第3問（設問1）の得点率　　　第3問（設問2）の得点率　　　第3問（設問3）の得点率

　　　ふぞろい流の分析結果によれば、第3問においてA答案とB答案の差は、正答したかど
　　うか（正答率）ではなく、計算過程において得点できたか（計算過程の得点率）であった。
　　計算過程を示して部分点をもぎ取る力がA答案とB答案の明暗を分けたと推察される。

先生：今回のように「生産性」や「線形計画法」など、知らんと解答できひんような問題が出ても、NPV問題から部分点をもぎ取ることができれば挽回が可能や。つまり、最後まで諦めずに難問に取り組むことは、リスクヘッジにもなるということや。

永友：世界の強豪相手に競り勝って決勝点をもぎ取るためには！　ラスボスに立ち向かう折れない心が大切ってことっスね！　ブラボー！

多辺：確かに、そう言われるとそうかもしれないですね。でも、全問に取り組むためのスタミナは私には皆無ですから〜。元ギャルだし〜、食べるのが生きがいですし〜。

先生：多辺、あんたの取り組み方を否定しているわけやない。確実に取れる問題を丁寧に取り組んで合格点まで積み上げるんは定石や。ただし、今回のように傾向が変わったりすると、取れる問題が見つからへんこともある。せやから、リスクヘッジいう意味でも、難問から部分点をもぎ取るスキルは大切なんや。下の欄にそのコツをまとめておいたから、参考にしいや！

多辺：は〜い、ありがとうございます！　それじゃあ、私も頑張ってNPVに取り組んで過去問やりながら、ちょっとずつスキルを磨いていこ〜。

永友：はい、これからもますますトレーニングして！　メンタルモンスターになって難敵に立ち向かいます！　うぉー、燃えてきたー！

先生：あんたら、その意気や！　ぶらぼー！！

〈部分点のもぎ取りスキル〉

　部分点をもぎ取るために必要なのは、採点者に対して、出題趣旨を理解し解答する力があることをアピールすること。つまり、計算過程においてそれぞれの計算式の意図・位置づけを示し、思考のプロセスを採点者に的確に伝えることだと考えます。以下、そのポイントを示すとともに、部分点がしっかり獲得できたと予想される記述を【よい例】、部分点にならないか、部分点になったとして評価が低いと思われる記述を【悪い例】として記載します。

【ポイント】
　1．正解へのプロセス／要素を分解する。
　2．解答プロセスや要素ごとにタイトル／キーワード（※）を付ける。
　3．要素ごとに、その計算式を記載する。
　4．単位（※※）をできるだけ丁寧に書く。
　※　「減価償却費」「初期投資額」「1〜5年目のCF」「ターミナルバリュー」など。
　※※「万円」「年」「万円／年」など丁寧に書くことで思考が整理され、計算ミス防止にもつながる。

【よい例】
　①減価償却費：（設備投資額7,200万円−残存価値720万円）÷耐用年数15年＝432万円／年
　②6年目以降の継続価値：継続CF 150万円／年÷割引率0.06＝2,500万円

【悪い例】
　①7,200×0.9÷15＝432　⇒　式／数値が何を意味するのか、採点者に伝わらない。
　②150÷0.06＝2,500　⇒　式／数値が何を意味するのか、採点者に伝わらない。

〜試験前日の過ごし方〜
　　ひたすら、模試の解答を確認。

ふぞろい流ベスト答案 ━━━━━━ 事例Ⅳ

第1問（配点25点）

（設問1） 【得点】12点

	(a)	(b)
①	棚卸資産回転率[2]	33.41回[2]
②	売上高総利益率[2]	59.59%[2]
③	労働生産性[2]	748.60万円[2]

（設問2） 79字 【得点】13点

労	働	生	産	性	が	低	い[6]	。	要	因	は	事	業	多	角	化	に	よ	り
同	業	他	社	と	比	べ	て[2]	①	従	業	員	が	多	く	1	人	当	た	り
の	売	上	が	小	さ	い[3]	こ	と	②	人	件	費[3]	や	固	定	資	産[3]	へ	の
投	資	が	売	上	に	繋	が	っ	て	い	な	い[3]	こ	と	で	あ	る	。	

第2問（配点20点）

（設問1） 【得点】10点

(a)	2,840,000[2]（円）
(b)	製品A1個当たりの限界利益：7,800－4×400－2×1,200＝3,800 製品B1個当たりの限界利益：10,000－2×400－4×1,200＝4,400 直接作業時間1時間当たりの限界利益を計算すると **製品A：3,800÷2＝1,900　製品B：4,400÷4＝1,100**[1] となり、「**製品A＞製品B**」であるため、**製品Aを優先して生産する**[1]。 そのときの製品Aの販売量は、3,600÷2＝1,800個[1] したがって、利益額＝3,800円×1,800個[5]－4,000,000円＝2,840,000円[1]

（設問2） 【得点】10点

(a)	2,200,000[2]（円）
(b)	製品Aの生産量をX、製品Bの生産量をYとすると、 **年間直接作業時間：2X＋4Y≦3,600時間**[3] **アルミニウムの年間消費量：4X＋2Y≦6,000kg**[2] となり、限界利益が最大になるのは、**X＝1,400個　Y＝200個**[2]のときである。 したがって、利益額＝(3,800円×1,400個)＋(4,400円×200個)－4,000,000円[1] ＝2,200,000円[1]

第3問（配点35点）

（設問1）　　　　　　　　　　　　　　　　　　　　　【得点】12点

(a)	412,500（円）[2]
(b)	D社の点検整備費用／台を固変分解すると以下のとおり。 変動費：直接労務費6,000円＋間接費7,500円×30％＝**8,250円**[5] これと外注コスト2％を比較する。 車両代金をＸとすると、0.02Ｘ＜8,250円　ゆえに、Ｘ＝**412,500円**[10]

（設問2）　　　　　　　　　　　　　　　　　　　　　【得点】13点

(a)	15,660,000（円）[2]
(b)	減価償却費＝（設備投資額7,200万円－残存価値720万円）÷15年＝**432万円／年**[3] 売上＝60万円×20台×12ヶ月＝**14,400万円**[3] 原価＝50万円×20台×12ヶ月＝**12,000万円**[3] 点検整備費用＝（1.0万円／台＋0.45万円／台）×20台×12ヶ月＝**348万円**[3] 税引前利益＝14,400万円－12,000万円－348万円－432万円＝**1,620万円**[3] 税引後利益＝1,620万円×0.7＝**1,134万円**[3] 年間キャッシュフロー＝1,134万円＋432万円＝**1,566万円**[9] ｛7,200万円＋在庫投資増加額（50万円×20台）｝÷1,566万円≒5.24年
(c)	5.24（年）[2]

（設問3）　　　　　　　　　　　　　　　　　　　　　【得点】10点

(a)	10,121,684（円）[2]
(b)	1年目の投資＝7,200万円＋在庫投資増加額（50万円×20台）＝**8,200万円**[2]…① 1～5年目のCFのNPV＝1,566万円×4.2124＝**6,596.6184万円**[3]…② 6年目以降のCFのNPV＝**150万円÷0.06**[3]×0.7473＝**1,868.25万円**[3]…③ 5年目の在庫取り崩しのNPV＝50万円×20台×0.7473＝**747.3万円**[2]…④ 本投資のNPV＝②＋③＋④－①＝**1,012.1684万円**[8]

（設問3別解）

(a)	2,694,555（円）[2]
(b)	1年目の投資＝7,200万円＋在庫投資増加額（50万円×20台）＝**8,200万円**[2]…① 1～5年目のCFのNPV＝1,566万円×4.2124＝**6,596.6184万円**[3]…② 6～10年目のCFのNPV＝150万円×4.2124×0.7473＝472.188978万円 11～15年目のCFのNPV＝150万円×4.2124×0.7473×0.7473＝352.866823万円 6～15年目のCFのNPV＝472.188978万円＋352.866823万円＝**825.055801万円**[3]…③ 15年目の残存価値のNPV＝720万円×0.7473×0.7473×0.7473＝**300.481295万円**[3]…④ 5年目の在庫取り崩しのNPV＝50万円×20台×0.7473＝**747.3万円**[2]…⑤ 本投資のNPV＝②＋③＋④＋⑤－①＝**269.455496万円**[8]

～試験の朝の過ごし方～
お気に入りの朝ご飯を食べる。

第4問（配点20点）　100字　　　　　　　　　　　　　　　　【得点】20点

リ	ス	ク	は	①	為	替	リ	ス	ク[5]	、	②	在	庫	リ	ス	ク[5]	で	あ	る	。
マ	ネ	ジ	メ	ン	ト	は	①	為	替	予	約	や	プ	ッ	ト	オ	プ	シ	ョ	
ン[3+2]	の	購	入	、	②	海	外	市	場	の	調	査	・	分	析	を	行	い	、	
適	切	な	車	種	の	仕	入	れ	や	精	緻	な	売	上	予	測[3+2]	に	よ	り	、
適	正	な	在	庫	水	準	を	保	ち	流	動	性	を	確	保	す	る	。		

ふぞろい流採点基準による採点

100点

第1問（設問1）：与件文および財務諸表から得られる情報に基づいて指標を選択しました。また、生産性に関する指標を、課題を示すと考えられる指標として選択しました。

第1問（設問2）：（設問1）で指摘した生産性に関する指標と、その要因について多面的に解答しました。

第2問（設問1）：各製品の1個当たり、1時間当たりの限界利益を計算し、両者を比較したうえで利益を最大にするセールスミックスを求め、利益額を算出しました。

第2問（設問2）：制約条件（直接作業時間、アルミニウムの消費量）をもとに、線形計画法を用いて利益を最大にするセールスミックスを求め、利益額を算出しました。

第3問（設問1）：D社が点検整備を行う場合の1台当たりの費用を固変分解して変動費で計算し、外注に出す場合の費用と比較することで買取価格を算出しました。

第3問（設問2）：増加する月間20台分の売上および費用を年換算して年間キャッシュフローを計算し、設備投資額と在庫投資増加額の和を除して回収期間を算出しました。

第3問（設問3）：5年目までのキャッシュフロー、5年後の在庫取り崩しのキャッシュフロー、6年目以降のキャッシュフローをそれぞれ現在価値に割り引き、その合計額から初期投資額を引いて正味現在価値を算出しました。

第4問：D社にとって中古車販売事業が新規事業であること、当面は海外市場をターゲットにすることを踏まえて、財務的リスクとマネジメントについて解答しました。

ふぞろい大反省会
～悩める受験生のために、ふぞろい16メンバーが恥を忍んで、失敗談を大公開！！！

　この企画は、先輩たちの「やらかしてしまった……」と大反省していることを紹介します。特に、正解や設問ごとの得点開示がなされない2次筆記試験については、「これが正しい」という勉強方法や取り組み方、姿勢などはわかりにくいものですが、「これはやってしまった……」という先輩たちの失敗を反面教師にすることは可能です。ぜひ、参考にしていただければと思います。

【ふぞろいメンバーの失敗談の分布】

　まずはふぞろい16メンバーの受験生活における失敗談の内訳をご紹介します。どんなシチュエーションでの失敗が多かったのでしょうか！？　ふぞろい16メンバーへのアンケート結果（複数回答可）をご覧ください。

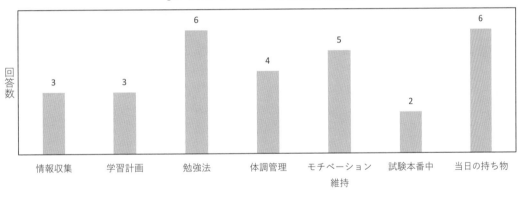

【ふぞ16メンバーの「大失敗」内訳】

　上記のとおり、ふぞろいなメンバーだけあって、失敗も多彩なようですね……。
　このコーナーでは、ふぞろい16メンバーをゲストにお招きし、経験した失敗談、それを乗り越えた秘訣や失敗を踏まえた反省点、後輩受験生へのメッセージを語ってもらいます。

　司会進行は、企画チームのたくろう（以下、たく）＆ほの（以下、ほの）で、お届けします。それでは、どのような大失敗が登場するのでしょうか？　同じ失敗をしないよう、心して聞いてくださいね。

~試験の朝の過ごし方~
　早起き、早めに試験会場に到着しておくこと。

【テーマ１：情報収集、学習計画、勉強法編】

たく：それでは、栄えある最初のゲストは……！？　はい！はい！はい！　僕です！

多辺：はい出た〜、司会がしゃしゃり出るタイプ〜。

先生：多辺！　そこに愛はあるんか？　そないにいけずなこと、言うんやない。

永友：まぁまぁ、気を取り直して……それで、どんな失敗をしたんだよ？

たく：ずばり「２次試験の勉強の開始が遅すぎ……」

多辺：なんだ〜、超ありがちなやつじゃ〜ん。

先生：多辺！　最後まで人の話は聞くもんやで！

たく：先生、フォローありがとうございます。それじゃ、改めて……**僕の失敗は、「２次試験の勉強の開始が遅すぎて、教材が売り切れになっていた」**ことです！！！

永友：どういうこと？　教材なんかなくても、勉強できるっしょ。体幹トレーニングは、機材なしでもできるぜ！

多辺：永友、それは違うと思う〜。２次試験の解答は、協会から開示されてないでしょ？答えがないのに、どうやって勉強するのよ〜。やっぱり、『ふぞろい』を買って過去問演習をするに限るわ〜。

たく：多辺さん、まさにそのとおりです。僕の場合、**１次試験終了後に、夏休みをゆっくり過ごしていたら……、『ふぞろい』が売り切れになっていたんです！！！**

多辺：２次試験の対策は教材準備も含めて、早めにやるべきってことね。それで、どうやって勉強して、合格したのよ？　教材なしで合格したわけじゃないでしょうね。

たく：実は……。ネットで売っていなかったので、中古で購入して、過去問演習をしました（同友館さん、ごめんなさい！）。

多辺：たくろう、それこの場で言っちゃっていいの〜？　ま、『ふぞろい』を使った過去問演習が、２次試験突破には有効ってことには変わりないけど〜。

ほの：ほかにも、２次試験の勉強開始時期を反省する声は多かったようですね。

- 過去問を実際の解答用紙を使って解き始めるのが遅かった（ゆーき）
- １次試験と並行して２次試験の勉強も始めるべきだった（いのっち、ちさと）

ほの：また、学習スケジュールに関する反省もありました。教材の準備も含めて、スケジュールをしっかり立てて、２次試験に臨みましょう！

- 『意思決定会計講義ノート』（税務経理協会）、『30日完成！事例Ⅳ合格点突破計算問題集』（同友館）を４月〜５月に取り組み、そのまま放置（こやちん）
- 勉強計画を詰め込み過ぎた。仕事で疲れて、手を付けられなかった（ぜあ）

先生：「ご利用は計画的に」ってことやな。

〜試験の朝の過ごし方〜
　あくまでいつもどおり。

【テーマ２：コンディション・モチベーション管理編】

たく：盛り上がってきたところで……次のゲストは、じゅん（以下、じゅ）です！！！
　　　どんな失敗をしたのか、お願いします！！！

じゅ：僕の失敗はですね……「<u>2次試験対策（1回目）が中途半端だったこともあり、弱
　　　気になる自分の性格と向き合いきれず、本番でアガってしまった</u>」ことです……。
　　　周囲のペンの進む音に動揺してしまって、問題文があまり頭に入ってこなかったん
　　　です。前日も緊張でなかなか眠ることができず、睡眠不足も相まって試験本番は事
　　　例Ⅲの途中でスタミナ切れでした……（とほほ）。

永友：そんな弱気じゃだめだぜ！　じゅん！　一緒に体幹トレーニングをして、強靭なメ
　　　ンタルを手に入れようぜ！！！

多辺：はい出た〜、永友の体幹トレーニング愛。皆がみんな、体幹トレーニングが勉強の
　　　息抜きになるわけじゃないんだよ〜。

先生：1つ聞いてええか？　あんた、2回目の2次試験では、アガらんかったんか？

じゅ：2回目の2次試験は、1回目の反省を生かして、しっかりコンディションを整えて
　　　挑みました！　試験本番前の睡眠対策として、<u>前日に呼吸が深くなるマッサージを
　　　してもらい、熟睡できるように</u>しました。そのほか、試験中のスタミナ不足解消の
　　　ため、<u>事例が終わるごとにホットアイマスクでリフレッシュしたり、ラムネでブド
　　　ウ糖補給をしたかな</u>。なんなら、事例間休憩で15分くらい仮眠してました（笑）。
　　　でも、やっぱり一番大事なのは、日々の積み重ねだと思います。<u>当日の受験会場を
　　　イメージし、どんなことが起きても動揺しないメンタルとルーティーンを本番まで
　　　に作る</u>ことができたから、2回目の2次試験は成功したんじゃないかな。

永友：じゅん……弱気になる自分の性格と向き合って、コンディションを整えたんだな
　　　……じゅんは、アスリートの熱い心を持ってる！　ブラボー！！！

多辺：じゅんは、アスリートじゃないんだからさ〜。

ほの：このほかにも、コンディション・モチベーション管理に関する失敗は、多かったよ
　　　うですね。

> ・試験本番中に気分が悪くなり、事例Ⅱで途中退出した（しゅうと）
> 　⇒直前期は自分の体調と相談し、無理のない生活リズムを作ることが大切
> ・「長時間受験」に対応できる体力づくりが足りなかった（けーた）
> 　⇒長時間試験に慣れる機会、疲れた状態で演習をこなす機会が必要

たく：なるほど！！　コンディション・モチベーションを整えることは、1日にしてなら
　　　ず！　とういうことだね。

〜試験の朝の過ごし方〜
　ちゃんと朝ご飯を食べる。コーヒーを飲みすぎない。トイレには行っておく。

【テーマ3：試験本番、当日の持ち物編】

たく：大トリは、しゅうと（以下、しゅ）です。すごい失敗（ヤツ）をお願いします！

しゅ：僕の失敗は……「**2次試験本番で、時計を忘れ、事例Iから事例IVすべてを体内時計で受験した**」ことです。当日、スマートウォッチで行っちゃいました（笑）。

多辺：（体内時計？）どうせ、教室のなかに、でっかい時計があったんじゃないの〜。

しゅ：いや、無かったっス。ガチで時計なしで4科目を受験しました！

永友：うぉ〜、ワールドクラスの体内時計だな！　でも、相当焦ったんじゃないのか？

しゅ：いや、むしろ、ペンとかほかの忘れモノがなくてよかったなと（笑）。ポジティブに考えて、試験に臨みました。

永友：よく、動揺せずに、試験に臨めたな。逆境に負けない精神力もワールドクラスだぜ！ブラボー！！！

多辺：私だったら、せめて昼休憩にコンビニに買いに行くけど……。

しゅ：その発想はなかったですね。10分前になったら試験官がアナウンスしてくれることを思い出して、気にせず試験に臨みました。そもそも見直しの時間を除けば、各事例とも80分もかからないという自信があったので！

永友：すごい自信だな。どういうトレーニングを積んだら、そんな自信が持てるんだ？

しゅ：実は、**本番1週間前ぐらいから、過去問を60分で解く練習**をしていたんだよね。

多辺：60分！？　ちょっと、飛ばしすぎじゃないの〜？　どうやったら、そんな短時間で解くことができるの？

しゅ：**与件文を読み飛ばしてもいいから、とにかく早く読むことを心掛けていました**。なぜかと言うと、本番でも焦って読み飛ばすだろうから、だったら日頃から読み飛ばしておこうと（笑）。あと、勉強時間をなかなか確保できないなかで、**10分ずつ計って、与件文を読むだけ、設問解釈だけといった感じで、隙間時間に勉強**したことで、10分間隔の体内時計が身に付いたんだと思います。

永友：素晴らしい！　さっそく俺も体幹トレーニング、いや体内時計トレーニングを……

多辺：永友、それは違うと思う〜。腕時計を忘れなければ、よいだけの話じゃない？

ほの：このほかにも当日の持ち物に関する失敗は、多かったようですね。

> ・試験当日に消しゴムを忘れたこと。開始直前にコンビニへダッシュ（はやと）
> ・試験会場に缶コーヒーを持ち込んだら、缶は中身が見えないからダメだと試験前に注意された。試験当日はペットボトルを推奨（かじしゅん）

たく：皆さま、いかがだったでしょうか。ふぞろい16メンバーと同じ失敗をしないよう、計画的な受験勉強、万全のコンディション調整、試験前日の持ち物チェックをして、2次試験本番に臨んでください。皆さんの合格を心よりお祈り申し上げます。

～試験の朝の過ごし方～
いつもどおり。

第3章

合格者による、ふぞろいな再現答案
～80分間のドキュメントと合格者再現答案～

　得点は開示されても、模範解答は相変わらず公表されない2次試験。

　何に向かってどう努力すればよいのか、ふぞろいメンバー、略してふぞメンも雲をつかむような思いでもがいてきました。

　第3章では、さまざまな属性やバックグラウンドを持つ6名のふぞメンによる再現答案を掲載します。自分なりに確立してきた、「80分という時間の制約のなかで、得点を最大化するための方法」はそれぞれどのようなものだったのか。また彼らはどのような1年を過ごして2次試験を迎え、試験当日にはどのような心情だったのかなど、赤裸々に余すところなくお伝えします。

　なお、再現答案にはふぞろい流採点による得点だけではなく、本試験での実際の得点も記載しております。

　ふぞメンのふぞろいな方法から、参考になることを積極的に取り入れたりアレンジしたりして、あなただけの「ふぞろい」な活用方法を見つけてください。本書が「合格」の手助けとなれば幸いです。

■■■ 第3章のトリセツ ■■■

　第3章では、令和4年度2次試験合格者のうち6名を取り上げ、各人が2次試験当日までどのような勉強をしてきたのか、当日は何を考えどのように行動したのかを詳細に紹介しています。ご自身と属性の近い合格者を探し、合格のヒントとしてご活用いただければ幸いです。

第1節　80分間のドキュメントと再現答案
1．ふぞろいな合格者6名のご紹介

　　　各メンバーの年齢や職業といった属性のほか、受験回数、勉強時間、2次試験攻略法などを一覧で紹介します。

2．勉強方法と合格年度の過ごし方

　　　各メンバーの勉強への取り組み方、合格のために重視していたこと、勉強スケジュールなどを詳細なコメント付きで紹介します。

3．80分間のドキュメントと合格者の再現答案

　　　6名の合格者が2次試験本番にどのように臨み、どのように合格答案に至ったのかを、ドキュメント形式でお伝えします。予想外の難問・奇問や思わぬハプニングに翻弄されつつも、なんとか合格をつかみ取ろうとする6名の姿を、当日の間違った思い込みやリアルな感情の動きも含め記録しています。また、実際に当日作成した答案を後日再現し、ふぞろい流採点と実際の得点を添えて掲載しています。

第2節　【特別企画】過去問大集合！　ふぞメンたちのイチオシ事例紹介

　　　2次試験突破のために避けては通れないのが過去問演習です。ここでは、ふぞメンが受験生だったときの経験を思い起こし、それぞれのイチオシ事例を紹介します。膨大な量の過去問のなかから演習する問題を選ぶ際の羅針盤として、ご活用いただける内容になっています。

第3節　【特別企画】受験生のお悩み解決！　ふぞメン大座談会

　　　「試験で起きた想定外」「解答メモの作り方＆文房具の使い方」「ふぞメンのおすすめフレームワーク」「受験勉強をDX化する」「ふぞメンが実際に活用したふぞろいな参考書」「隙間時間の活用法」をテーマに大座談会を開催しています。ふぞメンが受験生時代に培った合格ノウハウ盛りだくさんの内容になっています。

〜試験の朝の過ごし方〜

　遅刻しないように早めに家を出発。会場近くのカフェで朝食食べながら自分のノートを見返してました。

第1節 80分間のドキュメントと再現答案

1. ふぞろいな合格者6名のご紹介

再現答案を活用するために、自分と似たタイプの合格者を一覧表から見つけてね！

		ぜあ	やーみん	こやちん	おみそ	まっち	みみ
年齢		42歳	37歳	46歳	33歳	31歳	33歳
性別		男	男	男	男	女	男
業種		公務員	製造業	卸売業	金融業	IT	卸売業
職種		事務	技術	経営企画	事務	営業部門	経理
2次受験回数		1回	1回	1回	1回	2回	3回
2次勉強時間		200時間	250時間	400時間	600時間	400時間	350時間
学習形態		予備校通学	独学	予備校短期	独学	独学	独学
模試回数		3回	0回	2回	0回	0回	0回
模試成績		上位50%以内	―	上位30%以内	―	―	―
得意事例		事例Ⅱ	事例Ⅲ・Ⅳ	事例Ⅳ	事例Ⅲ・Ⅳ	事例Ⅱ	事例Ⅲ
苦手事例		事例Ⅲ	事例Ⅰ・Ⅱ	事例Ⅱ	事例Ⅱ	事例Ⅲ	事例Ⅱ
文系／理系		文系	理系	文系	文系	文系	文系
過去問の取り組み方		質を重視	質を重視	量を重視	量を重視	質を重視	質を重視
取り組み事例数		60事例	60事例	160事例	300事例	60事例	8事例
実際の得点／ふぞろい予想点	Ⅰ	68/61	83/76	69/63	79/75	59/57	69/55
	Ⅱ	63/57	52/60	54/50	62/52	63/68	61/61
	Ⅲ	59/68	56/55	62/71	72/90	64/79	63/69
	Ⅳ	53/57	68/64	79/83	75/73	62/53	70/73
2次試験攻略法		与件文に寄り添い、解答に適切な情報を盛り込む	解答をパターン化し、『ふぞろい』流の文章で解答	設問文から仮説を立てて、与件文にキーワードを拾いに行く	圧倒的な量の問題演習による各問題への対応のパターン化	過去問演習事例のストーリーを読み取る	『ふぞろい』を使用して、コツコツと演習
事例を解くのに有利な経験や資格		文章執筆経験 日商簿記2級	―	米国公認会計士	日商簿記2級	日商簿記2級	―

２．勉強方法と合格年度の過ごし方

勉強方法と解答プロセス ＊━━━━━━━━━━━━━━━ ぜあ 編

（再現答案掲載ページ：事例Ⅰ p.156　事例Ⅱ p.180　事例Ⅲ p.204　事例Ⅳ p.228）

【 私の属性 】

【年　　齢】 42歳		【性　　別】 男	
【業　　種】 公務員		【職　　種】 事務	
【得意事例】 事例Ⅱ		【苦手事例】 事例Ⅲ	
【受験回数】 1次：1回	2次：1回		
【合格年度の学習時間】 1次：600時間	2次：200時間		
【総学習時間】 1次：600時間	2次：200時間		
【学習形態】 予備校（教室・通信）			
【直近の模試の成績】 上位50％以内	【合格年度の模試受験回数】 3回		

【 私のSWOT 】

S（強み）：文章執筆が好き、短い通勤時間　　W（弱み）：睡眠欲と晩酌の誘惑に弱い

O（機会）：家族が診断士、在宅時間の増加　　T（脅威）：出張、飲み会が多い

【 効果のあった勉強方法 】

①過去問×３周

　1次試験終了後に2次試験の勉強に取り組み始めた私が頼ったのは、やはり、過去問。合計3周しました。最初の2回は本番と同じように80分で解いて、『ふぞろい』とほかの問題集を併用する形で答え合わせ。最後の1周は、設問と与件文を読んで、解答の要素を抜き出す練習をしました。

②無料の勉強会に参加

　2次試験の直前になると、受験支援団体が無料で勉強会を開催してくれます。自身の過去問の解答をその場で発表すると同時に、受験仲間の皆さまの解答も知ることができ、うまく答案が書けている人の文章術を盗んでいました。

③朝活！

　私の場合、職場まで徒歩10分程度で到着できること、コロナ禍でリモートワークが増えていたことなどから、夜遅くまで頑張って勉強するよりも、朝早く起きて勉強することに力を入れていました。毎日の就寝時間はだいたい22時半、朝は5時半（早いときには5時）に起きて朝活していました。

【 私の合格の決め手 】

　「文章の型を決める」ことが合格への近道になったのではないかと思います。これにより、文章の構成に時間をかけずに解答を書けるようになりました。たとえば、一文をできるだけ短くし、複数の文で答えをまとめ（「Aを行うことによってBを目指す」ではなく、「Aを行う。そして、Bを目指す」）、文章を冗長にせず、短い言葉で伝えることで、言いたいことを明確化できました。

~試験の朝の過ごし方~ ━━━━━━━━━━━━━━━
　1次試験範囲の知識再確認。

合格年度の過ごし方～初年度受験生～
多くの初年度受験生がそうだと思いますが、1次試験に全力で臨んだ後、間髪を入れず、2次試験の勉強が始まります。私が通っていた予備校では、1次試験の勉強が本格化する前の年末くらいに2次試験の過去問をやってみる講座があり、それに触れていたおかげで、2次試験の難しさは事前に体感できていました。（あくまで、「超難関」ということを知るだけですが…）。

10月～5月	課題：2次試験とはどういうものかを知る		
	学習内容	基本的には1次試験の対策のみ。予備校の講座で「2次の過去問を体験する」というものがあったので、年末年始休み等を利用して、R2年度過去問にチャレンジ。また、2次試験を追体験しようと、ゴールデンウィーク前には事前対策なしに予備校の模試を受験（結果、惨敗）。	取り組み事例数：8事例 2次平均学習時間 平日：0時間 土曜：1時間
5月～8月	課題：とにかく1次試験に合格する！		
	学習内容	1次試験の直前対策を本格的に行う。2次試験対策はスルー。	取り組み事例数：0事例 2次平均学習時間 平日：0時間 土曜：0時間
1次試験！			
8月～9月初旬	課題：2次試験の出題形式に慣れ、時間内に解答を書ききる基礎力を身に付ける		
	学習内容	息つく暇もなく、2次試験に突入。文章を書くのは好きだったので、事例Ⅰ～Ⅲについては、制限時間内に制限字数内で書くことはなんとかできたが、解答が頓珍漢なものばかり。9月初旬の模試は散々。	取り組み事例数：20事例 2次平均学習時間 平日：2時間 休日：7時間
9月中旬～10月初旬	課題：2次試験に対応する実力養成		
	学習内容	事例Ⅳにまったく歯が立たないことから、予備校のオプション講座に課金し、事例Ⅳに集中的に取り組む。基礎的な問題であれば、NPVやCVP分析もなんとか食らいつけるまでに成長。過去問、予備校の問題にも同時並行で取り組むとともに、模試も受験。	取り組み事例数：12事例 2次平均学習時間 平日：3時間 休日：8時間
10月初旬～本番	課題：合格に向けたラストスパート		
	学習内容	過去問、模試、予備校作成の問題それぞれに慣れてきたことから、与件文を読んで解答の要素を抜き出す練習が中心。併せて、事例Ⅳは確認を含めて、問題演習を繰り返した。	取り組み事例数：20事例 2次平均学習時間 平日：3時間 休日：8時間
2次試験！			

学習以外の生活
仕事と勉強で1日の大半が過ぎていく生活でしたが、私の趣味でもある料理はほぼ毎日欠かさずしていました。料理を作る作業は、1次試験科目の「運営管理」や事例Ⅲにも通じるものがあり、また、気分転換の意味もあり、楽しみながら作っていました。

仕事と勉強の両立
意識して、「できるだけ残業しない」「昼休みも無駄にしない」ということをやっていました。たとえば、朝80分で解いた事例を昼休みに答え合わせする、ということも結構やりました。「残業しない」については、試験後の今でも習慣になっています（笑）。

～会場で緊張をほぐす方法～
　自分よりできなそうな人を見つける。

勉強方法と解答プロセス ＊ ━━━━━━━━━━ ■・やーみん 編

（再現答案掲載ページ：事例Ⅰ p.160　事例Ⅱ p.184　事例Ⅲ p.208　事例Ⅳ p.232）

【 私の属性 】

【年　　齢】	37歳	【性　　別】	男	
【業　　種】	製造業	【職　　種】	技術	
【得意事例】	事例Ⅲ、事例Ⅳ	【苦手事例】	事例Ⅰ、事例Ⅱ	
【受験回数】	1次：1回　　2次：1回			
【合格年度の学習時間】	1次：450時間	2次：250時間		
【総学習時間】	1次：450時間	2次：250時間		
【学習形態】	独学			
【直近の模試の成績】	未受験	【合格年度の模試受験回数】	0回	

【 私のSWOT 】

S（強み）：事例Ⅳに苦手意識なし　　W（弱み）：与件文、設問読み飛ばしがち

O（機会）：家族の協力　　　　　　　T（脅威）：PCゲームの誘惑

【 効果のあった勉強方法 】

①新制度以降の全事例を総ざらい

　予備校のスポット講座で、平成13年度から直近年度までの全事例を総ざらいし、何が問われるのか、何を答えれば点が入るのかを学習しました。これにより、毎年の設問傾向がパターン化されていることを把握し、俯瞰的な視点で事例に取り組むことができるようになりました。

②『ふぞろい』流の解答答案をマスター

　『ふぞろい』の合格答案に共通するのは、得点要素の密度が高く、また論理的、日本語的にスマートであるということだと考え、これと同レベルの答案を作成できる状態、を目標に掲げました。採点のたびに自分の答案と『ふぞろい』の合格答案を比較して、点数にならない要素や冗長な表現を削り、抜けていた論点を足し合わせて自分なりのベスト答案を作成していました。

③「やらないこと」を明確化

　2次試験までの時間が非常に限られるなか、多年度受験生と戦うために、やらないことを明確にしていました。たとえば、予備校の事例は解かない、事例Ⅳも過去問以外は手を出さない、勉強会には参加しない（疲れて復習が疎かになるので）など。それにより、十分な数の事例をこなし、かつ復習にも時間をかけることができました。

【 私の合格の決め手 】

　何を書くか、事前にある程度シミュレートしていたことです。たとえば、事例Ⅰの最終問題なら「成果主義」「ジョブローテーション」、事例ⅢのITなら「生産統制」「SFA」など、解答をパターン化してそこに当てはめると決めていました。本番の緊張感のなかで無事に時間内に解答欄を埋められたのは、上記の対応のおかげだと考えています。

合格年度の過ごし方〜初年度受験生〜

学習開始が遅く、初年度は4科目を目標とする2か年計画を立てました。6月下旬の模試の結果を受けて7科目合格に切り替え、なんとか仕上げて滑り込み。ここからようやく2次試験の情報収集を開始しますが、あまりの問題形式の違いと敷居の高さに愕然としました。Twitterやブログで情報を収集し、少しずつ勉強方法や解法を確立していきました。

3月〜6月	課題：1科目でも多く合格したい		
	学習内容	通信教育の映像を早送りしてひたすらインプット。この時点では、2次試験がどういう試験なのかということすら把握していませんでした。	取り組み事例数：0事例 2次平均学習時間 平日：0時間 休日：0時間
7月〜8月	課題：1次試験突破		
	学習内容	模試の点数が高かったことから、7科目突破に切り替えました。問題集に直接答えを書き込み、高速で周回させて知識の定着率を高めていきました。	取り組み事例数：0事例 2次平均学習時間 平日：0時間 休日：0時間
1次試験！			
8月	課題：2次試験とは何かを知る		
	学習内容	2次試験の情報収集を行い、必要な参考資料を集めました。ひとまず事例を解くも、まったくマス目が埋まらず途方に暮れ、前述の予備校講座に手を出しました。霧が晴れていくような感覚を覚え、ようやく学習の準備が整った気がしました。	取り組み事例数：5事例 2次平均学習時間 平日：2時間 休日：3時間
9月	課題：事例数をこなし、文章力と時間管理能力を磨く		
	学習内容	1日1事例のペースで、過去問を解く、見直す、のサイクルをひたすら繰り返していました。なお、事例Ⅰ〜Ⅳはほぼ均等に時間を割いていました。雲をつかむようなⅠ〜Ⅲと比較し、明確な解答のある事例Ⅳはオアシスだと感じていました。	取り組み事例数：25事例 2次平均学習時間 平日：3時間 休日：4時間
10月	課題：課題を洗い出し、本番に向けて仕上げる		
	学習内容	10月初旬から中旬にかけて、1日かけて4事例を解くセルフ模試を2度行いました。心身に負荷をかけて課題の洗い出しを行い、本番へ仕上げていきました。	取り組み事例数：30事例 2次平均学習時間 平日：4時間 休日：4時間
2次試験！			

学習以外の生活

家族から学習への理解を得るため、家事は率先して行うようにしていました。また子供の相手をする時間も意識して確保していました。子供のお馬をしながら2次知識をボソボソ呟いていたこともあったっけ。でも結局、その年は海にも旅行にも連れて行ってあげられなかったなあ、ごめんよ。

仕事と勉強の両立

1次試験同様、2次試験でも隙間時間の活用を心掛けました。スマホの暗記カードアプリを用いて自分用の学習帳を作り、必要な知識をすぐ引き出せるように練習しました。

〜会場で緊張をほぐす方法〜
　ストレッチ。身体をほぐして心もほぐす。

勉強方法と解答プロセス ✳ ━━━━━━━━━━━ こやちん 編

（再現答案掲載ページ：事例Ⅰ p.164　事例Ⅱ p.188　事例Ⅲ p.212　事例Ⅳ p.236）

【 私の属性 】

【年　　齢】	46歳	【性　　別】	男
【業　　種】	卸売業	【職　　種】	経営企画
【得意事例】	事例Ⅳ	【苦手事例】	事例Ⅱ
【受験回数】	1次：1回　　2次：1回		
【合格年度の学習時間】	1次：600時間　　2次：400時間		
【総学習時間】	1次：600時間　　2次：400時間		
【学習形態】	予備校以外の通信（1次）／予備校（2次）		
【直近の模試の成績】	C	【合格年度の模試受験回数】	2回

【 私のSWOT 】

S（強み）：経験値と根性　　　　W（弱み）：うっかりミスと妄想癖
O（機会）：コロナ禍と勉強環境　T（脅威）：決算対応とテニスの誘惑

【 効果のあった勉強方法 】

①フレームワークを使った知識の整理

　事例Ⅰ～Ⅲは慣れとセンスと文章力、と思っていましたが、ある予備校セミナーで知識の重要性を説かれ、考え方を変えました。知識の有無で与件文読解時の理解度が変わってきます。フレームワークで整理した知識を習得してからは、与件文からスムーズにキーワードを拾い、ある程度安定した解答を書けるようになりました。

②与件文ナシ仮説解答トレーニング

　与件文を読まずに解答を書くためには、自身の仮説（＝知識）の解像度を高めることが必要となります。2次試験の2週間前から『2次試験合格者の頭の中にあった全ノウハウ』（同友館。以下、『全ノウハウ』）の「想定問題集」「想定問答」を使ってこの訓練を始めて、実力アップを実感しました。苦しい訓練ですが、上記①と合わせる形で、短期間で記述力と読解力を強化するのによい勉強法だと思います。

③毎日過去問チャレンジ

　2次試験は時間との戦いです。私は試験直前の1か月半、H19～R3年の15年分の過去問をほぼ毎日2事例（朝は事例Ⅰ、Ⅱ、Ⅲのいずれか、帰宅後に事例Ⅳ、土曜日には全事例）に取り組み、80分の時間内に全問解答する感覚を養っていきました。こちらも苦しいトレーニングですが、自分を追い込むことで、どのような状況にあっても時間内に完答する力を養うことができました。

【 私の合格の決め手 】

　知識と時間感覚の定着です。本番では予期せぬ問われ方に苦慮し、タイムマネジメントに苦労しましたが、時間感覚があったこと、次善策ながら知識でカバーして解答できたことで、空欄解答を作ることなく、部分点を積み上げることができました。

〜会場で緊張をほぐす方法〜
あまり考えないようにする。

合格年度の過ごし方～初年度受験生～

4月末に予備校の模試を入れ、強制的に2次試験モードに持って行きました。事例Ⅳが重要と見定め、5月末までに『30日完成！事例Ⅳ合格点突破計算問題集』（同友館、以下『30日完成』）、『意思決定会計講義ノート』（税務経理協会。以下、『イケカコ』）それぞれ1周しました。（このときに取り組んだ線形計画法は、試験本番時には忘却の彼方でしたが…。）事例Ⅰ～Ⅲは、4月の予備校模試結果が壊滅的であったことから危機感を抱き、1次試験終了後に予備校の短期集中講座を受講。8～9月は予備校流を徹底、9月中旬以降はふぞろい流を織り交ぜ、ひたすら過去問に取り組みました。

		課題：1次試験の範囲をカバーする（中小企業経営・政策（以下「中小」）以外）	
前年10月～ 4月中旬	学習内容	10月～12月は慣らし運転と位置づけ。3年前にちょっと勉強した内容を振り返る程度。1月から試験モードに切り替え、3月までに中小を除く試験範囲を1周。4月中旬までに中小以外の過去問を4年分解いた。	取り組み事例数： 0事例 2次平均学習時間 平日：2時間 休日：4時間
		課題：2次試験の雰囲気をつかむ。事例Ⅳを開始。	
4月中旬～ 5月末	学習内容	2次試験の勉強開始。『30日完成』1周と過去問2年分を解いたうえで予備校模試を受験。模試で手応えがあった事例Ⅳを得点源にすべく、『イケカコ』を1周。1次試験は通勤時間に過去問を解いて知識を維持。	取り組み事例数： 12事例 2次平均学習時間 平日：2時間 休日：4時間
		課題：1次試験に向けた追い込み。	
6月～ 1次直前	学習内容	1次対策に回帰。以前できた問題が解けずショックを受ける。6月は理解系科目を重点的に、7月は暗記科目に集中。経営法務と中小は試験3週間前に市販の問題集を購入し平日はこの2科目に集中。週末は全教科の過去問、予備校模試を解いて試験感覚を養成。	取り組み事例数： 0事例 2次平均学習時間 平日：4時間 休日：10時間
1次試験！			
		課題：2次試験取り組みへの基礎力養成	
8月上旬～ 9月中旬	学習内容	1次試験終了翌日の予備校セミナーに参加、翌日入校した。時折過去問に手を出しながら、事例Ⅰ～Ⅲのフレームワーク／知識習得に注力。	取り組み事例数： 20事例 2次平均学習時間 平日：3時間 休日：8時間
		課題：2次試験本番に向けた追い込み	
9月中旬～ 2次直前	学習内容	過去問に集中。ほぼ毎日、過去問に挑戦。直前2週間は、与件なし仮説解答トレーニングも実施。	取り組み事例数： 約130事例 2次平均学習時間 平日：4時間 休日：10時間
2次試験！			

学習以外の生活

1次試験、2次試験とも、1か月前までは時折同僚と飲みに行ったり、週末はテニスしたりして気分転換。直前1か月は全ての誘いを断って、完全に試験勉強（と仕事）に集中していました。

仕事と勉強の両立

4月の出願直後に上司や周囲に受験意向を伝え、早朝と昼休みを勉強時間に充てることを宣言したことで覚悟が定まりました。昼食や飲み会を断ることへのためらいがなくなり、精神的負担から解放されたという意味で大きかったです。（業務が減ることはありませんでしたが……。）
また、2次試験は決算対応の繁忙期と重なるため、直前に思うような勉強時間が確保できないことを想定したうえで早めに合格レベルにもっていくべく、早めの勉強スケジュールを組んでいました。

～会場で緊張をほぐす方法～

緊張で身体のどこが変わっているかを観察した（首、肩が固くなっていた）。

勉強方法と解答プロセス　＊ ━━━━━━━━━━━━━━ ●おみそ 編

（再現答案掲載ページ：事例Ⅰ p.168　事例Ⅱ p.192　事例Ⅲ p.216　事例Ⅳ p.240）

私の属性

【年　　　齢】 33歳	【性　　　別】 男
【業　　　種】 金融業	【職　　　種】 事務
【得意事例】 事例Ⅲ、事例Ⅳ	【苦手事例】 事例Ⅱ
【受験回数】　1次：1回　　2次：1回	
【合格年度の学習時間】　1次：2,000時間　　2次：600時間	
【総学習時間】　　　　　1次：2,000時間　　2次：600時間	
【学習形態】 独学	
【直近の模試の成績】　未受験　　【合格年度の模試受験回数】　0回	

私のSWOT

S（強み）：論理的思考×知識欲×根性　　　W（弱み）：他人と比べては落ち込みがち
O（機会）：業務多忙でなく時間確保できた　T（脅威）：特になし

効果のあった勉強方法

①与件文なし解答作成トレーニング

　5月のゴールデンウィークから1次試験日の8月まで、『全ノウハウ』の「想定問題集」で与件文なし解答作成トレーニングを毎日2問ずつ、事例Ⅰ→Ⅱ→Ⅲ→Ⅳのローテーションで回していました。結果、①2次試験で問われる知識が体系的に頭に入った、②100字で多面的な要素を含む文章を書くのに慣れた、③残りマス目を見て今書こうとしている文字がマス内に収まるかどうかの感覚がつかめた、と思います。

②事例Ⅳを毎日夜に解く

　事例Ⅳは食事や風呂など終えた遅い時間に解いていました。本番の事例Ⅳは疲れた時間帯に解くことになりますが、そのための体力がつきました。また、毎日解くことではじめは大量にあった計算ミスが、勉強期間の後半では解くのに慣れ、激減しました。

③過去問をひたすら解き、解ける年度はすべて解く

　事例Ⅰ～Ⅲは平成20年度以降の過去問を最低3周は解き、事例Ⅳは平成13年度以降の全過去問を最低2周ずつ解きまくりました。令和3年度の問題は10周以上は解いたと思います。もちろん採点は『ふぞろい』です。これにより①多様な出題傾向の問題に触れ現場対応力がつき、②ふぞろい流採点で70点を取る感覚が養えた、と思います。

私の合格の決め手

　1つは早めに行動したことです。2次試験の準備を3月から始めた結果、1次試験後に何をやるべきかが明確にわかり、すぐに勉強スタイルを確立できました。

　もう1つは「量からしか質は生まれない」を合言葉に、とにかく過去問演習において量をこなしたことです。最終的には300事例に取り組み、初年度受験生で私より多く解いた人はいないといえるくらいには解きました。

合格年度の過ごし方〜初年度受験生〜

2次試験の問題は1次試験にも役立つはずとの認識から、2次試験の勉強を早めに始めました。また、2次試験勉強し始めの3〜4月は受験支援団体に所属し、前年の合格者や受験生に教えてもらいながら2次試験の作法を学び、ある程度つかめてきた5月から、完全独学に移行しました。その後は、1次試験と2次試験を並行して勉強し、1次試験終了後は2次試験対策に完全にギアチェンジしました。

前年9月〜2月	課題：1次試験に必要となる知識の把握		
	学習内容	1次試験『過去問完全マスター』（同友館、以下『過去問マスター』）を3周解いていました。また、ITパスポート、マネジメント検定中級、ビジネス実務法務2級、販売士2級と1次試験科目と関連する資格も取り、応用力を高めました。	取り組み事例数：0事例 / 2次平均学習時間　平日：0時間　休日：0時間
3月〜8月上旬	課題：1次試験に向けての仕上げ、2次試験勉強本格化前の準備		
	学習内容	1次試験は『過去問マスター』での勉強を続けつつ、知識強化や1次試験終了後の2次試験勉強への移行を円滑化するため、①2次試験の事例問題を数問解き、②5月以降は与件文なし解答作成トレーニングを毎日行いました。	取り組み事例数：10事例 / 2次平均学習時間　平日：1時間　休日：1時間

1次試験！

8月中旬〜8月末	課題：事例問題に脳と体を慣らすこと		
	学習内容	事例Ⅰ〜Ⅲは令和3年〜平成28年までの過去問を1日2〜3事例繰り返し解きました。事例Ⅳは『事例Ⅳ（財務・会計）の全知識＆全ノウハウ』（同友館。以下、『全知全ノウ』）を3周回しました。	取り組み事例数：50事例 / 2次平均学習時間　平日：7時間　休日：5時間
9月中	課題：初見問題への対応力を上げること		
	学習内容	事例Ⅰ〜Ⅲは令和3年〜平成20年までの過去問を1日2〜3事例繰り返し解きました。事例Ⅳは『30日完成』を3周回しました。	取り組み事例数：75事例 / 2次平均学習時間　平日：7時間　休日：5時間
10月中	課題：過去問で問われる全パターンを自身に定着させること		
	学習内容	事例Ⅰ〜Ⅲは令和3年から平成20年まで1日3〜5事例繰り返し解きました。事例Ⅳは令和3年から平成13年までの全年度を2周解きました。	取り組み事例数：165事例 / 2次平均学習時間　平日：7時間　休日：5時間

2次試験！

学習以外の生活

週末こそ少しは家族の時間を取っていましたが、短期決戦を決め込み、家族との時間をかなり犠牲にして勉強しました。妻と娘には本当に申し訳なく、理解して勉強時間をいただけたことに感謝しかありません。また、勉強のストレス発散のため、週に1度、ボクシングジムに通っていました。

仕事と勉強の両立

もともとそこまで業務多忙ではなかったですが、そのなかでも時間確保のため、①後輩を育成して業務負荷の平準化、② Excel VBA を習得して定例業務を自動化することで、業務時間を削減しました。また、③テレワークを積極的に活用し、移動時間を最小化して勉強時間を確保しました。

〜会場で緊張をほぐす方法〜

今までの自分の努力を信じろと念じる（笑）。

勉強方法と解答プロセス　＊■━━━━━━━━━まっち 編

（再現答案掲載ページ：事例Ⅰ p.172　事例Ⅱ p.196　事例Ⅲ p.220　事例Ⅳ p.244）

私の属性

【年　　齢】	31歳	【性　　別】	女
【業　　種】	IT	【職　　種】	営業部門
【得意事例】	事例Ⅱ	【苦手事例】	事例Ⅲ
【受験回数】	1次：3回　　2次：2回（令和3年度 C46, B56, B53, A61→B）		
【合格年度の学習時間】	1次：　0時間	2次：280時間（1次試験免除）	
【総学習時間】	1次：500時間	2次：400時間	
【学習形態】	独学		
【直近の模試の成績】　未受験　　【合格年度の模試受験回数】　0回			

私のSWOT

S （強み）：コツコツと続けられること　　W （弱み）：苦手なものを後回しにする
O （機会）：オンライン勉強会　　　　　　T （脅威）：遊びや趣味の誘い

効果のあった勉強方法

①自分の答案を人に見てもらう（事例Ⅰ〜Ⅲ）

　前年度の不合格を踏まえ、合格点に満たなかった事例Ⅰ〜Ⅲの底上げに注力することを決めました。2週間に1回のオンライン勉強会に参加し、①過去問を解く、②勉強会で議論・指摘をもらう、③『ふぞろい』やもらった指摘を盛り込みつつ自分なりのベスト解答を作る、というサイクルを繰り返しました。ほかの人から指摘を受けることで自分の文章の読みにくいところや不足している視点を把握し、解答の質の向上につなげることができました。また、ほかの参加者の解答にも目を通しコメントをすることで客観的な視点を養いました。

②毎日最低1つの問題演習（事例Ⅳ）

　計算の感覚とスピードの維持のため、計算問題はどんなに忙しくても毎日最低1問解くことをノルマとしました。『30日完成』を3周して基本を身に付けた後、『全知全ノウ』を2周し実践での対応力を鍛えました。

③本番を想定した過去問演習

　過去5年分の過去問を繰り返し解いていましたが、時々は、まだ解いていない少し古い過去問に取り組み、初見の問題に対して動揺せず同じ時間配分、解答プロセスで取り組めるかを確認していました。

私の合格の決め手

　前年の不合格がある種のパラメーターになっており、勉強の質や量など何事も「去年の自分」を超えるよう取り組んでいたように思います。前年の得点開示で自分の実力を認識し、各事例あともう少し点をもらうために、自分に何が不足していて何をすべきか、しっかりと自分自身と向き合えたことが合格につながったのではないかと感じています。

合格年度の過ごし方〜多年度受験生〜
気が散りやすく長時間同じことをするのは苦手で、直前に一気に詰め込むタイプではないため、毎日無理のない範囲で勉強することを習慣として、細く長くコツコツと続けていく戦法に決めました。また、本を読むのは好きだったため、読み物を試験関連書籍に切り替え、1次知識の復習や各事例分野への理解を深める時間を増やしました。おかげで、仕事やプライベートとうまく両立し、ストレスを溜め込まずに完走できたと思います。

1月〜3月	課題：情報収集、勉強計画の検討		
	学習内容	得点開示から敗因分析と弱みの洗い出し。2次試験の取り組み方を再構築するべく、2次試験に関するノウハウ本やブログなどを読んで情報収集していました。	取り組み事例数：0事例
			2次平均学習時間 平日：1時間 休日：0時間
4月〜7月	課題：時間配分と自分なりの解法の模索		
	学習内容	試験委員の先生の本や、生産管理に関する入門本を読んでモチベーションを維持しました。オンライン勉強会に参加し、少しずつ事例を解き始め、時間配分や解き方を少しずつ変えて試し、自分に合ったスタイルを探しました。	取り組み事例数：12事例
			2次平均学習時間 平日：1時間 休日：1時間
1次試験！（受験せず）			
8月〜10月中旬	課題：ひたすら過去問演習		
	学習内容	解答プロセスを確定させ、ひたすら過去問演習・勉強会へ参加・ベスト解答の作成を繰り返しました。	取り組み事例数：22事例
			2次平均学習時間 平日：3時間 休日：3時間
直前2週間	課題：当日のシミュレーション		
	学習内容	4事例を1日で解くことに慣れるため、1年分4事例まとめて解くリハーサルをしました。	取り組み事例数：20事例
			2次平均学習時間 平日：3時間 休日：7時間
2次試験！			

学習以外の生活

プライベートの時間も大事にしつつ、試験勉強は日々の習慣として細々と続けていました。8月に新型コロナウイルスにかかったり、旅行に行ったりし、夏休みに少し中弛み。でもそのおかげで思い切りリフレッシュし、本番に向けてやる気を取り戻せたと思います。

仕事と勉強の両立

仕事の繁忙期には平日の勉強時間がうまく取れないこともありましたが、直前期は勉強のほうに集中できました。平日は業務終了後、夜に2時間（1事例くらい）勉強し、翌日の通勤時間と始業前の30分間はカフェで前日に解いた事例を見直していました。

〜会場で緊張をほぐす方法〜
外に出てストレッチ。

勉強方法と解答プロセス　＊ ■ ━━━━━━━━━━━━ ■ みみ 編

（再現答案掲載ページ：事例Ⅰ p.176　事例Ⅱ p.200　事例Ⅲ p.224　事例Ⅳ p.248）

私の属性

【年　　　齢】 33歳	【性　　　別】 男
【業　　　種】 卸売業	【職　　　種】 経理
【得意事例】 事例Ⅲ	【苦手事例】 事例Ⅱ
【受験回数】 1次：2回　　2次：3回	
【合格年度の学習時間】　1次：　0時間　　2次：　15時間（1次試験免除）	
【総学習時間】　　　　　1次：450時間　　2次：350時間	
【学習形態】 予備校以外の通信（1次）／独学（2次）	
【直近の模試の成績】 未受験　【合格年度の模試受験回数】　0回	

私のSWOT

S（強み）：集中力　　　　　　　　　W（弱み）：ネガティブ思考
O（機会）：SNS、YouTubeの情報　　T（脅威）：職場の繁忙期

効果のあった勉強方法

①タブレット学習

　自分が学んだ情報をすべてタブレットにまとめるようにしていました。キーワード検索が可能となることで反復学習に役立ち、2次試験の学習の際にも1次試験の知識を素早く確認することが可能でした。書籍を持ち歩いたり、広げたりする必要がないので、移動中や職場での休憩中にも学習時間を確保することができました。

②SNS、YouTubeの活用

　「何がわからないかがわからない」という状態のときは、SNS、YouTubeを活用していました。初学者向けの理論解説、説明を聞き、書籍などで確認を取るという方法で知識の習得に努めていました。興味が薄い分野や文章を読んでもわからないことを動画などで補足していくと理解が進みやすいと感じています。

③『ふぞろい』などを使用した過去問演習

　過去問演習の後、『ふぞろい』などを活用した解答の分析を反復して行っていました。本番と同様の時間制限で解答を組み立てた後、じっくりと時間を使って解答分析を行うことで、自分が解答に使用するフレーズの偏りを把握しました。キーワードから連想する選択肢を増やせるように、前回の過去問演習で使用したフレーズを使用せず解答する練習も行っていました。

私の合格の決め手

　合格の決め手は論理的思考力の強化だと思います。職場の事情で半年以上、試験勉強に取り組むことができなかった私が合格できたのは、仕事で分析に携わる機会を得て、因果関係を把握する力が強化され、論理的な解答を行うことができたからではないかと感じています。

合格年度の過ごし方〜多年度受験生〜

2回目の2次試験を終え、1月に不合格通知を受け取りました。打ちひしがれる一方で、仕事は繁忙期へ突入。令和4年度1次試験は受験せず、そのまま2次試験日直前になり、過去問や前年に作成したファイナルペーパーを見返し、超短期間で記憶を掘り返す作業になりました。

1月〜 4月	**課題：学習の習慣化**		
	学習内容	2次試験不合格の傷を癒すため、試験の範囲からは離れ、簿記や税法の勉強を行っていました。	取り組み事例数： 0事例
			2次平均学習時間 平日：0時間 休日：0時間
5月〜 8月上旬	**課題：興味のある分野の強化**		
	学習内容	税法やファイナンスの書籍を読み、事例Ⅳの理解を深めました。『ふぞろい』は購入しましたが手はつけませんでした。	取り組み事例数： 0事例
			2次平均学習時間 平日：0時間 休日：0時間
1次試験！（受験せず）			
8月中旬〜 9月	**課題：勉強時間確保**		
	学習内容	勉強時間の確保が困難を極め、まったく2次試験については考えていませんでした。正直なところ、受験するかどうかもわかりませんでした。	取り組み事例数： 0事例
			2次平均学習時間 平日：0時間 休日：0時間
10月上旬〜 10月中旬	**課題：前年過去問への取り組みで感覚を取り戻す**		
	学習内容	令和3年度の事例Ⅰ〜Ⅳに取り組み、解答する感覚を取り戻そうとしました。時間感覚も弱くなっていたので、80分間全力で取り組み、『ふぞろい』やファイナルペーパーを使用して使えるキーワードなどを確認しました。	取り組み事例数： 4事例
			2次平均学習時間 平日：0時間 休日：1時間
10月下旬〜 直前	**課題：ファイナルペーパーを仕上げる**		
	学習内容	ファイナルペーパーを本年度向けに仕上げ直すことによって、キーワードから解答を連想する力を強化しました。過去の事例を流し読みし、どのような課題・問題にどのような対策を行うべきかを復習しました。	取り組み事例数： 4事例
			2次平均学習時間 平日：1時間 休日：2時間
2次試験！			

学習以外の生活

ジムで適度な運動をすることでメンタルの安定を図っていました。トレーニング中でもYouTubeで一問一答を聞き流し、1次試験の知識を忘れないようにしていました。また、家族や友人との時間は大切にし、リフレッシュの機会として、集中力の源にしていました。

仕事と勉強の両立

受験について会社には話しておらず、4月から大きな仕事を任された結果、仕事と勉強の両立は不可能になりました。通勤、隙間時間はすべて仕事に関する知識を強化するために充て、ようやく試験勉強に取り組めたのは直前2週間前からです。

〜試験の休憩時間の過ごし方〜

ストレッチ。

3．80分間のドキュメントと合格者の再現答案

■ 80分間のドキュメント　事例Ⅰ

ぜあ 編（勉強方法と解答プロセス：p.142）

1．当日朝の行動と取り組み方針

　遠隔地から参加の私は前日、ホテル泊。朝食のないホテルだったので、近所のコンビニで購入したおにぎりを部屋で食べながら、ファイナルペーパーで復習。

　会場へは、電車で行くこともできたが、最寄駅から徒歩15分かかるので、あらかじめ調べておいたバスで移動。バスを降りて徒歩3分で会場到着。

　会場はとても大箱で、自分の席を探し当てるのに少し戸惑ったけど、なんとか見つけて着席。周りに大勢の受験生がいるので、否が応でも緊張感が高まるが、深呼吸して集中。アナウンスがあるまでは、ファイナルペーパーで最後の復習を行った。

2．80分間のドキュメント

【手順0】開始前（〜0分）

　試験官のうち一番偉いと思われる人が、大きな会場の正面にある朝礼台のようなものに上り、試験上の注意事項などを説明。静かに聞き、試験に備える。大きな会場ゆえ、少し体が冷えるが、目の前のことに集中しようと気合を入れる。

【手順1】準備（〜1分）

　まずは、受験番号から。誤りがないように確認しながら記入。

【手順2】設問解釈（〜7分）

第1問　事例Ⅰの過去問では問われたのを見たことがない「強み・弱み」の問題。事例Ⅰの第1問は「分析問題」が来ると思っていたので、軽く衝撃を受けると同時に、一筋縄ではいかない試験だと思い直す。「株式会社化する以前」という時制は重要。

第2問　事例Ⅰは「最終問題が助言問題となる以外は分析問題が多い」という過去問のセオリーに反して、第2問で助言問題となったことにも軽い驚き。「新規就農者を獲得し定着させる」とあるので、「採用」と「離職防止」の2つの観点が必要と認識。

第3問　続いても助言問題。与件文中に大手中食業者が重要な役割を果たすプレイヤーとして出てくることを想定。ただし、設問文だけではヒントが少なすぎる。

第4問（設問1）　「組織構造」ということで、機能別組織、事業部制組織、マトリックス組織が頭に浮かぶ。それぞれの特徴を踏まえたうえで解答を構成する方針を立てる。

第4問（設問2）　権限委譲と人員配置がセットになった問題はこれまで見たことがないので、与件文からうまく編集する作業が必要かも。

全体　過去問で「定石」と思われたパターンを大きく外す設問構成で、最初はかなり

焦ったけど、とにかくＡ社に寄り添い解答を作成していこうと考え、与件文読解に移る。

【手順３】与件文読解（〜30分）

[1〜3段落目]　事例企業は農業。実家の家業が農家だったので、イメージはしやすい企業ということに少しだけ安堵。強みが列挙されており、第１問に使えそうだと考えながら読み進める。

[4段落目]　具体的な組織体制の話が始まる。また、有機JASとJGAPは具体的なイメージは湧かないが、公的認証は間違いなく重要な強みとなる旨チェック。

[5段落目]　「連携」も組織論においては重要なテーマ。要チェック。

[6〜7段落目]　「弱み」や問題点が凝縮されたような段落。家業を思い出しつつ、具体的な情景も想像。第２問の解答根拠になる箇所だと考え、解答要素も考えながら読む。

[8段落目]　時制が変わったことを意識。第３問の「大手中食業者」が登場したので、現在の関係性、今後の方向性を考えながら読み進める。

[9段落目]　新たな事業展開が始まるが、大手中食業者にも再度言及されている。要注意。

[10段落目]　後継者として常務の娘登場。第４問とのつながりを意識。彼女は食品加工や直営店部門に理解は深いが、農業生産については門外漢であることをチェック。

[全体]　事例企業のイメージはおおむね把握できたので、あとは設問文と突き合わせながら解答を書き上げていく。

【手順４】解答作成（〜70分）

[第1問]　ほかの設問を先に検討し、最後に解くため一旦スキップ。

[第2問]　６〜７段落で解答の根拠探し。「採用」の観点を見つけるのが難しく、「離職防止」の観点が主となってしまうが、与件文中で発生している問題を解決することを優先。

[第3問]　大手中食業者への依存度の高さは下げたいところだが、自社の対応能力向上やコロナ禍での売上確保に貢献してくれたことから、単純に「依存度を下げる」というだけの解答が求められているのではないと認識し、書き進める。

[第4問（設問1）]　後継者育成も問題となっていることから、「事業部制組織」を解答に盛り込むことにするが、中小企業であるがゆえの経営資源の少なさが引っかかる。

[第4問（設問2）]　「後継者への権限委譲」の観点から、後継者に農業生産、食品加工＆直営店それぞれのトップを経験させること、「人員配置」の観点から、各従業員が兼任しなくて済むようにすることと異動により組織を活性化すること、をそれぞれ記載。

[第1問（再）]　他の設問の解答をまとめるイメージで第１問も一気に書き上げる。

【手順５】見直し（〜80分）

　残り10分、誤字脱字をチェックするとともに、各設問でロジックが破綻していないかをチェック。ロジックにおいて、大きな問題はなさそう。

３．終了時の手ごたえ・感想

　ペース配分は想定どおり。一部、不安な設問もあるが、与件文に沿った解答が一定程度はできたのではないか。過去問の法則からは外れる形とはなったが、大コケすることなく次の事例Ⅱに進めそう。

〜試験の休憩時間の過ごし方〜

　会場外に出て、外の空気を吸いながらファイナルペーパーを見る。

合格者再現答案＊（ぜあ 編） ━━━━━━━━━━━━ 事例Ⅰ

第1問（配点20点）　　100字

強	み	は	①	高	品	質¹	な	作	物	や	他	社	と	の	連	携¹	に	よ	る
高	付	加	価	値	商	品	②	最	終	消	費	者	に	訴	求	で	き	る	有
機	J	A	S	と	J	G	A	P²	③	農	業	経	験	豊	か	な	従	業	員¹。
弱	み	は	①	従	業	員	間	の	不	明	確	な	役	割	分	担³	②	需	給
調	整³	の	難	し	さ	③	従	業	員	の	定	着	率³	の	悪	さ	。		

【メモ・浮かんだキーワード】　連携、高付加価値化、ノウハウ、採用難
【当日の感触等】　与件文にさまざまな要素が盛り込まれているので、編集が大変だったが、後の問題との関連性も考え、まずまずの解答ができたのではなかろうか。
【ふぞろい流採点結果】　14/20点

第2問（配点20点）　　100字

施	策	は	①	突	発	的	対	応	が	必	要	な	際	は	残	業	代	を	上
乗	せ	す	る	②	地	元	の	農	業	関	係	者	と	の	交	流	会⁵	を	開
き	、	地	域	へ	の	溶	け	込	み	を	促	す	③	業	務	を	標	準	化³
し	、		O	J	T⁵	で	能	力	開	発	を	行	う	。	以	て	モ	ラ	ー	ル¹
と	帰	属	意	識	を	向	上	さ	せ	、	採	用	者	定	着²	を	図	る	。

【メモ・浮かんだキーワード】　待遇改善、地域への溶け込み、OJT、モラール
【当日の感触等】　設問文が「新規就農者を『獲得し定着させる』ために必要な施策」とあったので、「採用」と「定着」の両面から記述をしたかったが、与件文を読むと、採用よりも定着のほうが重要だと思われたので、「採用」についてはあまり言及できなかった。もっと言及すればよかった。
【ふぞろい流採点結果】　16/20点

第3問（配点20点）　　100字

継	続	的³	で	安	定	し	た	取	引	関	係	を	構	築	す	べ	き	。	即
ち	①	デ	リ	バ	リ	ー	需	要	も	踏	ま	え	、	厳	し	い	要	求	に
応	え	続	け	、	対	応	能	力	を	更	に	増	し	②	食	の	安	全	の
高	ま	り	を	受	け	作	り	手	や	栽	培	方	法	が	見	え	る	化	さ
れ	た	商	品¹	を	訴	求¹	し	、	一	定	の	取	引	を	確	保	す	る	。

【メモ・浮かんだキーワード】　大手との取引によるメリット・デメリット
【当日の感触等】　設問で何が問われているか、つかみにくい問題で、対応に苦慮した。ただ、大手との取引は中小企業にとって喉から手が出るほど大事にしたいはずなので、依存度を「減らす」方向の解答にはもっていかなかったが、最後まで迷ったせいで、意図が伝わりにくい文章になったかも。
【ふぞろい流採点結果】　5/20点

～試験の休憩時間の過ごし方～
外に出てストレッチを行う。

第4問（配点40点）

（設問1）　　　　　50字

農	業	生	産	部	門	と	直	営	店	・	食	品	加	工	部	門⁵	の	責	任
を	分	化²	さ	せ	、	独	立	し	て	意	思	決	定	を	行	え	る	事	業
部	型²	の	組	織	を	構	築	。											

【メモ・浮かんだキーワード】　機能別組織、事業部制組織

【当日の感触等】　与件文から、機能別組織と事業部制組織を比較した際に、事業部制組織のほうが適切だと思ったが、完全に事業部制を採用するだけの体力があるかどうか疑問に思い、「事業部型」などという新たな用語を作り出してしまった……。かなり不安の残る解答。

【ふぞろい流採点結果】　9/15点

（設問2）　　　　　100字

①	各	部	門	に	商	品	企	画	や	生	産	等	の	権	限	を	委	譲⁵	し、
従	業	員	に	部	門	の	仕	事	に	集	中	さ	せ	る	②	後	継	者	に
両	部	門²⁺¹	の	長	を	経	験⁵	さ	せ	る	③	部	門	間	の	異	動	制	度³
も	取	入	れ	、	組	織	活	性	化¹	を	図	る	。	以	て	、	迅	速	な
意	思	決	定	と	後	継	者	育	成	を	図	る	。						

【メモ・浮かんだキーワード】　権限委譲、事業承継、配置転換

【当日の感触等】　事業承継と人事制度がストレートに問われた問題だったので、比較的スムーズに書くことはできたが、（設問1）とのつながりなどはあまり考慮できておらず、手ごたえは決して良くない。

【ふぞろい流採点結果】　17/25点

【ふぞろい評価】　61/100点　　　**【実際の得点】　68/100点**

　第3問では、本人も「対応に苦慮した」と振り返ったとおり、出題の趣旨にある「新しい分野の探索」への言及が薄く、効果にも言及できなかったため、ふぞろい採点では厳しい結果となりました。しかし、第1問では得点につながるキーワードを適切に選択したほか、第2問でも多面的な解答ができており、第3問の落ち込みをカバーしています。

Column　　　**試験に集中できない！**

　2次試験本番の座席が最後尾の四隅の席でした。よし試験に集中できる、ツイていると思っていたところ、試験監督の方が座るイスが背後のすぐ近くにあり、気になる距離感。また、試験監督の方がバインダーにたくさん資料や監督台本を挟んでいる方で、座るたびに何度もそれが落ちるため、集中力が途切れました。終いには、次はいつ座って落とすんだろうと、試験そっちのけで気にし始める始末。決してその試験監督の方のせいではなく、自分の集中力の無さで、当然結果は不合格。翌年こそは試験中に何があっても切れない集中力を身に付けるぞと、日々の勉強から雑音が入る環境を選んで勉強した結果、格段に集中力が上がりました。

（かっしー）

~試験の休憩時間の過ごし方~
ストレッチをしたりお菓子を食べたりした。

やーみん 編（勉強方法と解答プロセス：p.144）

1．当日朝の行動と取り組み方針

　朝6時。池袋のビジネスホテルで目を覚ます。移動の疲れがまだ抜けていない。飛び起きる元気はないが、ゆっくり息を吐いて起き上がった。勉強を始めたころを思えば、2次試験に挑戦できるだけで上々。気楽に挑もう。そう自分に言い聞かせた。

　試験開始1時間以上前にホテルを出るが、慣れない東京で大いに迷う。参ったなあ。前日に試験会場へのルートだけでも確認するべきだったか。

　結局、会場に着いたのは20分前。慌ただしくトイレを済ませて席に着く。受験票をカバンから取り出し、セロハンテープで机に留めた。ふう、間に合った。

2．80分間のドキュメント

【手順0】開始前（〜0分）

　やばい、動悸が止まらない。落ち着け。やれるだけのことはしてきたはずだ！

【手順1】準備（〜1分）

　まず名前と受験番号を書く。その後、定規を問題用紙の端に当て、少し強めに押さえてまとめて切り取った。シミュレーションどおりに動けたことにひとまず安心。

【手順2】設問解釈（〜5分）

第1問　強みと弱み、時制に注意。与件文中で法人化というイベントに注意しよう。

第2問　従業員の定着ね（←採用の観点を漏らしている）。モチベーション理論や「さちのひも」のフレームを連想しつつ、次へ。

第3問　依存関係の問題かな。だとすれば、関係の深化と依存度の低減の両方が大切。

第4問（設問1）　事業構造。字数が少ないから、端的な解答が必要だな。

第4問（設問2）　（設問1）とセットで考える必要がありそう。「さちのひも」のフレームを連想。「ジョブローテーション」「成果主義」「CDP（キャリアディベロップメントプログラム）」などのキーワードが使えるかな。

【手順3】与件文読解（〜35分）

1段落目　A社の業種を確認。周辺に水稲農家や転作農家が多いという情報をチェック。

2段落目　「農業のイロハを叩き込まれた」は社長の資質として強みとなりそう。

3段落目　「作り方にこだわった野菜」は定番の強みだ。農業法人と聞いて少し戸惑ったけれど、ここまではちゃんと事例Ⅰっぽさがあるな。

4段落目　カギカッコ付きの文章は重要！　これはどこかで使いたい。有機野菜の販売業者は強みかな。有機JAS？　JGAP？　それってすごいの？　よくわからないなあ。

6〜7段落目　この辺は弱みか。役割分担が不明確、季節的な繁閑と突発対応。これじゃあ、従業員の士気は上がらないよね。第2問に使えそう。

8段落目　法人化が出てきた。つまり、第1問の強み・弱みはここまでだな。大手中食業者も出てきた。これは第3問だ。結構苦しいなかで対応しているみたいだ。

〜試験の休憩時間の過ごし方〜

　休憩時間には外に出て、太陽の光を浴びて大きく深呼吸。

[9段落目]　ここで兼任というワード。前半の「役割分担がなされてない」って記述と被るから、これは出題者の強調表現だ。

[10段落目]　後継者が出てきた。店舗マネジメントの経験を発揮して育成したい。社長の思いもチェックしておこう。

【手順4】解答作成（〜78分）

[第1問]　8段落目が法人化だから、それより前の記述から強み・弱みを探す。どちらも多く見つかるが、後の問題で使うものを中心に解答しよう。そのため問題用紙に書き込むのは最後。それと、なるべく多く詰め込むために表現を端的にすることに気をつける。あと10段落目で「ようやくニーズの収集ができるようになってきた」とあるけれど、これを裏返して法人化前の弱みに使えるかな。あえて最後のほうに持ってきたのが出題者のひっかけとすれば、これも得点が期待できそう。

[第2問]　定着しない理由は（1）教育制度が不整備で意欲が低い、（2）繁閑の差が激しく肉体的にきつい、の2点かな。（1）はお決まりのOJTで士気向上を図ろう。（2）のほうは難しいけれど、閑散期に近隣農家を手伝い、逆に繁忙期は手伝ってもらうことで、繁閑の差を調整できる気がする。与件文には農業関係者に溶け込むのが難しいという条件もあるけれど、これは無視してOKでしょ。これだけだと文字数が足りないので、使ってほしそうにカッコ書きで書かれていた経営理念を解答要素に盛り込もう。

[第3問]　取引を減らすって選択肢はあり得なくて、むしろ関係性を深める視点が大切。かつ、依存度が高まらないよう、取引先の分散も目指す方向性で解答しよう。文字数が余らないよう、点数になりそうな要素で修飾して、100字で着地できるように調整する。

[第4問（設問1）]　まず、「なんとか組織」って断言することを求められているよね。マトリックスはあり得ないので、事業部制か機能別か。大いに悩む。事業部制を採用するには会社が小さすぎる気がするけれど、後継者を育てるなら事業部制だよねえ。うーん、わからないけど、事業部制に賭けよう！

[第4問（設問2）]　上の問題で事業部制を採用したことで、後継者に直営店を任せて育成するところまではスムーズに書ける。後半、いくつか準備していた解答の引出しからジョブローテーションを引っ張ってくる。この問題に適用しても大丈夫かを確認し、問題ないと判断。最後は社長の思いで締めよう。

【手順5】見直し（〜80分）

文章を改変する余裕は無し。文字のかすれを修正し、漢字ミスを確認。

3．終了時の手ごたえ・感想

いやあ焦った。実は、開始5分でいきなり想定外に直面していた。問題用紙が思いのほか薄く、マーカーが裏写りしてしまうのだ。普通の印刷用紙で練習している限りこのようなことはなかった。いきなりペースを乱されるが、想定外が起こること自体が想定内だ、と誰かから聞いた言葉を思い出し、心を落ち着かせた。この先も予定どおりとはいかないだろうけれど、振り落とされないよう、食らいついていこう。

〜試験の休憩時間の過ごし方〜

会場の周りを歩く。

合格者再現答案＊（やーみん 編） ———————— 事例 Ⅰ

第1問（配点20点）　　100字

強	み	は	①	糖	度	高	く	人	気	の	苺	②	作	り	方	に	拘	っ	た
有	機	野	菜	③	有	機	野	菜	販	売	業	者	と	の	関	係	性	④	贈
答	用	に	人	気	の	洋	菓	子	。	弱	み	は	①	従	業	員	定	着	率
が	低	い	②	ニ	ー	ズ	収	集	力	が	低	い	③	社	員	教	育	が	不
十	分	④	繁	閑	の	差	が	激	し	い	⑤	役	割	分	担	が	不	明	確

【メモ・浮かんだキーワード】　有機JAS、JGAP、農業経験豊富な社長
【当日の感触等】　何を書いて何を切り捨てるべきか迷った。練習含めても⑤まで使ったのは
　　初めてだったけれど、対応としては間違ってないと思う。
【ふぞろい流採点結果】　15/20点

第2問（配点20点）　　100字

①	OJ	T	で	社	員	教	育	を	強	化	し	、	ま	た	従	業	員	か	ら
の	提	案	を	経	営	に	取	り	入	れ	士	気	向	上	を	図	る	事	②
人	に	や	さ	し	く	環	境	に	や	さ	し	い	農	業	、	の	経	営	理
念	を	社	内	に	浸	透	さ	せ	連	帯	感	を	高	め	る	事	③	近	隣
農	家	と	互	助	連	携	を	結	び	繁	閑	の	差	を	吸	収	す	る	事	。

【メモ・浮かんだキーワード】　ハーズバーグの2要因理論、トップメッセージによる企業風
　　土の醸成
【当日の感触等】　採用の観点が完全に抜けてしまった。大失敗。経営理念を抜き出す文字数
　　で何か書けたはずなのに。
【ふぞろい流採点結果】　16/20点

第3問（配点20点）　　100字

高	い	要	求	に	引	き	続	き	対	応	し	、	デ	リ	バ	リ	ー	需	要
を	取	り	込	ん	で	収	益	を	拡	大	す	る	。	一	方	で	直	営	店
で	収	集	し	た	ニ	ー	ズ	を	基	に	新	品	種	や	新	商	品	の	開
発	を	行	い	、	食	の	安	全	志	向	の	高	ま	り	に	よ	る	需	要
を	取	り	込	ん	で	販	路	を	拡	大	し	依	存	度	低	減	を	図	る	。

【メモ・浮かんだキーワード】　関係の深化と依存度低減の両立
【当日の感触等】　ある程度想定していた問題だったので、うまく書けたと思う。
【ふぞろい流採点結果】　15/20点

事例 I

第4問（配点40点）

（設問1）　　　　　50字

事²	業	部	制	組	織	を	採	用	し	、	生	産	分	野	・	直	営	店	・
食	肉	加	工	分	野	に	分	割	す	る	事	で	、	**役**	**割**	**を**	**明**	**確**	**化**⁵
し	業	務	の	効	率	化⁵	を	図	る	。									

【メモ・浮かんだキーワード】　マトリックス組織、事業部制組織、機能別組織、役割の明確化

【当日の感触等】　文字数が短く、間違えると部分点が期待できないため、緊張した。

【ふぞろい流採点結果】　12/15点

（設問2）　　　　　100字

直	営	店²	の	統	括	を	次	期	社	長	に	任	せ	、	前	職	の	店	舗
管	理	の	経	験	を	活	か	す	と	共	に	後	継	者	と	し	て	**育**	**成**⁵
す	る	。	**各**	**部**	**門**	**へ**	**の**	**権**	**限**	**委**	**譲**⁵	を	進	め	士	気	向	上¹	と
管	理	者	育	成	を	図	る	と	共	に	、	計	画	的	**配**	**置**	**転**	**換**³	で
企	業	の	一	体	感¹	を	高	め	新	分	野	へ	の	**進**	**出**¹	を	図	る	。

【メモ・浮かんだキーワード】　権限委譲、ジョブローテーション

【当日の感触等】　事例Ⅰの最終問題で何を書くかは、何パターンか事前に想定していた。実際にそのなかから選んで書いたのだが、大外しはしていないと思う。

【ふぞろい流採点結果】　18/25点

【ふぞろい評価】　76/100点　　　【実際の得点】　83/100点

　全設問を通じて、多面的な解答をしており、特に第1問から第4問（設問1）までは、7割以上の得点を獲得するなど、解答が安定していました。第4問（設問2）は、「全社的な視点」での後継者の育成に言及すれば、ふぞろい流採点でもさらに高得点を目指すことができました。

Column

情報収集の大切さ

　特に独学の受験生にとって、中小企業診断士試験は情報収集が大切だと思います。おすすめの参考書、模試の開催情報、マーカーペンの使い方、マス目を埋めるときのお作法、最初に問題用紙を破るとよい、などネットには大小さまざまな情報があふれています。（少なくとも私は、当日にやたらと周囲から問題用紙を破る音が聞こえることを知らなかったら、動揺していたと思います。）私は独学だったため、こういった情報はすべてSNSや受験生支援ブログ、YouTubeなどから集めました。情報は玉石混交のため、自分に取り入れるべきもの・取り入れないでおくべきものの見極めはもちろん大切だと思いますが、きっと昔の受験生と比べると、かなり独学でも予備校活用とのディスアドバンテージを埋められているのではないかと思います。そして情報収集している方にとって、この『ふぞろい』やふぞろいブログから少しでも有益な情報をお伝えできていたら幸いです。　　　（あきか）

~試験の休憩時間の過ごし方~

　気分をリフレッシュするため必ず席を立ち、トイレに行ったり外の空気を吸いに行ったりしてました。

こやちん 編 （勉強方法と解答プロセス：p.146）

１．当日朝の行動と取り組み方針

　前日はいつもより早めに床に就いたが、なかなか寝つけなかった。睡眠時間は４〜５時間程度と短いが、昔から試験前はこんな感じで結果をだしてきた。今日も行けるはず（と言い聞かせる）。会場には１時間半前に到着。歴史あるキャンパスだ。建物も趣あるし、中庭の雰囲気が素晴らしい。遥か昔の大学入試を思い出す。天気もよいし、楽しい一日になりそうだ。

２．80分間のドキュメント

【手順０】開始前（〜０分）

　天井が高く歴史を感じる教室、この雰囲気は好きだな。……あれ大きなハチが！　まさかあれと一緒に試験か？　（しばらくして関係者が来て、対策グッズで追い払ってくれる。）窓が空いているので、また侵入事件があるかもしれないが、とにかく試験に集中だ。

【手順１】準備（〜２分）

　まずは問題用紙を解体しメモを作る。お守り代わりに予備校直伝の構成図を書き込む。次に与件文に目を通しながら各段落に丸数字を振ってゆく。これは手と頭を始動させるルーティーン。今回は農業法人からの多角化か、嫌いじゃない。

【手順２】与件文解釈／（〜10分）

　設問文のポイントごとにカラーペンを使い、与件文のキーワードを対応させてゆくのが、試行錯誤してたどり着いた自分のやり方。いつもと同じく第１問からピンク→水色→オレンジ→緑→青→赤の順で行く。

|第１問| SWとは珍しいな。「法人化以前」が制約条件、外せないポイントだな。
|第２問| 定着率低いなら、関係性＝帰属意識を高めるべきだな。
|第３問| 互恵・共存関係／依存からの脱却あたりか。
|第４問（設問１）| 機能別組織／事業部制組織？　どっちだろう？
|第４問（設問２）| 事業承継、権限委譲はお決まりのパターンで書けそうだ。

【手順３】設問読解／キーワード拾い出し（〜35分）

|１段落目| 従業員はパート入れて40名か。少ないな。これじゃ事業部制は無理だろう。
|２〜５段落目| 69歳はかなり高齢だな。社長の農作業経験と、先代社長からの資金面の援助経験は、気になるキーワードだ。有機JAS、JGAPは強みだな。菓子メーカーとの連携と特産品も強みだ。いろいろあるなか、どれを強みとして選ぶか、点数に差がつきそうだ。
|６〜７段落目| 弱みパート。第２問で使う要素が詰まっている。組織の成長に管理体制がついていってないわけだな。
|８段落目| ここからは法人化後。大手中食業者との関係は重要だが、課題もあり。中長期

~試験の休憩時間の過ごし方~
　酸素スプレーを吸う、ブラックサンダーを食べる→ファイナルペーパー確認→酸素スプレー吸う。

的に依存度は下げるべきだろう。

⑨段落目　最近の事業展開に飛んだ。直営店、食品加工か。うーん、やはり事業部制がフィットしそうな雰囲気。農業、自社工場での加工、直営店、全部やって40人か。これはパートを増やさないと無理だろう。食の安全志向はＡ社に追い風だな。

⑩〜⑪段落目　事業承継がメインテーマだが、ほかの要素もいろいろあって整理がしんどい。後継者は優秀だが、農業経験なしか。これは段階的な権限委譲が必要だな。人手不足と兼任制の限界から人的資源管理の見直しが必要。若手が実力をつけており、消費者との接点がある、といったところも解答要素なのだろうが、どう使うべきか悩ましい。

【手順４】解答作成（〜75分）

第1問　対応しやすそうなので、第1問から順に行こう。強みはいろいろあるが、後半につながるほうが良さそうだ。差別化の源泉である技術力と、食の安全への対応につながる認証、他社との協業や共同開発力も優先度は高いだろう。あとは、いろいろやってきたことを抽象化して、「環境変化への対応力」とでも書いておこう。

第2問　帰属意識とモラールの向上につなげられればOKだろう。一般知識を織り交ぜれば、うまくまとまりそうだ。

第3問　収益基盤としての関係を大切にして自社の力を蓄えつつ、新規開拓で中長期的に依存度を下げる鉄板ロジックで行けばよいだろう。共同開発など一歩進んだ互恵関係を築きつつ共同開発すると書けば、与件文にも寄り添った感じになるかな。

第4問（設問1）　うーん、書き難い……。多角化に応じた人的資源管理、役割分担の明確化が一番の課題だと思うが、事業部制は無理がありそうだし、機能別もしっくりこない。どうしようか……。あれ、いつの間にあと15分しかない。時間もないし、なんだか気になる「法人化」を使ってみよう。

第4問（設問2）　あと10分しかない。事業承継、権限委譲となると若手の使い方とか与件文の要素を織り込むべきだろうけど、残り時間でまとめきれる自信がない……。不本意だが、一般知識で書いてしまおう。大外しはしないはずだ。

【手順５】見直し（〜80分）

あれ、誤字脱字ずいぶん多いな……。見直し時間があってよかった。第4問は外している気がするが、もう時間がないので、採点者が加点要素としてくれることを祈ろう。

3．終了時の手ごたえ・感想

余裕をもって早めに書き始めたつもりだったが、時間が足りなかった。第4問で思いっきりつまずいたな。（設問1）は事業部制組織か機能別組織か、どちらか無理やりでも決めて書くべきだったか……。（設問2）も微妙な解答になったな。文章としてはまとめることはできたが、与件文要素がないことをどう評価されるか……。この2つで配点40点は痛いな。とはいえ、半分くらいは点数もらえるはずだし、第3問までは総じてうまく対応できたので、60点は超えたと思う。事例Ⅱ以降で点数積み上げ頑張ろう。

〜試験の休憩時間の過ごし方〜
チョコレートなどの糖分を摂取。

合格者再現答案＊（こやちん 編） ━━━━━━━ 事例Ⅰ

第1問（配点20点）　100字

強	み	は	①	環	境	変	化	へ	の	柔	軟	な	対	応	力	、	②	有	機
野	菜	の	生	産	技	術	と	関	連	**認**	**証**	、	③	**地**	**元**	**菓**	**子**	**メ**	**ー**
カ	**ー**	**と**	**の**	**協**	**力**	**関**	**係**	及	び	洋	菓	子	の	**特**	**産**	**品**	と	し	て
の	**知**	**名**	**度**	。	弱	み	は	①	**明**	**確**	**な**	**役**	**割**	**分**	**担**	**の**	**不**	**在**	、
②	**従**	**業**	**員**	**の**	**定**	**着**	**率**	の	低	さ	で	あ	る	。					

【メモ・浮かんだキーワード】　果敢な経営、作り方にこだわった農業、コンセプト、有機
　　JASとJGAP、地元菓子メーカーとの連携、共同開発、特産品、職人気質、役割分担不在、
　　繁閑対応不足、定着率低い
【当日の感触等】　まあまあじゃないかな。繁閑対応も弱みのはずだが、編集する時間がない
　　……。
【ふぞろい流採点結果】　12/20点

第2問（配点20点）　100字

施	策	は	、	①	柔	軟	な	勤	務	体	系	の	導	入	、	②	**農**	**業**	**関**
係	**者**	**と**	**の**	**関**	**係**	**を**	**作**	**る**	為	の	イ	ベ	ン	ト	企	画	、	③	農
業	未	経	験	者	へ	の	O	J	T	等	、	**教**	**育**	**訓**	**練**	**機**	**会**	の	提
供	。	以	上	を	通	し	、	**帰**	**属**	**意**	**識**	と	モ	ラ	ー	ル	を	向	**上**
さ	せ	、	**定**	**着**	**率**	**向**	**上**	を	図	る	。								

【メモ・浮かんだキーワード】　勤務体系、新参者、地域への溶け込み、帰属意識、人的資源
　　管理
【当日の感触等】　ちょっと字数余ったので、一般論で逃げてしまった。足りない要素があっ
　　たかも。
【ふぞろい流採点結果】　16/20点

第3問（配点20点）　100字

A	社	の	**特**	**色**	あ	る	**食**	**材**	と	食	品	加	工	技	術	を	活	か	し
高	付	加	価	値	で	**差**	**別**	**化**	さ	れ	た	惣	菜	を	**提**	**案**	、	共	同
開	**発**	を	行	う	。	一	方	、	協	業	で	蓄	積	し	た	ノ	ウ	ハ	ウ
を	還	流	し	て	自	社	ブ	ラ	ン	ド	品	の	**開**	**発**	を	**行**	**い**	、	長
期	的	に	は	一	**社**	**依**	**存**	**を**	**低**	**減**	す	る	。						

【メモ・浮かんだキーワード】　共存、互恵関係、共同開発、ノウハウ還流、自社ブランド開発、
　　依存度漸減
【当日の感触等】　これは鉄板のパターン。外してないはず。
【ふぞろい流採点結果】　14/20点

事例 I

第4問（配点40点）

（設問1）　　　　　50字

業	界	特	性	に	応	じ	た	**最**	**適**	**な**	**人**	**的**	**資**	**源**	**管**	**理**[5]	の	実	施、
環	境	変	化	へ	の	**迅**	**速**	**な**	**対**	**応**[2]	の	為	、	**別**	**法**	**人**	**化**[5]	す	る
べ	き	で	あ	る	。														

【メモ・浮かんだキーワード】 事業部制組織、機能別組織、PJ チーム、人的資源管理、勤務体系

【当日の感触等】 逡巡して組織構造を書けなかった。事故かも……。

【ふぞろい流採点結果】 10/15点

（設問2）　　　　　100字

権	限	委	譲	は	**段**	**階**	**的**[2]	に	行	う	と	共	に	、	人	材	等	で	の
バ	ッ	ク	ア	ッ	プ	**体**	**制**	**を**	**構**	**築**[3]	す	る	。	人	材	配	置	は	能
力	に	応	じ	た	公	平	・	公	正	な	も	の	と	し	**適**	**材**	**適**	**所**[5]	を
優	先	、	非	親	族	の	登	用	も	含	め	て	行	う	こ	と	で	、	組
織	の	モ	ラ	ー	ル	維	持	向	上[1]	を	図	る	べ	き	で	あ	る	。	

【メモ・浮かんだキーワード】 段階的な権限委譲、サポート人材、若手の登用

【当日の感触等】 時間がなく一般論で終わってしまった。外してはないと思うが、配点が高かったので、もう少し与件文に沿った答えを書きたかったな。

【ふぞろい流採点結果】 11/25点

【ふぞろい評価】 63/100点　　　**【実際の得点】** 69/100点

　第4問（設問2）では、後継者への権限委譲に関する与件文の記述が不足し、得点が伸び悩みました。一方で、第2問、第3問では多面的な解答で得点を積み上げ、全体として合格点を上回りました。

Column
受験会場が遠地でホテルへ前泊、しっかり睡眠を取るために

　私の住まいは地方のため、受験を行うためには都市部へ長距離移動する必要があります。確実に試験会場に到着するため、会場近くのホテルを予約し前日から宿泊していました。普段の癖で低価格を重視したビジネスホテルを選んでしまいましたが、大浴場がなく湯舟にゆっくり浸かれない、慣れない硬いベッド、うるさい機械音など、ただでさえ緊張するのに全然寝つけませんでした。案の定、翌日は目の下にひどいクマが。一応当日夜のリカバリーとしてマッサージでの緊張緩和を思いつき、予約しようとしましたが、すでに予約もいっぱいでした。もっとしっかり考えるべきだったと後悔しました。

　ホテルへ前泊をする受験生の方は、自分が納得できる環境を優先することをおすすめします。試験までたくさんの我慢や苦労をしてきたんです。試験前日くらいケチケチせず、癒しを重視した少しグレードの高い宿泊先を選んでみるのもいいかもしれません。

（さとしん）

おみそ 編（勉強方法と解答プロセス：p.148）

1．当日朝の行動と取り組み方針

　前日にボクシングジムで体を極限まで疲れさせた結果、21時には就寝し、当日は最高の朝を迎えられた。体温を測って体調チェック。「体調万全。これで試験を受けられる。もう合格はいただきだな！」気持ちが下がらないよう、最大限ポジティブな言葉を自分にかけながら、開場時刻8:40の１時間前に試験会場の最寄り駅に到着。

　コンビニで糖分補給用のラムネとセロハンテープ、昼ご飯の蕎麦とパンを買い、近くのカフェに入る。iPadに書きためたファイナルペーパーを読みながら、開場まで待機。

2．80分間のドキュメント

【手順０】開始前（〜０分）

　自席に到着したら、まずは毎日の練習のとおりにシャーペン、消しゴム、蛍光ペン、定規、時計、電卓を設置。受験票はセロハンテープで机に貼りつけ、ぴろぴろ動いて集中をかき乱さないようにした。そして、『ふぞろい15』を開いてノートに模範解答の書き写しを行い、解答を書く準備運動を開始。１つ２つ書いていると緊張もかなりほぐれてきた。大丈夫。あとは１年２か月、１日も休まず勉強してきた自分を信じるだけ。

【手順１】準備（〜２分）

　まずは解答用紙に受験番号を書く。定規で問題用紙を切り、設問とメモ用紙を準備。与件文第１段落を読んで対象企業が農業法人であることを見て少しばかり動揺。与件文に段落番号を振った後、いつもどおり設問文に目を移す。

【手順２】設問解釈（〜７分）

第１問　まずは時制のチェック。「株式会社化する以前」という制約は絶対に外せない。設問要求はSWOT分析のＳとＷか。事例ⅠでSWOT分析って珍しい。

第２問　人事施策か。「茶化」（※後述の「座談会」ご参照）と「士気向上」はマスト。

第３問　前年に引き続いて今回も組織間関係だ。前年は関係強化だったけど今回はどうだろう。とりあえず大手中食業者が与件文に出たら絶対チェック。

第４問（設問１）　設問が分かれている！　これも事例Ⅰでは相当珍しいんじゃないかな。しかも50字って短い。従業員40名で組織構造の問題だったら、使いやすいのはプロジェクトチームだろうか。まぁ与件文から判断するしかないな。

第４問（設問２）　後継者育成は３年連続の出題だな。それなら第４問（設問１）は事業部制組織だろうか。今後５年程度っていうのはよくわからないけど、後継者をトップにしつつ適材適所の人員配置って書いておけば、とりあえず部分点はもらえそう。

【手順３】与件文解釈（〜20分）

１段落目　A社の所在地は、水稲農家や転作農家が多い地域か。機会として使うのかな。

２〜５段落目　強みのオンパレードだ。農業のイロハ、施設園芸用ハウス、糖度が高い苺

は人気が高い、こだわった野菜、農業経験が豊富な従業員、二人三脚の経営、「人にやさしく、環境にやさしい農業」のコンセプト、有機野菜の販売業者、有機 JAS や JGAP の認証、サツマイモと洋菓子の知名度、これらすべて第1問の解答候補か。多すぎて困る……。苺は売上が下がったから弱みにしよう。

6～7段落目　一転弱みだ。「仕事は見て盗め」は標準化しろという題意で第2問だろう。「役割分担されていない」は第2問で使えるし、組織構造の話だから第4問でも関係しそう。「安定した品質と出荷が求められた」は裏を返せば、品質と出荷が不安定ということなので弱みの候補。従業員の定着が出てきたから要チェック。地域の農業関係者は交流が必要。農業大学校の卒業生も意外とどこかで使えそうかも。

8段落目　株式会社化が出てきたから第1問は2～7段落のまとめだな。大手中食業者発見。コロナ禍で依存度が上がっているから第3問は関係強化より依存脱却したい。

9～11段落目　直営店が出たから消費者の要望収集が使える。食の安全志向の高まりは機会。次期後継者発見。若手従業員からの提案があるというのは第2問で人事評価に含めたい。新たな分野への挑戦は社長の想いだな。

【手順4】解答作成（～75分）
第1問　強みが多すぎる。とにかく書けるだけ書いて部分点狙い。
第2問　「茶化」に沿ったら書けるな。「幸の日も毛深い猫」（※後述の「座談会」ご参照）のネットワークと交流も書いておけば問題の趣旨から外してはいないだろう。
第3問　大手中食業者との取引関係と書かれているのに新規開拓は少し勇気がいる。でも依存解消は鉄板だから、やはり新規開拓してリスク分散の方向にしよう。
第4問（設問1）　従業員の兼務の状態が厳しいだろうから、事業部制組織にして役割分担明確化だな。従業員数が少ないのが気になるけど、前年の事例Ⅰも従業員20名くらいで事業部制組織だったからセーフだろう。
第4問（設問2）　新分野への挑戦は社長の想いだから効果として盛り込みたい。後継者への権限委譲をどうするか。後継者を社長にするか事業部長にするか迷う。農業大学校卒業生や提案のできる従業員が事業部長の候補だから、後継者は社長にして経験積ませるか。でもかなり迷うから一旦解答を書いてほかの設問を見直して、残った時間で考えよう。

【手順5】見直し（～80分）
各設問の誤字脱字を確認。そして、第4問（設問2）で後継者を社長にするか事業部長にするか、再度考えよう。5年後で後継者を中心とするなら中間管理者を育てる必要があり、現状で後継者はすでに事業部長みたいなポジションであり事業部長にしても変化がないと解釈し、後継者を社長にすることで腹を決めよう。

3．終了時の手ごたえ・感想
第1問～第3問までは大きく外してはいないだろう。第4問の配点が大きくかなり気になるところ。60点は取れていると思うけど、第4問次第なところもあるな。

～当日、試験終了後の過ごし方～
事例Ⅳの難しさに自暴自棄になってふて寝した。

合格者再現答案＊（おみそ 編）　　　　　　　　事例Ⅰ

第1問（配点20点）　　100字

強	み	は	①	経	営	者	の	挑	戦	意	欲	②	経	験	豊	富	な	従	業
員[1]	同	士	の	連	携[1]	③	作	り	方	に	拘	っ	た[1]	野	菜	④	JA	S	や
JG	AP	の	認	証[2]	⑤	洋	菓	子[2]	の	知	名	度[1]	。	弱	み	は	①	仕	事
が	未	標	準	化[3]	②	高	級	苺	の	売	上	低	下	③	従	業	員	の	低
い	定	着	率[3]	④	品	質	や	出	荷	が	不	安	定	な	事	。			

【メモ・浮かんだキーワード】　SWOT分析のSとW、時制（株式会社化以前）

【当日の感触等】　強みが多すぎてどれを書いたらいいか悩むけど、書けるだけ書くという方針にしているから、ふぞろい流で採点したら8割くらいは取れているだろう。

【ふぞろい流採点結果】　14/20点

第2問（配点20点）　　100字

施	策	は	①	業	務	標	準	化[3]	し	研	修[2]	で	教	育[3]	し	②	社	内	交
流	会[2]	を	開	催	し	③	農	業	経	験	者	を	中	心	に	地	域	の	農
家	と	の	交	流[5]	を	支	援	し	④	社	員	提	案	に	対	し	適	正	に
評	価	し	⑤	ハ	ウ	ス	を	活	用	し	て	突	発	対	応	を	減	ら	し、
新	規	就	農	者	の	士	気	向	上[1]	し	て	帰	属	意	識	を	向	上[2]	。

【メモ・浮かんだキーワード】　茶化、幸の日も毛深い猫、士気向上

【当日の感触等】　与件文の弱みに沿った解決策が書けたし、毎年出てくる人事系の問題のフレームワークに沿ったから問題の趣旨から大きく外してはいないと思う。

【ふぞろい流採点結果】　18/20点

第3問（配点20点）　　100字

大	手	中	食	業	者	の	要	求	に	応	え[3]	対	応	能	力	を	高	め	つ
つ	①	営	業	力	強	化	し	新	規	の	食	品	加	工	業	者	を	販	路
開	拓[2]	し	②	直	営	店[2]	で	要	望	収	集	し	新[1]	商	品	開	発[3]	し	差
別	化[1]	し	売	上	向	上[1]	。	以	上	で	交	渉	力	高	め	対	等	な[2]	関
係	性	を	築	き、	依	存	脱	し[3+2]	経	営	リ	ス	ク	を	分	散[2+1]	。	

【メモ・浮かんだキーワード】　組織間関係、交渉力、リスク分散

【当日の感触等】　関係強化か依存解消かで迷った。方向性が合っていたら高得点だし、外していたら点数は低そう。この問題は怖いな。

【ふぞろい流採点結果】　19/20点

~当日、試験終了後の過ごし方~

オレンジレンジを聴きながら歩いて帰る。帰ったら即風呂、即布団。

事例 I

第4問（配点40点）
（設問1）　　　　　　　50字

事	業	部	制	組	織²	を	構	築	し	野	菜	生	産	の	旧	事	業	部	と
直	営	店	・	食	品	加	工	の	新	事	業	部	を	分	け	る	事	で	従
業	員	の	役	割	明	確	化⁵	。											

【メモ・浮かんだキーワード】　組織構造、プロジェクトチーム、事業部制組織、役割分担明
　確化
【当日の感触等】　50字という制約のなか、設問要求は満たせていると思う。
【ふぞろい流採点結果】　7/15点

（設問2）　　　　　　　100字

①	次	期	後	継	者	に	全	社	的⁵	な	権	限	を	委	譲⁵	し	経	営	経
験	を	積	ま	せ	後	継	者	と	し	て	育	成	し	②	農	業	大	卒	者
や	新	商	品	提	案	可	能	な	従	業	員	を	各	事	業	部	の	責	任
者	に	す	る	等	適	材	適	所	の	配	置⁵	を	行	い	組	織	活	性	化¹
す	る	事	で	、	新	分	野	へ	の	挑	戦¹	力	を	高	め	る	。		

【メモ・浮かんだキーワード】　権限委譲、後継者育成、適材適所の配置
【当日の感触等】　次期後継者をトップにするか、事業部長にするか最後まで迷った。また、
　今後5年程度という制約に対し、現経営者のサポートなどもっと入れるべきだったのでは
　ないか。正直、解答に自信がない。
【ふぞろい流採点結果】　17/25点

【ふぞろい評価】　75/100点　　　【実際の得点】　79/100点
　事例全体を通して設問要求に沿った解答ができており、満遍なく点数を重ね高得点となり
ました。特に第2問、第3問で得点率が高く、他の受験生を引き離す結果となりました。第
4問（設問1）で組織構造の目的、効果を深掘りできていれば、さらなる上積みも望めたで
しょう。

Column
勉強中に抱く不安＝中小企業の経営者が抱いている不安

　よく「2次試験は運ゲー」とも言われます。合格できたからこそ言えますが、正直もう
一度受験して確実に合格できるか？　と聞かれれば自信はありません。正解のわからない
2次試験の世界にこれから挑む皆さんは、今日の学びは合格につながっているのだろう
か？　無駄な努力になってしまっていないだろうか？　という不安を常に抱いていること
と思います。
　しかし実は、合格後にクライアントとなる中小企業の経営者たちもまた、正解のわから
ないビジネスの世界で悩みながら頑張っているのです。それを思えば、自分の努力の方向
性すらも迷わせる今の勉強期間は、中小企業の経営者たちの気持ちに寄り添うために必要
な通過儀礼なのかもしれません。
　　　　　　　　　　　　　　　　　　　　　　　　　　　　　　　　　　　（しゅうと）

～当日、試験終了後の過ごし方～
　会場近くのカフェで、持参したノートPCにて再現答案作成。終わったらビール！　最高の1杯。

まっち 編（勉強方法と解答プロセス：p.150）

1．当日朝の行動と取り組み方針

　余裕をもって会場に着けるように起床。朝は苦手なので、お菓子類（チョコ、グミ、ドライフルーツ、ラムネ、のど飴）は前日に調達を済ませておいた。駅前のコンビニでお昼ご飯用のおにぎりを調達し、用意しておいたファイナルペーパーを読みながら予定どおりの電車で会場へ向かう。会場の前では、YouTube で見たことがある先生方が応援に駆けつけており、本物がいる！　とちょっとミーハーな気持ちになった。緊張感をほぐすため、席に着いても直前までイヤホンで音楽を聴いてリラックス。

2．80分間のドキュメント

【手順0】開始前（～0分）

　はあ、これから1日この部屋に缶詰か。ちょっと憂鬱。

【手順1】準備（～1分）

　受験番号を記入して、問題用紙を解体。きれいに切れたので幸先がよい。段落番号を記入し、まずは余白にフレームワークを意識するための「さちのひも」と、時間配分を守るために問題用紙へ書き始めるタイムリミット「10：15」をメモする。

【手順2】与件文冒頭確認＆最終段落確認＆設問解釈（～15分）

[1段落目]　与件文の冒頭だけ読む。家族経営の農業法人！　おいしそうな食べ物が出てきそうな予感。馴染みがない業界なので少し不安だが、楽しみ。

[最終段落]　最終的に目指すところは事業承継と事業展開。円滑な事業承継と経営資源の活用について問われる感じかな。

[第1問]　シンプルにSWOT分析か。「株式会社化（法人化）する以前」という時制に要注意。「かこ（過去）」とメモ。下線を引く。

[第2問]　「新規就農者を獲得」に下線を引き、「定着」と「施策」を丸で囲む。

[第3問]　中食業者ってなんだっけ？　与件文に書いてあるかな。どのような取引関係って、結構抽象的なことを聞かれている気がする。「取引関係を築いて」を丸く囲む。

[第4問（設問1）]　「組織構造」を丸く囲む。50字と字数制限短めなのが気になる。

[第4問（設問2）]　「どのように」に波線を引く。「権限委譲」と「人員配置」を丸く囲む。

【手順3】与件文読解・設問と紐づけ（～25分）

　3色ボールペンを使い、強みと機会は赤で下線を引き、弱みと脅威は青で下線を引く。気になるキーワードは黒を使い丸く囲む。

[2、3段落目]　ハウスの設備を持っていることや、「作り方にこだわった野菜の栽培」、「農業経験豊富な従業員」は強みになるだろう。

[4、5段落目]　第三者から見てわかりやすい認証や、顧客からの人気は明らかな強み！「有機JASとJGAP」、「人気商品」、「特産品としての認知度」に赤で下線。よいところ多いね。「人にやさしく、環境にやさしい農業」ってコンセプトがわざわざ書かれているの

が気になる。どこかで使うのかな？　一応目立つように下線。

6、7段落目　「仕事は見て盗めというタイプ」に弱みとして青線。どうした、全然人にやさしくないぞ！？　コンセプトどこいっちゃった？　人についての問題点が多く散見されているから、いろいろ指摘できそう。定着率が低いのもうなずける。家族経営で緩くやってきたけど、人が増えてうまくいかなくなってきたのかな。

8段落目　あ、大手中食業者出てきたけどあんまり説明なかった。具体的にどんな業種だったっけ……。たぶん、この会社にA社の食材を卸すってことだろう。大手との取引はよいと思うけど、人も足りないし、やりたいことに人員を割けない感じかな。

9、10段落目　直営店も工場もあるんだ。たくさん設備がある。「後継者が若手従業員からの提案を上手に取り入れ」、「商品を開発し、販売」、「自社商品に関する消費者の声を取得」この辺りはよい機会だろう。次期女性社長は敏腕だなあ、素敵。

10、11段落目　「地域に根ざした農業」「新たな分野に挑戦」「後継者への世代交代」がこれから目指す大きな方向かな。それにしても人手不足が喫緊の課題に見える。

全　体　設問ごとにマーカーで色分けしていく。各設問に対応する色マーカーで、再度与件文をマークし、設問との紐づけをしていく。

【手順4】解答骨子作成（〜35分）

全　体　全体としては、第1問で現状分析（SWOT）、第2問で弱み（W）に対する対応策、第3問は機会（O）に対しての対応策、第4問は事業承継で弱み（W）をどう改善していくか、というストーリーかな？　弱み（W）ばっかり使っている気もする。

第1問　第1問の横に「SWOT」とメモ。「株式会社化（法人化）する前」と過去のことだから、7段落以前のことを書かなければいけないはず。

第2問　従業員の定着には、与件文にも書いてあるが「帰属意識の高い従業員」にする必要がある。賃金や評価の観点も指摘できるけど、与件文に書かれていることを重視。「仕事は見て盗め」も若者にはきついよね。教育スキームを作ることを提案しよう。

第3問　「どのような取引関係」が何回読んでもしっくりこない。「対応に忙殺」されているらしいし、もうちょっと効率的にできるとよいのかな。

第4問（設問1）　たぶん、機能別でも事業部制でも理由を説明できれば点はもらえそう。今どんな組織とか書かれていないし、まずは中小企業に多い機能別組織でしょ！

第4問（設問2）　人手不足はどうしたらいいんだろう。すでにパート社員も使っていたし、どうしよう、思いつかない。とりあえず「適正配置」と書いておくか。

【手順5】解答作成・見直し（〜80分）

　消しゴムを使うことこそ時間を消費するというのが持論。なるべく書き直しのないように、一気に書き上げていく。

3．終了時の手ごたえ・感想

　一発目から微妙な手ごたえ。あまり自信はない。良くて6割、もしかしたら5割くらい？　でも難しいと感じる問題は、ほかの受験生も難しいと感じていると思おう。

~当日、試験終了後の過ごし方~

　受験会場近くのカフェに籠って再現答案を作成。

合格者再現答案＊（まっち 編） 　　　　　　　事例Ⅰ

第1問（配点20点）　　100字

強	み	は	①	**農**	**業**	**経**	**験**	**豊**	**富**	**な**	**従**	**業**	**員**[1]	、	②	最	終	消	費
者	が	求	め	る	野	菜	作	り	、	③	**有**	**機**	**JAS**		**と**	**JGAP**		**認**	**証**[2]、
④	**商**	**品**	**開**	**発**	**力**[1]。		弱	み	は	、	①	業	容	が	拡	大	す	る	中
役	**割**	**分**	**担**	**が**	**不**	**明**	**確**[3]、		②	**従**	**業**	**員**	**定**	**着**	**率**[3]	が	低	く	人
手	不	足	、	③	品	質	と	出	荷	が	不	安	定	。					

【メモ・浮かんだキーワード】（強み）農業経験豊富な従業員、認証。（弱み）人材不足、定着率低い、出荷不安定

【当日の感触等】リスク回避のためとにかくキーワードを詰め込む。どれか当たるでしょう。順当に6割くらいいけるかな。

【ふぞろい流採点結果】10/20点

第2問（配点20点）　　100字

①	**作**	**業**	**標**	**準**	**化**[3]	**し**	**OJT**		**教**	**育**[5]	で	ノ	ウ	ハ	ウ	の	共	有	、
②	役	割	分	担	を	行	い	責	任	の	所	在	の	明	確	化	、	③	定
期	的	な	配	置	転	換	で	連	携	促	進	、	組	織	活	性	化	、	④
社	**内**	**行**	**事**[2]	実	施	で	一	体	感	醸	成	、	**帰**	**属**	**意**	**識**	**を**	**高**	**め**
る	こ	と	で	、	従	業	員	の	定	着	率	向	上[2]	を	図	る	。		

【メモ・浮かんだキーワード】作業標準化、OJT、役割分担、配置転換、組織活性化、定着率向上

【当日の感触等】帰属意識を高める→定着率向上の流れは外していないと思うが、作業標準化は事例Ⅲっぽくなってしまったかも。

【ふぞろい流採点結果】12/20点

第3問（配点20点）　　100字

①	業	務	の	マ	ニ	ュ	ア	ル	化	・	標	準	化	し	効	率	化	で	品
質	と	安	定	し	た	出	荷	を	保	ち	、	②	定	例	会	実	施	で	情
報	**連**	**携**	**強**	**化**[3]	し	、	ニ	ー	ズ	**収**	**集**[2]	し	、	**製**	**品**	**開**	**発**[2]	に	活
か	す	こ	と	で	顧	客	対	応	力	の	向	上	を	図	り	、	大	手	中
食	業	者	経	由	の	**売**	**上**	**拡**	**大**[2]	を	狙	う	。						

【メモ・浮かんだキーワード】連携強化、標準化、効率化、安定した品質

【当日の感触等】全然しっくりこないけど、ありがちなことを書いておいた。困ったときの「売上拡大を狙う」。基本だいたいの施策は結局それを目指しているよね。大外れの可能性もあるな……。

【ふぞろい流採点結果】9/20点

第4問（配点40点）

（設問1） 　　　　　50字

機能別組織[4]で役割分担[5]と責任を明確化[2]し、新商品・事業開発部門を設け新分野への挑戦[1]体制を整備する。

【メモ・浮かんだキーワード】　新規事業へチャレンジする体制強化、専門性強化

【当日の感触等】　中小企業はとりあえずシンプルに機能別組織！　機能別組織の特徴とメリットを書けば良さそう。

【ふぞろい流採点結果】　12/15点

（設問2） 　　　　　100字

①A社後継者に直営店以外[1]の部門のマネジメントも任せ[5]、各部門から責任者を登用して権限委譲[5]することで、幹部を担う人材の育成、②非正規社員を活用し適正配置[3]を行うことで需要変動への対応力強化を図る。

【メモ・浮かんだキーワード】　事業承継、適正配置、責任者登用、非正規社員の活用

【当日の感触等】　あまり自信がない。前半はすぐ思いついたけど、後半がちょっと苦し紛れ。需要変動に対応できていないことが気になっていたけど、この問題で答えることじゃなかったかも？

【ふぞろい流採点結果】　14/25点

【ふぞろい評価】　57/100点　　　【実際の得点】　59/100点

　惜しくも合格点には届かなかったものの、全体的にバランスよく得点しています。特に、第4問（設問1）では再現答案チームで唯一「機能別組織」に言及できていたほか、得点となる要素を端的に盛り込むことで、大きく得点を稼ぎました。

Column

1次知識というもの

　1次知識って、いつ勉強するのが正解なんでしょう。私が2次試験の勉強を始めた際には「1次知識インプット」→「事例アウトプット」の順番で紹介されるのが定番でした。ですが、個人的にはこの順番には違和感を持っています。2次試験でどういう問われ方をするのか理解しないまま『2次試験合格者の頭の中にあった全知識』（同友館）を眺めていても、なかなか頭には入ってきません。また、1次試験の際にはあれだけ過去問を通じたインプットの重要性が強調される一方で、2次試験になった途端インプット→アウトプットの順番になるのも不思議です。

　私の場合、2次試験の勉強を始めてひと月かひと月半ほど経った頃に1次知識を学習し直したのですが、これが良かったと思っています。事例演習を通じて得た断片的な知識が、体系的に整理されていく感覚を覚えました。　　　　　　　　　　　　　　（やーみん）

～当日、試験終了後の過ごし方～

　2次試験のあとは飲みに行っただけ。1次試験のあとは、紙面に載せられない所に行きました。

みみ 編（勉強方法と解答プロセス：p.152）

1．当日朝の行動と取り組み方針

前回の試験では電卓を忘れるという痛恨のミスをしているので、持ち物チェックだけは入念に行った。試験開始直前まで勉強できるよう、タブレットに資料をすべて詰め込み、会場までの電車に揺られる1時間もタブレットとにらめっこ。ファイナルペーパーの文言を脳内で繰り返し、記憶の引き出しを開け閉めしていた。準備不足は自覚していたので、緊張感はほとんどなかった。

2．80分間のドキュメント

【手順0】開始前（～0分）

前回と同じ受験会場だったので、慣れた足取りで会場付近のコンビニに立ち寄り、お茶とラムネを購入する。試験開始1時間前に会場の最寄り駅に到着したので、すでに会場への人の流れはできており、前の人に続くようにして会場へ。机の上に電卓、定規、筆記用具を準備し、お茶は足元へ。少しでも頭の回転が速くならないかと思ってラムネをたくさん食べた。

【手順1】準備（～1分）

試験官の案内に従い、受験番号を書く。次に段落ごとに番号を振る。使用するかはわからないが、問題用紙1ページ目を定規で破る。ルーティーンをこなすことでより一層落ち着いてきた。今回の事例企業はどのような課題を抱えているのか。

【手順2】設問確認（～4分）

第1問 強みと弱み！ SとW！ 時制は「法人化前」に着目か。

第2問 「獲得」し「定着」させないといけない。どこから獲得するか、定着しない原因は何かを意識しよう。

第3問 中食業者？ 中食とは？ 「どのような取引関係を築いていくべきか」は前年の事例で似た問題があったような……。

第4問（設問1） 「どのような組織構造を構築すべきか」ね。代表的なものは機能別組織や事業部制組織かな。どちらがよりA社に適しているかを判断していかないと。

第4問（設問2） これはまずい。解答が思いつく気がしない。経営資源が限られている中小企業だから人員配置は流動性を持たせたほうがよいか。

全体 時制を意識することを忘れず、A社のあるべき姿を探していこう。

【手順3】与件文読解と設問への対応づけ（～35分）

1段落目 資本金額が事例問題に関係したことあるのかな。今回は農家か。

2段落目 「体験を通じて農業の面白さを自覚」は使えるかな。「糖度が高い」などの強みも出てきた。「贈答用」も何かに使えそう。

〜当日、試験終了後の過ごし方〜

せっかく受験地（居住地から見れば都会）に来たので、美味しいもので一献。

[3段落目]　パート従業員を雇用している。正社員登用制度を解答に使用できるかな。

[4段落目]　常務が販売担当か。機能別組織のほうが適しているな。コンセプトに沿って助言することを心掛けよう。そして、最終消費者のニーズはどこにあるのかを探ろう。

[5段落目]　「地元の菓子メーカー」登場。設問に使えるかな。「特産品」も使えそう。

[6段落目]　「仕事は見て盗め」を改善するためにはマニュアル化からOJTの流れかな。後進育成が課題だ。「役割分担がなされていない」を解決するには、機能別組織構築でよいかも。閑散期の人手が余る状況を打開することも課題か。

[7段落目]　定着率の悪さは出社時間が一定ではないこと、農業関係者との関係性構築が困難なことが原因かな。「帰属意識の高い従業員を確保する」ことが課題か。農業大学校に対してのアプローチは新卒採用のみね。

[8段落目]　ここで法人化。大手中食業者も出てきた。中食ってデリバリーとかのことを言うのね。A社のターニングポイントだ。売上の依存解消も課題、新たな品種生産も課題か。

[9段落目]　「直営店」「食品加工」を「兼任」で展開か。それぞれの事業を管理できる事業部制組織のほうが良さそう。

[10～11段落目]　若手従業員が商品開発をしているので、評価制度を整えたいな。直営店でニーズを獲得し、新商品開発へつなげる流れかな。6段落目とは対照的に直営店は人手不足、これは解答に使えそうだ。

【手順4】解答作成（～75分）

[第1問]　時制を意識し、課題と対応策につながる強みと弱みをピックアップしよう。

[第2問]　農業関係者との関係性強化と新規就農者獲得を狙うインターンシップを提案しよう。また、モラール向上を狙う施策を提案する。効果は帰属意識の強化としよう。

[第3問]　中食業者との取引が少なくなったら売上的に大変な状況になるだろうし、関係性は強化する方向性で解答しよう。課題の売上依存解消も解答に盛り込んでいこう。

[第4問（設問1）]　「新たな分野挑戦」「後進育成」「兼務」の課題を解決させるために事業部制組織を提案し（設問2）へとつなげよう。

[第4問（設問2）]　スムーズに解答が思いつかなかったので、抽象的な表現を書いた後に具体例を加えるか。ここまでの設問では解決できていない課題に関連づけ、解答しよう。

【手順5】見直し（～80分）

　誤字脱字がないか確認し、採点者が判別に迷うレベルで読みにくい字があれば、消しゴムで修正する。ミスに気がついても、この時点での大幅な解答修正は絶対にしないと決めていた。

3．終了時の手ごたえ・感想

　時間内にすべての解答欄を埋めることができたので、よしとする。後悔しても仕方がないので、頭のなかを次の事例に切り替える。

~当日、試験終了後の過ごし方~
ラーメン＆バー。

合格者再現答案＊（みみ 編）　　事例Ⅰ

第1問（配点20点）　100字

強	み	は	①	外	部	か	ら	の	認	証²	を	受	け	た	品	質	が	高	く、
作	り	方	に	こ	だ	わ	っ	た¹	商	品	。	②	農	業	経	験	が	豊	富
な	従	業	員¹	を	持	つ	事	。	弱	み	は	①	あ	い	ま	い	な	役	割
分	担³	に	よ	り	閑	散	に	対	応	で	き	な	い³	体	制	。	②	帰	属
意	識	の	高	い	従	業	員³	を	確	保	す	る	力¹	が	弱	い	事	。	

【メモ・浮かんだキーワード】　SWOT、高付加価値
【当日の感触等】　設問文の上下にメモ書きで強みと弱みをメモしていた。最終設問まで考えたうえで、重要と判断したものを記述した。
【ふぞろい流採点結果】　14/20点

第2問（配点20点）　100字

必	要	な	施	策	は	①	農	業	大	学	校	か	ら	の	イ	ン	タ	ー	ン
シ	ッ	プ²	を	募	集	し	、	早	期	か	ら	農	業	関	係	者	と	の	関
係	性⁵	を	強	め	る	。	②	パ	ー	ト	従	業	員	の	正	社	員	登	用
制	度	確	立	③	権	限	委	譲	を	進	め	、	従	業	員	の	モ	ラ	ー
ル	向	上¹	を	図	る	と	共	に	帰	属	意	識²	を	強	化	す	る	。	

【メモ・浮かんだキーワード】　権限委譲、モラール向上、企業風土、正社員登用制度
【当日の感触等】　具体例としてインターンシップを引き出せたのは良い感触だった。正社員登用制度は繁閑対応と矛盾している気もするが、ほかに良い案が浮かばなかった。
【ふぞろい流採点結果】　10/20点

第3問（配点20点）　100字

連	携	を	深	め	て	い	く³	べ	き	で	あ	る	。	理	由	は	①	共	同
開	発²	等	を	行	う	こ	と	で	大	手	中	食	業	者	の	持	つ	ニ	ー
ズ	獲	得²	②	販	売	ノ	ウ	ハ	ウ	吸	収	等	で	効	率	化	を	図	り、
人	手	不	足	へ	対	応	す	る	べ	き	だ	か	ら	。	同	時	に	新	規
販	売	先	開	拓²	も	進	め	売	上	依	存	を	回	避³⁺²	す	る	。		

【メモ・浮かんだキーワード】　共同開発、ノウハウ吸収、ニーズ獲得
【当日の感触等】　結論を先に記述することで、字数の調整を行いやすいようにした。過去の事例演習で使用したキーワードを用いて、なんとか解答欄を埋めた。
【ふぞろい流採点結果】　14/20点

第4問（配点40点）
（設問1）　　　　50字

事	業	部	制[2]	を	採	り	、	直	営	店	や	食	品	加	工	を	独	立[5]	さ
せ	る	べ	き	。	理	由	は	後	進	育	成[1]	や	新	商	品	開	発	の	強
化[1]	に	繋	げ	る	た	め	。												

【メモ・浮かんだキーワード】　機能別組織、事業部制組織

【当日の感触等】　文字数が少ないので、結論と課題、（設問2）を意識した解答に努めよう
　　とした。結論を先に書き、理由を付け加える形で解答した。

【ふぞろい流採点結果】　9/15点

（設問2）　　　　100字

段	階	を	踏	ん	だ[2]	権	限	委	譲	と	流	動	性	の	高	い	人	員	配
置[5]	を	行	っ	て	行	く	べ	き	。	具	体	的	に	は	公	平	な	評	価
制	度	に	基	づ	い	た	成	果	主	義	導	入	で	新	商	品	開	発[1]	へ
の	参	画	を	促	し	、	マ	ニ	ュ	ア	ル	に	基	づ	い	た	O	J	T
を	行	う	こ	と	で	繁	閑	へ	の	対	応	力	を	強	化	す	る	。	

【メモ・浮かんだキーワード】　権限委譲、流動性、公正な評価制度

【当日の感触等】　最終問題が一番頭を抱えた。権限委譲の方法は「段階的」しかキーワード
　　が思いつかず、人員配置はもっと繁閑への対応策を具体的に記述した解答がよいのかと考
　　えていたが、広く課題に触れることを意識した結果、キーワードを盛り込んだだけの解答
　　になってしまったと感じた。

【ふぞろい流採点結果】　8/25点

【ふぞろい評価】　55/100点　　　【実際の得点】　69/100点

　第1問、第3問では多面的な解答で得点を伸ばす一方、第4問（設問2）では評価制度や
マニュアルなど、設問要求と異なる解答に文字数を割いてしまい、点数が伸び悩みました。
なお、第2問のパート従業員や第3問のノウハウ吸収に関する記述は、言及している答案数
が少なく、ふぞろい評価では得点としていませんが、実際には加点されている可能性はあり
ます。

Column
仲間がどんどん減っていく。それでも続けた先のメリット

　予備校通学していたときの話。もともとそのクラスは人数が少なかったのですが、仕事
の都合や家庭の都合もあり、1次試験の直前からだんだんとクラスの欠席者が増えて、1
次試験の合格発表後は気づけば毎週の授業に皆勤するのが自分ともう1人に。2人で自然
と互いに休まず頑張ろうという意識が芽生えていたところ、その方も転勤していなくなり、
皆勤は自分だけに。モチベーションは下がりながらも通い続け、ずっと最前列に座ってい
たおかげもあってか、講師の方には顔を覚えられました。すると、こちらから質問しなく
とも毎回答案を見てもらえ、個別指導を受けられました。　　　　　　　　　（かっしー）

~当日、試験終了後の過ごし方~
　　勉強仲間と懇親会。

80分間のドキュメント　事例Ⅱ

ぜあ 編（勉強方法と解答プロセス：p.142）

1．休み時間の行動と取り組み方針

　事例Ⅰでまずまずのスタートが切れたので、気持ちは高い状態をキープできている。トイレは混んでいると思われる事例Ⅰ終了直後を避け、少し時間が経ってから。

　開始前まで「ブランド」や「プロモーション戦略」など、マーケティング理論についてファイナルペーパーで簡単に復習（緊張であまり頭に入ってこない）。買ってきたコーヒーでリラックスするが、飲みすぎてトイレが近くなるのも困るので、ほどほどに。

2．80分間のドキュメント

【手順0】開始前（～0分）

　試験監督の注意事項に耳を傾けつつ、集中。2次試験対策を始めたころは、なかなか得点が取れなかった事例Ⅱだけど、10月に入ってコツも掴めてきたから、自信をもって取り組もうと自分に言い聞かせる。

【手順1】準備（～1分）

　事例Ⅰに引き続き、受験番号を誤りなきように記載。

【手順2】設問解釈（～8分）

第1問　SWOT分析ではなく、3C分析からの出題。ただ、過去問や予備校の模試でも解いたことがあるので、「顧客、競合、自社」を漏れなく書くことを意識。問題用紙にも、「顧客、競合、自社」とメモ。

第2問　県からの依頼が出題のポイント。公務員という職業柄、イメージは湧きやすい設問だが、コンセプトと販路を書き漏らさないことを意識。販路はチャネルの問題か、ターゲットの問題かもこの時点ではわからないが、解答用紙にメモ。

第3問　顧客ターゲットと品揃え（＝製品戦略？）が問われている事例Ⅱの王道パターンと理解。ターゲットに関しては、過去問の学習で学んだとおり、「消費者の心理的側面」（サイコグラフィック基準）にスポットを当てるのを忘れずに。

第4問　長文の設問にやや驚きつつも、与件文に丁寧に沿いながらも「家事のお悩みを解決する」観点で解答を構成する方針を立てる。あとは、与件文をよく読んで対応。

【手順3】与件文読解（～30分）

1～2段落目　会社の概要。一部3C分析にも入れられそうな顧客への言及あり。

3～4段落目　百貨店との取引などで信頼を構築したこと、買い物客のニーズに合わせた販売は強みになりそう（でも、第1問が3C分析なので、出る幕なしかも）。

5段落目　全国チェーンのスーパーは競合になりそう。

6段落目　「次に挙げる3点で事業内容の見直しを行った」は大事な部分への導入かも。

7～9段落目　地域の産業や特産品にも触れられているほか、自社工場新設による最高級

品の製造、途中工程までの調理済み商品の販売や取引先へのメニュー提案など、第2問や第4問の解答根拠となりえる部分だと捉え、丁寧に読み進める。

[10段落目]　「ホテル・旅館との取引絶好調」「インバウンド」「東京オリンピック・パラリンピック」……。悪い予感しかない……。

[11段落目]　悪い予感的中。大手ネットショッピングモールでの挫折経験は第4問の協業相手となるオンライン販売事業者にも使えるかも。また、コロナ禍での小売店での好調さは、第3問に直結しそうだ。

[12〜13段落目]　事例Ⅱを解くうえで重要な、社長が成し遂げたいことが最後に登場。「最終消費者と直接結びつく事業領域強化」「自社の強みを生かした新たな事業展開」をおそらく第4問で表現することになるのだろう。

[全体]　事例企業が食肉事業者ということもあり、こちらも家業が農業で料理好きの私にはとっつきやすいテーマであったと感じた。

【手順4】解答作成（〜70分）

[第1問]　全体の内容を把握してから取り組むため、後回し。

[第2問]　X県の資源を考えると、県の依頼で取り組むのは、X県の魅力を伝える詰め合わせセットか。そうすることで、B社の自社工場という強みも生かせる。販路については、観光地やすでにルートがある高速道路の土産物店、道の駅を考えればよいか。

[第3問]　ターゲットを書く際には、好みや生活様式などの「サイコグラフィック基準」を必ず盛り込む、と試験前から決めていたので、「料理の楽しさに目覚めた」や「作りたての揚げ物を求める」といった内容を記述。品揃えについても、先に書いた好みや価値観を持つ客なら「どのような商品を求めるか」を基準に、与件文と矛盾が出ないように文章化した。料理の楽しさに目覚めた客に対しては、精肉店ならではの品揃えということで、羊肉や内臓系の部位（ハチノスとかギアラとか）を勝手に思い浮かべる。

[第4問]　問題で提示されたアンケート結果を踏まえ、「『家事の面倒くささ』につながる要素を解決する」という観点から解答骨子を検討。そこに、「途中工程まで調理済み商品」などのB社の強みをあてていく、というアプローチで解答を構成した。また、協業相手としては、厳選された商品を扱うオンライン販売事業者とし、かつてのオンライン販売の挫折経験を踏まえたものとした。もちろん、効果の記載は忘れずに。

[第1問（再）]　第2問以降の解答も踏まえ、顧客・競合・自社のそれぞれを明確にしながら書く。最後の「自社」に差し掛かったときに文字数が足りないことに気づいたが、3C分析においては「強み」のほうが大事だと考え、「弱み」はスルーという判断。

【手順5】見直し（〜10分）

タイムマネジメントはイメージどおり。誤字脱字と文章構成におかしなところはないかを中心にチェック。

3．終了時の手ごたえ・感想

事例Ⅱは割と得意科目。時間どおりに文字数をある程度埋める形で解答できたことから、事例Ⅰに引き続き、まずまずの出来と認識。でも第1問の3C分析は「弱み」も入れられるともっと行けたかな。

〜当日、試験終了後の過ごし方〜
とにかく寝ました。

合格者再現答案＊（ぜあ 編）── 事例Ⅱ

第1問（配点30点）　150字

顧	客	は	①	最	高	級	品	を	扱	う	百	貨	店	と	日	常	品	を	扱
う	ス	ー	パ	ー	、	②	新	た	な	販	売	先	と	な	っ	た	県	内	・
隣	接	県	の	ホ	テ	ル³	等	、	③	直	営	小	売	店	と	EC	の	一	般
顧	客³	。	競	合	は	、	近	隣	の	広	大	な	駐	車	場	を	持	つ	全
国	チ	ェ	ー	ン	の	ス	ー	パ	ー²	と	EC	を	目	論	む	食	肉	事	業
者⁴	。	自	社	は	①	評	判	の	良	い	食	材	と	仕	入	れ	体	制¹	②
高	い	対	面	販	売	力	③	高	級	加	工	品	の	自	社	工	場³	と	柔
軟	な	顧	客	ニ	ー	ズ	対	応³	。										

【メモ・浮かんだキーワード】　３Ｃ（顧客・競合・自社）分析、強み・弱み

【当日の感触等】　３Ｃのうち、「自社」において、弱みを入れることはできなかったが、３
Ｃ分析は強みの理解が目的なので、弱みを盛り込めなかったとしても大きな失点にはなら
ないのでは。

【ふぞろい流採点結果】　17/30点

第2問（配点20点）　100字

X	県	の	食	の	魅	力	を	丸	ご	と	伝	え	る	と	い	う	コ	ン	セ
プ	ト	。	地	元	の	山	の	幸	、	海	の	幸²	の	特	産	品	と	最	高
級	食	肉	加	工	品⁵	と	の	詰	合	せ¹	商	品	を	開	発²	、	販	路	は
四	季	の	魅	力	あ	る	観	光	地¹	や	高	速	道	路¹	の	土	産	物	店²
等	で	、	観	光	客	へ	の	訴	求	で	地	域	活	性	化¹	を	図	る	。

【メモ・浮かんだキーワード】　ターゲット、地域産品振興

【当日の感触等】　「地域」をどう売り出していくか、という観点からの仕事に日常から取り
組んでいたこともあり、「私ならこうする」というのをある程度ストレートに書くことが
できた。また、第1問とのつながりも意識した。

【ふぞろい流採点結果】　16/20点

第3問（配点20点）　100字

コ	ロ	ナ	禍	の	巣	ご	も	り	需	要¹	で	料	理	の	楽	し	さ	に	目
覚	め	た³	り	、	作	り	た	て	の	揚	げ	物	を	求	め	た	り	す	る
客³	に	対	し	、	専	門	店	ゆ	え	の	貴	重	な	部	位	や	客	の	目
の	前	で	揚	げ	る	総	菜³	を	揃	え	る	。	専	門	店	の	独	自	性
を	訴	求¹	し	、	直	営	小	売	店	で	の	販	売	拡	大³	に	繋	げ	る	。

【メモ・浮かんだキーワード】　差別化、高付加価値化、ニッチ需要、サイコグラフィック基準

【当日の感触等】　ある程度、与件文に書かれている表現をそのまま使いながら、題意に沿う
記述ができたのではないか。

【ふぞろい流採点結果】　13/20点

~当日、試験終了後の過ごし方~
寝る。

第4問（配点30点）　150字

協	業	相	手	は	高	付	加	価	値	な	**食**	**品**	**・**	**食**	**材**³	を	扱	う	オ
ン	ラ	イ	ン	販	売	事	業	者	。	提	案	は	、	食	に	関	す	る	**家**
事	**が**	**面**	**倒**	**と**	**感**	**じ**	**て**	**い**	**る**	**人**²	に	対	し	、	①	途	中	工	程
ま	で	**調**	**理**	**済**	**み**⁴	の	冷	凍	総	菜	を	②	高	級	食	材	を	活	用
し	て	③	皿	に	盛	り	付	け	な	く	て	も	食	べ	ら	れ	る	形	で
提	供	す	る	。	以	て	、	家	事	の	手	間	を	減	ら	し	つ	つ	、
他	**社**	**と**	**の**	**差**	**別**	**化**	**も**	**図**	**り**	、	Ｅ	Ｃ	で	の	**売**	**上**	**拡**	**大**²	を
目	指	し	て	い	く	。													

【メモ・浮かんだキーワード】　高付加価値化、お困りごと解決、差別化

【当日の感触等】　いかにターゲットの「お困りごと」を解決するかという視点で解答作成に取り組んだが、時間や文字数の制限から、いささか中途半端になってしまった。でも、設問文に提示されたアンケート結果を踏まえた解答にしたので、大やけどはしていないはず！

【ふぞろい流採点結果】　11/30点

【ふぞろい評価】　57/100点　　【実際の得点】　63/100点

　第1問〜第3問は各要素をバランスよく記載できており高得点でした。第4問は、ターゲットと商品・コミュニケーション戦略の記載が充実していれば、もう少し加点された可能性があります。

Column

趣味もまた気づきの場

　私の趣味の1つが「料理」で、家庭内でも「夕食の支度」は基本的に私が担当しています。実は、「料理」は1次試験の「運営管理」や2次試験の事例Ⅲにつながる要素がかなりたくさんあるように感じます。たとえば、インスタントラーメン（袋めん）を作る工程を考えてみると……、①お湯を沸かす、②お湯を沸かしている間にチャーシューやネギなどの具材を切る、③めんを湯に投入する、④丼を用意する、⑤火を止めてスープの素を入れる、⑥盛り付ける、と6つも工程がありますよね（場合によってはもっと）。夕食を作るとなると、もっとメニューが増えるので、工程も増えるし、温かい料理は温かい状態で出したいので、出来上がりをある程度「同期」したいところです。また、仕事から帰ってきてから夕食づくりを始めるので、手間はなるべく省きたいところ……。そうすると、ECRSの考え方が役に立ちます。先ほどのインスタントラーメンでも、「湯を沸かしながら具材を切る」は、「C＝一緒にする」に該当しますよね。

　生産現場をあまり知らない方にとっても、実は生活の場で生産効率化の考え方を生かせそうな場面はたくさんありそうです。　　　　　　　　　　　　　　　　（ぜあ）

やーみん 編（勉強方法と解答プロセス：p.144）

１．休み時間の行動と取り組み方針

　事例Ⅰ、ひとまず時間内に解答欄をすべて埋め切れたことに一安心。全然油断できないけれど、この調子で行きたい。トイレを済ませた後は、お茶を一口含み、羊かんをかじって糖分補給。ノートを一瞬だけざっと見返した後、机に突っ伏し、５〜10分ほどの仮眠を試みた。長丁場だ。体力は温存するに越したことはない。

２．80分間のドキュメント

【手順０】開始前（〜０分）

　背筋を伸ばして、目を閉じ、ゆっくりと深呼吸。プラスはピンク、マイナスは青、そのほかは黄色でマークする。オーケイ？　さあ行こう！

【手順１】準備（〜２分）

　事例Ⅰではすべてのページを破った結果、下書きの紙を紛失したりして大変だった。事例Ⅱ以後は、表紙は残して中身だけ切り取ろう。

【手順２】設問解釈（〜５分）

第1問　３Ｃ分析がきちゃったか。確か、H30年度でも３Ｃが問われていたけれど、復習が曖昧なままだったんだよなあ。まずい。

第2問　県の要請？　へー、変な問題。「ダナドコ」と余白にメモ。設問要求がコンセプトと販路だから「ナ」と「ド」に○を付けておく。

第3問　同じく「ダナドコ」とメモ。今度は「ダ」と「ナ」に○を付けておく。

第4問　文章が長いなあ。とにかく、何かしらネット業者が出てくるってことね。そして消費者のニーズが「献立の提案」「調理」と。要するに楽々クッキングみたいな感じかな。ダナドコの「ド」に☆を付けておく。解答欄が150字と最大。第１問と合わせて合否の分水嶺になりそう。

【手順３】与件文読解（〜35分）

1段落目　新型コロナウイルスに関する注釈はなし。きっと後半に出てくるね。また食品関係か。今年度はそういう縛り？

2段落目　周辺の情報。高速道路のくだりはなくても文章が通じるから、どこかで使う可能性が高い。古くからの住民や集合住宅の住民は、どちらかが顧客層になりそう。

4段落目　強みを列挙する段落。クオリティの高さ、信頼が厚い、ニーズに合わせた加工など、ピンクマーカーを走らせていく。

5段落目　近隣スーパーが大手卸に流れる。これはマイナスなので青でマーク。３Ｃの競合で使いそうだな。

7段落目　協業先候補がぞろぞろ出てきた。どれかは使いそうだなあ。そして、第２段落

に続いてここでも高速道路が出てきた。これは絶対に使うでしょう。頭に叩き込んどこう。

8〜9段落目　状況の変化に対し機敏に行動したんだなあ。社長が意図して作り出したB社の強みだから、これを活用した提案を心掛けよう。

10段落目　はいはい、東京オリンピックね。ああ、じゃあ、この次は……。

11段落目　やっぱり新型コロナウイルスだ。この辺は現実社会でもニュースになった出来事なので、スムーズに頭に入ってくる。ネットモールで埋もれてしまうのもあるあるだ。

12〜13段落目　社長の思いが出てきた。ここはチェック。事例Ⅰに続いて事業承継が出てきたけど、今は事例Ⅱだし設問にもなかったから、こちらは無視しても大丈夫かな。

【手順4】解答作成（〜78分）

第1問　顧客って、現在の顧客？　それとも潜在顧客？　どうしよう、わからない。とりあえず両方書いておこう。それで、競合は大手卸とネット上の食肉業者として……ああ、やっぱり自社のところで文字数が入らないわ。仕方ない。なんとか短文に詰め込もう。

第2問　協業先も販路も候補が多くて絞り込めない。いや待て、確か観光が盛んだって記述があったはず。それで県からの依頼ってことは、観光を盛り上げてほしいってことかな。じゃあ、まず効果が観光ブランド強化だ。じゃあ、最後にこれにつながるよう、コンセプトや販路を選んでいけばよいね。7段落目の高速道路もここで使ってしまおう。

第3問　ターゲットはデモ、ジオ、サイコ全部盛り込みたい。なので、2段落と10段落後半を使えばよいかな。品揃えは与件のいろんなところから抜き出せるだけ抜き出せそう。効果を書く欄がなくなっちゃったけれど、仕方がない、収益向上というだけでも書いておこう。何も書かないよりまし。

第4問　そういえば、最後までネット業者なんか出てこなかったよね？　どうすればいいの？　しょうがない、開き直ってポエムを書いてしまおう。社長の思いに過不足なく応えられるネット業者。そんな都合のいい相手いるわけないだろ、とは自分でも思うけれど、時間もないし、こんな対応しかできない。とにかく何か書かないと。

　後半は長期的成功か。長期といえばサブスクリプションサービスだと思うけれど、カタカナは長い。うまく短い日本語に言い換えられないかな。月極め、毎月……、そうだ、月額サービスだ。これで文字数が収まった。

【手順5】見直し（〜80分）

　3Cの顧客のところ、全部消してやり直したいなあ。日本語的におかしい。でももう直す時間がないか。あきらめて、漢字の間違いがないか、文字のかすれが残ってないかだけでも確認しよう。

3．終了時の手ごたえ・感想

　3Cの復習を疎かにしていたことに対し、後悔しかない。ここが出たらまずいな、というのは薄々感じていただけに、これで落ちたら悔やんでも悔やみきれない。仕方がない、気持ちを切り替えて、お昼ご飯にしよう。

〜私の周りのツワモノぶりエピソード〜
　隣の人が電卓を3つ出していた。

合格者再現答案＊（やーみん 編） 事例Ⅱ

第1問（配点30点） 150字

顧	客	は	、	ホ	テ	ル	や	飲	食	店[3]	の	売	上	が	減	少[2]	す	る	一
方	で	料	理	の	楽	し	さ	に	目	覚	め	た	客	や	作	り	立	て	の
揚	げ	物	を	求	め	る	客[3]	が	増	加[2]	。	ま	た	X	県	に	は	観	光
客	が	多	い	。	競	合	は	、	ネ	ッ	ト	上	に	は	競	合	他	社[4]	が
多	く	、	近	隣	に	は	大	手	食	肉	卸	売	業	者[4]	と	取	引	す	る
チ	ェ	ー	ン	の	ス	ー	パ	ー[2]	が	複	数	存	在	。	自	社	は	、	品
質	が	高	く[1]	、	需	要	に	合	っ	た	商	品[3]	を	提	供	で	き	、	取
引	先	や	県	の	信	頼	が	高	い	。									

【メモ・浮かんだキーワード】 観光客の取り込み、食肉工場

【当日の感触等】 いろいろな要素を詰め込もうとした結果、中途半端な対応になった。大失敗。

【ふぞろい流採点結果】 24/30点

第2問（配点20点） 100字

県	内	農	業	・	漁	業	業	者	と	連	携[5]	し	、	海	の	幸	や	山	の
幸[2]	を	生	か	す	コ	ン	セ	プ	ト[1]	で	新	商	品	を	開	発	し	、	車
の	利	便	性	の	高	い	立	地	条	件	を	生	か	し	て	観	光	エ	リ
ア[1]	や	大	規	模	集	客	施	設[1]	、	道	の	駅[2]	で	販	売	す	る	こ	と
で	、	X	県	の	観	光	ブ	ラ	ン	ド	強	化	に	貢	献	す	る	。	

【メモ・浮かんだキーワード】 流通、販路拡大、観光ブランド

【当日の感触等】 これは書けたと思う。「コンセプト」「販路」いずれの設問要求も対応できた。

【ふぞろい流採点結果】 14/20点

第3問（配点20点） 100字

集	合	住	宅	に	住	む	、	料	理	の	楽	し	さ[3]	に	目	覚	め	た	現
役	世	代	を	対	象	と	し	①	日	常	使	い	し	や	す	い	カ	ッ	ト
肉	や	ス	ラ	イ	ス	肉[3]	②	途	中	工	程	ま	で	の	調	理	済	み	商
品[1]	③	個	々	の	顧	客	に	合	わ	せ	た	数	量	や	形	状	の	パ	ッ
キ	ン	グ	を	提	供	し	、	収	益	の	拡	大[3]	を	図	る	。			

【メモ・浮かんだキーワード】 カット肉、半加工商品

【当日の感触等】 出来立ての揚げ物を買い求める客を入れられなかった。文字数が収まらない。

【ふぞろい流採点結果】 10/20点

第4問（配点30点）　150字

ブ	ロ	グ	や	SN	S	で	の	情	報	発	信	が	得	意	な	オ	ン	ラ	イ
ン	業	者	と	協	業	し	、	ネ	ッ	ト	の	双	方	向	性	や	B	社	の
食	肉	加	工	技	術	力²	を	生	か	し	て	、	ニ	ー	ズ	に	合	わ	せ
た	調	理	済	み	商	品⁴	や	食	肉	を	販	売	し	て	顧	客	関	係	性
を	強	化	す	る	。	長	期	的	成	功	の	た	め	、	取	引	先	の	飲
食	店	と	連	携	し	、	日	々	の	献	立	を	提	案³	す	る	月	額	サ
ー	ビ	ス	の	立	ち	上	げ	を	提	案	し	、	口	コ	ミ²	を	誘	発	し
て	固	定	客¹	を	獲	得	す	る	。										

【メモ・浮かんだキーワード】　サブスク、ネットの双方向性、ニーズの収集

【当日の感触等】　ポエムを書いた自覚あり。でも、一切情報が与えられないで書いたら、まあこうなっちゃうよね。たぶんだけれど、みんな似たようなものじゃないかな？　というか、そうであってくれ。

【ふぞろい流採点結果】　12/30点

【ふぞろい評価】　60/100点　　【実際の得点】　52/100点

　　第1問の3Cは弱みの記載がなかったものの、その他の要素が充実しており高得点になりました。第3問、第4問ともターゲットでもう少し加点があれば得点が伸びた可能性がありましたが、全体的にバランスよくキーワードが盛り込まれており、合格点となりました。

Column

中小企業診断士資格の価値は？

　中小企業診断士って、使える資格なの？　何ができるの？　受験生の皆さんも一度は考えたり、調べたりしたことがあるのではないでしょうか。正直私自身も、中小企業診断士という資格については割と最近（受験を目指す直前に）知りました。身近に診断士資格を持っている人はいなかったため、何ができる資格なのか具体的なイメージが持てなかったというのが最初の印象です。実際になってみないとわからない世界があるんだろう、と思い切って目指すことを決心しました。

　数年間の受験を経てようやく合格を手にし、嬉しさのあまり社内イベントで合格を公表しました。すると、普段あまり関わりのなかった方からも祝福の言葉や、実は自分も勉強中だというお声をかけていただきました。自分が思った以上に周りの反響が大きく、この資格の価値や注目度について認識を改める機会となった出来事でした。また、受験勉強を通して受験生支援団体の方たちやふぞろいの先輩メンバーの方など、合格者の皆さんがとても生き生きと活動をされている姿がとても印象に残りました。

　私はまだ合格したばかりで、この資格について偉そうに語れる立場ではないですが、向上心・向学心が高い素敵な方とのつながりができることは、この資格の魅力だと感じています。

（まっち）

〜私の周りのツワモノぶりエピソード〜
　企業経営理論をノー勉で60点獲得した人。

こやちん 編 （勉強方法と解答プロセス：p.146）

1．休み時間の行動と取り組み方針

　混雑を避けるべく、3階の秘密トイレでさっと済ませた後に中庭に出る。外の空気が心地よい。試験で根詰めた後だから余計感じる幸せな時間だ。探検気分でキャンパスをあちこち散歩、時折深呼吸やらストレッチしながらリフレッシュ。ついでに昼休みの食事スペースも目星をつけておく。試験開始15分前に教室に戻り、試験モードに切り替える。

2．80分間のドキュメント

【手順0】開始前（〜0分）

　事例Ⅱはポエムで足切りを食らいかねないのが怖い。与件文と制約条件から離れないこと、それだけに集中しよう。

【手順1】準備（〜3分）

　いつもどおり定規使って冊子を解体、各段落に丸数字を振ってゆく。うーん、事例Ⅰと同じく、結構複雑に発展してきているな、情報整理が大変そうだ。

【手順2】設問解釈（〜10分）

[第1問]　3C分析か、嫌なところ突くなあ。過去問で1回だけやったことあるが、今回の問題は一筋縄ではいかなそうだ。制約条件がない分、余計に書きにくそうだ。

[第2問]　これはダナドコ。観光客向け特産品とするか、地産地消を取るか、どちらにすべきか。

[第3問]　アフターコロナの小売戦略か。巣ごもり消費の時期を経て、消費者行動がどう変わるか、というところだな。第2問から、ずいぶんと違うテーマに飛ぶな。

[第4問]　今度はオンラインか。設問文長いな。協業相手はオイシックス系が思い浮かぶが、設問文の情報をどう処理するか、気をつけないとな。

【手順3】与件文読解／キーワード収集（〜35分）

[1〜2段落目]　食肉加工で小売直営店もやっている。立地は良くて、観光客、地元住民、両方ターゲットになると。どちらも使う必要ありそうだ。

[3〜5段落目]　開業当時からしばらくの間の強みと弱み、顧客だな。これは3C要素だけど、今の話ではないから、扱いにちょっと困る。

[6段落目]　転換点、これは要注意。やはり3Cの対象は、これ以降の段落を優先すべきだろう。

[7段落目]　3Cの顧客要素だ。地元の資源ということは、第2問の解答要素だな。

[8段落目]　ここは3Cの自社。高い技術力で、自社ブランド開発が可能なのは大きいし、OEMもできるということか。あ、また3Cの顧客が出てきた。

[9段落目]　コンサル、提案できるのね。これは解答に生かさないと。顧客も、自社の強み

もずいぶん多いな。３Ｃの編集が大変そうだ。

|10段落目|　やはり今の顧客は90年代以降、つまり３～５段落の顧客はもはや古い情報だということだな。気をつけよう。

|11段落目|　さらなる環境の変化。オンライン販売で失敗は弱みとして書くべきか、どうだろう。ここで、直営店登場。「料理の楽しさに目覚めた客」「作りたての揚げ物を買い求める客」これが新型コロナウイルスによる環境変化で、ターゲット顧客だな。これは第３問の顧客ターゲットそのものだろう。

|12～13段落目|　つまりは卸売じゃなく、「小売の強化」が目指す方向だな。卸売りにあった強みをどう小売＝直営店に持ってくるか、というのがポイントとなりそう。あとはネット販売か。やりたいことはわかったけれど、どう解答にまとめていくか、難しそうだな。

【手順４】解答作成（～78分）

|第１問|　いざ書くとキツイ。卸売り、小売り、コンサルそれぞれあるから、全部網羅しようとすると、とても150字では収まらない。３Ｃ分析の記述対策はしてないので、お作法がわからない。抽象化してまとめるべきか、具体的キーワードを網羅すべきか？　あれ、もう45分経過だ。とにかく前に進むため、外せないキーワードを並べていこうか。……うう、弱みを書くスペースがなくなった。しかし強みを削るわけにもいかないし……、やはり抽象化して書くべきだったかな。仕方ない、また後で時間があれば見直しするとしよう。

|第２問|　あと30分か。まだ３問あるので、あまり考えている時間ないな。どんどん書いていこう。山の幸は使うとして、販路は観光向けか地産地消だが、２つ書くスペースはないな。アフターコロナの観光を盛り上げ、地域活性化の路線で行こう。

|第３問|　時間がないので、顧客ターゲットは迷わず与件文どおりで行こう。あとは品揃えとインストアマーチャンダイジングを散らして書けば、それなりの答えにはなるだろう。

|第４問|　あと７分しかない。もう思い浮かぶイメージをそのまま書いてゆくしかないな。で、最後はお決まりの「顧客生涯価値最大化」でシメる。（うーん、薄っぺらい！）

【手順５】見直し（～80分）

　誤字を修正するくらいしかできない。第１問は編集ミスと時間切れが怖くて手をつけられない。

３．終了時の手ごたえ・感想

　30点の３Ｃ分析で、完全にペースを乱された。手こずった割に内容薄すぎで単なるキーワードのつぎはぎで、分析になってないな……。第１問は半分取れれば御の字かな。

　とはいえ、ギリギリでも解答欄をすべて埋められたのは良かった。バタバタではあったけど、第２問から第４問はそこまで外してないだろう。ぎりぎり60点取れてるとよいな。

合格者再現答案＊（こやちん 編）　　　　　　　　　　事例Ⅱ

第1問（配点30点）　150字

顧客は、従来の百貨店やスーパーに加え、県道内や隣接県のホテル・旅館、飲食店、高速道路の土産物店[3]、道の駅及び直営店の最終消費者[3]である。競合は、大手食肉卸売業者[4]、他の食肉販売業者[4]である。自社は、商品品質が高く、仕入れ先との関係も良好[1]、食肉加工製造の高い技術力[2]を持ち、自社ブランド[2]開発力、コンサル提案力[1]がある。

【メモ・浮かんだキーワード】　顧客、競合、自社の強み、弱み

【当日の感触等】　単なるキーワードの羅列で、分析になってないし弱みも書けてない。最初から書き直したいが、時間が足りない……。

【ふぞろい流採点結果】　19/30点

第2問（配点20点）　100字

商品コンセプト[1]は、地元食材を使った山の幸[2]の総菜とし、観光客を主に販売する。販路は、高速道路[1]の土産物店[2]、道の駅[2]とし、地域限定商品として差別化し、顧客がリピート購買しに来る商品力で、地域活性化[1]に貢献する。

【メモ・浮かんだキーワード】　ダナドコ、地産地消、地域活性化、リピート購買

【当日の感触等】　B社が商品開発を頑張ることが、地域活性化につながることを言いたかったのだけど伝わるだろうか？　何かごまかしているように捉えられて減点されたら嫌だな……。

【ふぞろい流採点結果】　9/20点

第3問（配点20点）　100字

料理の楽しさに目覚めた客[3]に、メニューやレシピをPOPやチラシで提供[1]し、食材となる地元野菜や調味料を一緒に販売する。作りたての揚げ物を買い求める客[3]に、サラダや飲料を提供しその場で食を楽しんで貰う。

【メモ・浮かんだキーワード】　ISM、品揃え、地元食材、メニュー・レシピの提案

【当日の感触等】　これはこれでありだと思うけど、どうだろう。ポエムと思われないことを祈ろう。

【ふぞろい流採点結果】　7/20点

~試験当日のアクシデント~
缶だと蓋付きでもコーヒー飲めない……。

第4問（配点30点）　　150字

食	材	配	送³⁺²	に	特	化	し	た	オ	ン	ラ	イ	ン	販	売	業	者	と	協
業	す	る	。	提	案	は	、	①	食	材	を	使	っ	た	メ	ニ	ュ	ー	、
レ	シ	ピ	の	提	供³	②	食	材	の	相	互	リ	ン	ク	の	貼	り	つ	け
に	よ	る	関	連	購	買	の	促	進	③	顧	客	へ	の	ア	ン	ケ	ー	ト²
や	要	望	受	付	に	よ	る	顧	客	ニ	ー	ズ	の	把	握²	④	顧	客	か
ら	の	メ	ニ	ュ	ー	提	案	の	受	付²	と	紹	介	。	以	上	に	よ	り、
顧	客	と	の	関	係	性	を	強	め	る¹	こ	と	で	、	顧	客	生	涯	価
値	の	向	上	を	図	る	。												

【メモ・浮かんだキーワード】　メニュー・レシピ提供、ニーズの把握、LTV最大化、ミールキット

【当日の感触等】　B社が協業先に提案する内容を書くところなのに、B社への提案になってしまったな。まあ、ある程度の点数はつくだろう。

【ふぞろい流採点結果】　15/30点

【ふぞろい評価】　50/100点　　　【実際の得点】　54/100点

　第1問は自社の弱みが抜けていたものの、顧客、競合、自社バランスよく記載されており高得点でした。第2問以降は、B社の強みを生かした商品を具体的に記載できれば、より高得点になったものと思われます。

Column

目の前の経営者の役に立ちたい……。
目標をしっかり持って挑んだ診断士試験

　私は、父が資格取得が好きな人だった影響もあり、大学時代からTOEIC、簿記2級、宅建……となんとなく取ってれば便利かな？　役に立つかな？　くらいの感覚で細々と資格を取得してきました。そのようななか、社会人になり、金融機関で働くようになり……。エリアの担当を任され、経営者の方と直接話をするようになるなかで、「一担当者として、若いから頼りないは通用しない」と気づかされる場面も多く、会社で取得を推奨されている、中小企業診断士取得に挑戦しようと心に決めました。

　正直、取得までに800～1,000時間が必要と言われている診断士試験に挑戦することに、躊躇することもたくさんありましたし、怖くなることもありましたが、思い切って勉強を始めてみると、経営者の方との会話に役立つ内容が多く、実際に知識を生かせた瞬間はとても忘れられないものになりました。目の前の経営者の方の役に立ちたいという思いが自分を突き動かしていたと思います。

　約2年間の勉強を経て、合格が叶った今思うこととしては、自分のためだったらここまで真剣に勉強できなかった……ということです。初めて資格取得に挑戦した宅建は、大学生の私には、あまり内容に関心が持てず、ほとんど勉強しないまま、あっけなく不合格になった経験もあります（笑）。中小企業診断士においては、「絶対に受かりたい！！」という気持ちが強かったからこそ、辛くても頑張り切れたのではないかと思います。　（ほの）

~試験当日のアクシデント~

　試験開始前、ハチが侵入。関係者が虫取り網などもって撃退。

事例Ⅱ

おみそ 編 （勉強方法と解答プロセス：p.148）

1．休み時間の行動と取り組み方針

　休み時間はトイレが激混みとの話なので、まずはお手洗いに一直線。席に戻ったら、糖分補給のラムネを1粒2粒ぽりぽり。事例Ⅰの結果が気になるけど、切り替えが大事。Apple Watch の呼吸セッションで目を閉じて5分間の深呼吸実施。気分爽快！

　また『ふぞろい15』を開いて事例Ⅱの模範解答の書き写しを実施。事例Ⅱは苦手意識が強いので、しっかり取り組めるよう、脳みそをチューニング。

2．80分間のドキュメント

【手順0】開始前（～0分）

　3C、4P、ダナドコ、事例Ⅱでよく使うフレームワークの最終確認。PEST分析はこれまで問われたことがないけど、突然問われたら困るので思い出しておく。

【手順1】準備（～1分）

　解答用紙に受験番号を書いて、定規で設問とメモ用紙を準備。与件文に段落番号を振る。第1段落を読んで食品関係の会社であることを確認。

【手順2】設問解釈（～7分）

第1問　時制は現在。3C分析出てきた。過去問と同じだからこれは大丈夫そう。

第2問　ダナドコ。地域活性化は書く必要があるだろう。商品コンセプトと販路は問われたことないけど、ダナドコに沿ったら書けそう。

第3問　これもダナドコ。直営店だから要望収集と要望に合わせた品揃えがキーワードだろう。顧客ターゲットはジオ・デモ・サイコ。効果は設問に書いてある販売力強化。

第4問　設問文が長い！　オンライン販売業者は与件文を要チェック。設問文中で数値が出るとは……。事例Ⅱもかなり問題傾向が変わっている気がする。ただ、問われていること自体は理解できるし、落ち着いて取り組めば大丈夫だろう。

【手順3】与件文読解（～20分）

1段落目　本社、工場、直営小売店は物的な強みとしてチェック。

2段落目　機会の記載だな。現役世代が家族で居住というのは第3問のジオの有力候補。

3～4段落目　開業時の記載か。商品のクオリティやよい肉を仕入れられる体制は第1問の自社の強み候補。かなり手広く食肉業をやっている模様。

5段落目　大手食肉卸売業者は第1問の競合だな。食肉を扱っている3店舗の全国チェーンのスーパーは取引がないから第2問の販路の候補。

6段落目　ここでB社にとって大きな転換期が来た。3点の見直しとあるので、丁寧に拾っていこう。

7段落目　1点目は新規取引先の開拓。畜産業は第2問の協業先として使えるな。

~試験当日のアクシデント~

　事例Ⅱの時間中、気分が悪くなって途中退出した。

8段落目　2点目は製造体制の整備。高い技術力は例年強みとして使えるから第1問で使おう。道の駅は第2問の販路候補。全国チェーンスーパーと販路はどちらにするか。

9段落目　3点目はコンサルテーション。顧客の要望に応じた半加工品の納品が可能というのは、大きい強みだな。どこかで使いたいけどどこだろう……。

10段落目　やっと現在に来たか。卸売9割、小売1割と書かれているときは小売を伸ばせという裏メッセージ。何度過去問で出てきただろう。要チェック。

11段落目　案の定というか、卸売に依存した結果、コロナ禍で大打撃を受けている。ネットショップの記載が出たからこの辺りが第4問だな。というか、ここまでオンライン販売事業者の候補出てきてない？　料理の楽しさに目覚めた客と作りたての揚げ物を買い求める客はサイコだけど、2つ出てきたってことは第2問と第3問で分けるのだろうか。

12段落目　ホテルや旅館、飲食店は今後の伸ばすべき標的顧客ではないってことかな。

13段落目　また事業承継だ。だけど、この問題では関係なさそう。最終消費者と直接結びつく事業領域を強化すべきというのは社長の想いだから、直営店強化はマスト。結局オンライン販売事業者は出てこなかった。見落としたのだろうか……。

【手順4】解答作成（〜78分）

第1問　顧客も競合はあまり出てこなかったからあっさりめに書いて、自社を多めに書こう。もともとは多くの強みがある会社だが、コロナ禍で弱みが出ているイメージか。

第2問　協業先は畜産業者。コンセプトは、料理の楽しさか、作りたての揚げ物か、どちらかだろう。販路は絞り切れないから、大手スーパーと道の駅どっちも書いてしまえ。

第3問　第2問で作りたての揚げ物を使ったから、料理が楽しくなるというのを標的顧客の要望事項に使おう。品揃え？　結局よくわからないから定番の要望収集と要望に合わせるというのを書くか。しかし、第2問との切り分けが難しい……。

第4問　第2、3問に時間を使いすぎてあと10分くらいしかない！　オンライン販売事業者については与件文に見つからないから想像で書けということよね？　顧客のニーズの簡便化したいニーズの調理って、第3問の料理が楽しくなるっていうのと矛盾してるんじゃ……。とにかく、ここは急いで書くしかない。

【手順5】見直し（〜80分）

　各設問見直す時間がない。全部埋まったし良しとするか。ってあれ？　第4問はよく読むと提案するのは自分じゃなくてB社って書いてある。読み違えた！　とりあえずはB社が提案するように最後だけ変えるけど、前半部分の整合性は確認できない……。

3．終了時の手ごたえ・感想

　第1問こそスムーズに書けたけど、第2〜4問はどれも確証が持てないなかで書いた。また、見直しの時間がほとんどなかったので、文章の整合性や誤字脱字チェックは最小限しかできていない。結構まずそう。残りは得意の2科目だからこっちで挽回するしかないか……。

~試験当日のアクシデント~
　証明写真を貼り忘れて写真撮影し、のり、ハサミを買ったこと。

合格者再現答案＊（おみそ 編）　　　事例Ⅱ

第1問（配点30点）　　150字

顧	客	は	旅	館	等	飲	食	店	、	百	貨	店	、	全	国	チ	ェ	ー	ン
ス	ー	パ	ー³	。	競	合	は	大	手	食	肉	卸	業	者⁴	。	自	社	は	、
強	み	は	①	高	い	技	術	力²	の	職	人¹	を	有	し	良	質	な	食	肉
加	工	品	を	製	造	で	き	る	体	制	②	自	社	ブ	ラ	ン	ド²	の	保
有	③	顧	客	ニ	ー	ズ	へ	の	高	い	対	応	力³	で	、	弱	み	は	①
コ	ロ	ナ	禍	で	取	引	先	と	の	取	引	激	減	し	売	上	減	少³	②
EC	サ	イ	ト	で	差	別	化	で	き	ず²	過	大	な	商	品	在	庫	を	抱
え	て	い	る	事	。														

【メモ・浮かんだキーワード】　３Ｃ、自社の強みと弱み

【当日の感触等】　顧客と競合があっさりすぎる気もするけど、与件文では強みと弱みがかなり多かったから字数の配分はこうせざるを得なかった。大外しはしていないだろう。

【ふぞろい流採点結果】　17/30点

第2問（配点20点）　　100字

地	元	畜	産	農	家	と	協	業⁵	し	、	作	り	た	て	の	揚	げ	物	を
家	庭	で	、	を	コ	ン	セ	プ	ト¹	に	、	全	国	チ	ェ	ー	ン	ス	ー
パ	ー	や	道	の	駅²	を	販	路	と	し	、	高	品	質	な	肉	を	、	調
理	の	都	合	に	合	わ	せ	途	中	工	程	ま	で	調	理	済	み	の	半
加	工	品	に	し	て	販	売⁵	し	、	売	上	向	上¹	・	地	域	活	性	化¹。

【メモ・浮かんだキーワード】　ダナドコ、商品開発、地域活性化

【当日の感触等】　商品コンセプトがよくわからず、販路も絞れずで、難しかった。使うべきB社の強みは合っていると思うけど、自信は全然ない。

【ふぞろい流採点結果】　15/20点

第3問（配点20点）　　100字

施	策	は	、	料	理	の	楽	し	さ³	に	目	覚	め	た	現	役	世	代	を
対	象	に	、	直	営	店	で	顧	客	要	望	を	収	集	し	、	要	望	に
合	わ	せ	た²	特	産	品	の	山	の	幸	を	品	揃	え	、	料	理	が	楽
し	く	な	る	よ	う	に	し	て	双	方	向	の	関	係	性	を	強	化	。
以	上	で	顧	客	愛	顧	を	高	め²	、	販	売	力	や	売	上	向	上³	。

【メモ・浮かんだキーワード】　ダナドコ、ジオ・デモ・サイコ、顧客要望収集、関係強化、直営店

【当日の感触等】　第2問の商品コンセプトとの切り分けが難しかった。また、特に品揃えについてはほとんど踏み込めず当たり障りのない解答になってしまった。時間もかなり使い、苦戦。

【ふぞろい流採点結果】　8/20点

～試験当日のアクシデント～

電卓を２個、机上に出していたら、試験開始後に１個をしまうように試験官に注意されビビった。

第4問（配点30点）　150字

高	級	・	高	品	質	な	独	自	商	品	を	専	門	に	扱	う	オ	ン	ラ
イ	ン	販	売	事	業	者	と	協	業	す	る	。	①	高	品	質	な	自	社
ブ	ラ	ン	ド	の	販	売	②	顧	客	と	双	方	向	交	流	実	施²	③	約
50	％	の	簡	便	化	要	望²	が	あ	る	献	立	や	調	理³	に	つ	き	、
週	次	で	商	品	ペ	ー	ジ	上	に	献	立	や	レ	シ	ピ	を	考	案	・
掲	載³	す	る	事	を	提	案	す	る	。	以	上	で	、	差	別	化	・	顧
客	と	の	関	係	性	を	強	化¹	し	て	、	高	付	加	価	値	化	・	売
上	向	上²	を	図	る	。													

【メモ・浮かんだキーワード】　ダナドコ、関係強化、差別化、高付加価値

【当日の感触等】　第3問の料理の楽しみに目覚めた顧客と設問文にある調理を簡便化したい顧客とで矛盾している印象を出さないようにすることに苦労した。オンライン販売事業者も与件文から最後まで見つけられなかったので想像で書くしかなかった。かなりの難問に感じた。

【ふぞろい流採点結果】　12/30点

【ふぞろい評価】　52/100点　　　【実際の得点】　62/100点

第2問は商品・コンセプトの記載が充実しており高得点でした。そのほか、第4問についてはオンライン販売事業者、商品・コミュニケーション戦略に関する記載の点数が伸びればより高得点になったものと思われます。

事例II

Column

励まし合える勉強仲間をつくろう！

　私は通信講座を使って受験勉強をしていたのですが、周りに中小企業診断士を目指して勉強している友人もなく、自分一人の世界で頑張っているという感じでした。なので、初年度に2次試験で不合格となったとき、次の試験に向けて頑張り続けられるだろうかという不安が大きかったです。そのようなときに、同じ通信講座を使って勉強している人たちのコミュニティと出会い、合格した人も不合格だった人も、さらにはこれから受験をしようとする人たちともつながることができ、精神的にとても支えられたと思っています。合格への自信が持てなかったり、諦めたい気持ちになったときも、いろいろな情報交換や励ましのメッセージを見て改めて頑張ろうという気持ちを持つことができました。

　独学だとなかなかほかの受験生との交流が難しいですが、同じ目標に向かって頑張っている、診断士試験の苦労を分かち合える仲間がいると、より一層試験勉強にも熱が入るのではと思います。そのメンバーとは合格後も交流が続いていて、これからいろいろな道に飛び出していくと思うのですが、お互いよい影響を与え合いながら切磋琢磨していけたらと思っています！

（ちさと）

～試験当日のアクシデント～

試験会場の机が狭すぎて驚きました。

まっち 編（勉強方法と解答プロセス：p.150）

1．休み時間の行動と取り組み方針

　事例Ⅰの手ごたえが微妙で早速不安になってきた。とりあえず、気持ちを切り替えるために、まずは試験と全然関係のないオールナイトニッポンの聞き逃し配信を聴きながらゆっくりお手洗いに行く。女性用お手洗い、空いていて最高。誰とも出会わない。ラジオの下らない話で、1人でちょっと笑ってしまった。個人的にはこの時間はお腹がすく時間帯なので、自席に戻り持ってきたお菓子でエネルギーを補給する。

2．80分間のドキュメント

【手順0】開始前（～0分）

　事例Ⅱは好きだし、6割くらいは取っておきたいな。今回は何系の企業だろう。

【手順1】準備（～1分）

　受験番号を記入し、問題用紙を解体していく。ルーティーンで段落番号を振っていく。

【手順2】与件文冒頭確認＆最終段落確認＆設問解釈（～15分）

1段落目　食肉加工の会社！　事例Ⅰに続きおいしそう。想像しやすくて助かる。

最終段落　事例Ⅱも事業承継関連。前年初めて新型コロナウイルスが2次試験に登場したのに、今回はもうアフターコロナを見据えているのか。時の流れを感じる。

第1問　3Cで150字。何年か前に3Cは出たから、もう出ないかと思っていた。過去問をやっておいて本当に良かった。でも字数が多いからしんどいな。

第2問　第一次産業って農業とか漁業とか？　商品と販路だからダナドコの問題かな。

第3問　顧客ターゲットと品揃えってことは、これもダナドコ？

第4問　わ、第4問は設問文自体の情報量が多い。「協業が長期的に成功するために」って何書けばいいんだろう。

【手順3】与件文読解・設問と紐づけ（～25分）

　3色ボールペンを使い、強みと機会は赤で下線を引き、弱みと脅威は青で下線を引く。気になるキーワードは黒を使い丸く囲む。

2段落目　X県を群馬県と勝手に想定。東京から車で行ったりするよね。

4段落目　「クオリティの高さに定評」「仕入れ元からのB社に対する信頼」「良い食肉を仕入れられる体制」を強みとして赤で下線。「直営の食肉小売店」も活用できそう。

5段落目　大手の業者や全国チェーンのスーパーが周辺に進出してきて、競争になっている感じかな。百貨店やスーパーとも取引があるし、直営店で最終消費者にも直接売っているし、どこを競合と捉えるかはよく考えたほうがよさそう。

7段落目　あっ、第2問で聞かれている第一次産業ってここじゃない？　「野菜・果物・畜産などの農業、漁業」をマーク。良かった、しっかり書いてくれてありがたい。「自然豊かな場所」とか、「大規模な集客施設」「観光エリア」とX県の良いところが与件文に散

～試験当日のアクシデント～

　時計を2個机に置いてあることを試験官に注意されている人がいた（ダメなの？）。何があっても平常心を保とう。

りばめられているのが気になる。観光客もターゲットで出てくるのかな？

[8、9段落目]　職人の存在や製造体制、自社ブランドがあるのも強み。相手先ブランドでの加工品製造の請負って OEM みたいなこと？　メニュー提案もやっていて幅広い。

[10、11段落目]　オリンピックが出てきた。なんだかとても昔のことのように思える。試験問題って少しタイムラグがあるから、1年前くらいの話かな。なるべく具体的なイメージを持つため、1年前に遡った気持ちになろう。直営店は「料理の楽しさに目覚めた客」で好調。かくいう私自身も、大きなエコバッグを持って業務スーパーに通っていた、明らかにコロナ禍で料理の楽しさに目覚めた客だったことを思い出す。

[12、13段落目]　最終消費者向け事業領域を強化ってことは、直営店事業を強化っていうことかな。なんとなくイメージしやすく、事例企業にとても親近感が湧いた。

[全体]　設問ごとにマーカーで色分けしていく。各設問に対応する色マーカーで、再度与件文をマークし、設問との紐づけをしていく。

【手順4】解答骨子作成（〜35分）

[全体]　全体としては、第1問で現状分析（SWOT）、第2問で強み（S）を生かして他社と連携する施策、第3問で強み（S）を生かした最終消費者向けの施策、第4問では過去の失敗談から他社と連携して弱み（W）を補完する戦略を答える流れかな。

[第1問]　第1問の横に「SWOT」とメモ。卸と直販もやっているから、顧客と競合も2軸。150字は多いと思ったけど、書ける情報が多くて意外と足りないかも。

[第2問]　連携先はどこが現実的だろう。農家とコラボして野菜と肉のセットもありだな。海の幸や漁業についての記載もあったけど、海産物はちょっと違うかな。これまでのノウハウを生かせるほうがよさそう。畜産業で地域ブランド作るやつじゃない？　ブランドを作るのが得意だったはず！

[第3問]　直営店で最終消費者のニーズに合わせたものを売るのが定石。与件文にしっかり巣ごもり需要拡大って書かれているし、家庭で料理する人向けの商品を書けばよさそう。でも「顧客ターゲットと品揃えの観点から」という書き方が気になる。品揃えと言えば、複数種類の商品を揃えることだろうけど、そんなに何個も書けないよね？

[第4問]　メニュー提案が得意だから、調理キットを販売する方向だと思うけど、協業先は何？　オンライン販売業者の具体例が思いつかない。解答根拠にこの調査結果を使えばよいのかな。とりあえず上から「献立の考案」「調理」に触れればよいだろう。

【手順5】解答作成・見直し（〜80分）

メモをもとに一気に書き上げる。最後に余った数分で読み返し、誤字脱字を確認して終了を待つ。

3．終了時の手ごたえ・感想

安心できるほど点を上乗せできた感触はないが、少なくとも前年よりはできているはず。どの解答も字数制限ピッタリかギリギリまで詰め込んだので、妙な達成感があった。熱意は100点。合格したいという執念めいたものは伝わる答案になったと思う。

〜試験当日のアクシデント〜
同級生と遭遇した。

合格者再現答案＊（まっち 編）　　事例Ⅱ

第1問（配点30点）　150字

顧	客	は	、	①	百	貨	店	・	ス	ー	パ	ー	、	コ	ロ	ナ	禍	で	打
撃	を	受	け	て	い	る²	ホ	テ	ル	や	旅	館³	②	X	県	大	都	市	近
郊	の	家	族³	。	競	合	は	大	手	食	肉	卸	業⁴	、	B	社	近	く	の
全	国	チ	ェ	ー	ン	ス	ー	パ	ー²	、	大	手	ネ	ッ	ト	シ	ョ	ッ	ピ
ン	グ	モ	ー	ル	上	の	食	肉	販	売	業	者⁴	。	自	社	は	①	高	い
職	人¹	の	加	工	技	術²	②	仕	入	れ	元	か	ら	の	信	頼	が	厚	く
良	い	食	肉	を	仕	入	れ	ら	れ	る	体	制¹	③	自	社	ブ	ラ	ン	ド²
④	商	品	開	発¹	力	が	強	み	。										

【メモ・浮かんだキーワード】　顧客：卸売→新型コロナウイルスで打撃、デモ・ジオ・サイコ、4P、SWOT

【当日の感触等】　自社について強みは書けたけど弱みまでは書けなかった。スーパーは顧客でもあるし、直営店事業においては競合にもなるし、捉え方が難しい。150字は多いようで意外と足りない。

【ふぞろい流採点結果】　23/30点

第2問（配点20点）　100字

X	県	の	畜	産	業	者	と	連	携⁵	し	、	地	元	生	ま	れ	地	元	加
工	を	コ	ン	セ	プ	ト¹	に	地	域	ブ	ラ	ン	ド²	商	品	を	開	発²	し
て	観	光	客	向	け	に	販	売	す	る	。	観	光	エ	リ	ア¹	や	旅	館¹
の	土	産	物	店²	で	販	売	し	、	売	り	上	げ	拡	大¹	、	X	県	の
認	知	度	向	上	、	畜	産	業	の	活	性	化¹	を	図	る	。			

【メモ・浮かんだキーワード】　ニーズ→商品開発、売上拡大、地域活性化

【当日の感触等】　この問題は自信あり！　ダナドコの要素は全部盛り込めた。ただ、ターゲットの観光客の情報をもう少し盛れればよかった。X県の商品コンセプトはどう答えてよいかわからなかったけど、いい線いっているのでは？　「地域ブランド」という単語を思い出した自分に拍手。

【ふぞろい流採点結果】　16/20点

第3問（配点20点）　100字

コ	ロ	ナ	禍[1]	で	料	理	を	楽	し	む[3]	X	県	の	フ	ァ	ミ	リ	ー	層
を	対	象	に	、	家	庭	向	け	の	調	理	キ	ッ	ト[1]	を	販	売	す	る。
試	食	提	供[1]	し	、	商	品	提	案	、	品	質	の	高	さ[2]	を	訴	求	、
感	想	を	聞	き	ニ	ー	ズ	収	集	を	す	る	。	ニ	ー	ズ	に	合	っ
た	商	品	開	発[2]	し	愛	顧	向	上[2]	・	売	上	拡	大[3]	を	図	る	。	

【メモ・浮かんだキーワード】　デモ・ジオ・サイコ。強みを訴求、ニーズ収集

【当日の感触等】　持てる知識とフレームワークを総動員。デモ（ファミリー層）ジオ（X県）サイコ（料理を楽しむ）の要素をすべて盛り込んでターゲット設定。ターゲットと施策に統一感がないかもしれないが、大外しでなければOK。

【ふぞろい流採点結果】　13/20点

第4問（配点30点）　150字

B	社	は	、	レ	シ	ピ	サ	イ	ト[3]	と	協	業	し	、	家	庭	の	調	理
を	簡	便	化[2]	す	る	調	理	セ	ッ	ト[4]	や	献	立	に	合	わ	せ	た	調
味	料	や	食	材	の	組	み	合	わ	せ	で	販	売	す	る	。	サ	イ	ト
上	で	生	産	者	の	情	報	や	、	調	理	方	法	や	日	々	の	献	立
を	提	案[3]	し	好	意	的	な	口	コ	ミ[2]	を	誘	発	す	る	。	季	節	や
ニ	ー	ズ	に	合	わ	せ	て	定	期	的	に	品	揃	え	を	見	直	す	こ
と	で	、	固	定	客	化[1]	を	促	進	・	長	期	的	な	視	野	で	売	上
拡	大[2]	を	図	る。															

【メモ・浮かんだキーワード】　口コミ促進、固定客化、季節やニーズに合わせて品揃えを見直し

【当日の感触等】　第3問で売っている商品と同じすぎる気もしてきた。オンライン販売業者が具体的にイメージできず、苦肉の策でレシピサイトと記入。調査結果も引用できたし、部分点はきっともらえると信じる。

【ふぞろい流採点結果】　16/30点

【ふぞろい評価】　68/100点　　　【実際の得点】　63/100点

　第4問のターゲット、商品・コミュニケーション戦略の要素を入れることでさらに加点される可能性はありましたが、全体的にバランスよくキーワードが盛り込まれており、合格点以上の点数でした。

~試験当日のアクシデント~

最寄駅から会場まで逆方向に歩いてることに5分くらい気づかなかった。

みみ 編（勉強方法と解答プロセス：p.152）

１．休み時間の行動と取り組み方針

　事例Ⅰのことはさっぱり忘れて、お手洗いへ直行。行きたくなくてもルーティーン化していた。頭の回転の助けになるよう、藁にもすがる思いでラムネを何個か口にして栄養補給。次は、個人的難関の事例Ⅱ。過去２回はC判定、B判定と60点以下だった。

２．80分間のドキュメント

【手順０】開始前（～０分）

　ファイナルペーパーとにらめっこ。ダナドコ、デモ、ジオ、サイコ、アンゾフ、コトラーと呪文のようにキーワードを脳内で繰り返していた。

【手順１】準備（～２分）

　受験番号は丁寧に記入し、事例Ⅰと同様に段落ごとに番号を振り、問題用紙を定規で破る。さて、どのような企業かな。

【手順２】設問確認（～８分）

第1問　３C分析か。時制を間違えることが一番怖いな。「現状について」を十分に意識しよう。

第2問　「第一次産業」の「地元事業者」と協業するのか。県の社会経済活動促進に寄与するための商品コンセプトは地域ブランドとするのが無難かな。販路は与件文から抜き出そう。

第3問　ダナドコのフレームワークで考えよう。顧客ターゲットは「誰に」、品揃えは「何を」、与件文から「どのように」を抽出して加えよう。効果は「販売力強化」で決まりかな。決めつけはよくないけれど。

第4問　ネット販売が過去に失敗している。おそらく、差別化できなかったのだろう。差別化を助けてもらえる協業先を考えよう。そして、調査結果に基づく提案をする必要があるな。上位２つのニーズに対応することで約５割をカバーできるから「献立の考案」「調理」の簡便化につながる解答を考えよう。そして、長期的な成功に導く提案か……。

【手順３】与件文読解（～35分）

1段落目　パート従業員が半数近いけれど、事例Ⅰじゃないし、無視でよいのかな。いや、留意はしておこう。

2段落目　「車の利便性は良い」は過去問でも登場しているキーワードだな。同じく過去問を振り返ると、ターゲット候補に「家族層」は入れておくべきだろう。

3～4段落目　B社の歴史が語られている。時制を意識しながら読んでいこう。「クオリティの高さ」「さまざまな食肉の消費機会に対応できる」などの強みも続々と出てきたからうまく解答に使用できるかな。

～試験当日の失敗・反省～

　終了10分前に設問で指定されている解答条件の見落としに気づく。

|5段落目| 価格競争に巻き込まれる恐れが高いし、大手と取引のあるチェーンのスーパーに営業をかけるのは得策じゃないよな。

|6〜7段落目| B社のターニングポイントかな。3C分析の解答に使えそうだ。2段落目に続いて「高速道路で行き来できる」というアクセスの良さアピール！　これは解答に使おう。農業、漁業は第一次産業だから第2問と関連づけできるな。そして、「特産品に恵まれ」を生かして、第2問における解答の方向性は地域ブランドで決まり。

|8段落目| 自社工場、自社ブランドを持っている。贈答品用の加工やOEMも可能なのか。

|9段落目| コンサル業を営んでいるということは提案力があると解釈してもよいよね。ニーズへの対応力と半加工ができる点はすごい強みだ。強みを生かさない手はないな。

|10〜11段落目| 2019、2020年度時点での情報だから、第1問には関係なし。設問文を読んだときの予想どおり、ネット販売は差別化に失敗したようだ。

|12〜13段落目| 専務への事業承継も課題かな。社長の意向は最終消費者と直接結びつく事業領域への強化か。解答の指針としよう。

【手順4】解答作成（〜75分）

|第1問| 「現状」という時制を再意識して解答しよう。後の設問につなげやすいように、自社の情報を厚めに入れておこう。顧客と競合の情報は卸売業者としての視点と小売店の視点の両方を盛り込むべきか。

|第2問| 「製造加工技術力を生かして」だから加工品の土産物を開発することを助言しよう。第一次産業と連携し、地域ブランドを立ち上げ、アクセスの良さを生かし、車で往来しやすい場所を販路としよう。

|第3問| 「誰に」はほかに候補が思いつかなかったので、家族層とするか。ジオグラフィックで修飾して家族層に具体性を持たせよう。「何を」は競合と被らないことしか思いつかないな。「どのように」は強みを生かした提案をして、「効果」は売上向上とするか。

|第4問| 「献立の考案」と「調理」の2つに焦点を絞って解答を行おう。B社の弱みを補ってくれる販売業者が理想的だったけれど、思いつかない。差別化を図ることを意識した解答としよう。

【手順5】見直し（〜80分）

　解答を一度読み直し、誤字脱字の修正を行う。大幅な修正は行わない。

3．終了時の手ごたえ・感想

　第1問から第4問を通して、一貫性のある解答になっているか全然自信がなく、手ごたえもないが、解答欄はすべて埋めたのでB判定は欲しい。

〜試験当日の失敗・反省〜

　助言問題がたくさんあったのに、効果をまったく意識できなかった。

合格者再現答案＊（みみ 編）　事例Ⅱ

第1問（配点30点）　150字

顧客はホテル、旅館、飲食店[3]と直営小売店等での最終消費者[3]。競合は大手食肉卸売業者[4]、ネット上の食肉販売業者[4]。自社は仕入[1]元からの信頼厚く、高い技術力を有する職人[1]を持ち、顧客ニーズへの対応力[3]が高く、自社ブランド[2]と自社工場[2]を有し、提案力[1]があり、車の利便性の良い立地であるが、感染症により売上の低下が著しい[3]。

【メモ・浮かんだキーワード】　SWOT分析、3C分析
【当日の感触等】　的外れな解答にはなっていないと思うが、自信はなかった。
【ふぞろい流採点結果】　22/30点

第2問（配点20点）　100字

地元の農業、漁業者等と連携[5]し、新商品の開発[2]に取り組む。商品コンセプトはX県の特産土産物[1]とし、地域ブランド[2]を開発、集客施設[1]や高速道路[1]の土産物店[2]で販売することでブランド知名度を高め、X県活性化[1]へ繋げる。

【メモ・浮かんだキーワード】　地域ブランド、地域活性化
【当日の感触等】　アクセス良好という強みを表現したほうがよいのか判断に迷った。
【ふぞろい流採点結果】　15/20点

第3問（配点20点）　100字

顧客ターゲットを大都市圏や集合住宅に住む家族層とし、作りたての揚げ物[3]の訴求やニーズへの対応力を活かした顧客への調理方法の提案[1]で、料理の楽しさを訴求し、スーパーと差別化[1]した品揃えで、売上向上[3]を図る。

【メモ・浮かんだキーワード】　ダナドコ
【当日の感触等】　与件文からは家族層以外のターゲットを発見することができなかった。このターゲットが的外れならば、たぶん60点以上は獲得できないと感じた。
【ふぞろい流採点結果】　7/20点

第4問（配点30点）　150字

動	画	で	の	訴	求	力	が	高	い	販	売	事	業	者	と	協	業	す	べ
き	。	具	体	的	に	は	提	案	力²	を	活	か	し	た	献	立	の	立	案³
や	自	社	工	場²	で	半	製	品⁴	を	製	造	す	る	こ	と	で	家	事	の
簡	便	化²	を	提	供	、	そ	れ	ら	を	動	画	で	訴	求	し	、	他	社
と	の	差	別	化	を	図	る	。	直	営	店	等	を	通	じ	た	最	終	消
費	者	の	ニ	ー	ズ	を	商	品	へ	反	映²	す	る	こ	と	を	継	続	し	、
ポ	イ	ン	ト	制	や	会	員	制	度	導	入	で	長	期	的	な	愛	顧	向
上¹	で	売	上	高	を	高	め	る²	。										

【メモ・浮かんだキーワード】　強みを生かす、差別化、FSP

【当日の感触等】　強みを生かして差別化を図る方向性で解答することを意識した。動画で訴求することで差別化を図るというのは、こじつけ感が否めないが、この解答以外は思いつかなかった。

【ふぞろい流採点結果】　17/30点

【ふぞろい評価】　61/100点　　【実際の得点】　61/100点

　第3問でターゲット、品揃えの要素を入れることでさらに加点される可能性はありましたが、そのほかの設問ではバランスよくキーワードが盛り込まれており、全体としては合格点以上の点数でした。

Column　高得点目標＆コンティンジェンシー設定のススメ

　私、実は1次試験で560点超（全科目80点超）、2次試験は300点超（事例Ⅰ70点、事例Ⅱ60点、事例Ⅲ80点、事例Ⅳ90点）の高得点を目指してました。それだけ高得点を取れば、何かと自慢できるし箔がつく……、というのもありますが、実はもっと現実的な狙いで、自分に致命的な弱みがあるなかで確実にストレート合格を果たすためでした。

　私は、昔からうっかりミス／計算ミスが多く、時間に追われるとそれが顕著になる傾向にありました。診断士試験はまさに時間との戦いであり、当日の試験ではさまざまな失敗をすることが容易に想像できましたし、勉強範囲外の問題も出るだろうと踏みました。そこで、自分がミスし得る点数を見積もり、それでも確実に合格できる得点を目標と設定、それが1次560点、2次300点というものでした。私の実際の得点は1次498点、2次264点でしたが、いずれも「ベストパフォーマンスを発揮できず悔いは残るが、想定の範囲内のミスで収まって良かった」という感覚です。

　もし、「420点超えればよい」、「240点超えればよい」という感覚で試験に臨むのならば、当日の問題との相性、体調、うっかりミスやラッキー正解など、運・不運の要素で合否が左右されるかもしれません。「一年で絶対に合格する！」との強い意志をお持ちならば、高得点＆コンティンジェンシーの発想で試験に挑んでみてはいかがでしょう？

（こやちん）

〜試験当日の失敗・反省〜

事例Ⅳが超難化し、5分くらい思考停止したこと。

80分間のドキュメント 事例Ⅲ

 ぜあ 編（勉強方法と解答プロセス：p.142）

1．昼休みの行動と取り組み方針

　午前中の2科目は「大外しはしていない」と信じて、コンビニで買ってきたランチ（カロリーメイト）を屋外で食べる。試験会場が1階だったため、外に出やすかったのがよかった。それにしても、天気がよく過ごしやすい1日。こんな日にバーベキューでもできたら最高だ。外に出てサンドイッチやおにぎりを頬張る受験生も多い。彼らも一生懸命勉強してきたんだろうな。

2．80分間のドキュメント

【手順0】開始前（～0分）

　苦手な事例Ⅲだけど、「冷静に、焦らず」と自分に言い聞かせて気持ちを落ち着かせる。

【手順1】準備（～1分）

　受験番号を確認しながら書き写す。

【手順2】設問解釈（～8分）

[第1問] 例年の「強み、弱み」ではなく、「課題」を問う設問。やはり、例年のパターンからの脱却を試験委員は狙っているのか！？

[第2問] 短納期化の問題。与件文から、生産工程のどこに問題あるかしっかり探さねば。

[第3問] 小ロット化もよく見る問題。第2問との書き分けが少し不安。

[第4問] 生産情報の交換と共有、デジタル化も頻出。定番の問題が続いている印象。だけど、「社内活動はどのように進めるべきか」は変化球の設問だな。

[第5問] C社の今後の取り組みということは、強みを探しに行くとともに、第1問との連携も考えよう。

【手順3】与件文読解（～40分）

[1～3段落目] 令和4年度の題材は金属製品製造業ということで、かつて訪れたことのある東大阪の町工場の光景をイメージ。技術が強みだけど、営業面での売上依存やコロナ禍での苦境など、結構情報量が多い。

[4～6段落目] 生産部門の「～課」が多すぎない？　どの課で何の問題が起きているか、しっかりと対応づけしないと、大やけどしそう。

[7段落目] 「2次元CAD」が出てきて、設計に時間かかるということは、「3次元CAD」の出番かな。担当者が、プレス加工製品と板金加工製品の双方の設計を行っていることで、設計課で混乱をもたらせていることも見過ごせない。

[8段落目] ベテラン職人の技術伝承、若手養成も頻出テーマだ。生産プロセスの図表があるけど、テンパって読み解く余裕なし。

~試験当日の失敗・反省~
　電卓を机の上に2台置いて、注意されたこと。

9段落目　「月度生産計画」ということは、短納期化のために生産計画高頻度化か？　「週次対応」ということも頭に入れておく。

10段落目　これまでのなかで一番の問題ポイント。ここは絶対使いそう。プレス加工機ごとに担当作業員が割り付けられ、長時間の段取作業を一人で行っている、ということは、人員配置を見直せば問題解決につながるのかな。

11段落目　ロットサイズの問題に対応しそうな段落。ここも要チェック。

12段落目　デジタル化に対応しそうな段落。解答要素が詰まっている。でも、ここまでの書き方、わざとかどうかわからないけど、あえて混乱させるような書き方になってない？解答書くときはとにかく与件文に寄り添うことを自分に言い聞かせよう。

13〜16段落目　今後の取り組みにつながる部分。第1問と第5問に対応しそう。C社の新たな取引先と今後の方向性がこの辺りにぎっしり情報が詰まっている。

17段落目　ここも小ロット化。与件文の中に解答要素が散らばっており、苦戦必至。

【手順4】解答作成（〜75分）

第1問　ほかの設問を考えた後に第1問に戻ってこよう。

第2問　設計課での問題はここに紐づけられそう。「3次元CAD」も過去問で取引先との「イメージ共有」に役立つと学んだことだし、ここで使うことにしよう。第3問との書き分けに最後まで迷うけど、プレス加工課での段取作業の長さも、直接的に短納期化につながるし、この問題で書いてしまうことにしよう。

第3問　過去問では、小ロット化対応には生産計画の高頻度化が定石だったから、ここでも同じ対応を。受注予測の精度も小ロット化には必須だったから、盛り込もう。対応策だけ書いていたのでは字数が余るので、効果も盛り込んで点数アップを狙う。

第4問　DRINKの要素が詰まったような問題。それを書くのはいいのだけど、字数が少し余るな。減点はないだろうから、若手養成のこともここで書いちゃえ！

第5問　事例Ⅱに近い問題のような気がするけど、営業面、生産面各々の観点から書くことを意識。そして、C社は技術力の高さは十分あるのだから、社長が目論む「高価格な製品に拡大する」も忘れずに。

第1問（再）　第2問〜第5問で相当時間を取られてしまった。80字以内でまとめるのも大変だけど、ほかの設問で書いた事柄のダイジェストを書くつもりで挑もう。販売面は売上依存からの脱却、生産面は短納期・小ロット化対応でまとめれば及第点か。

【手順5】解答見直し（〜80分）

　与件文を読み解くのに想定よりも時間がかかってしまい、見直しの時間が多く取れなかったものの、誤字・脱字をしっかりチェック。

3．終了時の手ごたえ・感想

　事例Ⅰ、事例Ⅱよりも手ごたえは悪い。問題となっているプロセスは与件文から抽出できるものの、どの設問で書くべきかが自信がない。でも、各設問20点ずつで、第1問と第5問はある程度書けたような気がするので、そこに期待することにしよう。

──〜試験中に起きた面白エピソード〜──────────────────
　試験監督が試験中に最後列の自分の真後ろで書類を何度も落とす。集中できない（笑）。

合格者再現答案＊（ぜあ 編）　　　　　　　事例Ⅲ

第1問（配点20点）　　80字

販	売	面	で	は	、	コ	ロ	ナ	禍²	に	よ	る	売	上	減	少²	か	ら	回
復	す	る	た	め⁴	の	新	規	取	引	先	開	拓⁴	。	生	産	面	で	は	、
発	注	の	小	ロ	ッ	ト	化⁴	に	対	応	で	き	る	生	産	体	制	の	確
保	と	新	規	受	注	の	短	納	期	化³	、	で	あ	る	。				

【メモ・浮かんだキーワード】　依存脱却、小ロット化、短納期化
【当日の感触等】　第1問は後回しにしていたが、ほかの設問に時間を要し、余裕がなかった。
【ふぞろい流採点結果】　19/20点

第2問（配点20点）　　120字

課	題	は	①	発	注	元	と	の	仕	様	確	認	・	変	更	に	か	か	る
時	間	の	削	減³	、	②	金	型	設	計	と	板	金	加	工	設	計	の	対
応	の	明	確	化³	③	効	率	的	な	人	員	配	置	に	よ	る	段	取	り
作	業	削	減	。	対	応	策	は	①	3	次	元	C	A	D³	導	入	で	の
仕	様	調	整	の	容	易	化	②	両	作	業	で	の	担	当	者	兼	任	の
回	避²	③	人	員	の	適	正	配	置	、	で	リ	ー	ド	タ	イ	ム	縮	減。

【メモ・浮かんだキーワード】　3次元CAD、イメージ共有、外段取り
【当日の感触等】　理論ではなく、できるだけ与件文に沿おうとした。時間はかかったが、まずまず書けたのではないか。
【ふぞろい流採点結果】　11/20点

第3問（配点20点）　　120字

対	応	策	は	①	生	産	計	画	の	作	成	を	高	頻	度	化⁴	し	、	併
せ	て	、	日	程	計	画	の	作	成	も	見	直	す²	②	X	社	か	ら	の
月	販	売	予	測	の	分	析	能	力	を	向	上	さ	せ	、	受	注	予	測
の	精	度	を	向	上	さ	せ	る	。	以	て	、	小	ロ	ッ	ト	化	に	対
応	で	き	る	生	産	体	制	を	確	立	し	、	自	社	在	庫	を	増	や
さ	な	く	て	す	む	よ	う	に	す	る¹	。								

【メモ・浮かんだキーワード】　生産計画、受注予測、小ロット化、在庫削減
【当日の感触等】　第2問との書き分けが難しく、プレス加工工程での長時間の段取作業について言及できなかったのが心残り。
【ふぞろい流採点結果】　7/20点

~試験中に起きた面白エピソード~
面白いことなんて1つもありませんでした……。

第4問（配点20点）　120字

デ	ジ	タ	ル	化	は	、	生	産	管	理	シ	ス	テ	ム	の	導	入	に	よ
り	、	**製**	**品**	**仕**	**様²**	や	**納**	**期³**	、	**進**	**捗²**	等	の	**情**	**報**	**を**	**共**	**有³**	す
る	こ	と	。	社	内	活	動	は	、	①	共	有	す	べ	き	**情**	**報**	**を**	**統**
一	の	**様**	**式²**	で	Ｄ	Ｂ	**化³**	す	る	事	、	②	プ	レ	ス	加	工	に	お
い	て	製	品	部	品	組	付	、	製	品	仕	上	工	程	も	含	め	た	生
産	計	画	の	作	成	、	③	技	能	承	継	に	よ	る	負	荷	平	準	化 。

【メモ・浮かんだキーワード】　データベース化、一元化、一貫した生産計画、技術承継

【当日の感触等】　ほかの設問に技能承継を書けなかったので、ここで書いたが、蛇足だったか。

【ふぞろい流採点結果】　15/20点

第5問（配点20点）　100字

可	能	性	は	、	①	**新**	**規**	**の**	**取**	**引**	**先**	**開**	**拓³**	に	よ	り	、	経	営
リ	**ス**	**ク**	**の**	**分**	**散³**	を	図	れ	る	②	コ	ロ	ナ	禍	で	も	成	長	す
る	**市**	**場²**	で	自	社	の	プ	レ	ス	加	工	**技**	**術²**	を	訴	求	で	き	る
③	**高**	**付**	**加**	**価**	**値**	**製**	**品³**	の	取	引	も	期	待	で	き	、	**収**	**益**	**性**
を	**向**	**上³**	さ	せ	ら	れ	る	、	こ	と	で	あ	る	。					

【メモ・浮かんだキーワード】　高付加価値化、リスク分散

【当日の感触等】　与件文をベースに、ある程度必要な要素を盛り込むことができたのではないか。

【ふぞろい流採点結果】　16/20点

【ふぞろい評価】　68/100点　　【実際の得点】　59/100点

　第1問と第5問が高得点だったことによりふぞろい流の採点では合格点となりました。ただし、第2問で「若手への事業承継」の要素が書けていないなど、一部多面性に欠ける解答となりました。

> **Column**
>
> ### 妻への感謝
>
> 　私は独学での受験だったため、受験生仲間が1人もいませんでした。ただ、その代わりに妻が隣で支えてくれました。9月初頭に結婚式を控えていたため、通常6〜8月は式の準備に追われることになりますが、「後悔のないように勉強して」と式の準備を引き取ってくれました。また、夜遅くまで図書館で勉強して帰宅しても、必ず夕食を作って待っていてくれました。
>
> 　妻の理解があったからこそ勉強に集中することができ、合格をつかみ取ることができました。勉強できる環境が当たり前ではない。そう思うからこそ、限られた時間で効率的に勉強しようというモチベーションが生まれます。感謝の気持ちを大切にすることは、必ず合格につながります。
>
> （いのっち）

~試験中に起きた面白エピソード~

運営管理の試験中、外から演歌と警察のパトカー音。やめて！　PERT解いてるんだから！！

やーみん 編（勉強方法と解答プロセス：p.144）

1．昼休みの行動と取り組み方針

　事例Ⅱで想定外が続いたこともあり、どっと疲れた。事例Ⅲのノートを見返しながら、コンビニおにぎりと羊かんを口に入れる。食事に遅れてやってくる睡魔には逆らわず、耳栓をして仮眠をとる。まだ先は長い。少しでも体力を戻しておこう。それにしても、農業、食肉と来たから、次はきっと林業じゃないかな……スヤ（眠）。

2．80分間のドキュメント

【手順0】開始前（～0分）

　普段の学習ではⅠとⅡが苦手と自覚していた。午後は巻き返す時間帯だ。事例Ⅲはシンプルに、できていないことを「やりましょうよ」と諭すだけ。要素の切り分けで迷ったら、両方に書くこと。

【手順1】準備（～1分）

　さっと事例全体を流し見る。新型コロナウイルスに関する注記はここでもなし。そして見慣れぬ業務フロー図。また新しいパターンが来た、と少し緊張する。

【手順2】設問解釈（～5分）

[第1問]　今回は強み弱みからじゃないのか。まあ、過去にもそういう年はあったし、慌てず対応しよう。「2020年以降」という時制指示で、コロナ後を意識する。

[第2問]　文章が長い。設問要求を外さないように注意しないと。「新規引合いから初回納品まで」と「新規受注の短納期化」にマーカーを引き、余白に「課題は」「対応策は」と解答フレームをメモ。与件文に設計の合理化の話が出てくるはず。その辺は注意深く読もう。

[第3問]　こちらも文章が長い。設問要求が「生産面の対応策」だから、レイヤーは生産性改善かな。段取改善とかOJT不足とか、わかりやすい改善ポイントが出てくるといいなあ。そして余白に「実需に合わせたロットサイズ」とメモ。この単語は絶対使うはずだ。

[第4問]　ITといえばDRINK。「交換と共有」はそのまま「リアルタイム一元管理」ってことだよね。それより「生産業務のスピードアップ」「社内活動」とあるけれど、ひょっとして生産性の話も混ざってくるのか？　そうなると第3問と切り分けで苦労しそう。困ったら両方書く、を意識しよう。

[第5問]　最後は経営戦略の問題だ。これは与件文を読まないとわからないな。

【手順3】与件文読解（～35分）

[1段落目]　個別受注生産の板金加工と、繰返受注生産のプレス加工か。余白に円グラフでメモしておこう。取引先は卸2社だけか。結構依存度が高いな。

[2段落目]　技術はありますよ、ということね。事例Ⅲで定番の強みだ。

|3段落目| そして新型コロナウイルスの話。これは予想どおり。

|4～6段落目| 文章だけだと混乱するけれど、図と合わせて読むと理解が進む。助かる。

|7～8段落目| 設計工程の弱みがどんどん出てくる。この辺は第2問で使いそうだ。

|9段落目| 発注情報が前月中旬で生産計画が前月月末。過去問でよく見た弱みだ。この時間差は指摘することになりそうだ。

|10段落目| プレス工程が非効率でネック工程が生じているし、プレスが専任化している。設問解釈で予想した内容がそのまま出てきた。第3問も書けそうだ。

|11～12段落目| この辺は生産計画とロットサイズの話だ。第3問か第4問かな。

|13～16段落目| X社が出てきた。新たな機会に対応するために、社内体制を整備する、という話の流れは過去問でもあったな。

【手順4】解答作成　（～79分）

|第1問| 販売面は具体的にX社との関係を書けばよいのか？　いや、顧客はX社だけじゃないし、一般化して書こう。生産面では社内体制の整備について書けばよいか。

|第2問| 「新規受注」ってどこまでだ？　金型製作工程だけか、それとも製品量産工程も含むのか？　文章を素直に読むと後者も含む気がするけれど、切り分けの関係で後者は第3問に回すことにする。あとは、与件文中の問題点に対し素直に打ち返すだけ。最終的に3次元CADを入れるスペースがなくなっちゃったけれど、形状の単純な鍋やトレーが対象商品だし、文字数詰める時間もないし、割り切って次に行こう。

|第3問| で、こちらのレイヤーが生産性改善だ。生産面の問題点は与件文でわかりやすく記述されていたから、それを中心に指摘。OJTって単語は第2問でも使ったけれど、ここの被りは許容。効果は、「実需に合わせたロットサイズ」？　なんか変な気がするなあ。

|第4問| 時間がなくなってきた。深く考えず、「リアルタイムで一元管理」って書いてしまえ。「社内活動」って何？　根回しとか？　いや、それより、ほかに入れるところがない生産計画の不備をここで指摘しよう。

|第5問| 改めて見ても、ふわっとした設問だ。「可能性」とあるから、ある程度想像で書いてもよいということかな。まず、取引先が卸から小売になるから、何はともあれニーズは収集しておこう。それから、社長の思いである高価格帯への展開の話を書いて。最後に、売上増と設備投資の話とを絡めて、これで100字だ。

【手順5】解答見直し　（～80分）

　第3問の効果、やっぱりおかしいな。最後に「在庫を削減する」って書きたいけど、スペースが作れない。消して文字数詰める時間はないし、うーん、諦めるしかないのか。

3．終了時の手ごたえ・感想

　「やめ」の合図があってからほどなく、第3問で「外段取化」ではなく「外段化」と書いていたことに気づき愕然とする。直したい気持ちを必死に抑え、用紙が回収されていくのを見送った。やらかしてしまった……。

～休憩中に食べたおすすめのおやつ・ドリンク剤～
　羊羹。

合格者再現答案＊（やーみん 編）　　　事例Ⅲ

第1問（配点20点）　　80字

販	売	面	で	は	、	感	染	症	の	拡	大2	に	よ	る	調	理	場	受	注
の	落	ち	込	み2	を	、	新	規	受	注	拡	大4	で	補	う	事	。	生	産
面	で	は	、	生	産	性1	や	生	産	管	理1	を	改	善	し	、	新	規	受
注	に	対	応	で	き	る	社	内	体	制	を	整	備	す	る	事	。		

【メモ・浮かんだキーワード】　新たな需要掘り起こし、販路の拡大

【当日の感触等】　文字数が少ないし、こんなものでしょう。どこまで具体的に書くべきかわからなかった。販売面でX社とか、生産面で段取り改善とかまで書くべきだったのかな。

【ふぞろい流採点結果】　10/20点

第2問（配点20点）　　120字

課	題	は	金	型	製	作	工	程	の	納	期	短	縮3	で	あ	る	。	対	応
策	は	①	設	計	が	営	業	に	同	行	し	て	提	案	営	業	を	行	い、
仕	様	確	認	や	変	更	を	削	減	す	る	事	②	プ	レ	ス	加	工	設
計	と	板	金	加	工	設	計	の	担	当	者	を	専	任	化2	し	、	設	計
の	混	乱	を	無	く	す3	事	③	O	J	T1	で	金	型	製	造	課	若	手	の
養	成2	を	行	い	、	金	型	製	作	を	短	納	期	化2	す	る	事	。	

【メモ・浮かんだキーワード】　コンカレントエンジニアリング、提案営業、OJT

【当日の感触等】　第2問を設計の話だけにしたことで、切り分けに迷う時間を最小限にできた。出題者の意図とはひょっとしたら違うかもしれないけれど、試験対応としてはこれで間違っていないはず。

【ふぞろい流採点結果】　13/20点

第3問（配点20点）　　120字

対	応	策	は	①	内	段	取	作	業	を	複	数	人	で	行	い	、	ま	た
材	料	準	備	作	業	を	外	段	化	す	る	こ	と	で	、	内	段	取	時
間	を	短	縮4	し	②	各	プ	レ	ス	機	毎	に	標	準	化	を	行	い	、
O	J	T	で	作	業	者	教	育	を	行	い	多	能	工	を	育	成	し	、	柔
軟	な	生	産	体	制	を	構	築	す	る	事	。	上	記	で	実	需	に	
合	わ	せ	た	ロ	ッ	ト	サ	イ	ズ4	を	実	現	す	る	。				

【メモ・浮かんだキーワード】　実需に合わせたロットサイズ、内段取時間の短縮、柔軟な生産体制

【当日の感触等】　こっちは生産面の話だけ書く。探り探りしながら書いたため、効果を書く欄が小さくなってしまった。解答メモ上でもっと答案を練れていたら「在庫の削減」を書くスペースも作れたと思うけれど、時間不足だった。「外段取化」を「外段化」とする誤字も致命的。

【ふぞろい流採点結果】　8/20点

~休憩中に食べたおすすめのおやつ・ドリンク剤~

ラムネ。

第4問（配点20点）　120字

生	産	計	画²	や	、		進	捗	管	理²	・	在	庫	管	理²	等	の	生	産	統
制	情	報	を	デ	ジ	タ	ル	化	し	、	全	社	で	一	元	管	理³	し	て
リ	ア	ル	タ	イ	ム¹	で	共	有³	す	る	こ	と	で	生	産	業	務	を	効
率	化¹	す	る	。	そ	の	た	め	①	月	次	の	生	産	計	画	策	定	を
改	め	受	注	後	即	生	産	計	画	に	反	映	し	②	プ	レ	ス	加	工
工	程	だ	け	で	な	く	全	社	一	括	の	生	産	計	画	と	す	る	。

【メモ・浮かんだキーワード】　DRINK、生産計画を即時に策定し即時に共有

【当日の感触等】　「リアルタイム一元管理」とエイヤで書いちゃった。まあ0点にはならないでしょ。にしても「そのため」って何。「社内活動は」でよかったでしょ。1文字しか変わらないんだから。

【ふぞろい流採点結果】　14/20点

第5問（配点20点）　100字

①	X	社	を	通	じ	て²	ニ	ー	ズ	を	収	集	し	、	新	商	品	開	発²
に	役	立	て	ら	れ	る	事	②	X	社	の	納	期	・	品	質	の	要	望
に	対	応	す	る	こ	と	で	、	よ	り	高	価	格	帯	の	製	品³	受	注
が	見	込	め	る	事	③	取	引	が	拡	大	し	売	上	が	安	定³	す	る
事	で	、	事	業	拡	大	の	た	め	の	投	資	が	可	能	に	な	る	事 。

【メモ・浮かんだキーワード】　顧客ニーズ収集→自社製品改良、売上向上＆収益拡大→設備投資

【当日の感触等】　まあまあ多面的に解答できたと思う。特に、売上安定という当たり前の効果を忘れず書けたのはよかった。

【ふぞろい流採点結果】　10/20点

【ふぞろい評価】　55/100点　　【実際の得点】　56/100点

　第2問、第4問ではしっかりと複数の解答要素を記載し合格点に達しています。一方、第3問では段取改善について記載されていますが、生産管理面にも触れられていれば、合格点を超えられたでしょう。

Column　試験直前期の体調不良、お腹が……

　10/25、試験5日前。仕事中から体調が悪く、その日は帰宅後、勉強もせずにすぐに寝ました。しっかり寝ればすぐよくなるだろうと思っていましたが、翌朝どうもだるい、お腹の調子が悪い。消化不良を起こしている感じ。試験の日まで治るだろうと思っていて、確かに良くはなったのですが、お腹の違和感は試験当日も続いていました（試験後飲みに行きましたが…笑）。試験前1週間は早寝早起き、勉強もそこそこにするつもりでしたので、特にペースは乱れなかったのですが、さすがに焦りましたね。これが試験当日ではないのが本当に良かったです。

（たくま）

~休憩中に食べたおすすめのおやつ・ドリンク剤~
　ゼリー飲料を各休憩時間に必ず少しでも飲む。プッシュ型の栄養補給。

こやちん 編（勉強方法と解答プロセス：p.146）

1．昼休みの行動と取り組み方針

　事例Ⅱ終了とともに、狙いをつけておいた中庭のベンチに向かう。全身ストレッチしつつ、コンビニおにぎりをほおばる。よい天気だ。空気も美味しいし、木漏れ日がまぶしい。周囲を眺めながら、なんとなく学生に戻ったような幸せな気分にしばし浸る。

　食後はキャンパス内を散歩しつつ、事例Ⅰ、Ⅱをしばし反省。1問ずつ事故をやらかした気がするが、ともかく時間内に埋めることができたのは大きい。両事例とも最低でも50点は超えているはず。ここからが本当の勝負。事例Ⅲできっちり点数を積み上げ、最後の事例Ⅳで高得点取って合格を勝ち取ろう。

2．80分間のドキュメント
【手順0】開始前（〜0分）
　事例Ⅲは素直が大切。素直にいこう。
【手順1】準備（〜5分）
　問題用紙を切るのに四苦八苦。時間ロスがもどかしい。段落ごとに丸数字を付けながら全体を俯瞰。これまでいろんな取引先の工場を見学させてもらったので、金属加工工場はイメージが湧きやすい。2ページの「生産プロセス図」はしっかり押さえておこう。
【手順2】設問解釈（〜8分）
[第1問]　あれ、SWOTじゃない。販売面と生産面の課題か。いろいろありそうだが、販売、生産の両面を80文字でまとめるのは大変そう。設問の切り分けも重要だな。
[第2問]　これも課題と対応策。制約条件が多くて混乱しそう。プレス加工製品においても「新規引合いから量産製品初回納品まで長期化」に解答範囲を限定すべきだろうな。
[第3問]　小ロット化の対応といえば、段取改善だろう。いつものパターンを与件文から拾いに行けばよさそう。これは落とせない設問だな。
[第4問]　あるある問題だが、「優先すべき」とあるのでC社が抱える問題と絡めるべきだろうな。「そのための社内活動」って何だろう。与件文にヒントあるかな。
[第5問]　X社との取り組みからC社が得られるものを押さえれば、書けそうだ。
【手順3】与件文読解（〜40分）
[1〜3段落目]　またコロナ禍による環境変化対応だ。要は、業態の異なる新規取引相手を探して、経営リスク分散ってやつだな。
[4〜8段落目]　ここは金型製作工程。情報量が多いな。要は2ページの図の上部すべて金型製作工程か。ええと、まずは「金型設計」……、出た！　設計問題3兄弟。2次元CAD、設計変更／仕様変更、兼任による混乱。さらにベテラン技能者の高齢化と若手の育成。これもいつものパターン。どこで何を使うか気をつけないとな。

〜休憩中に食べたおすすめのおやつ・ドリンク剤〜
　普段まったく食べないが、事例を真剣に解くと脳が激しく疲労するため、チョコを食べた。

9〜11段落目　ここから製品量産工程。出た！　プレス加工の段取りの長期化、全体計画の欠如。事例Ⅲあるあるの与件文だな。

13〜17段落目　コロナ禍によるサプライチェーンの分断で生まれたチャンスだな。社長がやりたいことは全力で後押しする。狙うべきはアウトドア用PB商品、中価格帯から開始し、高価格帯を狙う。課題は、補充点方式への対応、短サイクル化と小ロット化対応、これも典型的な課題だ。

【手順4】解答作成（〜75分）

第1問　第1問から取りかかろう。販売面の課題は、新規取引先開拓による取引先の分散だろう。生産面の課題はいろいろあるが、どれを取り上げよう。素直に考えれば、短納期化と小ロット化だが、これは第2問、第3問のテーマそのものなので、思いっきり重複するな……。販売面の課題と結びつけて新規顧客開拓とするなら、設計短縮も重要かな。あと、技能承継も課題だったかな。なんだか微細に入りすぎている気もするが、一旦、思いつくところで書いてみて、後で見直ししよう。

第2問　金型製作工程の話だ。第3問と明確に切り分けされているし、事例Ⅲ知識が使えるので書きやすい。課題は書き方次第だが、レイヤーを揃えてシンプルに書こう。対応策は、設計者の専任化、3次元CAD、営業同行。これを課題に対応していけばよいだろう。

第3問　ここは量産工程。外せないのは全体日程計画と、当然にして生産の小ロット化。さすがに素直すぎるので「受注情報に合わせた最適化」と書いておこう。あとはお決まりの段取改善。一人でやっているので、応援体制も組み込もう。

第4問　C社の課題を拾って一般知識でつなげる感じかな。「社内活動」は結局何のことかわからなかった。若手活用かもしれないが、その肉付けで字数使いそうだし、外すと事故になりそうだな。やはり、一般論として部分点狙いにしておこう。

第5問　協業を通して強みを磨いてノウハウ蓄積、新規事業に還流する、のお決まりロジックで行けそうだ。大きく外すことはないだろう。

【手順5】解答見直し（〜80分）

　ざっと誤字脱字を見直し、結構あるな。……あと2分、問題は第1問だ。あれ、よく見たら「2020年以降今日までの外部経営環境の変化の中で」が制約条件か。すると技能承継は制約条件違反か。やはり「短納期化」と「小ロット化」かな。……と、あと30秒、編集する時間がない……。

3．終了時の手ごたえ・感想

　素直にいくと誓っていたのに、結局第1問は深読みしすぎたかな……。制約条件を忘れていたことが悔やまれる。第4問もあまり自信ない。

　とはいっても、1問当たり20点だから、致命傷とはならないだろう。第2問、第3問、第5問はしっかり書けたので、60点は超えただろう。70点取れていたらよいな。

〜休憩中に食べたおすすめのおやつ・ドリンク剤〜
ラムネ・レッドブル・キャラメル。

合格者再現答案＊（こやちん 編）　　　　　　事例Ⅲ

第1問（配点20点）　　80字

販	売	面	で	、	業	務	用	食	器	・	什	器	等	、	調	理	場	用	製
品	と	は	異	な	る	業	界	の	新	規	顧	客	の	開	拓	に	よ	る	経
営	リ	ス	ク	の	分	散	。	生	産	面	で	、	設	計	期	間	の	短	縮	、
ベ	テ	ラ	ン	技	能	者	か	ら	の	技	能	承	継	が	課	題	。		

【メモ・浮かんだキーワード】　新規取引先、リスク分散、小ロット化、在庫削減、短納期化、
技能承継

【当日の感触等】　第3問との設問切り分けで深読みしすぎた。制約条件に気づけなかったこ
とは後悔。

【ふぞろい流採点結果】　11/20点

第2問（配点20点）　　120字

課	題	は	①	金	型	設	計	期	間	の	短	縮	化	、	②	設	計	業	務
の	円	滑	な	推	進	に	よ	る	金	型	製	作	期	間	の	短	縮	化	で
あ	る	。	対	応	策	は	①	営	業	に	設	計	担	当	・	製	作	要	員
が	同	行	し	3	D	C	A	D	を	使	っ	て	仕	様	打	ち	合	わ	せ
を	す	る	②	設	計	担	当	者	を	専	任	化	す	る	。	以	上	で	、
金	型	設	計	の	効	率	化	を	進	め	、	納	期	短	縮	を	図	る	。

【メモ・浮かんだキーワード】　専任化、営業同行、3D-CAD

【当日の感触等】　いい感じにまとまった。若手の養成も使うべきかもしれないが、収拾がつ
かなくなりそうなのでこれはこれでOKとしよう。

【ふぞろい流採点結果】　12/20点

第3問（配点20点）　　120字

対	応	策	は	、	①	全	工	程	で	の	生	産	計	画	を	作	る	と	共
に	計	画	修	正	機	会	を	設	定	②	生	産	ロ	ッ	ト	サ	イ	ズ	を
受	注	情	報	に	合	わ	せ	最	適	化	③	段	取	り	の	外	段	取	り
化	を	推	進	④	負	荷	調	整	と	応	援	体	制	の	整	備	で	あ	る	。
以	上	で	、	ネ	ッ	ク	工	程	と	な	っ	て	い	る	段	取	り	作	業
を	改	善	、	生	産	効	率	を	高	め	在	庫	も	削	減	す	る	。	

【メモ・浮かんだキーワード】　全日程計画、短サイクル化、修正機会、受注予測、応援体制、
段取り改善、5S、在庫削減

【当日の感触等】　キーワードは盛り込めたと思うが、「修正機会の設定」より「短サイクル化」
とはっきり記載したほうがよかったかな。

【ふぞろい流採点結果】　20/20点

第４問（配点20点）　120字

内	容	は	、	①	顧	客	か	ら	の	商	品	企	画	情	報	、	②	設	計
変	更	や	仕	様	変	更	に	関	わ	る	情	報²	、	③	設	計	図	面	の
情	報	、	④	受	注³	や	生	産	計	画²	に	関	す	る	情	報	、	⑤	進
捗²	、	現	品²	、	余	力²	に	関	す	る	情	報	で	あ	る	。	情	報	は
D	B	化³	し	た	上	セ	キ	ュ	リ	テ	ィ	対	策	を	し	た	上	で	一
元	管	理	し	、	リ	ア	ル	タ	イ	ム¹	で	社	員	に	共	有³	す	る	。

【メモ・浮かんだキーワード】　DB化、設計変更、仕様変更、データ再利用、リアルタイムで共有

【当日の感触等】　「社内活動」をどう解釈すべきであったか、あまり自信ない。

【ふぞろい流採点結果】　16/20点

第５問（配点20点）　100字

C	社	の	高	度	な	金	型	設	計²	技	術	力²	を	生	か	し	、	高	付
加	価	値³	で	差	別	化	し	た	製	品	を	X	社	向	け	に	提	案	で
き	る	可	能	性	、	X	社	と	の	取	引²	で	獲	得	し	た	製	品	開
発	ノ	ウ	ハ	ウ	を	活	か	し	、	日	用	品	・	雑	貨	に	関	わ	る
新	た	な	取	引	先	を	開	拓³	で	き	る	可	能	性	が	あ	る	。	

【メモ・浮かんだキーワード】　強みを伸ばす、磨いた技術を還流、高付加価値、競争優位性

【当日の感触等】　キーワードを織り込んだ無難な解答を書けたので、しっかり点数が入るのではないか。

【ふぞろい流採点結果】　12/20点

【ふぞろい評価】　71/100点　　【実際の得点】　62/100点

　第1問で制約条件が考慮されていなかったことや、第5問での効果の記述がされていないため点数が伸びませんでした。全体を通して大きな失点もなく第3問では多面的な解答で効果まで記述されていることにより、ふぞろい流採点では高得点となり合格基準に達しています。

Column

昼寝の効果は疲労回復だけではない！？

　私は2次試験の休憩時間のほとんどを昼寝に費やしていました。振り返ってみると、昼寝は疲労回復だけでなく緊張の軽減にもつながったと感じています。そもそも寝ている時間は考えごとができないので「緊張している」と感じる時間が周りの人より少ないのです。

　ファイナルペーパーは読み込めないため、試験直前に詰め込める知識の量は減りますが、緊張や疲労による凡ミス対策には非常に有効でした。目が覚めたら外に出て、少し冷たい秋風にあたれば、一気に頭が冴え試験にも集中できるはずです。　　　　（いのっち）

〜休憩中に食べたおすすめのおやつ・ドリンク剤〜
カロリーメイト　チーズ味&バニラ味。

おみそ 編（勉強方法と解答プロセス：p.148）

1．昼休みの行動と取り組み方針

　朝買った蕎麦とパンを食べる。試験中に眠気に襲われないよう腹八分目の量にする。Apple Watch の呼吸セッションで目を瞑りながら、毎日の習慣である昼寝を試みるも、事例Ⅱのダメージがあり、なかなか寝つけなかった。結局、目はばっちり覚めたまま5分間の呼吸セッションを終え、『ふぞろい15』を開いて事例Ⅲの模範解答書き写しを実施。でも全然集中できず。ノートに今の気持ちを吐き出す。「キツイ、ツライ、まじでムズい、苦しい……」そうすることで、徐々に気持ちが切り替わってくる。残るは得意な事例ⅢとⅣだから、挽回できるはず。今まで愚直に勉強してきた自分を信じる。

2．80分間のドキュメント

【手順0】開始前（～0分）

　事例Ⅲの頻出用語の最終確認をする。見込生産と受注生産、受注量に合わせて生産量を小ロット化し在庫適正化、OJT で熟練職人の技術を承継、生産計画を短サイクル化。事例Ⅲはこれだけ書いておけば確実に点が取れるからきっと大丈夫。

【手順1】準備（～1分）

　解答用紙に受験番号を書いて、定規でメモ用紙を準備。与件文に段落番号を振る。金属製品製造業であることを確認。ここまでは事例Ⅰ、Ⅱとまったく変わらない手順。

【手順2】設問解釈（～6分）

第1問　課題ね。毎年強みと弱みだったけど、今回は弱みにフォーカスか。課題の注意点は、マイナスを書くのではなく、マイナスをプラスにする方向を書くこと。

第2問　QCD のうちDの問題だ。課題と対応策を聞くシンプルな問題。プレス加工製品という制約があるので、ここはちゃんと踏まえるようにしよう。

第3問　今度はCの問題かな。小ロットと書かれているし、生産量を受注量に合わせるのがセオリーだろう。生産面という制約条件が書かれているのは気にしておこう。

第4問　デジタル化といえばDRINK。デジタル化の内容は、近い表現が過去問にあったから、あのときの問題の型で答えよう。社内活動というのはよくわからないけど、SECIモデルを意識する感じかな。令和2年度の事例Ⅰの問題を思い出そう。

第5問　戦略の問題か。可能性っていうのはあんまり問われたことがないけど、結構自由度があるだろうから答えやすいな。第4問こそ少し癖があるけど、事例Ⅲはおおむね傾向に変化なく安心。これならいけるはず！

【手順3】与件文読解（～20分）

1段落目　製品が板金加工製品とプレス加工製品の2種類だから、これはよく注意しておこう。板金加工製品が個別受注でプレス加工製品が繰返受注。顧客が卸売企業2社というのは典型的な取引先依存型なので、第5問では新規開拓が必要だな。

②段落目　難易度の高い金型製作技術やコスト低減などの提案力は強み。

③段落目　コロナ禍で売上減少は脅威。

④〜⑤段落目　生産部門の課が多いな。全部見切れない……。プレス加工製品だから第2問に関係しそう。図が書いてあるけど、見方がよくわからん。解答に使うのか？

⑥段落目　金型製作期間が2週間〜1か月というのは長そうだから、ここら辺が短納期化の話につながるのだろう。

⑦段落目　2D-CADがきた。顧客との調整が長くなっているなら、第2問で3D-CAD導入は決定。設計や仕様変更が多いのだったら情報共有も課題だな。兼任で混乱ということは役割明確化も必要。この段落だけで第2問の要素はすべて拾えてそう。

⑧段落目　事例Ⅲで定番のベテラン技能者高齢化だ。技術承継はどこかの問題で触れたいけどどこだろう？

⑨段落目　月次の生産計画は短サイクル化する。生産計画だし、第3問だろう。

⑩段落目　段取作業の長期化は外段取化でクリア可能。これも第3問。

⑪段落目　生産計画がプレス加工の計画だけなら、全社的に計画すればよいな。発注量がよりロットサイズが大きいのは予想どおり。第3問で解決すればよい。

⑫段落目　情報共有が紙というのは第4問。課題の各問題への振り分けがシンプルで良かった。

⑬〜⑮段落目　X社との取引が出てきた。アウトドア商品にバリバリ機会の風が吹いているし、社長の思いも書いているからから第5問の戦略はアウトドア商品で決まり。

⑯段落目　高価格な製品への拡大というのも第5問だろう。

⑰段落目　X社の生産計画の記載。第3問の生産計画短サイクル化の裏づけが取れた。

【手順4】解答作成（〜75分）

第1問　販売面はX社との取引開始でいこう。生産面は書ける字数が少ないけど、重要度の重みづけがよくわからないから、書けるだけ書いてリスク回避しよう。

第2問　7段落で多面的に拾えたし、あとはこれをまとめるだけだな。これは簡単。

第3問　9〜11段落でだいたい拾えているけど、字数的に少し足りないか？　ベテラン技能者の技術承継の入れどころがわからなかったけど、ここで入れるとよいのかも。

第4問　設問文解釈で思ったとおり過去問の型で書ける。サクッと書いてしまおう。

第5問　戦略の可能性だから社長の思いそのままにアウトドア商品の高価格化を書いたら正解のはず。取引先依存状態とも絡ませて、新規受注を増やせばよいと思う。

【手順5】解答見直し（〜80分）

　与件文で拾った課題はすべて振り分けられているし問題ないな。ベテラン技能者の解答箇所が少し気になるけど、ダメってこともなさそうだし、これでよしとしよう。

3．終了時の手ごたえ・感想

　例年どおりの難易度で、得意科目でもあり、事例Ⅲはかなり点が取れた気がする。挽回できてそうで少し安心した。

〜休憩中に食べたおすすめのおやつ・ドリンク剤〜

ブラックサンダー。

合格者再現答案＊（おみそ 編）　　　　　　　　　　　　事例Ⅲ

第1問（配点20点）　　80字

販	売	面	は	卸	売	の	取	引	先	へ	の	売	上	減	少²	に	対	し	X
社	と	取	引	拡	大⁴	し	売	上	向	上⁴	し	、	生	産	面	は	、	①	短
納	期	化³	②	小	ロ	ッ	ト	化⁴	③	ベ	テ	ラ	ン	技	能	者	の	技	術
承	継³	④	生	産	計	画	適	正	化¹	⑤	I	T	化¹	を	進	め	る	事	。

【メモ・浮かんだキーワード】　販売面と生産面、新規取引受注
【当日の感触等】　販売面、生産面ともに不足なく要素を盛り込んだから、点数は取れている
　と思う。
【ふぞろい流採点結果】　18/20点

第2問（配点20点）　　120字

課	題	は	①	顧	客	と	の	試	作	確	認	の	**早**	**期**	**化²**	・	精	度	向
上	②	**仕**	**様**	・	**設**	**計**	**情**	**報**	**の**	**共**	**有³**	③	**設**	**計**	**課**	**内**	**の**	**設**	**計**
業	**務**	**に**	**お**	**け**	**る**	**混**	**乱**	**を**	**防**	**ぐ⁴**	事	。	対	応	策	は	①	3D	-C
AD³	導	入	で	試	作	確	認	早	期	化	・	精	度	向	上	②	仕	様	・
設	計	情	報	を	DB	化	し	**社**	**内**	**共**	**有²**	③	設	計	課	内	の	役	割
分	担	明	確	化²	。	以	上	で	、	**短**	**納**	**期**	**化²**	を	図	る	。		

【メモ・浮かんだキーワード】　プレス加工製品、量産、短納期化、3D-CAD、情報共有
【当日の感触等】　与件文第7段落をまとめたらきれいに120字に収まったのでこの問題はか
　なり点数が取れたと思う。
【ふぞろい流採点結果】　17/20点

第3問（配点20点）　　120字

対	応	策	は	①	**全**	**社**	**的**	**な**	**生**	**産**	**計**	**画⁴**	を	**週**	**次**	で	**策**	**定⁴**	し
て	生	産	統	制	を	強	化²	②	生	産	量	を	受	注	量	に	合	わ	せ
て	小	ロ	ッ	ト	化⁴	し	た	上	で	、	③	プ	レ	ス	加	工	の	段	取
作	**業**	**の**	**外**	**段**	**取**	**化**	で	**段**	**取**	**時**	**間**	**削**	**減⁴**	④	ベ	テ	ラ	ン	技
能	者	の	プ	レ	ス	加	工	技	術	の	標	準	化	・	OJ	T	で	若	手
に	技	術	承	継	す	る	こ	と	で	**生**	**産**	**能**	**力**	**向**	**上³**	す	る	。	

【メモ・浮かんだキーワード】　小ロット化、段取作業、生産計画
【当日の感触等】　生産計画は外していないと思うけど、ベテラン技能者の技術承継はほかの
　問題に入れられなかったから結構無理やり入れた。外している可能性もあるけど、部分点
　は堅そう。
【ふぞろい流採点結果】　19/20点

第4問（配点20点）　120字

デ	ジ	タ	ル	化	の	内	容	は	①	仕	様	・	設	計	変	更	情	報	②
CAD	デ	ー	タ²	③	納	期	情	報³	④	生	産	計	画²	・	統	制²	情	報	
で	あ	る	。	社	内	活	動	は	、	こ	れ	ら	情	報	を	DB	化³	し	て
随	時	更	新¹	し	て	社	内	共	有³	し	つ	つ	使	い	方	を	社	内	講
習	会	で	教	育²	す	る	事	で	あ	る	。	以	上	で	、	生	産	計	画
・	統	制	精	度	を	向	上	し	、	短	納	期	化¹	を	図	る	。		

【メモ・浮かんだキーワード】　DRINK、SECIモデル、生産計画・統制の精度向上

【当日の感触等】　過去問の型どおりの問題だったし、サラサラ書けた。デジタル化の内容が拾い切れているかは少し不安だけど、6、7割は確保できているはず。

【ふぞろい流採点結果】　19/20点

第5問（配点20点）　100字

戦	略	は	ア	ウ	ト	ド	ア	商	品²	の	市	場	成	長²	が	見	込	ま	れ
る	中	、	X	社	か	ら	の	受	注	に	よ	り	製	造	ノ	ウ	ハ	ウ	を
蓄	積²	し	て	高	価	格³	製	品	の	開	発²	力	を	高	め	る	事	で	、
ア	ウ	ト	ド	ア	商	品	を	扱	い	海	外	か	ら	の	供	給	不	安	が
あ	る	国	内	企	業	か	ら	新	規	受	注³	し	売	上	向	上³	す	る	。

【メモ・浮かんだキーワード】　可能性、社長の思い、新規取引先拡大、機会の活用

【当日の感触等】　社長の思いをそのまま盛り込めたし、機会を活用した内容が書けているので高得点を期待できるのではないか。可能性というのは気になるけど、素直に捉えたら自由に書いていいよって意味だろうから、だいたい何を書いても正解になるんじゃないかな。

【ふぞろい流採点結果】　17/20点

【ふぞろい評価】　90/100点　　　【実際の得点】　72/100点

　本人の手ごたえどおり、すべての設問において設問要求に沿ったキーワードを多く盛り込め、多面的でバランスのよい解答ができており、ふぞろい流採点では高得点となっています。

Column

中小企業診断士への近道はない

　大半の受験生は勉強が嫌になる時期が来ると思います。私はいっそのこと勉強を中断するという方法もありだと感じています。診断士に合格した後も日々、勉強の積み重ねですし、違う分野の学習を進めて、また診断士の勉強に戻ってくることは遠回りではないと思います。学習範囲を広げることで、視野が広がり、解答に深みが出るかもしれません。時間をかけることで、自分が本当に興味のあることや得意分野に出会えることもあるはずです。時間的制限をかけて自分を追い込むこともももちろん大事ですが、長い時間をかけてのんびり勉強することも悪くないはず。

（みみ）

事例Ⅲ

まっち 編（勉強方法と解答プロセス：p.150）

１．昼休みの行動と取り組み方針

　お昼休みは少し長いので外に出て花壇の近くに陣取る。気持ちを前向きに保つため、食べている間は試験とはまったく関係のないお笑い番組（有吉の壁）の見逃し配信を観た。食後は構内を散歩。たくさんの大人が大学構内を歩いている様子はなんだか不思議な光景で、独自の体操をしている人もいて、とても和んだ。

２．80分間のドキュメント

【手順０】開始前（〜０分）

　事例Ⅲもいつもどおりできれば大丈夫。蛍光ペンのポジションを整える。

【手順１】準備（〜１分）

　受験番号を記入し、問題用紙を解体していく。チラッと図が見えた！　気になるけど、焦らず段落番号を振っていく。

【手順２】与件文冒頭確認＆最終段落確認＆設問解釈（〜15分）

1段落目　与件文の冒頭だけ読む。金属製品製造業か。期待もしていなかったけど、やはりあまり馴染みのない業界の企業。

16段落目　「今後高価格な製品に拡大」ということは新しい事業を広げていく感じか。

第1問　「外部経営環境の変化」と「販売面」「生産面」を丸で囲む。SWOT分析の、弱み（W）と脅威（T）に触れればよいのかな。

第2問　「課題」と「対応策」を丸で囲む。リードタイムが長いのが課題か。

第3問　「小ロット」、「生産面」、「対応策」を丸で囲む。「生産統制」と余白にメモ。

第4問　「情報の交換」、「共有」を丸で囲む。余白に「DRINK」、「IT化」、「生産性」とメモ。デジタル化の対象と進め方を具体的に助言すればよいのかな。

第5問　「戦略」を丸で囲む。「今後の戦略にどのような可能性を持つのか」って、ちょっと変わった聞かれ方。リスクか、成長性があるかどうかとか？

【手順３】与件文読解・設問と紐づけ（〜25分）

　３色ボールペンを使い、強みと機会は赤で下線を引き、弱みと脅威は青で下線を引く。気になるキーワードは黒を使い丸く囲む。

1段落目　「繰返受注製品」と「個別受注製品」があるらしい。下線を引く。複数製品あるから工程や納期管理が分かれていて複雑そうな予感。

2段落目　「難易度の高い金型製作技術の向上」、「ノウハウを蓄積」、「コスト低減や生産性向上」に赤で下線。技術や設備があるだけでも強みだよね。

3段落目　「新型コロナウイルス」、「営業自粛による影響」に下線。顧客の影響がC社にもろに響いてきているということか。

4、5段落目　生産部門は機能別に部署が分かれていて、プレス加工課がさらに２つの工

程に分かれるのか。気をつけないと混乱する。

6、7段落目　リードタイムが長くなっている原因の弱みが多数。青で下線。設計課の負担が多いみたい。設計業務の混乱が生じるのもわかる。読んでいても混同しそうだ。

8段落目　事例Ⅲ頻出の「ベテラン技能者」さん。技術は強みだけど、だいたい高齢だし、もし若手が育っていなければ弱み。「若手の養成」は喫緊の課題！　「OJT」とメモ。

10段落目　生産能力に制約があるから、なるべく不稼働を減らすのかな。段取作業を一人でやるのが大変なのでは？　人を増やせたりするかな？

11段落目　発注ロットサイズが減っているのに、生産のロットサイズは変えていないということは、絶対在庫余っている。生産計画も在庫も見直したほうがよい。

12段落目　情報は紙ベース、IT化のチャンス。青で下線。

13〜15段落目　品質を高く評価されたのは強み。赤で下線。アウトドア業界に進出するのか！　おもしろい。でも市場の成長性（O）と強み（S）がマッチするかどうか。

17段落目　確定納品情報は週次。生産計画は月次だからまた現場が混乱しそうだ。

全体　設問ごとにマーカーで色分けしていく。各設問に対応する色マーカーで、再度与件文をマークし、設問との紐づけをしていく。

【手順4】解答骨子作成（〜35分）

全体　第1問でSWOT分析の弱み（W）や脅威（T）について言及し、第2問でリードタイム短縮のための生産性向上策、第3問で小ロット対応のための生産計画と生産調整、第4問でIT化を進めて生産性向上、第5問で新規事業戦略を答える流れかな。

第1問　販売面って何？　営業面？　需要が減っている業界が顧客で、新たな需要の掘り起こしが必要ってことか。生産面は短納期化とか技術継承とかいろいろ書けそう。

第2問　納期が長い要因は、段取替えの時間が長いことや、設計チームの混乱、発注元との仕様確認や仕様変更にも問題がありそう。課題に対応するように対応策を書く。

第3問　「生産面」の対応策という制約。生産統制でよいよね？　ここは事例Ⅲで定番の、在庫管理と受注に合わせたロットサイズへの対応、生産計画の短サイクル化！

第4問　DRINKのフレームワークでいこう。マニュアル化→DB化→社内共有→OJTで社内活動もカバーできる。CADデータも紙の受発注情報も全部共有しよう。

第5問　「どのような可能性」っていうのが答えづらいね。コスト低減の強みが生かせること、稼働率向上、ノウハウ蓄積とか？　リスクは聞かれていないと判断。

【手順5】解答作成・見直し（〜80分）

メモをもとに一気に書き上げる。最後に余った数分で誤字脱字を確認して終了を待つ。

3．終了時の手ごたえ・感想

事例Ⅰと同じくらいなんとも言えない手ごたえ。前年よりはできていると思う。とすればやはり良くて60点、もしかしたら50点台？　事例Ⅳで少し上乗せできるかな？　字数制限ピッタリかギリギリまで詰め込んだので、この事例でも達成感。

〜休憩中に食べたおすすめのおやつ・ドリンク剤〜
ガルボ　ジャスミンティー。

合格者再現答案＊（まっち 編） ──────── 事例Ⅲ

第1問（配点20点）　　80字

販	売	面	は	①	コ	ロ	ナ²	で	顧	客	の	需	要	が	減	少²	す	る	中、
新	し	い	需	要	の	開	拓⁴	、	②	ニ	ー	ズ	に	合	う	製	品	開	発
が	課	題	。	生	産	面	は	①	高	齢	化	す	る	ベ	テ	ラ	ン	か	ら
の	技	術	承	継³	、	②	設	計	期	間	の	短	期	化¹	が	課	題	。	

【メモ・浮かんだキーワード】 SWOT、需要開拓、稼働率向上、リードタイム短縮

【当日の感触等】 販売面、生産面を書き分けられたか少し不安。ニーズに合う製品開発は販売面の課題かな？　無理やり感があるかも。生産面には書けることがたくさんあったから、入りきらなかった。

【ふぞろい流採点結果】 12/20点

第2問（配点20点）　　120字

課	題	は	①	設	計	期	間	の	短	期	化³	②	設	計	課	の	混	乱	回
避³	③	プ	レ	ス	加	工	機	の	稼	働	率	向	上¹	④	若	手	へ	の	技
術	承	継²	。	対	応	策	は	、	①	3D	CA	D³	導	入	や	設	計	課	担
当	者	の	会	議	同	席	で	仕	様	変	更	を	削	減	、	②	工	程	別
に	チ	ー	ム	を	分	け	る	、	③	段	取	り	作	業	を	2	人	体	制
で	行	い	段	取	り	時	間	を	短	縮¹	、	④	OJ	T	教	育¹	実	施	。

【メモ・浮かんだキーワード】 IT、OJT、リードタイム、生産性

【当日の感触等】 いっぱい書けることがあって4つずつ詰め込んだけど、それぞれの内容が薄くなったかな……。段取作業を2人にするのは人手不足の場合現実的じゃないけど、人手が足りないとは書いていないし、書いちゃおう。

【ふぞろい流採点結果】 14/20点

第3問（配点20点）　　120字

生	産	面	の	対	応	策	は	、	①	納	期	を	加	味	し	て	生	産	計
画	を	週	次	化	し	短	サ	イ	ク	ル	で	見	直	し⁴	、	②	在	庫	の
現	品	管	理	で	適	正	在	庫	化¹	、	③	受	注	と	在	庫	に	あ	わ
せ	た	ロ	ッ	ト	サ	イ	ズ	で	の	生	産⁴	、	④	全	社	計	画	を	作
成⁴	し	進	捗	を	共	有	、	生	産	統	制²	を	行	う	。	こ	れ	よ	り
リ	ー	ド	タ	イ	ム	短	縮	し	顧	客	対	応	力	向	上	を	図	る	。

【メモ・浮かんだキーワード】 現品・在庫・進捗管理、全社生産計画、短サイクル化

【当日の感触等】 「生産面」の対応策という制約に合致しているか自信がない。在庫管理って生産面かな？　4つも書けたし、部分点はもらえると思う。

【ふぞろい流採点結果】 15/20点

第4問（配点20点）　120字

C	社	は	、	①	作	業	内	容	や	仕	様	資	材	を	標	準	化²	し	、
マ	ニ	ュ	ア	ル	作	成²	②	受	注³	・	進	捗	・	在	庫²	・	出	荷	の
状	況	③	仕	様	と	C	A	D	図	面²	を	デ	ジ	タ	ル	化	し	、	D
B	で	一	元	管	理³	し	社	内	で	リ	ア	ル	タ	イ	ム¹	に	共	有³	す
る	。	そ	れ	を	O	J	T	教	育²	で	活	用	し	て	社	内	に	周	知
し	、	効	率	化	・	生	産	能	力	向	上¹	を	図	る	。				

【メモ・浮かんだキーワード】　DRINK、IT化、生産性、共有

【当日の感触等】　ちょっと日本語が変だったかも？　DBで一元管理し共有は鉄板の流れ。受注〜納品までの紙で管理されている情報をIT化という方向も外していないと思う。

【ふぞろい流採点結果】　20/20点

第5問（配点20点）　100字

金	型	製	作	技	術²	や	コ	ス	ト	低	減	ノ	ウ	ハ	ウ	を	活	用	で
き	、	ア	ウ	ト	ド	ア	業	界²	へ	進	出	す	る	こ	と	で	①	経	営
リ	ス	ク	の	分	散³	②	ノ	ウ	ハ	ウ	の	蓄	積²	③	新	し	い	需	要
の	開	拓³	④	稼	働	率	向	上	が	期	待	で	き	る	。	高	価	格	製
品	へ	の	拡	大³	で	更	な	る	売	上	拡	大³	を	見	込	め	る	。	

【メモ・浮かんだキーワード】　戦略、強み生かす、稼働率UP、売上拡大

【当日の感触等】　「可能性」って何が聞きたいのかしっくりこないまま書き上げた。「積極的に取り組みたい」って書いてあるし、新事業への進出は引き止めるわけではなく、おそらく後押しする方向でよいのだろう。大外しじゃないと思うから、多少は点がもらえると思う。

【ふぞろい流採点結果】　18/20点

【ふぞろい評価】　79/100点　　【実際の得点】　64/100点

　第1問で生産面の記載を書ききれず、第2問では効果の記述がされておらず高得点につながりませんでしたが、第4問、第5問で多面的な解答となっていたことで、ふぞろい流採点では高得点となっています。

みみ 編（勉強方法と解答プロセス：p.152）

1．昼休みの行動と取り組み方針

　事例Ⅱに限らず、2次試験の手ごたえは当てにならないと思っているので、すぐに気持ちを切り替える。試験会場は埋立地にあり、近くに倉庫や工場はあるが、ランチを食べられる店はなかったので、コンビニへ。前日にコンビニの場所は把握していたので、試験官からの事例Ⅱ終了の合図とともに荷物をまとめて出発。昼食は少しでも糖分が補給できるように甘めの菓子パンを2つ食べた。1日座っているのも疲れるので、コンビニまでの散歩はよいリフレッシュになる。

2．80分間のドキュメント

【手順0】開始前（～0分）

　またまたファイナルペーパーとにらめっこ。事例Ⅲは過去2回ともA判定だったので、得意科目と思っているが、どう転ぶかわからないのが2次試験。全力を尽くそう。

【手順1】準備（～3分）

　受験番号を丁寧に書き、各段落に番号付けをする。17段落もあることに少し驚いた。

【手順2】設問解釈（～7分）

第1問　「外部経営環境の変化」を踏まえたうえで、「販売面」「生産面」の2つの視点から解答する必要があるな。SWOTを問われているな。

第2問　事例Ⅲでは定番の短納期化についての課題と対応策か。上手にフレームワークを使用できればよいな。

第3問　これも定番の小ロット化に関する問題か。生産計画が工程の一部分しか作成されていなかったりするのだろうな。

第4問　デジタル化の内容か。過去問にも似た問題があったような。これは与件文から抜き出していくしかないか。

第5問　できるだけ多面的な解答にしたいな。ポジティブな可能性だけじゃなくて、ネガティブな可能性にも触れる解答にしよう。

【手順3】与件文読解（～35分）

1段落目　行っている事業は繰返受注製品の「プレス加工製品」と個別受注製品の「板金加工製品」か。情報を丁寧に整理していかないと混乱するので注意しよう。

2～3段落目　高い技術力と提案力があるという強みは解答に使えるな。感染症拡大は外部環境の変化だから第1問に使用できるかな。

4～5段落目　どの部門、どのような過程で製造されているかをイメージしておかないと、的外れな解答になる可能性が増すから、ここは丁寧に読み進めよう。

6段落目　生産プロセスの図と比較しながら読みたいけれど、次のページに図があるから読みにくい。金型製作期間の短縮が短納期化へつながるのかな。

7段落目　２次元ＣＡＤを使用している過去問があったな（※令和２年度）、確か３次元ＣＡＤを使用することで発注元とのイメージ共有を強めるような解答をした覚えが……。「３次元」とだけメモしておこう。第２問に使えそうだ。設計業務の混乱が製作期間全体に影響しているということは、この問題を解消することで短納期化へとつなぐことが可能か。これも第２問に使えそうだ。

8段落目　ベテラン技能者の高齢化も大きな問題の１つだな。事例Ⅲだけれど、後進育成の要素も入れるべきか。生産プロセスの図から問題点を読み取れるかと思ったが、何も思いつかない。不安だ。

9〜10段落目　納品や発注スケジュールを文章から上手にイメージするのが苦手なので、ここも丁寧に読む。「プレス加工」がボトルネックっぽい。その理由は段取作業が長時間だから。その原因は材料の準備、設備操作を作業員１人で行っているから……かな。

11段落目　予想どおり、生産計画は工程の一部「プレス加工」についてしか作成されていない。これは全体的な生産計画を立案して、各部の同期化を図る必要があるか。在庫を多く抱えることは収益性、効率性においても基本的に悪影響だな。

12段落目　「紙ベース」はデジタル化に紐づけるべき内容か。第４問向けにチェックしよう。

13〜16段落目　中堅ホームセンターＸ社が登場！　Ｃ社社長が目指す、高価格帯製品への拡大をどうやって解答に盛り込んでいこうか。

17段落目　Ｘ社からの情報提供について書かれているので、第４問に盛り込む内容か。

【手順４】解答作成（〜70分）

第１問　外部環境の変化は感染症拡大と顧客ニーズの変化でよいだろう。課題と問題点を間違えないように意識しながら、販売面は受注量の回復。生産面は後進育成とニーズの変化への対応で決まり。

第２問　課題と対応策は区別して書こう。解答内の因果関係があいまいになっているので、修正できる余裕があれば修正しよう。

第３問　全体的な生産計画立案！　適切な頻度での見直し！　多能工化の促進！　キーワードを詰め込む！

第４問　活動は「社内」に限定されているから、Ｘ社の発注情報は解答に盛り込むべきじゃないのかな……。活動が社内であれば、デジタル化の内容は社外に関するものでもよいのかな……。

第５問　Ｘ社との取引で得られる強みを生かして課題を解決する方向で解答しよう。多面的な解答を意識して、留意点も盛り込んでいくぞ。

【手順５】解答見直し（〜80分）

誤字脱字をチェックし、第２問の修正を考えたが、時間切れを恐れて行わなかった。

３．終了時の手ごたえ・感想

例年どおりＡ判定が欲しい。現状の実力は出せたので、悔いはない。

～こだわりの文房具～

シャーペンのクルトガ。指の疲れ具合によって種類を替える。

合格者再現答案＊（みみ 編）　　　　　　　　　　事例Ⅲ

第1問（配点20点）　80字

販	売	面	は	感	染	症	拡	大²	で	減	少	し	た	受	注	量²	を	高	価
格	帯	製	品	受	注²	等	に	よ	り	回	復⁴	。	生	産	面	で	は	ベ	テ
ラ	ン	技	能	者	の	後	進	育	成³	と	小	ロ	ッ	ト⁴	・	短	納	期	化³
等	、	顧	客	ニ	ー	ズ	変	化	へ	の	対	応	が	課	題	で	あ	る	。

【メモ・浮かんだキーワード】　SWOT、後進育成、顧客要求対応
【当日の感触等】　課題には違いないと思うが、事例Ⅲで後進育成を盛り込むべきだったのか自信がなかった。
【ふぞろい流採点結果】　18/20点

第2問（配点20点）　120字

課	題	は	①	設	計	期	間	の	短	縮	化	を	図	る³	こ	と	②	設	計
業	務	の	混	乱	を	防	ぐ³	こ	と	③	プ	レ	ス	加	工	の	生	産	能
力	向	上¹	。	対	応	策	は	①	3D	CA	D	を	用	い	る	こ	と	で	発
注	元	と	の	イ	メ	ー	ジ	共	有³	を	強	化	②	板	金	加	工	と	プ
レ	ス	加	工	の	設	計	担	当	を	分	け²	③	多	能	工	化	を	図	り、
複	数	人	で	作	業	と	準	備	を	行	い	段	取	時	間	の	短	縮¹	。

【メモ・浮かんだキーワード】　3DCAD、シングル段取り
【当日の感触等】　課題と対応策の因果関係を上手に表現できなかった。
【ふぞろい流採点結果】　13/20点

第3問（配点20点）　120字

対	応	策	は	①	一	部	工	程	の	み	の	計	画	を	改	め	全	体	的
な	生	産	計	画	を	立	案⁴	し	②	日	次	で	計	画	を	見	直	し⁴	③
発	注	元	か	ら	の	発	注	情	報	共	有	強	化	④	多	能	工	化	の
促	進	で	あ	る	。	以	上	に	よ	り	、	各	工	程	の	同	期	化	を
向	上	さ	せ	、	段	取	り	時	間	を	短	縮⁴	、	プ	レ	ス	加	工	含
め	た	生	産	性	向	上³	を	図	り	、	小	ロ	ッ	ト	化	へ	繋	げ	る。

【メモ・浮かんだキーワード】　同期化、全体最適
【当日の感触等】　ほとんど過去問で使用したキーワードで解答を埋め尽くした。オリジナル性は皆無。与件文からの要素は「プレス加工」のみ。
【ふぞろい流採点結果】　15/20点

第4問（配点20点）　120字

内	容	は	①	紙	ベ	ー	ス¹	で	行	わ	れ	て	い	る	社	内	業	務	の
交	換	と	共	有³	②	ベ	テ	ラ	ン	技	能	者	が	持	つ	ノ	ウ	ハ	ウ
③	X	社	各	店	舗	の	発	注	情	報³	。	社	内	活	動	は	①	デ	ー
タ	の	一	元	管	理³	体	制	構	築	②	マ	ニ	ュ	ア	ル	化²	と	そ	れ
を	用	い	た	OJT	の	実	施	に	よ	る	後	進	育	成	。	以	上	に	
よ	り	生	産	業	務	の	ス	ピ	ー	ド	を	向	上¹	さ	せ	る	。		

【メモ・浮かんだキーワード】　一元管理、マニュアル化、OJT

【当日の感触等】　第1問で後進育成を課題としたので、ここで解決策を記載した。的外れな解答になっていなければよいが。

【ふぞろい流採点結果】　13/20点

第5問（配点20点）　100字

短	納	期¹	、	小	ロ	ッ	ト	化¹	へ	の	対	応	力	強	化	に	よ	り	、
他	社	に	対	し	て	品	質	の	高	い	提	案	営	業¹	を	行	え	る	。
売	上	拡	大³	し	、	顧	客	に	対	す	る	売	上	依	存	の	回	避³	、
経	営	リ	ス	ク	低	下¹	の	可	能	性	が	あ	る	が	、	経	営	資	源
分	散	に	よ	る	リ	ス	ク	上	昇	に	も	留	意	す	る	こ	と	。	

【メモ・浮かんだキーワード】　リスク分散、経営資源分散、提案営業

【当日の感触等】　多面的な解答を心掛けたが、自信はなかった。

【ふぞろい流採点結果】　10/20点

【ふぞろい評価】　69/100点　　【実際の得点】　63/100点

　おおむね設問要求に答える形で解答できており、合格点となりました。特に第1問は多面的な解答ができており高得点を獲得しています。一方で第5問は多面的への意識ゆえにリスクについても言及したことで得点が伸び悩んだと考えられます。

事例Ⅲ

Column

万里の道も一歩から

　私は楽器が好きです。単純に音色が好きだというのも理由としてはありますが、日々の練習の積み重ねを実感できるところがとても好きです。思い出したときに一気に練習するよりかは、毎日継続していると、気がつくとできるようになっていたり、うまくなっていることが実感でき達成感を感じます。この習得メソッドを資格の勉強にも応用し、継続は力なりと信じて勉強をして最終的に合格をつかみました。根を詰める勉強法が合っているタイプの方もいるかもしれませんが、自分に合った勉強スタイルで無理なく続けられると、気がつかないうちに身に付いているものがきっとあると思います。

（まっち）

～こだわりの文房具～
受験時は新しい消しゴムを買います。

80分間のドキュメント　事例Ⅳ

ぜあ 編（勉強方法と解答プロセス：p.142）

1．休み時間の行動と取り組み方針

　事例Ⅲでのアウトプットが十分に納得いくものではなかったので、事例Ⅳで取り返すべく、もう一度外に出て深呼吸＆軽くコーヒーを摂取。これまでの 3 科目で疲労もピークに達しつつあったので、特に直前の詰め込みなどは行う気力が出なかった……。

2．80分間のドキュメント

【手順 0 】開始前（〜 0 分）

　最後の科目、気合を入れるために大きく深呼吸。

【手順 1 】準備（〜 1 分）

　ほかの科目と同じように、受験番号を間違えないように記載。

【手順 2 】設問解釈（〜 8 分）

第1問　「生産性」の文字に驚く。「労働生産性」などの単語は思い浮かぶものの、計算方法が頭に浮かばず、動揺したまま、第 2 問の解釈へ。

第2問　セールスミックスの問題。（設問 1 ）は、かなり単純そうに見える問題だから、これは確実に得点せねば。（設問 2 ）も見た感じそんなに複雑ではない？

第3問　（設問 1 ）はこれまでに解いたことのある問題のパターンと理解するも、前提条件が多そう。しかし、（設問 2 ）の設問文も長いし、（設問 3 ）は NPV だし、（設問 1 ）は取りたい。

第4問　第 3 問にドル円レートが書いてあるし、財務的観点からのリスクが問われているから、 2 つのリスクのうち 1 つはオプションを書けばよさそう。輸出企業だから、プットオプションというところまで検討し、与件文読解に移る。

【手順 3 】与件文読解（〜20分）

第1段落　第 1 問の生産性の指標に動揺しすぎて、与件文が頭に入ってこず、ちょっとしたパニック。気を取り直して、線を引きながら与件文読解を開始。

第2段落　順調にビジネスを拡大という記載があるので、収益性に関する部分はよさそう。

第3〜4段落　中古車販売事業については、第 4 問に直結する内容。計算問題が難しい場合に備えて、第 4 問はある程度得点しておきたいから、慎重に読もう。

第5段落　リスクの話が登場！　第 4 問にダイレクトに紐づく場所。海外市場に展開する際のリスク、ノウハウ不足というリスクを低減するための方法を書けば、第 4 問は大やけどをしないで済みそう。

財務諸表　同業他社に比べて、かなり数字がよさそう。やはり、例年のパターンから少し

崩してきているのか。

【手順4】設問解答（〜78分）

第1問　ほかの問題を解いてから戻ってこよう。とりあえずスキップ。

第2問　（設問1）は、通常のセールスミックスの解き方で問題なくいけそう。共通固定費を引くのを忘れずに。（設問2）はとりあえず書いてみたけど、製品Aだけ生産するのでよいのかな。何か、重要な点を忘れている気がする……と悩んでかなり余計な時間を費やす。

第3問　（設問1）は取らねば、ということで計算してみるが、この設問でCVP分析をする場合、固定費も含めて計算するのか、固定費は外注しなくてもかかるものなのか、判断に迷い、結局、含めて計算した。（設問2、3）も途中まで書いたものの、頭のなかが混乱したため、部分点狙いで求め方を記載（それ以外にも何か書いたけど、覚えてない……）。

第4問　与件文を読むなかでひらめいたとおり、為替リスク回避のためのプットオプション利用、ノウハウ不足のリスク低減のための外部連携で文章をまとめて記載。しかし、第2問、第3問に時間をかけすぎて、十分に推敲する余裕なし。

第1問（再）　貸借対照表を見ると短期的な安全性がとても良いこと、与件文にもヒントがあったとおり、収益性が良いことから、同業他社と比較して優れている点としては、流動比率と売上高総利益率を使うことは迷わずに決定。残りは課題を示す指標として生産性だが、やはり、労働生産性の算出式が思い出せない……。仕方ないので、売上高÷人件費も生産性になるだろうと考え、「売上高人件費率」という妙技を編み出す。動揺したまま（設問2）に流れ込んだが、優れた点、劣っている点の双方を盛り込むものとして書き出してしまった。設問文をよく読むと、劣っている点だけだったので軌道修正。生産性だけでは語る自信がないので、もう1つ見つけた有形固定資産回転率も盛り込んだ。

【手順5】見直し（〜80分）

見直し、とはいうものの、手ごたえなき解答を連発したせいで、見直しを行うときにはすでに放心状態。受験番号を正確に書けているか確認するくらいで、具体的な計算方法などは見直しの対象にできず。

3．終了時の手ごたえ・感想

手ごたえはまったくなし。カギを握ると踏んだ、第2問（設問1）は解けたと思うが、第1問は生産性で大いにつまずき、第2問（設問2）や第3問（設問1）も書いたはいいもののまったく自信がない。解いてもわからないものに時間をかけすぎて、第4問に割く時間が短くなってしまい、タイムマネジメントも全然うまくいかなかった。わからない問題にはさっさと見切りをつけることができていれば、もう少し手ごたえがあったかもしれない……。

試験会場から駅に帰る道すがら、顔見知りの受験生仲間と「第3問（設問1）は、固定費は外注しても発生するもんだよね〜」などと話し合いながら（お互いの傷を舐めあいながら）とぼとぼと歩いて帰ったことは今でも忘れられません。

~こだわりの文房具~

ぺんてる㈱のおれんず。

合格者再現答案＊（ぜあ 編） ―――――――――― 事例Ⅳ

第1問（配点25点）
（設問1）

	（a）	（b）
①	流動比率[2]	368.82（％）[2]
②	売上高総利益率[2]	59.59（％）[2]
③	売上高人件費率[2]	21.56（％）[2]

（設問2）　　　80字

人	件	費	に	比	し	て[3]	売	上	が	十	分	で	は	な	く[3]	、	有	効	に
人	材	が	活	用	で	き	て	い	な	い	。	ま	た	、		有	形	固	定	資
産	回	転	率[6]	が	6.	12	回	と	、		保	有	資	産[3]	が	効	率	的	に	売
上	に	結	び	つ	い	て	い	な	い[3]	。									

【メモ・浮かんだキーワード】 効率性、生産性

【当日の感触等】 生産性って何だ！？　全然思い出せなくて、すごく焦る……。

【ふぞろい流採点結果】 （設問1）12/12点　　　（設問2）13/13点

第2問（配点20点）
（設問1）

（a）	2,840,000円[2]
（b）	1時間あたりの貢献利益は、 製品A：1,900円　製品B：1,100円[1]より、 **製品Aの生産を最大化する**[1]。 対応可能時間は3,600時間より、生産量は3600÷2＝1,800個[1] 1個あたり利益　3,800×1,800[5]－4,000,000＝2,840,000円[1]

（設問2）

（a）	1,700,000円
（b）	年間6,000kg[2]より、Aの最大生産可能個数は1,500個。 その場合の利益は、3,800×1,500－4,000,000＝1,700,000円 なお、Bの場合、最大900個の生産量となるが、 この場合は40,000円の赤字となる。

【メモ・浮かんだキーワード】 セールスミックス

【当日の感触等】 （設問2）について、答えは間違っていると思いながらも書かないよりも
　　ましだと思い、記載。しかし、ここで想定以上の時間を取ってしまった。

【ふぞろい流採点結果】 （設問1）10/10点　　　（設問2）2/10点

第3問（配点35点）

（設問1）

（a）	675,000円[1]
（b）	30台に対応するとして、 ①自社工場で対応する場合は、30×（**6,000＋7,500**[3]）＝405,000 ②委託する場合、買取価格をxとすると0.02x よって、0.02x×30≦405,000　　　x≦**675,000円**[5]。

（設問2）

（a）	
（b）	回収期間法の求め方： 各年のCF合計＝投資額となる期間を求める
（c）	

（設問3）

（a）	
（b）	NPVの考え方： 各年ごとにCF×複利現価係数を求め、 回収期間内の総和から投資額を引いた際に0以上になる場合に 投資を行う。

【メモ・浮かんだキーワード】　CVP分析、回収期間法、NPV

【当日の感触等】　（設問1）は何か落とし穴があるとは思うのだけど、それに気づけない。
　（設問2、3）はお手上げなので、回収期間法やNPVの方法論だけ記載し、部分点狙い。

【ふぞろい流採点結果】　（設問1）9/12点　　　（設問2）0/13点　　　（設問3）0/10点

第4問（配点20点）　　100字

リ	ス	ク	は	、	①	**為**	**替**	**リ**	**ス**	**ク**[5]	が	考	え	ら	れ	る	た	め	、
プ	ッ	ト	オ	プ	シ	ョ	ン[3+2]	の	購	入	で	リ	ス	ク	回	避	す	る	。
②	当	該	事	業	の	ノ	ウ	ハ	ウ	が	不	足	し	て	い	る	が	、	人
員	採	用	・	育	成	に	は	コ	ス	ト	が	か	か	る	た	め	、	**外**	**部**
連	**携**	を	検	討	す	る	。												

【メモ・浮かんだキーワード】　オプション取引、為替リスクヘッジ、外部連携

【当日の感触等】　海外との取引での懸念点ということで及第点の解答だとは思うが、タイムマネジメントが狂ったせいで、十分に見直せない……。

【ふぞろい流採点結果】　11/20点

【ふぞろい評価】　57/100点　　　【実際の得点】　53/100点

　多くの受験生が陥ったように、第1問の「生産性」に動揺して時間をかけすぎてしまったため、ほかの問題で解答時間が不足しました。勝負の分かれ目となった第4問に充分な時間を割いて、具体的なリスクまで記載できていれば、もう少し得点を積み上げられていた可能性があります。

~使ったペンの種類・本数~

シャーペン1本、5色ボールペン1本。

やーみん 編（勉強方法と解答プロセス：p.144）

1．休み時間の行動と取り組み方針

　ようやく事例Ⅳだ。ここまで、戸惑う設問やミスもあったけれど、なんとか合格点付近で踏ん張れているような気がする。ひょっとして、普段と同じ程度に事例Ⅳができれば……いや、まだ大ボスが残っている。先のことは考えない。最後のエネルギー補給に羊かんを口に入れ、耳栓をして目を閉じる。もう見直しは不要。体力を回復させることだけ考えよう。

2．80分間のドキュメント

【手順0】開始前（〜0分）

　心臓の音だけが大きく聞こえる。ゆっくり息を吐いて気を静める。ここまで自分はよく頑張った、合格してもいいだけの努力は積んだはずだ。大ボスもきっちり仕留めてこよう。

【手順1】準備（〜1分）

　事例Ⅳは枚数が多いので、バラバラにならないよう、表紙だけホチキスから外す。シミュレーションどおりに動けたことにひとまず安心。受験番号を忘れず書く。

【手順2】経営分析攻略（〜18分）

[第1問]　練習どおり、一切与件文は読まず、財務諸表へ目をやる。連結会社が来なくて助かった。そしてすぐ設問文へ。今回は長所2点と短所1点か。それはいいとして、「販管費の『その他』は含めない」？　よくわからない。営業利益の計算で使うのか？　それから生産性……生産性？　ちょっと待って。2次試験の学習を開始して以降、初めて聞く言葉だ。1次試験の記憶をひっくり返してみるが、何も思い出せない。落ち着け、できることをしよう。

　とにかく、いつもどおりに主要財務指標を計算した後、与件文に戻り長所と短所を選ぶ。安全性が高く、収益性も抜群。珍しいパターンだ。短所は効率性くらいか。与件文と照らし合わせてもうまく紐づけられないけれど、まあこれで行こう。論述も書きづらいなあ。「財務諸表から読み取れる問題」というのは、与件文は無視していいよってこと？　どうも販管費が高い気がするから、そこを指摘するしかないか。予定では第1問の目安は12分くらいだったけれど、まったく普段どおりに解けず、この時点でおよそ18分。すでに想定から外れてしまっていることに動揺しながら、次へ。

【手順3】第2問以降攻略（〜80分）

[第2〜3問]　設問文をざっと眺める。文章が長く、目が上滑りする。どちらも少し時間がかかりそう。次へ行こう。

[第4問]　2つのうち1つは為替リスクでいこう。オプションや為替予約の話を書いて、これで50字。もう1つはどうしよう。いいや、半分空けて第2問へ戻ろう。

第2問（設問1）　改めて文章を斜め読みしたけど、1次試験で見たような問題ではあるな。（設問1）が条件1個だから、儲かるほうに全部つぎ込む、（設問2）は条件2個だから、最適な組み合わせがあるって設問構造かな。（設問1）は、人件費がボトルネックだから、時間当たりの儲けが大きいのは……Aか。じゃあ、これで利益を計算することとして、気をつけることはないかな。っと、危ない、固定費も引かないといけないのか。他はなさそう？　よし、たぶん大丈夫だろう。（設問2）も少し取り掛かるが、なんとなくピンと来ない。次見てみよう。

第3問（設問1）　これは解けそう。委託した場合と自社で整備した場合の費用を比較する。固定費はどちらの場合もかかるから、計算上は無視することに注意して、と。あれ、答えが小数になってしまったが、まあ仕方ないか。答えが40万ちょっとというのも、リアリティがあって、悪くない気がする。

第4問　戻ってきた。少し時間を空けたけど、財務的な解答は何も浮かばなかった。無理やりだけど、カントリーリスクって書くことにしよう。コレジャナイ感がすさまじいけど、残り時間は半分切ったし、まだ3問もあるし、悩んでる時間はない。

第3問（設問2）　残りの問題でまだいけそうなのはこれか？　これまで解いてきたNPVと骨子は同じ気がする。自動車が年30台、売上から原価と整備費を引いて、減価償却費があって、と計算すると、あれ？　設備の耐用年数より全然大きくなっちゃったぞ？　何が間違ってる？　検算しても計算ミスは見つからない。年50台にして計算し直してみるが、やっぱり回収期間がおかしい。わからん。ダメだ。切り上げて次行くしかないか。

第2問（設問2）　制約条件が2つ。一番売上の高い組み合わせがどこかにあるわけだ。適当に数字を増やしたり減らしたりするけど、しっくりこない。まったく思うように進まない現状に焦りが増してくる。やばい、このまま落ちるのか？　背筋が凍る。いや、諦めるな！　自分だけじゃない、みんな苦しんでるはずだ。……あれ、これ、連立方程式で解くのか？　でも、連立方程式で出した答えが一番儲かるって、どうやって説明すればいいんだ？　……もういいや、全部書いちゃえ。Aだけ生産、Bだけ生産、連立方程式の3パターンだ。さすがにこのなかのどれかでしょう。かなり時間はかかったけど、想定どおり連立方程式の解が最も利益が多いことを確認できた。

第3問（設問3）　残り10分を切った。もう答えまでたどり着くのは不可能だ。というより、（設問2）が解けてないのに、（設問3）が解けるはずがない。とにかく、わかることを書こう。2点でも3点でももぎ取れ。白紙で出すことだけはするな。

3．終了時の手ごたえ・感想

今のは何だったんだろう。しばらく呆然としてしまった。自分が受けたのは本当に事例Ⅳだったのか？　いや、他の人も同じようにできていなかったと信じよう。

試験会場を出ると渋谷はハロウィンに浮き立っていたが、喧騒がまるで別世界の出来事のように感じた。

~使ったペンの種類・本数~

シャープペン2本、マーカー5色分。

合格者再現答案＊（やーみん 編）　　　　　　　　　事例Ⅳ

第1問（配点25点）

（設問1）

	（a）	（b）
①	流動比率²	368.82（％）²
②	売上高総利益率²	59.59（％）²
③	有形固定資産回転率²	6.12（回）²

（設問2）　　　　　　　　80字

同	業	他	社	と	比	較²	し	明	ら	か	に	販	売	費	及	び	管	理	費
が	高	い³	。	要	因	は	パ	ー	ツ	の	回	収	や	整	備	に	人	手	や
外	注	費	用	が	か	か	っ	て	お	り	、	人	件	費³	や	外	注	費	用
が	高	い¹	た	め	で	あ	る	。											

【メモ・浮かんだキーワード】　生産性？　生産性？　生産性？？？
【当日の感触等】　生産性という言葉は完全に無視することにした。これによる減点がどの程度
　かわからず怖い。（設問2）も、与件文中にヒントがほとんど見つからず、全然自信がない。
【ふぞろい流採点結果】　（設問1）12/12点　　　（設問2）7/13点

第2問（配点20点）

（設問1）

（a）	2840000円²
（b）	製品Aの一個あたり利益　7800－400×4－1200×2＝3800円/個 製品Bの一個あたり利益　10000－400×2－1200×4＝4400円/個 製品Aの一時間あたり利益　3800/2＝**1900円/個・h** 製品Bの一時間あたり利益　4400/4＝**1100¹円/個・h** **よって、可能な限り製品Aを制作するのが正となる¹** その時の利益は　3800×（3600/2⁵）－4000000＝2840000円¹

（設問2）

（a）	2200000円²
（b）	題意を満たすのは、次の三条件のうちいずれかとなる ①可能な限りAを製作した場合 ②可能な限りBを製作した場合 ③材料と時間を余りなく使用した場合 ①の場合の利益額は　3800×（6000/4）－4000000＝17000000円 ②の場合の利益額は　4400×（3600/4）－4000000＝▲40000円 ③の場合、Aの製作量をx、Bの製作量をyとすると 4x＋2y＝6000²　2x＋4y＝3600³ これを解くと　（x, y）＝（1400,200²） この時の利益額は　3800×1400＋4400×200¹－4000000＝2200000円¹ ③の場合が最も利益額が大きく、これが題意を満たす

【メモ・浮かんだキーワード】　どちらか片方のみ生産、両方生産
【当日の感触等】　文章が長すぎて、頭に入ってこなかった。固定費に気づけたのが幸運だっ
　たレベル。（設問2）が難産だったが、時間を消費しただけに正解してると信じたい。
【ふぞろい流採点結果】　（設問1）10/10点　　　（設問2）10/10点

第3問（配点35点）

（設問1）

(a)	448833円

(b)
自社で整備した場合の整備費用：$(6000＋7500^3)×30＝405000$円
整備を依頼した場合の固定費負担：$7500×0.7×30＝135700$（電卓打ち間違え）
整備を依頼した場合の整備費用は、車両価格をxとすると
$x×0.02×30＋135700＝0.6x＋135700$円
題意を満たすのは、$0.6x＋135700≦405000$
これを解くと　$x≦448833.3$

（設問2）

(a)	459.3万円

(b)
50台の売り上げ：$50×60＝3000$万円
車両原価及び整備費：$50×50＋(1＋0.45)×20＝2529$万円
減価償却費：$7200×0.9/15＝432$万円^3
営業利益：$3000－2529－432＝39$万円
税引き後営業利益：$39×(1－0.3)＝27.3$万円
営業キャッシュフロー：$27.3＋432＝459.3$万円

(c)	15.67年

（設問3）

(a)	

(b)
$60×50/12＝250$万円
在庫の現在価値　$250×0.7423＝185.575$万円
5年分のキャッシュフローの現在価値　$150×4.2124^3＝177.413$万円
5年後の設備残存価額　$7200^1－(432×5)＝5040$万円

【メモ・浮かんだキーワード】　回収期間法、正味現在価値法
【当日の感触等】　（設問2）、絶対答えが違うのはわかるけれど、それが何かはわからない。
　どうせ、つまらないミスをしているんだろうなあ。
【ふぞろい流採点結果】　（設問1）3/12点　　（設問2）3/13点　　（設問3）4/10点

第4問（配点20点）　　100字

①通貨価値の変動による**為替差損リスク**^{5}があるため、**為替予約**や**オプション取引**$^{3+2}$によるリスクヘッジを行う②**カントリーリスク**^{3}により売上が急激に減少するリスクがあるため、**取引相手国を分散させ**^{1}リスクを分散させる。

【メモ・浮かんだキーワード】　オプション、チャイナリスク
【当日の感触等】　①は問題ないと思う。②は絶対違うと思うが、空欄よりまし。
【ふぞろい流採点結果】　15/20点

【ふぞろい評価】　64/100点　　【実際の得点】　68/100点
　第1問、第4問で基礎点を確保したうえで、第2問で粘り強く対応して完答に至り、点数を積み上げることができました。第3問は苦戦したものの、最後まであきらめずに考え方を書いたことで部分点をもぎ取り、結果、余裕をもって合格点を超えることができました。

こやちん 編 （勉強方法と解答プロセス：p.146）

1．休み時間の行動と取り組み方針

　1階から3階まで駆け上り、さっさと手洗いを済ませたのち、中庭で深呼吸＆ストレッチしながら振り返り。事例Ⅲは事故もあったが、手ごたえもそれなりにあったので最低60点は取れただろう。事例Ⅰ、事例Ⅱは30点問題でやらかした可能性があるが、それぞれ60点、50点は超えたはず。とすると事例Ⅳで70点取れれば合格の可能性が高い。確実に合格するためには80点以上は欲しい。チョコレートをかじって再度ストレッチ。気合を入れ直して、教室に戻る。

2．80分間のドキュメント

【手順0】開始前（～0分）

　幸い頭は冴えている。NPVはなんとしても取り組みたい。うっかりミスは天性なので計算ミスはある前提。考え方をしっかり書いて、途中式で確実に点数を積み上げよう。後悔しないように、最後までやり切って高得点を狙おう。

【手順1】準備＆設問構成確認（～5分）

　慎重に定規を使ってビリビリと……、あちゃー、派手に破れた。まずはざっと設問構成を確認。それにしても第1問からやたら長い。「生産性」縛りとは、これまでなかった展開。嫌な感じ。何にせよ取りかかる順番は1→4→2→3だな。忙しそうだが、なんとかタイムマネジメントしよう。あれ、もう5分経過か、急がないと。

【手順2】与件文読解（～10分）

第1段落　事故車パーツ、リサイクルか。これは想像しやすい。得意分野かも。
第2段落　海外展開ってことは為替リスク、カントリーリスクがテーマかな？
第3段落　3Dプリンターで車の部品作る？　技術リスク大きすぎ！
第4段落　未経験の中古車販売を海外で始めて、将来的に国内でやる？　海外こそ中古車事業経験を積んだうえで、慎重に検討したほうがよいんじゃないの？　リスク高い……。
第5段落　来た、「リスクマネジメント」。ポイント多すぎだが、為替ヘッジはマストだな。
第6段落　従業員数か。これは分析指標に使いそう。チェックしとこう。

【手順3】財務指標計算／第1問（～30分）

第1問　まずは財務指標をひととおり計算。優れているのは売上総利益率と棚卸資産回転率で間違いないだろう。課題は有形固定資産回転率といきたいが「生産性」縛りか。労働生産性なのだろうが、計算式が思い浮かばない……。（しばし試行錯誤）だめだ、自信ないしよく考えたら配点も低い。これ以上悩んでも仕方ない。計算が簡単な1人当たり売上高にしておこう。（設問2）は「販管費の『その他』は含めない」「要因について財務指標から読み取れる問題」をどう解釈すべきかよくわからないな。有形固定資産回転率だと要

因を与件文に依拠することになるので、「財務指標から」の制約条件を外すかもしれない。販管費率のほうが書きやすそうだし、バツになることもないだろう。と言いつつ、やっぱり有形固定資産回転率も本事例のテーマのはずなので、ちょっと入れてリスクヘッジしておこう。うーん、薄っぺらい解答だが、これ以上は時間をかけられない。次に行こう。

【手順4】第4問（～40分）

第4問　本来は開始20分以内に開始しているべきところだが、すでに30分経過か。時間がないので考え込まず、さっと書ける為替リスクとカントリーリスクで行こう。在庫リスクも捨てがたいが、「マネジメント」の文字数調整に悩みそうだし、検証の時間がない。

【手順5】第2問（～60分）

第2問　セールスミックスか。ここは15分で終わらせてNPVに時間を回したい。（設問1）は時間のみが制約条件なので、時間当たり利益でみればOKだな。（設問2）は制約条件2つか。半年前に『イケカコ』でこんな感じの問題をやった覚えがあるが……。とにかく、試行錯誤していれば、そのうち思い出すだろう。（結局、線形計画法は思い出せず。）

【手順6】第3問（～80分）

第3問　まずい、あと20分しかない。まずは（設問1）を着実に取ろう。落ち着いて固変分解すれば方程式でなんとかなりそうだ（設問2で残り13分）。（設問2、3）は文章長いが、落ち着いて整理すればさほど難しくない。とりあえず手を動かせ。……あれ、28.88年？

どこかで計算間違えたか？　残り7分か。全体見直しすべきか？　いや、一番勉強したラスボスNPVに取り組まないと絶対に後悔する。ここは前に進もう。考え方が合っていれば、部分点はもらえるはず。（……計算結果を書く前に時間切れ。）

3．終了時の手ごたえ・感想

　第1問で時間を取られすぎた。結局最後は時間が足りなくなったな。まあ、見直しの時間がないのは想定範囲内。しかし、第2問の（設問2）は直前にイケカコをざっとでも振り返っておけば、取れたであろうことが悔やまれる。第3問は計算ミスがあると思うが、考え方は合っているはずなので、部分点はある程度稼げただろう。第4問は、改めて考えると在庫リスクだったかな。とはいえ、時間がなかったから仕方ないか。

　それにしても傾向が過去問と違っていて戸惑った。受験生全体の点数は下がるだろうから、得点調整に期待しよう。結果、70点超えていたらいいな。

　しかし、事例企業の作りこみはどうかと思う。メーカーじゃないのに金属積層3Dプリンターで駆動系部品作るなんて、あり得ないと思うけど。

（家に帰って気づいたこと）

　第2問で最後に共通固定費400万円を引き忘れた！　第3問のNPVは年換算を忘れた！第2問は取るべき問題だろうし、これは致命的なミスかも……。これだと得点調整あったとしてもぎりぎり60点というところか。落ちたら悔やまれる……。

~使ったペンの種類・本数~

シャーペン、マーカー3本。

事例 IV

合格者再現答案＊（こやちん 編） ━━━━━━━━━ 事例Ⅳ

第1問 （配点25点）
（設問1）

	（a）	（b）
①	売上総利益率[2]	59.59（％）[2]
②	棚卸資産回転率[2]	33.41（回）[2]
③	一人あたり売上高[2]	1,952.17（万円）[2]

（設問2）　　　　　　　80字

売	上	高	販	売	管	理	費	率	が	45.	09	％	と	明	ら	か	に	劣	っ
て	い	る[6]	。	要	因	は	、	人	件	費	率[3]	、	広	告	宣	伝	費	率[2]	、
外	注	費	率[1]	が	高	い	為	で	あ	る	。	有	形	固	定	資	産	回	転
率	が	低	い[3]	事	も	問	題	で	あ	る	。								

【メモ・浮かんだキーワード】　労働生産性、付加価値率、資本装備率、1人あたり売上高
【当日の感触等】　労働生産性だろうが計算式に自信がない。無難に1人あたり売上高にして
　　おこう。ベストじゃなくても、部分点はもらえるだろう。
【ふぞろい流採点結果】　（設問1）12/12点　　　（設問2）13/13点

第2問 （配点20点）
（設問1）

（a）	6,840,000円
（b）	1個あたり限界利益： A：売価7800円/個－（4kg/個×400円/kg＋1200円/h×2h/個）＝3800円/個 B：売価10,000円/個－（2kg/個×400円/kg＋1200円/h×2h/個）＝4400円/個 1時間あたり限界利益： A：3800円÷2時間＝**1900円/時間**、B：4400円÷4時間＝**1100円/時間**[1] 最大直接作業時間3600時間の制約から**Aを優先**[1]、全量をA生産する。 利益＝**1900円/時間×3600時間**[5]＝6,840,000円。

（設問2）

（a）	5,700,000円
（b）	**アルミ6000KGの制約**[2]から、アルミ1KGあたりの限界利益を算出する。 A：3800÷4＝950円/kg　B：4400÷2＝2200円/kg Bの方が利益率高いのでBを優先するが、全量Bとした場合は**3600時間**[3]を オーバー。よってAを6000KG÷4KG/個＝1500個生産し、1500個×3800円/個 ＝5,700,000円

【メモ・浮かんだキーワード】　制約条件のあるセールスミックス、制約条件、イケカコ
【当日の感触等】　設問2は『イケカコ』でやった気がするが思い出せない。部分点取れるこ
　　とを祈ろう。
【ふぞろい流採点結果】　（設問1）7/10点　　　（設問2）5/10点

第３問（配点35点）

（設問１）

（a）	412,500円[2]
（b）	１台あたりの修理に関わる変動費＝8250円[5]　これと外注コスト２％を比較する。 車両代金をＸとすると、0.02Ｘ＜8250円　ゆえに、Ｘ＝412,500円[10]

（設問２）

（a）	2,493,000円[1]
（b）	減価償却費＝（設備投資額7200万円－残存価値720万円）÷15年＝432万円[3] 粗利＝20台×（60万円/台－車両コスト50万円/台）[2]＝200万円 費用＝20台×（1.0万円/台＋0.45万円/台）＝29万円[2] CF＝経常利益（200万円－29万円）×0.7＋節税効果432万円×0.2＝249.3万円[5] 7200万円÷249.3万円/年≒28.88　→　投資回収期間28.88年
（c）	28.88年[1]

（設問３）

（a）	
（b）	１年目の投資＝設備投資7200万円[1]…① １－５年目のCFのNVP＝249.3万円×4.2124[3]＝1,050.15132万円…② ５年目以降のCFのNPV＝150万円÷0.06[3]×0.7473＝1,868.25万円[3]…③ ５年目の在庫分取崩しのNVP＝50万円×20台×0.7473＝747.3万円[2]…④ 本投資のNPV＝①＋②＋③－④＝（以下、時間切れ）

【メモ・浮かんだキーワード】　内外製区分、NPV、永続価値

【当日の感触等】　回収期間28.88年はあり得ない。どこかミスったな。部分点狙いと割り切ろう。

【ふぞろい流採点結果】　（設問１）12/12点　　　（設問２）11/13点　　　（設問３）8/10点

第４問（配点20点）　　　100字

海	外	市	場	へ	の	販	売	と	な	る	為	、	①	為	替	変	動	に	よ
る	為	替	差	損	発	生	リ	ス	ク[5]	②	カ	ン	ト	リ	ー	リ	ス	ク[3]	に
よ	る	債	権	回	収	懸	念	が	あ	る	。	対	応	策	は	①	為	替	予
約	や	通	貨	オ	プ	シ	ョ	ン[3+2]	の	取	得	②	貿	易	保	険	や	民	間
保	険[1+1]	の	付	保	に	よ	る	リ	ス	ク	ヘ	ッ	ジ	が	考	え	得	る	。

【メモ・浮かんだキーワード】　為替リスク、カントリーリスク、信用リスク、在庫リスク

【当日の感触等】　時事テーマってことで、カントリーリスクを入れておこう。

【ふぞろい流採点結果】　15/20点

【ふぞろい評価】　83/100点　　　【実際の得点】　79/100点

　第２問の計算問題で手痛い失点がありましたが、全体として満遍なく得点できています。難問の第３問（設問２）（設問３）では正解には至らなかったものの、丁寧に計算過程を記載したことが奏功して着実に得点を積み上げ、結果として高得点を獲得できています。

~使ったペンの種類・本数~

シャーペン２本、マーカーペン４色。

おみそ 編（勉強方法と解答プロセス：p.148）

1．休み時間の行動と取り組み方針

　事例Ⅲはそれなりに点数が取れたと思うので、気持ちはかなり持ち直してきた。また Apple Watch の呼吸セッションで体力回復。事例Ⅳは練習に練習を重ねて得意科目といえるほどに力をつけてきた。電卓の動作確認も完了。ここにきて夜の事例Ⅳトレーニングが功を奏して体力的にも問題なし。あとは最後まで諦めずに問題に取り組むのみ。

2．80分間のドキュメント

【手順0】開始前（〜0分）

　事例Ⅳは脳をフル回転させる必要があるから、とにかく何も考えないように目を閉じて呼吸を繰り返し、集中力を高めていく。

【手順1】準備（〜1分）

　解答用紙に受験番号を書いて、定規で設問とメモ用紙を準備。総合自動車リサイクル業者であることを確認。今回は連結が出なくてよかった、と胸をなでおろす。

【手順2】設問解釈（〜3分）

|第1問| いつもどおりの経営分析。あれ？　生産性って何だ？　ここにきて完全な新傾向か。確かに前年は財務指標が4つだったし、変わらない保証なんてどこにもないけど……。

|第2問| セールスミックスか。これはサービス問題かも。よかった。

|第3問| え？　設問文長すぎない？　後回しだけど、これは超難問な気がする。

|第4問| 記述問題はリスクとそのマネジメントか。記述は与件文から抜き出せたらそれが答えになるから落ち着いて与件文を読んでいこう。

|解く順番の確認| 難易度から問題を解く順番は第1問→第4問→第2問→第3問にしよう。

【手順3】与件文・財務諸表読解および第1問（〜20分）

|第1問（設問1）| 設問要求を確認。優れている指標2つと劣っている指標1つはいつもどおりだけど、生産性に関する指標を入れろなんて……。労働生産性が候補だけど公式は付加価値÷従業員数で合ってたっけ？　自信ない。

|第1問（設問2）| 明らかに劣っている点とその要因なんていうのも初めてだ。でも、問われ方自体は至ってシンプルだから、（設問1）の劣っている指標に着目したら良さそう。

|与件文| 順調にビジネスを拡大しているってことは収益性や効率性は高いと予想。海外販売網の展開と事業多角化はちゃんとチェックしておこう。商社的な会社が製造にも手を広げているって話か。海外市場中心とノウハウ不足というのは第4問の答えにそのまま使えるんじゃないかな？　最終段落に従業員数が出てきたから、生産性は労働生産性で決まり。

|財務諸表| 売上規模は同業他社と同じくらいだから、比較においては特に電卓をたたく必要はないな。粗利が高く棚卸資産が少ないから、予想どおり収益性と効率性が優れている。

労働生産性の付加価値は1次試験の中小企業政策で出てきた営業利益＋人件費＋減価償却費で計算可能。同業他社より従業員数が明らかに多いから、労働生産性を劣っている指標ということにしよう。

[第1問（設問1）]　単位と記載箇所を間違えないように落ち着いて計算するだけ。

[第1問（設問2）]　ノウハウ不足というのは労働生産性が低い要因の1つで決まりだろう。あとはよくわからないけど、広告費の数字が同業他社に比べ大きいのに売上が大差ないってことだから、営業利益を押し下げているということでもう1つの要因にするかな。

【手順4】第4問、第2問（～50分）

[第4問]　（～20分）海外市場中心とノウハウ不足から考えられるリスクはそれぞれ為替と利益減少かな。でも為替と利益減少ってリスクとして同列に書いてもいいのか？　でも、ほかにリスクも見当たらないし、これをまとめよう。労働生産性で思わぬタイムロスだったけど、すぐ書けたからかなり挽回できたか。

[第2問（設問1）]　（～25分）これは単純な計算問題だからサクッと解こう。利益額を問われているから共通固定費を引くのを忘れないようにしないと。

[（設問2）]　（～50分）直接材料に加えて直接作業時間も条件に追加か。線形計画法だな。1次試験の運営管理の過去問でやったことがあるし、これも問題なし。だけど、連立方程式の交点が目的関数を最大化するときのxとyであることを文章化するの難しいな。ふぞろいで見たことないけど解答欄大きいし、グラフを書いてしまうのが手っ取り早いか。

【手順5】第3問（～70分）

[第3問（設問1）]　（～60分）（設問1）なのに難しすぎない？　まずい！　試験対策で解いた記憶がない問題だし完全な初見問題か。文章題として題意のまま不等式を解くか。表下の※の間接費のうち70％は固定費の配賦額であるというのは、方程式から除外せよってことか？

[（設問2）]　（～68分）ナニカイテイルカワカラナイ……。完全に頭がスパークしてしまった。減価償却費と回収期間法の説明だけ書いて部分点もらえたら御の字。

[（設問3）]　（～70分）……。だ！　か！　ら！　ナニカイテイルカワカラナイ！！！　とりあえずNPVの説明だけしか書けない。せっかくあんなにNPVの練習したのに……。

【手順6】見直し（～80分）

　第3問が丸々怪しいからほかの問題で落とすわけにはいかない。第1、2問を丁寧に検算し、第4問の誤字脱字を確認。第3問は、目がチカチカする……。

3．終了時の手ごたえ・感想

　事例Ⅳは得意科目で全問答えるつもりだったけど、第3問を捨てざるを得なかった。しかし、過ぎたことは仕方ないし、やっと1年2か月の試験勉強が終わった。解放感が半端ない！　今日はデパ地下でおいしいご飯を買って、迷惑かけた妻と娘に恩返ししよう！

~使ったペンの種類・本数~

　シャーペン2本、鉛筆3本、色付きマーカー6本（設問ごとで色分け行う）、消しゴム2個。

合格者再現答案＊（おみそ 編） ────────────────── 事例Ⅳ

第1問（配点25点）
（設問1）

	（a）	（b）
①	棚卸資産回転率^2	33.41（回）^{2}
②	売上高総利益率^2	59.59（％）^{2}
③	労働生産性^2	748.60（万円）^{2}

（設問2）　　　　　　　　80字

労	働	生	産	性	が	低	い^6	。	要	因	は	海	外	販	売	網	の	展	開
や	事	業	多	角	化	に	よ	り	①	ノ	ウ	ハ	ウ	不	足	で	従	業	員
1	人	当	た	り	の	売	上	が	小	さ	く^3	②	広	告	宣	伝	費	を	か
け	て	い	る^2	が	売	上	へ	の	貢	献	が	小	さ	い^3	為	。			

【メモ・浮かんだキーワード】 収益性、効率性、安全性、労働生産性、付加価値、従業員数
【当日の感触等】 労働生産性は公式自体が合っていたか怪しく、かなり自信がない。
【ふぞろい流採点結果】 （設問1）12/12点　　　（設問2）13/13点

第2問（配点20点）
（設問1）

（a）	2,840,000円^2
（b）	各製品の限界利益は A：7800－400×4－1200×2＝3800、B：10000－400×2－1200×4＝4400 各製品の1時間当たりの限界利益はA：3800÷2＝**1900**、B：4400÷2＝**1100**^{1} 以上より、**1時間当たりの限界利益が高いAを生産する**^{1}。よって利益は、 1900×3600^5－4000000＝2840000^1

（設問2）

（a）	2,200,000円^2
（b）	Aをx個、Bをy個生産するとする。題意より、 4x＋2y≦6000^2……①、2x＋4y≦3600^3……②、x≧0、y≧0 求める利益をkとすると、k＝3800x＋4400y－4000000 これを最大化するx、yを求める。図示すると これより①と②の交点でkが最大化する。 ∴x＝1400、y＝200^{2}よって利益は 3800×1400＋4400×200^1－4000000＝2200000^1

【メモ・浮かんだキーワード】 セールスミックス、線形計画法
【当日の感触等】 検算結果は合っているし、唯一満点狙えそう。
【ふぞろい流採点結果】 （設問1）10/10点　　　（設問2）10/10点

赤青鉛筆＋黄色の蛍光ペン＋シャーペン！！ 赤青鉛筆は1本で赤と青が使えるからお気に入りでした。

第3問（配点35点）

（設問1）

（a）	412,500円[2]
（b）	買い取り額をxとする。 自社で整備する際の1台当たり利益はx−6000−7500×0.3＝**x−6000−2250**[5] 点検を委託する際の1台当たり利益は0.98x ※間接費のうち固定費はいずれの場合も同額かかるため、計算から除外する ∴x−6000−2250≦0.98を満たすxを解く。よって**x≦412500**[10]

（設問2）

（a）	250,000円
（b）	減価償却費は7200×0.9÷15＝**432**[3] 回収期間法は各年のCFにより、初期投資額を回収する期間を求める。
（c）	2.3年

（設問3）

（a）	500,000円
（b）	正味現在価値は、各期のCFを6％で割り引いた現在価値から初期投資額を差し引いて求める。

【メモ・浮かんだキーワード】　NPV、CVP

【当日の感触等】　とにかく難しかった。特に（設問2）と（設問3）は白紙で出すわけにはいかないから適当に埋められるだけは埋めた。

【ふぞろい流採点結果】　（設問1）12/12点　　（設問2）3/13点　　（設問3）0/10点

第4問（配点20点）　　100字

リ	ス	ク	は	①	海	外	市	場	展	開	に	よ	る	**為**	**替**	**変**	**動**	リ	ス
ク[5]	②	新	事	業	の	ノ	ウ	ハ	ウ	不	足	に	よ	る	**利**	**益**	**減**	**少**	リ
ス	ク[3]	。	対	策	は	①	**為**	**替**	**予**	**約**	や	オ	プ	シ	ョ	ン[3+2]	に	よ	り
為	替	リ	ス	ク	を	ヘ	ッ	ジ	し	②	業	務	標	準	化	し	て	従	業
員	教	育	を	徹	底	し	顧	客	価	値	を	高	め	る	事	。			

【メモ・浮かんだキーワード】　為替リスク、ノウハウ不足、リスクヘッジ、標準化と教育

【当日の感触等】　与件文から素直に要素を抜き出せたから、ある程度部分点は取れているだろう。

【ふぞろい流採点結果】　13/20点

【ふぞろい評価】　73/100点　　【実際の得点】　75/100点

　第1問、第2問は丁寧に対応・処理することで、ふぞろい流採点では満点となっています。難問の第3問（設問2）は、見切りをつけながらも部分点をもぎ取ることができました。地道な努力に裏付けされた応用力と、タイムマネジメント力が高得点につながりました。

~使ったペンの種類・本数~

蛍光ペン5本（赤・オレンジ・黄色・緑・青）、2色ボールペン（黒・青・赤）。

事例
Ⅳ

まっち 編（勉強方法と解答プロセス：p.150）

１．休み時間の行動と取り組み方針

　オールナイトニッポンの続きを聴きながらお手洗いに行く。結局、今日この階のお手洗いでは女性は３人しか会わなかった。正直、事例Ⅳに関しては直前に何かを見ても何かが変わるとは思えない。エネルギー補給をして、体をほぐし、最後まで頑張りぬく気持ちを持てるコンディションを保てるようにリラックスする。前年唯一合格点に届いていた科目だし、計算過程も残せるから部分点ももらえるし、いつもどおり対応すれば大丈夫。

２．80分間のドキュメント

【手順０】開始前（～０分）

　ついに最後の科目。あと80分で長かった受験勉強と今日１日の試験から解放されると思うと変な高揚感に包まれた。最後だからといって投げやりにならないように気をつけよう。とりあえず、わからない問題でもとにかく何かを書く。

【手順１】準備（～１分）

　受験番号を記入し、問題用紙を解体していく。

【手順２】設問確認＆与件文確認（～５分）

[全　体]　D社の概要を確認。中古車買い取り、リサイクル業か。第１問が経営分析、第２問がセールスミックス、第３問が意思決定会計、第４問が記述。事例Ⅳに関しては、できる問題から優先して解いていく。ぱっと見、第３問が難しそうに見える。第１問→第２問→第４問→第３問の順で解いていくことに決める。

【手順３】与件文読解（～10分）

　与件文を読みながら、軽くSWOT分析をする。強み（S）と機会（O）を赤、弱み（W）と脅威（T）を青で下線を引いていく。

[第２段落]　「環境問題や循環型社会に対する関心の高まり」に機会として赤で下線。

[第３段落]　「中古パーツの需要も急増」に機会として赤で下線。私は自動車のことあまり詳しくないけど、自動車のパーツって３Dプリンターで作れるの？　すごいね。

[第４段落]　「国内市場も拡大」に機会として赤で下線、「同業他社も近年大きく業績を伸ばしている」に脅威として青で下線。海外市場への進出か。もしかして為替の話？　確かに最近円安が話題だけど、試験でそんなにタイムリーに出てくるとは思っていなかった。

[第５段落]　「ノウハウが不足」に青で下線。そうだよね、リスクも大きいと思うよ。

[第６段落]　従業員数を最後にあえて明記しているのが気になる。計算で使うのかな？

　結局、外部環境については情報が多かったけど、あまりD社の強みはよくわからなかった。

【手順４】第１問　経営分析（～20分）

[第１問]　経営分析はあまり時間をかけたくない。答えるのは良いところ２つ、課題がある

ところ1つか。制約として、「生産性に関する指標」？　なんだろう……。とりあえずいつもどおり、収益性・効率性・安全性の観点から目ぼしい指標を検討する。収益性は全体的に他社より良い数字。良い点の1つは収益性で間違いなさそう。どの指標が適切かはあまり与件文に情報がないけど、一番数字の乖離が大きい売上高総利益率をまずは書く。効率性は、念のため売上高棚卸商品回転率と売上高有形固定資産回転率を算出したけど一旦保留。安全性は当座比率も流動比率も負債比率もD社のほうが良さそう。とすれば良い点のもう1つはやはり安全性。与件文にもあまり安全性に関する記載がなかったから、どれを選んでよいか迷う。一旦同業他社との数字の開きが大きい流動比率を選択。残るは課題のある指標であり生産性に関する指標。しかも販売費および一般管理費の「その他」は含めないって、一体何の話をしているの？　そんな指標あるかも知らないけど、「売上高販売費および一般管理費回転率」と書いた。一応「その他」の数字を含めずに計算。後で見直す時間があるかわからないけど、時間をかけたくないのでとりあえず書いて先に進む。

【手順5】第2問　セールスミックス（～45分）

第2問　解けそうな見た目の問題なので、落としたらまずそう。直接作業時間と消費量の上限を制約として、それぞれ算出。（設問1）と（設問2）でだいぶ数値違うけどこれ大丈夫か？

【手順6】第4問　記述問題（～60分）

第4問　財務的観点からのリスクって、答えづらいな。人を増やすとは書いていないけど、ノウハウ不足を認識しているみたいだし、第3問に書かれているとおり追加の販売スタッフは必要としないとはいえ、海外ビジネスに精通した人は必要だと思う。単純に在庫や人が増えればコストも増えるし、効率性や収益性は落ちると思うけど、不安だな……。

【手順7】第3問　意思決定会計（～78分）

第3問　この問題に深入りは危険と判断。とはいえさすがに空欄では出したくないので、地道に直接労務費・間接変動費・間接固定費の数字を算出していく。自社で行うときより、他社に委託したほうが安くなる場合に委託するべきってことだよね。とりあえず減価償却費の計算式がわかっていることだけはアピールしたく、計算過程の欄に真っ先に書き込む。

【手順8】見直し（～80分）

単位や誤字脱字、軽微なミスがないか、さらっと確認して終了を待つ。

3．終了時の手ごたえ・感想

難しかった……。第2問は完答すべきところだったんじゃないの？　こんな出来だともう二度と事例Ⅳが得意科目だなんて口が裂けても言えない。最悪足切りの可能性がある。帰り際に後ろの席に座っていた人に声をかけられ、オンライン勉強会で一緒になった人だったことが判明して驚いた。マスクだったし、名前も思い出せなくて動揺した。女性が少なすぎて向こうからはすぐ気づかれたようだ。せっかく声をかけてくれたのに、事例Ⅳの落胆が大きく、会話を盛り上げられなくて申し訳なかった。

~電車の中での2次試験の勉強方法~

スマホに過去問のPDFを入れて、メモアプリに解答を作成。

合格者再現答案＊（まっち 編） ―――――――――― 事例Ⅳ

第1問 （配点25点）
（設問1）

	（a）	（b）
①	売上高総利益率[2]	59.59（％）[2]
②	流動比率[2]	368.82（％）[2]
③	売上高販売費および一般管理費回転率	2.87（回）

（設問2）　　　　80字

売	上	高	に	対	し	販	管	費	が	多	く	[3]	、	売	上	総	利	益	の	多
く	が	販	管	費	と	し	て	流	出	し	、	効	率	性	が	低	い	[3]	。	要
因	は	、	人	件	費	[3]	、	外	注	費	[1]	、	固	定	資	産	の 多	さ	[3]	に	よ
る	減	価	償	却	費	が	多	く	[3]	、	コ	ス	ト	が	多	い	か	ら	。	

【メモ・浮かんだキーワード】　収益性・効率性・安全性
【当日の感触等】　（設問1）の③が確実に不正解だし、（設問2）もかなり微妙。
【ふぞろい流採点結果】　（設問1）8/12点　　　（設問2）10/13点

第2問 （配点20点）
（設問1）

（a）	2,840,000円[2]
（b）	製品A　7,800－（400×4）－（1,200×2）＝3,800円/個　→1,900円/時間 製品B　10,000－（400×2）－（1,200×4）＝4,400円/個　→1,100円/時間[1] **A、Bの順に優先する**[1]。 3,600÷2＝1,800個　**Aを1,800個生産する**[1]。 利益は3,800×1,800[5]－4,000,000＝2,840,000円[1]

（設問2）

（a）	600,000円
（b）	Aの生産量をx、Bの生産量をyと置く。 4x＋2y≦6,000[3]　2x＋4y≦3,600[2]　を解くと、x≦400、y≦700 Aを400個、Bを700個生産する。 このときの利益は、（400×3,800＋700×4,400）－4,000,000＝600,000円

【メモ・浮かんだキーワード】　時間あたりの利益
【当日の感触等】　見直しができなかったから不安。計算過程の記述で多少部分点がもらえると信じる。
【ふぞろい流採点結果】　（設問1）10/10点　　　（設問2）5/10点

第3問（配点35点）

（設問1）

（a）	675,000円[1]

（b）	自社で行う場合、 直接労務費　6,000×30＝180,000円 間接変動費　7,500×30×0.3＝67,500円 間接固定費　7,500×30×0.7＝157,500円　　合計：**405,000円**[3] 他社に委託する場合、　600,000×30×0.02＝360,000 買取価格をxとすると、0.6x≦405,000　→x≦**675,000**[5]

（設問2）

（a）	14,040,000円

（b）	設備の初期投資額　7,200万円 減価償却費　7,200万円×0.9÷15＝**4,320,000/年**[3] 複利現価係数を使い投資案の正味現在価値を計算する。

（c）	5年

（設問3）

（a）	
（b）	

【メモ・浮かんだキーワード】

【当日の感触等】（設問3）を空欄で出してしまった。自信がないけど少しでも部分点もらえないかな。

【ふぞろい流採点結果】（設問1）9/12点　　（設問2）3/13点　　（設問3）0/10点

第4問（配点20点）　　100字

リ	ス	ク	は	①	中	古	車	の	買	い	取	り	と	再	整	備	を	行	う
こ	と	に	よ	り	、	**棚**	**卸**	**商**	**品**	**が**	**増**	**え**[5]	回	転	率	が	下	が	り
効	率	性	の	低	下	②	ビ	ジ	ネ	ス	の	拡	大	に	よ	り	人	件	費
や	出	荷	コ	ス	ト	が	増	え	る	こ	と	で	**販**	**管**	**費**	**が**	**増**	**え**[3]	、
収	益	性	の	低	下	の	可	能	性	が	あ	る	こ	と	。				

【メモ・浮かんだキーワード】　棚卸商品が増加、回転率が低下、人件費が増加

【当日の感触等】　同じようなことを書いてしまった気がする。とりあえず効率性と収益性の2つのキーワードを出すことで多面性をアピール。ちょっとでも部分点ください！

【ふぞろい流採点結果】　8/20点

【ふぞろい評価】　53/100点　　　【実際の得点】　62/100点

　第2問（設問2）での連立方程式の計算ミス、第3問（設問1）の固変分解に関するミスはありましたが、考え方と計算過程をしっかり記述したことで、部分点の獲得につながりました。第4問ではリスクに対するマネジメントの記述がないことが、ふぞろい流では大きな失点要素となりました。実際には、もっと幅広いキーワードが得点要素になった可能性があります。

~こだわりの試験テクニック~

　問題用紙はホチキスのところだけ破く。

みみ 編（勉強方法と解答プロセス：p.152）

1．休み時間の行動と取り組み方針

　事例Ⅰ〜Ⅲが合格ラインに届いていたとしても、すべてを台無しにする可能性のある事例Ⅳ。付け焼刃の有効性は低いと思うので、ファイナルペーパーにはさらっと目を通すだけで、残りの時間はリラックス。ラムネを貪り食い、開始時間を待った。

2．80分間のドキュメント

【手順０】開始前（〜０分）

　やっと最後の事例。１日かかる試験なので、正直くたくたな状態。最後の事例をやり切って、悔いのないように今日を終わろう。そわそわしながら試験開始を待つ。

【手順１】準備（〜３分）

　受験番号を丁寧に書く。ほかの事例に関しては、設問文の余白スペースにメモする程度で事足りるが、事例Ⅳでは十分な計算スペースがないと間違えの元となるので、思い切りよく問題用紙を破る。

【手順２】問題確認（〜５分）

第１問　定番の財務諸表を用いた経営分析か。優れている指標２つ、課題を示す指標１つ、例年どおりの問題……ではなかった。生産性に関する指標を少なくとも１つ！　「当該指標の計算においては『販売費及び一般管理費』の『その他』は含めない」ということは、「その他以外の項目」は使用するべきなのかな。後でもう一度、財務諸表をじっくり確認しよう。（設問２）にも関連づけができる解答を心掛けよう。

第２問　セールスミックスか。過去問でほとんど同じ内容の問題があったような。第１問の次は順当に第２問に手をつけよう。

第３問　変動費、固定費、NPV かな。今、細かく読むと時間がいくらあっても足りないから、後回しにしよう。

第４問　記述問題か。第３問で時間を取られるのは間違いないだろうから、第４問を優先して解くか。

全　体　解答順序は第１問、第２問、第４問、第３問の順番で決定。

【手順３】与件文読解（〜15分）

第１〜２段落　事例Ⅳでも与件文に寄り添った解答を心掛けないと。「関心の高まり」はSWOT の O（機会）だな。

第３〜５段落　検討中の事業内容を大きく分けると中古車販売とパーツ販売か。

第６段落　わざわざ与件文に従業員数を書いてくるのだから、人件費を解答に使用するべきかな。

【手順４】解答作成（〜78分）

〜こだわりの試験テクニック〜
　試験開始直後は、周りの人が一斉に紙をめくる音を聞き終わってから自分も紙をめくる。

第1問　収益性・効率性・安全性の視点からD社が良くも悪くも突出している点を見つけ出そう。収益は売上総利益が良い、人件費負担大きい、減価償却費負担大きい、販管費のその他も負担が大きいけれど、解答にはつなげにくいな。営業利益率も良いが、売上総利益のほうが目立つか。効率性の視点からだと、有形固定資産の金額が約2倍か、だから減価償却費も多いんだな。安全性は……強いて言うなら当座比率が良さそう。生産性に関する指標で人件費を使用したいから課題を示す指標の1つは決まり。残りは目立って良い売上総利益を使った指標を1つ、（設問2）で効率性の低さを記述したいから、関連づけを考えると有形固定資産に係る指標は外せない……。安全性の指標を解答に入れないのは不安が残るが、時間もないので、次の問題へ。

第2問　混乱しないように、限界利益や1時間、製品1個当たりの金額を確認していく。就職活動時のSPIみたいな問題だな。過去問では貢献利益がマイナスにならないかを検討していたから、同じように解答を組み立てていこう。（設問2）は連立方程式で解けそうだけれど、これでよいのか……。

第4問　「財務的観点から」だから、資金繰りや予算管理、安全性の指標に関連するような解答にするべきか。与件文から考えると為替リスクも入れておきたい。

第3問（設問1）　今回のラスボス第3問へ。設問文から状況を整理し、図で整理しよう。まずは、（設問1）は業務委託するか否か。変動費と固定費の問題か。あ、別に固定費は業務委託の有無にかかわらず発生する費用なのだから、この問いには関係ないのか。単純に業務委託で発生する費用、買取価格の2％が自社で整備するより安価であればよいんだよね。不安だ。

第3問（設問2）　年間キャッシュフローか。とりあえず、減価償却費のタックスシールドに関する内容は書いて、部分点だけでも狙おう。回収期間が32年になってしまった。長すぎるな。絶対に間違っている。

第3問（設問3）　わからないし、時間もない。年金現価係数だけ書いたら1点くらいくれないかな。

【手順5】検算、見直し（～80分）

　第3問に時間をかけすぎて、第1問の見直しをする時間がなくなってしまった。解答の内容は変えずに検算だけ行おう。小数点以下の端数処理に間違いはないかな。

3．終了時の手ごたえ・感想

　第3問の（設問3）以外はすべて埋めたし、良くも悪くもすべて終わったので、気持ちよく帰ろう！　早く帰ってビールを飲もう！

~こだわりの試験テクニック~

　休み時間をルーティーン化（5分試験用紙回収、15分ホットアイマスク、10分直前対策、10分精神統一）。

合格者再現答案＊（みみ 編）　　　　　　　　　事例Ⅳ

第1問（配点25点）
（設問1）

	（a）	（b）
①	売上高総利益率[2]	59.59（%）[2]
②	棚卸資産回転率[2]	33.41（回）[2]
③	売上高人件費率[2]	21.56（%）[2]

（設問2）　　　　80字

売	上	を	獲	得	す	る	効	率	性[3]	が	他	社	と	比	較	し	て	劣	っ
て	い	る[2]	。	そ	の	要	因	は	有	形	固	定	資	産	回	転	率	が	悪
く	、	人	件	費	率	も	高	い[3]	こ	と	か	ら	、	資	産	や	人	材	を
有	効	に	活	用	で	き	て	い	な	い	問	題	が	あ	る	。			

【メモ・浮かんだキーワード】 収益性・効率性・安全性

【当日の感触等】 生産性に関する指標はおそらく解答が割れると思うから、深追いせず、ケアレスミスはないように慎重に計算した。

【ふぞろい流採点結果】（設問1）12/12点　　（設問2）8/13点

第2問（配点20点）
（設問1）

（a）	2,840,000円[2]
（b）	製品Aにおける1個あたりの利益は3,800円 製品Bにおける1個あたりの利益は4,400円[1]であるので、製品Bを優先して生産する。 最大作業時間を製品Bの生産に充てると、900個の生産となり、900個×4,400円＝3,960,000円なので、共通固定費を賄えない。よって、**製品Aを優先**し、生産すると1,800個×3,800円＝6,840,000円[5]ここから**共通固定費を差し引き**、2,840,000円[1]

（設問2）

（a）	2,200,000円[2]
（b）	製品Aをx個、製品Bをy個生産する。 材料の制限が、4x＋2y＝6,000[2]（kg）　作業時間の制限が2x＋4y＝3,600[3]（時間） よって、x＝1,400、y＝200[1] 1,400個×3,800円＋200個×4,400円[1]－4,000,000円（共通固定費）＝2,200,000円[1]

【メモ・浮かんだキーワード】 貢献利益

【当日の感触等】 あまり自信がないが、時間もないので駆け抜ける。

【ふぞろい流採点結果】（設問1）10/10点　　（設問2）10/10点

~こだわりの試験テクニック~

記述問題は長文で書かず、短文を重ねる。主語と述語が一致しているか要確認。

第3問（配点35点）

（設問1）

（a）	412,500円[2]
（b）	買取価格をxとする。 整備を自社で行う場合の費用は変動費8,250円[5]/台　固定費5,250円 x × 2% ≦ 8,250 の時は他社に業務委託すべき。x ＝ 412,500[10]

（設問2）

（a）	2,493,000円[1]
（b）	投資による利益の増減額：20台×10万[2]－20台×14,500円[2]＝171万円 投資による減価償却費の増減額：7,200万円×（1−0.1）÷15年＝432万円[3] （171−432[2]）×（1−0.3）＋432＝249.3[5]　8,200÷249.3＝32.89
（c）	32.89年

（設問3）

（a）	
（b）	150万円×4.2124＝631.86万円

【メモ・浮かんだキーワード】　固定費、変動費、現在価値

【当日の感触等】　（設問1）以外は明らかに答えがおかしいと思った。部分点を狙うしかない。

【ふぞろい流採点結果】　（設問1）12/12点　　（設問2）10/13点　　（設問3）0/10点

第4問（配点20点）　　100字

リ	ス	ク	は	①	固	定	資	産	増	加	に	伴	う		管	理	費	増	に	よ
る	収	益	性	の	低	下	②	**為**	**替**	**リ**	**ス**	**ク**[5]	や	借	入	金	増	加	に	
よ	る	安	全	性	の	低	下	。	そ	れ	に	対	し	①	**資**	**金**	**繰**	り	や	
利	**益**	**率**	**管**	**理**	**の**	**強**	**化**[1]	②	プ	ッ	ト	オ	プ	シ	ョ	ン[3+2]	の	購	入	
等	で	リ	ス	ク	ヘ	ッ	ジ	を	行	う	。									

【メモ・浮かんだキーワード】　通貨オプション、安全性指標

【当日の感触等】　無理やり「為替リスク」をねじ込んだので文章がおかしなことになってしまった。

【ふぞろい流採点結果】　11/20点

【ふぞろい評価】　73/100点　　　【実際の得点】　70/100点

　多くの受験生が悩んだ第1問の「生産性」に対しても、落ち着いて対応することができました。第4問の記述は一部題意を外す解答となったものの、第2問のセールスミックスの完答、第3問（設問1）の内外作区分の完答によって大きく点数を伸ばしたことで、余裕をもって合格点を超えました。

第2節 過去問大集合！ ふぞメンたちのイチオシ事例紹介

「2次試験の勉強を始めたはよいものの、どの年度から手をつけるべきかわからない」

「2次試験直前期で過去問を復習したいが、どの年度を解くべきだろうか」

そんな悩みを持っている受験生の皆さんに向けて、ふぞメンが自ら過去問を解いた経験をもとに、それぞれのイチオシ事例を紹介いたします。レーダーチャートによる各メンバーの評価や簡単な紹介も掲載しています。

これから過去問演習を始める方、過去問の復習を効率的に進めたい方にとっては有益な情報の宝庫です。ぜひともご覧ください！

なお、多少のネタバレ要素が含まれます。お気になさる方は、紹介事例の年度のみ確認し、過去問を解いた後に、改めてこちらをお読みいただければと思います。

【レーダーチャートの見方について】

各事例について、以下の指標にもとづいて、ふぞメンがそれぞれ主観で5段階評価しています。

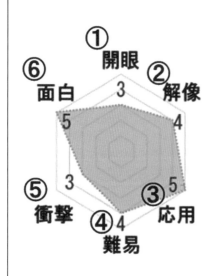

①開眼度

→この事例を解くことで2次試験対策の「何かに目覚めた」度合い

②解像度

→事例企業の具体的なイメージができた度合い

③応用度

→事例企業のストーリーや登場するキーワードなど、違う年度の事例に応用できる度合い

④難易度

→他の年度と比べた難しさ・簡単さの度合い

⑤衝撃度

→初見で解いたときの鮮烈なイメージの度合い

⑥面白度

→解法やツッコミどころなど、解いているときの面白さの度合い

~こだわりの試験テクニック~

漢字で文字数を省略しよう。「こと」⇒「事」、「こだわり」⇒「拘り」、などなど。

ぜあ　解いた年度 ▶

| 事例Ⅰ～Ⅲ：平成29年度から令和３年度 |
| 事例Ⅳ　　：平成29年度から令和３年度 |

事例Ⅰ　平成29年度

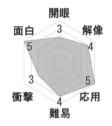

経営資源の集中や正規・非正規など、いつ問われても不思議ではないテーマがたくさん。第5問の150字の助言問題は、診断士として腕が鳴るぜ。

事例Ⅱ　平成30年度

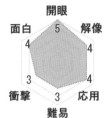

B社を取り巻く環境が細かく描写され、かつ、事例Ⅱに必須の「ターゲットに必要な施策を打ち、効果を出す」という練習においてかなり良問。

事例Ⅲ　令和２年度

解答の切り分けに最も苦慮した過去問。事例Ⅲが苦手になった原因かも。逆に、本事例を通じて、多少のダブリはしょうがないと開き直った。

事例Ⅳ　令和３年度

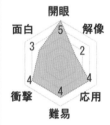

第3問のCVP分析では、変動費の算出を誤ってあえなく撃沈。疲労や思い込み、焦りが大量失点につながることを身をもって体感した事例。

やーみん　解いた年度 ▶

| 事例Ⅰ～Ⅲ：平成25年度から令和３年度 |
| 事例Ⅳ　　：平成19年度から令和３年度 |

事例Ⅰ　令和２年度

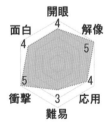

1次直前期、初めて解いた（解けなかった）事例で印象が強い。国語力だけでは解けない、1次知識の上手な活用が求められる良事例。

事例Ⅱ　平成26年度

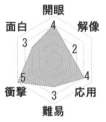

電卓が必要な事例、そろそろ来ると思わない？変わり種として一度は挑戦を勧めたい。そして、本番でも全事例電卓を出しておいてね。

事例Ⅲ　令和２年度

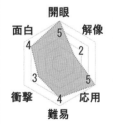

切り分けがとにかく難しく、練習に最適。さらに、設問と解答はオーソドックスで応用度が高い。繰り返し取り組むだけの価値がある事例。

事例Ⅳ　平成24年度

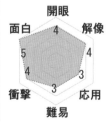

社長と従業員の給与差に闇を感じる。それはともかく、従来のパターンを外した、現場対応力を試す事例。第4問は事例Ⅰのトレンドにも通じる。

〜事例Ⅰのポイント・攻略法〜
　解答を書く前にすべての問の骨子を作り、設問の流れを確認する。

こやちん　解いた年度　事例Ⅰ～Ⅲ：平成19年度から令和３年度
事例Ⅳ　　：平成19年度から令和３年度

事例Ⅰ　平成30年度

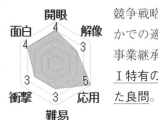

競争戦略、環境変化のなかでの適応、組織構造、事業継承、といった事例Ⅰ特有の問題が凝縮された良問。

事例Ⅱ　平成30年度

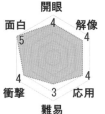

地域資源を使い倒す事例Ⅱ流を学べる。恍惚感を誘うキーワードが並び、旅行に出たような幸せな気分になれる。息抜きとしてもよいかも。

事例Ⅲ　平成25年度

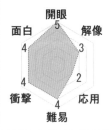

企業が陥りがちな問題を事例化。実学として役立つ。パズル要素もあり楽しい。マンネリ化しがちな事例Ⅲでは、スパイス的な異端児。

事例Ⅳ　平成30年度

解法が美しい。企業価値評価はやっておいて損はない。よくある事業投資評価との違いに留意しながら取り組むことで、地力がつくと思う。

おみそ　解いた年度　事例Ⅰ～Ⅲ：平成20年度から令和３年度
事例Ⅳ　　：平成13年度から令和３年度

事例Ⅰ　令和３年度

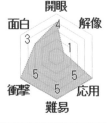

事業承継や組織間関係など令和４年度の出題論点がてんこ盛り。今の試験委員を考慮したらかなりホットなので、ぜひとも対策しておきたい。

事例Ⅱ　平成27年度

商店街の出題で、他の年度に比べて珍しい問題。複数の企業に対する分析や提案が求められ、タイムマネジメントの訓練にもなる。

事例Ⅲ　平成30年度

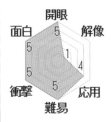

図が多用されていて、運営管理の知識を総動員することが求められる。かなり癖があるので、複数回解いて必ず解法を自分のものにしておきたい。

事例Ⅳ　平成23年度

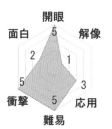

Ｂ／Ｓが読みづらい、デシジョンツリーの出題など、歴代随一の難しさ。試験本番で面食らわないように、丁寧にトレーニングしておきたい。

~事例Ⅰのポイント・攻略法~
自分が従業員だったらどのような企業が嬉しいか、を考えた。

まっち　→　解いた年度

| 事例Ⅰ～Ⅲ：平成28年度から令和３年度 |
| 事例Ⅳ　　：平成28年度から令和３年度 |

事例Ⅰ　令和元年度

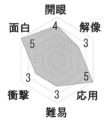

企業が外部環境の変化に対応し変容を求められるなか、ドメインやコア技術の捉え方の重要性を学べる。何を乾燥させるか想像するのが楽しい事例。

事例Ⅱ　令和３年度

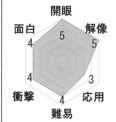

これからの時代は中小企業もインターネットがあれば全国市場も狙える時代。夢はでっかく、一地方から全国へ挑戦する事例を読んでおこう。

事例Ⅲ　令和３年度

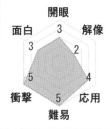

突如迫られる企業の今後を左右する究極の２択。直近５年では最大の文字数制限となる140字を書き切る体力をつけて本番に備えよう。

事例Ⅳ　平成29年度

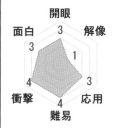

事例Ⅳの記述問題への対策はできている？　第４問の記述で部分点を稼ぐ引き出しを増やしたい方に。多角化が大胆すぎてまるで別企業。

みみ　→　解いた年度

| 事例Ⅰ～Ⅲ：平成20年度から令和３年度 |
| 事例Ⅳ　　：平成20年度から令和３年度 |

事例Ⅰ　平成28年度

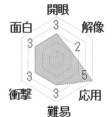

『ふぞろい』での難易度評価は第１問以外「勝負の分かれ目」。奇問難問がないので、事例Ⅰ攻略への足がかりとして、よい過去問演習になるかも。

事例Ⅱ　令和２年度

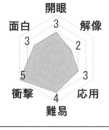

２次試験においても、1次試験の知識は重要であることが身に染みた問題。本番での不測の事態へ、どう対応するかを考えるよい機会となった。

事例Ⅲ　平成28年度

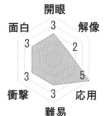

この過去問のおかげで事例Ⅲが不得意ではなくなった。定番のキーワードや解答の切り口が多く、何度も繰り返して解くことをおすすめする。

事例Ⅳ　平成26年度

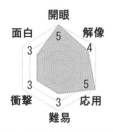

ぜひ令和４年度過去問演習の前後に取り組んでみて。過去問に取り組むことの重要性を感じることができるはず。演習を重ねよう。

~事例Ⅰのポイント・攻略法~

人的資源管理（人事評価、雇用管理、報酬制度、能力開発）の各施策の内容、メリデメ、具体策を頭に入れる。

第3節 受験生のお悩み解決！ ふぞメン大座談会

　時には壁にぶち当たり、挫折しそうになりながらも合格を勝ち取ったふぞメン6人。各メンバーの疑問にほかのメンバーが答える形で、試験対策のノウハウや学習のコツを語り尽くす大座談会を開催！　これを読めば、受験生の皆さんも合格に一歩近づけるかも！？

【テーマ1：試験で起きた想定外】

やーみん

令和4年度の試験は想定外が多く、事例Ⅳをはじめとして大変だった。ほかの事例でも「何書いていいかわかんない」って問題が多かったんだけど、みんなの率直な感想を聞いてみたい。

こやちん：実は事例Ⅳは、9割以上取りたいと思ってて、かなり緻密に計画を立てたの。**事前に計画を立てすぎて、想定外の問題に遭遇したときに本番での時間管理がうまくいかなかった**。部分点は積み上げたけど、悔しかったよ。

まっち　：私は2回目の受験で、事例Ⅳは前年60点以上取れてたから、少し油断があったかも。今回は第1問の生産性で、**最初から躓いて、メンタルにもきたよね**。

やーみん：そうそう、それに事例Ⅳだけじゃなくて、事例Ⅰの組織構造の問題とか、事例Ⅱの「オンライン販売事業者」とか、何書いてよいかわからなくて。

おみそ　：確かに、想定外の問題は多かったんだけど、**自分はある意味「ラッキー」と思った**。かなりの年度の過去問演習をしたことで、**ほかの受験生も解けないであろう「捨て問」がわかり、解くべき問題に注力できた**から。生産性の問題についても、「販売士」の試験を受けた経験から労働生産性の数式が頭に浮かんだ。**想定外の問題でも知識のいろんな引き出しを開けるのが大事**だね。

みみ　　：そうだよね。それに、自分の場合、2次試験を受けるのは3回目なんだけど、**これまで予想どおりにいったことがなくて。そういう意味では許容範囲内だし、メンタルはぶれなかったよ**。

ぜあ　　：あの問題でメンタルぶれないってのがすごい。メンタルっていう点で言うと、会場でのハプニングも油断できないよね。

みみ　　：不合格年度だけど、電卓を忘れた（笑）。

一同　　：えーっ！！！

みみ　　：昼休みに文房具屋にダッシュした。**事前の文房具チェックは大事**だよね。

～事例Ⅰのポイント・攻略法～
　組織のどの階層（レイヤー）で起きている問題かを意識する。

おみそ　：自分の想定外は、シャーペンを長時間持ちすぎて、事例Ⅳで指がつったこと。

やーみん：その点については、自分は対策してて、**セルフ模試をやってみて手が疲れることがわかってたから、文房具は吟味のうえで手が疲れないものを選んだよ。**

まっち　：想定外で言うと、私は普段、スマホのタイマー機能使って勉強してたんだけど、時計を見ながら解かなきゃいけないことに当日の朝気づいて、時間管理の工程が増えた。**本番でいつもと違うことしなきゃいけないってリスクだよね。**

ぜあ　　：試験問題の想定外の対策は難しいけど、**試験準備の段階で本番を想定して対策を取っておくのが重要だよね。**一方で、事前に想定できないようなハプニングが起きた人っている？

こやちん：事例Ⅰの開始前に受験会場に蜂が入ってきたとか、1次試験のときには、街宣車が会場近くで爆音立てるとか、僕はなぜかハプニングには結構遭遇したよ。

ぜあ　　：動じないメンタルって大事だとわかってるけど、実際は動じちゃうよね（笑）。

※「試験で起きた想定外」というテーマについては、第2章第2節「ふぞろい大反省会」や第4章第4節「オールナイトふぞろい」もぜひご覧ください。

【テーマ2：解答メモの作り方＆文房具の使い方】

こやちん

「きれいなメモの取り方」のYouTube見て、マネしてみても自分にはうまくできなかった、という経験があるんだけど、みんなはどうやって解答メモを作っていたのか、聞いてみたい。

おみそ　：解答メモは相当こだわっていたよ。事例Ⅰ～Ⅲは問題用紙を切って枠線を引き、マス内に解答要素を埋めるようにして、MECE（漏れなく、ダブりなく）になるように工夫した。**これで解答要素の抜け漏れがかなり減ったよ。**

こやちん：メモの取り方で講座開けるんじゃない？　ちなみに、解答骨子は作ってない？

おみそ　：作ってないね。**マス内の解答要素を組み合わせて解答する訓練を重ねたので。**

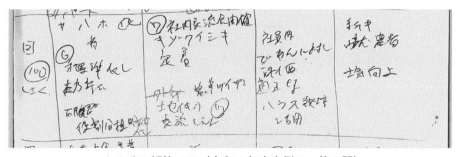

おみその解答メモ（令和4年度事例Ⅰ　第2問）

~事例Ⅰのポイント・攻略法~

従来の事業内容⇒外部環境の変化⇒ドメインの変遷、という毎年共通の流れを意識して問題を解く。

ぜあ　　：自分は**実際の解答に近いものを一旦メモとして書いてから、最後に清書する形**にしてた。とにかく書いてみて、論理的に矛盾してないかを見るイメージ。

おみそ　：おぉー、メモなのに字がきれいでしかも正確だ……。

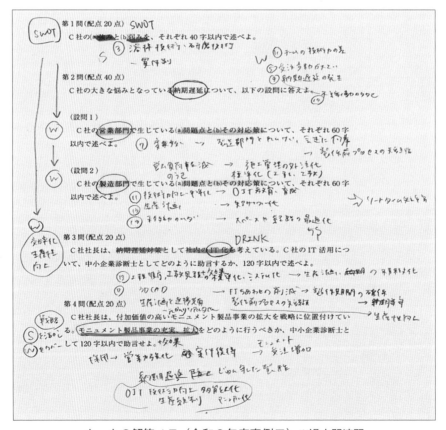

ぜあの解答メモ（令和4年度事例Ⅱ　第3問）

まっち　：私の場合、**設問間のつながりを意識したメモ**にしてて、全体のなかでダブリがないかを見てた。**設問全体を通じて事例企業をどういう方向に持っていこうとしているのかを考えてた**よ。

こやちん：すごいね、これ。設問間のつながりって、「意識しろ」って言われるけど、自分はうまくできないなと思って諦めちゃってた。

まっちの解答メモ（令和2年度事例Ⅲ）※過去問演習

～事例Ⅱのポイント・攻略法～
　解答を書く前にすべての問の骨子を作り、設問の流れを確認する。

やーみん：解答メモ書くときに、与件文に線を引っ張ったりすると思うんだけど、みんなはどんな文房具を使ってた？　最初は何色もの蛍光ペンを使い分けようとするんだけど、結局強み、弱み、その他の3本で諦めちゃった。

こやちん：自分は多いほうだと思うけど、**カラーペンを7本**使ってた。**設問ごとに色分けしていく**んだけど、**重なるところも出てくる**から、**切り分けを意識できるようになった**し、**解答作成がとても楽になった**。反省点としては、**最初に線を引かなかったところが印象に残らなくて、解答から漏れちゃう**んだよね。熟練が足りなかったのかな。

みみ　　：逆に自分は、**シャーペン1本**。**強みと弱みを問われる問題**だったらそれぞれを**丸で囲むスタイル**。色ペンを使うと、間違えて線引いたときに妙な動揺が走るけど、シャーペンは何回でも消せるからね。

ぜあ　　：シャーペン1本とは、ストロングスタイルだね（笑）。

【テーマ3：ふぞメンのおすすめフレームワーク】

みみ

> 事例Ⅲの「ＤＲＩＮＫ」は本当に使いやすく、2次試験3回受けたなかで3回とも事例ⅢがＡ判定だったのはフレームワークのおかげだと思ってる。みんなのおすすめのフレームワークがあれば教えてほしい。

やーみん：最も役立ったと思うのは、**事例Ⅱの「ダナドコ」**かな。問題用紙の余白に「ダナドコ」って書いて、設問文で聞かれていることに丸を付ける、という練習は、試験本番まで相当意識してやってたよ。

　　　　　※注）「ダナドコ」ダ：誰に　ナ：何を　ド：どのように　コ：効果

おみそ　：**事例Ⅰの「茶化」と「幸の日も毛深い猫」**もよく使うよね。特に後者については、**「幸の日も」が士気向上、「毛深い猫」が組織活性化**につながるっていうことを学んで以降、よりお世話になった。

　　　　　※注）「茶化」サ：採用、ハ：配置、ホ：報酬、イ：育成、ヒ：評価（漢字のパーツより）

　　　　　※注）「幸の日も毛深い猫」採用・配置、賃金・報酬、能力開発、評価、モチベーション、権限委譲、部門、階層、ネットワーク、コミュニケーション

ぜあ　　：「ＤＲＩＮＫ」、「ダナドコ」、「茶化」、「幸の日も毛深い猫」はフレームワーク界の四天王だよね。ほかに役立ったフレームワークはある？

　　　　　※注）「DRINK」Ｄ：データベース、Ｒ：リアルタイム、Ｉ：一元管理、Ｎ：ネットワーク、Ｋ：共有化

～事例Ⅱのポイント・攻略法～

　社長の思いと顧客利益を優先して考える！

こやちん：2次試験の予備校で、**講師からフレームワーク集を渡されて、150個くらいを「全部覚えろ」って言われたよ**。凄まじいボリュームだし、直接的に解答には使いにくいものもあるんだけど、与件文を読み解くのに役立った。

まっち　：たとえば、どのようなのがある？

こやちん：事例Ⅲのライン生産方式のメリット・デメリットをフレームワークとして覚える、とかそんなイメージ。

やーみん：フレームワークっていうと事例Ⅰ～Ⅲで使いやすいと思うけど、自分は事例Ⅳでも使ってた。**経営分析で頻出の経営指標を8つくらい覚えておいて、試験開始後、先に事例企業の財務諸表を計算しておくと、その後の与件文や設問の理解がすごく早くなる**。たとえば、流動比率とか売上高総利益率とか。

みみ　：事例Ⅳでもフレームワークがあるっていうのは新たな視点。

おみそ　：『ふぞろい』の宣伝になってしまうけど、**『ふぞろい14』ではフレームワークが一覧で掲載されてるコーナー（P137）があって**、すごく役に立ったよ。

まっち　：フレームワークとして体系だっているものが役に立つのはもちろんなんだけど、そうでなくても、**与件文に書かれたキーワードから解答が推測できる定石**みたいなものもあるよね。私は事例Ⅲが苦手なんだけど、とにかく「生産計画」とか「生産統制」が出てきたら、「全社計画作って共有」とか「在庫は確認して現品管理して、適正在庫にする」とかパターン化して覚えていた。

ぜあ　：「生産計画は短サイクル化」とかね。方程式みたいなものだよね。

おみそ　：でも、注意点もあって。フレームワークを使えば、与件文を読まなくても解答が書けるけど、**ただ一般論を書いても得点が伸びないんだよね。与件文に沿ってフレームワークの要素を当てはめる作業が何より重要**だと思う。

みみ　：それは本当におみその言うとおり。今回の事例Ⅲも与件文の要素を入れずに書いてしまってもある程度書けてしまう設問があったんだけど、実際の点数はそこまで伸びなかった。さっき、今回含めて3回受けた2次試験は全部A判定って言ったけど、点数は60点台前半ばかりだったから、**与件文に沿うことを意識しないと、高得点は狙えない**ってことだよね。

【テーマ4：受験勉強をDX化する】

　まっち

コロナ禍のなかで、受験生支援団体がやっているZoomの無料勉強会に参加したりして、会場に行かなくても勉強できる環境も整ってきていると思う。みんなはどんなツールで勉強していたかを聞いてみたい。

~事例Ⅱのポイント・攻略法~
　4P戦略のうち、自分が整理しやすい戦略を中心にほかの戦略を紐づける。

ぜあ　　：自分も地方に住んでるけど、オンラインの無料勉強会とか、「かつては東京でしか得られなかった情報」が地方に居ながらにして得られるのはとても役立ったと感じてる。ほかの受験生の文章術を盗んだりもできるし。

こやちん：僕の場合、勉強会があるのは知ってたんだけど、世代的な感覚なのか、「恥ずかしい」と感じてなかなか参加できなかった。あと、ほかの参加者のレベルについていけてなかったら、足を引っ張っちゃいそうだし。

やーみん：自分は数回参加しただけで、途中でやめちゃった。理由は2つあって、1つは、参加自体が目的となって、復習が追いつかないのと、もう1つは、2次の勉強を8月から始めたので、解答を人に晒せるレベルじゃなかったことだね。

まっち　：合う、合わないはあるね。有志による運営だから「よい回」と「そうでもない回」もあるし。でも、基本的に無料だし、1回は試してみるのがおすすめ。

おみそ　：支援団体による勉強会って、中小企業診断士特有なのかなって。ほかの資格であまり聞かないよね。診断士の面白いところだなってすごい感じる。

みみ　　：自分は最後まで勉強会には参加しなかったけど、一度くらい参加してもよかった気がする。でも何より、自分に合う勉強法を見つけるのが大事だよね。

ぜあ　　：DXっていう観点でいくと、Twitterとかの SNS はどう活用してた？

やーみん：Twitter は活用してた。何より、周りの人が頑張っているのを見ることでモチベーションになるし、問題演習で疑問に思ったことを投稿すると意外とコメントが返ってくるから、すごく助かった。

ぜあ　　：Studyplus も活用できるよね。受験生仲間の勉強時間もわかるし。

まっち　：「ほかの受験生が勉強してる」と思うと、自分もやらなきゃって感じるよね。

おみそ　：自分は逆に、SNS は意識的に避けてた。ほかの受験生が「よい点数取れました！」とか言ってる情報を見つけると、自分のメンタルが下がるから。人と比較しない、ということは徹底してた。今はバリバリ使ってるけどね（笑）。

こやちん：さすが、ボクサーのおみそ。ストイックだよね。

まっち　：ちなみに、YouTube でよいチャンネル知ってる人いる？

こやちん：1次の勉強だと、「ほらっちチャンネル」だよね。僕は1次試験の「中小企業経営・政策」の暗記が苦痛だったんだけど、このチャンネル見て「おもしろい」って感じたことがモチベーションにつながった。

おみそ　：北村ゆきひろさんのチャンネルはよく見てたね。特に後で出てくるけど『ふぞろい』の使い方を紹介していて勉強になった。ほかにも情報収集は相当 YouTube に頼ってたね。YouTube に課金して、CM が流れないようにしてたよ。

まっち　：全然知らなかった。YouTube にそんなに情報があるんだね。いろんなツールが出てきて便利になったけど、情報があちこちにあるから、有益な情報を取捨選択していくっていうのが大事だよね。

～事例Ⅱのポイント・攻略法～
　ターゲットが問われている場合、「心理的基準」も必ず考慮する。

【テーマ5：ふぞメンが実際に活用したふぞろいな参考書】

おみそ

> 試験結果はどの参考書をどう使うかによっても大きく影響される感覚があって、いろいろと調べたりもしたんだけど、みんなが使った参考書とその効果について聞いてみたい。

みみ　　：みんな、いろいろ使ってたのかもしれないけど、**自分は『ふぞろい』一本**。

ぜあ　　：えっ！？　事例Ⅳも含めて、『ふぞろい』一本？

みみ　　：そうそう。実務で会計に携わっているっていうのもあるし、参考書は『ふぞろい』しか使ってない。あとは、過去問をとにかく解いて勉強してたよ。

やーみん：『ふぞろい』は、点数づけにも使えるのはもちろん、**合格答案の雰囲気を知るためにも有効**だと感じる。予備校の出している模範解答って、素晴らしいんだけど、とても80分で書ける内容とは思えないから、**「現実的に書けるレベル」という点では『ふぞろい』がちょうどよかった**。

おみそ　：自分は『ふぞろい』の最新版から10年データブックまですべて入手して、事例Ⅰ～Ⅲは平成20年度以降、事例Ⅳは全年度を解いたよ。**特に効果があったのは、さっき紹介した北村さんが話していた『ふぞろい』の解答ワードを組み合わせて75％の点数になる解答を作る練習**。点数を取りやすいワードがわかるし、「正しい解答要素をすべて押さえなきゃ」という考えから解放された。

こやちん：逆に、僕は素直じゃないから、参考書はだいたい揃えてて、**事例を解くときも、各社の参考書や予備校の模範解答を比較しながら使ってたよ**。予備校によって解答の方向性が違うことも結構あるよね。

ぜあ　　：事例Ⅳについては、**『意思決定会計講義ノート』**（税務経理協会。以下、『イケカコ』）や**『事例Ⅳ（財務・会計）の全知識＆全ノウハウ』**（同友館。以下、『全知全ノウ』）、**『30日完成！事例Ⅳ合格点突破計算問題集』**（同友館。以下、『30日完成』）あたりもよく使われてるよね。

こやちん：『30日完成』は、1次終わって「さあ、2次の勉強だ」っていうときに、**基礎力をつけるにはとてもよい教材**だよね。

まっち　：ただ、『30日完成』は、易しめだから、徐々に難しい問題にも触れたほうがいいよね。その点、**『イケカコ』は難易度高めだから、基礎力をつけたあとに解くのがよさそう**。

こやちん：そうなんだよね。僕の場合は、先に『イケカコ』に手をつけちゃって、あとで過去問解いていったから、せっかく勉強した『イケカコ』の内容をすっかり忘れてたっていう反省があった。

おみそ　：『全知全ノウ』については過去問が単元ごとに再編成されているから、使いやすいと感じたよ。

まっち　：参考書とは違う視点になるんだけど、私は読み物が好きで、たとえば試験委員の岩崎邦彦先生の『スモールビジネス・マーケティング：小規模を強みに変えるマーケティング・プログラム』（中央経済社）とか、事例Ⅲ向けには『【ポイント図解】生産管理の基本が面白いほどわかる本』（田島悟著、KADO-KAWA）とか読んでたよ。事例Ⅳでも、『決算書がスラスラわかる　財務３表一体理解法』（國貞克則著、朝日新書）とかね。

みみ　　：今、まっちが言った本はスマホに入れたりして、だいたい読んだよ。

まっち　：試験の直接的な対策本ではないんだけど、全体的な理解を深めるという意味では、無理のない範囲で読むと効果あるよね。

【テーマ６：隙間時間の活用法】

ぜあ

２次の勉強って、１つの事例解くのに相当時間かかるから、通勤時間とか職場の昼休みとかの「隙間時間」を活用しにくいっていうイメージがあるんだけど、みんなの「隙間時間活用術」を知りたい。

こやちん：僕は、通勤時間に、予備校から暗記しろって言われた「フレームワーク集」を覚えたり、試験直前には、与件文や設問文だけ読んで、「こう答えよう」っていうのを頭のなかでシミュレーションしたりしてたよ。

ぜあ　　：都心部に住む人って、朝夕の通勤時間をどう使えるかって、かなり大事だよね。自分の場合、自宅から職場までは徒歩で行けるくらいの距離だから、朝早く起きて、自宅で事例を１つ解いて、職場の昼休みに採点だけして、夜はじっくり解説を読みながらベストの解答を検討するっていう１日のサイクルを作ってた。朝の時間も有効活用したいよね。

まっち　：逆に、私は朝が苦手で、夜に事例を解くことにしていた。朝は通勤の電車とか出勤前のカフェで30分間『ふぞろい』読んで過ごすとか。事例Ⅰ～Ⅲは、80分の本番と同じ制限時間で解きたいけど、事例Ⅳに関しては分割できるよね。

おみそ　：僕はちょっと特殊だと思うんだけど、業務がそんなに多忙じゃなかったというのもあり、勉強時間は確保できてた。なので、５分とか10分の隙間時間があれば、逆に休息に充てることも多かったよ。目を閉じて深呼吸を繰り返す感じで。Apple Watch の「マインドフルネス」っていうアプリが結構使えたね。

こやちん：やっぱり、ボクサーらしい（笑）。

~事例Ⅲのポイント・攻略法~

さまざまな問題点が出てくるが、冷静に設問ごとに切り分ける。

みみ　　：隙間時間っていってよいのかどうかわからないけど、自分は「**問題を解く日**」と「**答え合わせをする日**」を別にしてた。問題を解いてるときの思い込みが残ったまま答え合わせするよりも、一旦冷静になったほうがよいと思うし、答え合わせだけだと電車のなかでもできるしね。考え方としては、**問題を解いた自分とは「別の自分」が採点者となる感じ**。

やーみん：それはすごく新鮮。「80分で解いて解答解説を読む」っていうのは1セットだと思ってた。**夜中、解いた後に解答解説まで読んじゃうと寝不足にもなる**し、すごくよいなって感じたよ。

【エピローグ：ふぞメン大座談会を通じての気づきと受験生へのメッセージ】

ぜあ　　：ふぞメンらしく、試験への臨み方、解答メモ、勉強方法と、どのテーマをとっても「ふぞろい」なことに驚きました。メンバーの暗黙知が座談会を通じて少しでも形式知化され、受験生の皆さまに伝わればと思います。座談会を読んだ一人でも多くの受験生が「合格の栄冠」を勝ち取れますように。

やーみん：みんながさまざまなアプローチで試験に挑戦していることが知れて、すごく刺激的でした。特に、おみその解答メモの取り方はすごく斬新で面白いと思ったので、読者諸兄には、巻末の読者プレゼントから確認してみてほしいです。

こやちん：みんな、いろんなテクニックを駆使して試験に挑んでたんだなと妙に感心しました。ネット情報だけでは気づかないこともあるので、受験生同士の情報交換は価値があると感じました。皆さまも、積極的に交流してみてはいかがでしょうか？

おみそ　：受験生時代に知っていたら良かったのに、と思う情報ばかりでした。このなかからぜひとも受験生の皆さまがご自身に合うものを見つけてもらえれば嬉しい限りです。その際は、「1回試してみる！」の精神が大事だと感じました。

まっち　：それぞれ自分に合ったやり方を見つけていて、合格への道のりは1つじゃないと感じました。さすがに全部取り入れるのは難しいけど、ぜひ自分に合いそうな手法は積極的に試して、自分流の勉強法に昇華していってもらえると嬉しいです！

みみ　　：メモ、参考書、アプリ、勉強会など、みんなそれぞれに合った勉強方法を模索しています。時間をかけて自分にぴったりの「ふぞろい」な勉強スタイルを手にすることが大事なのかもしれませんね。何事にもチャレンジ精神を！

第4章

合格者による、ふぞろいな特集記事
～2次試験に臨む受験生に贈る勉強のヒント～

　最後の章である第4章では、皆さまが2次試験を勉強するうえで気になる点や、知っておくと役立つ情報をまとめました。

　第1節「424名の再現答案から見えてきた『高得点答案』の作文技術　～上位9名の再現答案に迫る～」では、高得点者の再現答案を分析し、共通点を探ります。
　第2節「過去問をどれくらい解く？　合格者の過去問演習量」では、合格者の実際の得点をもとに、合格点（60点）を取得するための過去問演習量、勉強時間、学習方法などを考察します。
　第3節「ふぞフェッショナル　～2次試験の流儀～」では、アンケートをもとにふぞろい16メンバーがどのような2次試験の受験戦略を採ったのか分析しました。2次試験の受験戦略検討にご活用ください。
　第4節「オールナイトふぞろい　～読者のお便りに答えます～」では、『ふぞろいな合格答案15』の読者アンケートや、セミナーアンケートで寄せられた読者のお悩みや疑問にお答えします。
　第5節「受験生支援団体の情報まとめ」では、受験生支援を行っている各団体の活用方法や活動概要を紹介します。

424名の再現答案から見えてきた「高得点答案」の作文技術
～上位9名の再現答案に迫る～

本節では、送っていただいた再現答案のなかから高得点答案について分析し、どのような共通点があるかを考察することで、高得点を獲得するためのポイントを探ります。

再現答案のうち、総合得点280点以上の答案（424名中上位9名）を比較、検討したところ、どの答案も比較的「設問文に忠実」「趣旨が明確」「無駄が少ない」という共通点が見られました。以上から、高得点答案は「採点者にとって読みやすい文章」であると考えられます。そこで、採点者にとって読みやすい文章とはどういうものか、高得点者は実際にどのように解答しているのか、各事例から1問ずつ再現答案を例示します。

●事例Ⅰ　第2問

設問の概要：新規就農者を獲得し定着させるために必要な施策について助言する。

助	言	は	①	農	業	大	学	校	の	卒	業	生	に	対	し	て	イ	ン	タ
ー	ン	シ	ッ	プ	に	よ	り	雇	用	の	ミ	ス	マ	ッ	チ	を	解	消	、
②	農	業	未	経	験	者	に	対	し	て	Ｏ	Ｊ	Ｔ	で	地	域	関	係	性
の	構	築	と	能	力	開	発	を	支	援	、	③	突	発	対	応	時	に	割
増	賃	金	を	支	給	す	る	、	事	で	獲	得	と	定	着	を	図	る	。

ポイント：文末を「獲得と定着を図る」とすることで設問文に忠実で、趣旨が明確な文章になっています。

●事例Ⅱ　第2問

設問の概要：商品コンセプトと販路を明確にして、新たな商品開発について助言する。

Ｘ	県	の	良	質	な	食	材	を	提	供	す	る	事	を	商	品	コ	ン	セ
プ	ト	に	、	高	い	加	工	力	を	活	か	し	、	県	内	の	農	業	や
漁	業	と	協	力	し	て	、	山	・	海	の	幸	を	用	い	た	メ	ニ	ュ
ー	を	開	発	し	、	ホ	テ	ル	や	旅	館	、	飲	食	店	に	販	売	す
る	。	以	上	で	、	顧	客	満	足	と	Ｘ	県	再	活	性	化	を	実	現。

ポイント：「コンセプト」「販路」を用いることで、制約条件を満たしていることが明らかです。加えて、末尾にこの助言で期待される効果の記載もあり読みやすい解答です。

●事例Ⅲ　第5問

設問の概要：X社との新規取引が今後の戦略にどのような可能性を持つか助言する。

可	能	性	は	①	新	市	場	開	拓	で	既	存	事	業	へ	の	依	存	度
を	下	げ	、	経	営	の	安	定	化	を	図	る	事	、	②	高	度	な	金
型	製	作	技	術	や	費	用	低	減	、	生	産	性	向	上	の	提	案	力
を	活	か	し	、	短	納	期	化	す	る	事	で	X	社	の	高	価	格	製
品	の	受	注	や	新	規	顧	客	開	拓	で	事	業	拡	大	を	図	る	。

ポイント：設問文で問われている「可能性」を主題として要素を列挙していること、各要素において因果関係が並列に記されていることにより、解答の趣旨が明確です。

●事例Ⅳ　第4問

設問の概要：リスクを財務的観点から2点挙げ、そのマネジメントについて助言する。

海	外	市	場	が	中	心	と	な	る	た	め	生	じ	る	為	替	相	場	の
変	動	リ	ス	ク	に	対	し	、	外	貨	の	プ	ッ	ト	オ	プ	シ	ョ	ン
や	為	替	予	約	を	活	用	。	地	政	学	的	要	因	や	景	気	変	動
に	よ	る	需	要	変	動	リ	ス	ク	に	対	し	て	は	リ	ス	ク	分	散
の	た	め	国	内	市	場	開	拓	を	検	討	。							

ポイント：2つ挙げたリスクとそのマネジメントの対応関係が明確です。

【まとめ】

　今回の『ふぞろい』を執筆するうえで、私たちは424名分の再現答案を分析しましたが、答案の作文技術にはバラツキが認められました。上掲の高得点答案例を始め、A以上答案は加点要素を網羅しつつ、読みやすい文章で記載されている傾向がありました。

　中小企業診断士試験について規定されている「中小企業診断士の登録等及び試験に関する規則」において、2次試験は「中小企業診断士となるのに必要な応用能力を有するかどうかを判定することを目的とし、中小企業の診断及び助言に関する実務の事例並びに助言に関する能力について、（中略）行う。」とされています。すなわち、事例企業の状況に応じて知識を応用させること、事例企業の社長へ助言することが求められていると考えられます。

　助言能力の確認が試験の目的であることを踏まえると、助言内容が明確な答案が高得点であることに違和感はありません。『ふぞろい』は受験生の再現答案をもとに加点要素となるキーワードを分析しています。キーワードの出現頻度と実際の得点には高い相関が認められますが、A以上答案を狙うためには、キーワードによる採点に加え、客観的に見て解答が読みやすいかどうかという観点も重要である可能性があります。問題演習に取り組む際は、「主語を明確にする」「設問文に過不足なく答える」「箇条書きをする際は並列、従属など対応関係を明確にする」などを意識してはいかがでしょうか。

～事例Ⅲのポイント・攻略法～
　与件文中で挙げられた弱みをすべて箇条書きに抜き出し、設問に割り振る。

過去問をどれくらい解く？　合格者の過去問演習量

　本節では、令和4年度2次試験に合格したふぞろい16メンバーの実際の得点を解析し、**1科目60点を取得するための過去問演習量、勉強時間、学習方法を考察**します。第3節「ふぞフェッショナル　～2次試験の流儀～」と併せて、学習計画の策定にお役立ていただければ幸いです。

■ふぞろい16メンバーの得点分布

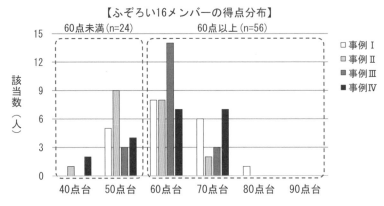

【ふぞろい16メンバーの得点分布】

　令和4年度2次試験に合格したメンバー20名（20名×4科目＝延べ80名）の得点分布を見ると、おおむね60点台を中心とする正規分布をとり、多くが50～70点台に位置しています。90点以上を取得した者はおらず、**受験戦略として1科目逃げ切りで総合240点に到達することは相当難しい**ことがうかがえます。一方で、「60点未満」は延べ24名、「60点以上」は延べ56名と、「60点未満」が約3割もいることから、**全科目で60点（オールA）を取得することも比較的難しい**と言えるでしょう。

　以下、「60点未満」と「60点以上」の2群に分け、**1科目60点を取得するための過去問演習量を統計的に検討**いたしました。

■全事例を総合した演習量

　まず、令和4年度における過去問演習量について、**すべての事例を総合して**アンケートを行いました。

　「何年度分の過去問を解いたのか」と「それぞれ何回ずつ同じ過去問を解いたか」を乗じた延べ数の過去問演習量を比較したところ、「60点未満」では1科目当たり平均12.6

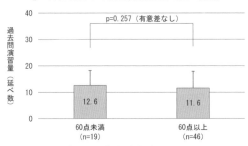

【1科目当たりの過去問演習量（延べ数）】

p=0.257（有意差なし）

12.6　60点未満（n=19）
11.6　60点以上（n=46）

※1　データは平均値±標準偏差で表示した。
※2　統計解析はMicrosoft Excel2019を用いてt検定を実施した。
※3　演習量の最も多い2割と少ない2割を削除したデータを用いた。

事例、「60点以上」では1科目当たり平均11.6事例という結果が出ました。つまり、**ふぞ
ろい16メンバーのなかでは「60点以上」を獲得したメンバーと「60点未満」のメンバーの
間の過去問演習量に有意な差は認められませんでした。**

■事例ごとに差はあるか？

続いて、各事例ごとの延べ過去問演習量に
ついても比較したところ、それぞれの事例ご
とに異なる特徴が見えてきました。事例Ⅰに
ついては「60点未満」で1科目当たり15.8事
例、「60点以上」で1科目当たり14.6事例と
いう結果となりました。

事例Ⅱについては「60点未満」で18.7事例、
「60点以上」で11.1事例と、なんと**「60点未
満」のメンバーの過去問演習量は「60点以上」
よりも多いという結果になりました。**

事例Ⅲについては「60点未満」で14.3事例、
「60点以上」で15.6事例と、こちらでは差異
は見られませんでした。

事例Ⅳについては「60点未満」で12.2事例、
「60点以上」で19.0事例と、**「60点以上」を取
得したメンバーと「60点未満」のメンバーと
の演習量に有意な差が認められました。**

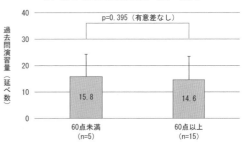

【事例Ⅰの過去問演習量（延べ数）】

※1　データは平均値±標準偏差で表示した。
※2　統計解析はMicrosoft Excel2019を用いてt検定を実施した。

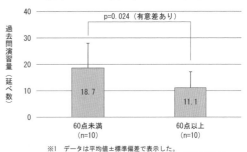

【事例Ⅱの過去問演習量（延べ数）】

※1　データは平均値±標準偏差で表示した。
※2　統計解析はMicrosoft Excel2019を用いてt検定を実施した。

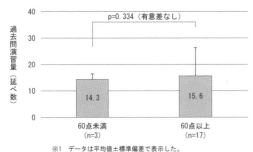

【事例Ⅲの過去問演習量（延べ数）】

※1　データは平均値±標準偏差で表示した。
※2　統計解析はMicrosoft Excel2019を用いてt検定を実施した。

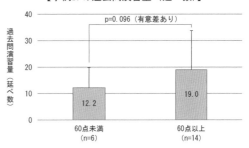

【事例Ⅳの過去問演習量（延べ数）】

※1　データは平均値±標準偏差で表示した。
※2　統計解析はMicrosoft Excel2019を用いてt検定を実施した。

■過去問演習の取り組み方

　上述のとおり、**事例Ⅳについては、数多くの過去問演習をこなすことが合格点獲得につながる**と考えられます。そのほかの事例については、ただ演習の量をこなすだけでなく、**効率のよい勉強を心掛け、過去問演習の質を高めていくことが合格点獲得につながると言えるかもしれません。**『ふぞろい』の活用を始めとしてさまざまな勉強方法を、ご自身の得手不得手や環境に応じて検討されるとよいのではないでしょうか。

　なお、ここではふぞろい16メンバーがとってきた"一風変わった"過去問演習の取り組み方についてご紹介します。活用できそうなものがあれば、ぜひ普段の学習に取り入れてみてください。

> **ふぞろい16メンバーの過去問演習の取り組み方**
> ・解答構築までのプロセスをルーティーン化して、いつでも同じような解答を書けるように体に染み込ませた。（えとえん）
> ・勉強初期はPCやスマホのメモで解答作成し時短。本番が近くなると問題用紙を印刷して実際と同じ形式で演習。（かじしゅん）
> ・解いた後に、『ふぞろい』などを参考にしながら、自分に書ける最高の答案を作っていた。（いっけー）
> ・『ふぞろい』で採点した後に、なぜそのキーワードが高得点なのか、なぜ自分がそのキーワードを拾えなかったのかを納得するまで考える。解答時間は短めに、復習時間を長めにとる。（あきか）
> ・事例Ⅰ～Ⅲは知識も使うので、与件文ナシ解答トレーニングを実施。事例Ⅳはひたすら訓練。（こやちん）
> ・本番を想定し、問題を印刷し、4色マーカーでSWOTをする。（たくろう）
> ・悩みそうになったらすぐに解き方、ロジック、考え方等を確認する。（はやと）
> ・『ふぞろい』で採点→勉強会で議論→自分なりのベスト解答を作る→時間をあけて解き直す。（まっち）

第3節 ふぞフェッショナル　〜２次試験の流儀〜
〜強みの強化？　弱点克服？　２次試験受験戦略〜

　得意な事例、苦手な事例が分かれる２次試験。そのような２次試験に臨む流儀は、得意事例を伸ばして苦手事例をカバーする「強みの強化」？　それとも、苦手事例を克服し、オールＡを狙う「弱点克服」？　ふぞろい16メンバーに、どちらの流儀を貫いたのか、アンケートを実施しました。また、筆記試験結果と照らし合わせ、流儀と見事一致したのかどうか検証しました。メンバー各々に流儀を振り返ってもらい、感想や役立つであろうコメントを集めました。２次試験の受験戦略を考える際のご参考になれば幸いです。

【２次試験の勉強開始直後の状況】
　まずはふぞろい16メンバーの２次試験勉強開始直後の点数分布と、感想を一部ご紹介します。

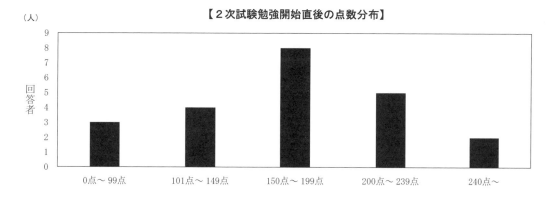

※予備校の模試や演習、『ふぞろい』を利用しての自己採点結果

２次試験勉強開始直後の感想
・事例Ⅰ、事例Ⅱは直感に頼って解答してしまうことが多く、当たり外れが大きい。
・事例Ⅲも書けたと思ったが壊滅…。お作法を全く理解できていないんだろうな。
・事例Ⅳは早めに対策しないと詰む。
・算数が不得意なため事例Ⅳは本当に苦手……。
・事例Ⅳは簿記やFPを取得したときの貯金でなんとかなりそう。
・80分集中するのしんど。。。これ１日でやるの？　大丈夫か？
・課題と問題点って違うの？

　特に感想として多かったのが、事例Ⅳに対しての感想。本当に苦手、早めに対策しない
と、という感想が多いなかで、ほかの資格試験や仕事で実務として経験があり、大丈夫そ
うといった感想もありました。事例Ⅰ、事例Ⅱ、事例Ⅲについては、何を書いたらよいの
か見当もつかない、書けたと思ったのに実際はできていなかったという感想もありました。
　2名だけ最初から240点以上の点数を取れていた人もいたようですが、合格者のほとん
どの人が2次試験の勉強開始直後は200点以下の点数からスタートしていたことがわかり
ました。これから2次試験の勉強を開始する、もしくは開始直後の受験生で不安を感じて
おられる方には、少し安心していただけたのではないでしょうか。
　それでは次に、2次試験の合格に向けて、どのような流儀で臨んだのか紹介してまいり
ます。

【流儀の方向性】

　以下は、本節のメインテーマでもある、強みの強化？　か弱点克服？　か、また筆記試
験結果を踏まえて流儀どおりの結果だったのかどうかの結果を示しています。

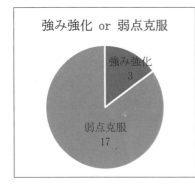

　ふぞろい16メンバーのうち、弱点克服を選択したメンバーは17名（85％）と多かったの
に対し、強みの強化を選択したメンバーはわずか3名（15％）でした。
　次に、筆記試験結果に対して、実際の得点が流儀どおりであったのか、はたまた想定外
のものであったのかアンケートを実施しました。その結果、母数は少ないながらも強みの
強化を選択したメンバー全員が「流儀どおり」と回答していたのに対し、弱点克服を選択
したメンバーでも「想定外」と回答した者が7名（41.2％）もいたという結果でした。
　以下、筆記試験結果を受けたメンバーの所感をご紹介します。

【強みの強化を選択したメンバーの所感】
・事例Ⅰは流儀どおりで手応えがあり、得点を伸ばすことができ合格の原動力と
　なった。
・事例Ⅱは足切りにならなくてよかったけれど、やっぱポエムは許されんわ。
・事例Ⅳは想定外の出題もあり、予定どおり失点してしまった。

【弱点克服を選択したメンバーの所感】
・だいたい試験後の手応えと一致。
・事例Ⅰ、事例Ⅱは目標どおりの着地となった。
・苦手認識の事例Ⅰに救われていた。最後に親孝行しやがって…
・事例Ⅰ、Ⅱ、Ⅲは、「採点は加点主義」ということを意識していろんな要素を解答に入れるようにしたのがよかったのかなぁ。
・事例Ⅰが想定よりも大幅に得点がよかった。事例Ⅱは手応えではもう少し取れてもよかった気がする。
・事例Ⅳの得点調整に救われた感が強い。
・どれかで高得点を稼ごうとするよりも全体的に6割くらいを目指すような勉強をするのが向いているほうだと思うので、割と自分に合った勉強方法ができたのかなと思っています。

いかがでしょうか。ご自身の流儀の参考にしていただけますと幸いです。

次に、ふぞろい16メンバーが本番までにどれだけ得点が伸びたのかご紹介します。

【2次試験勉強開始直後～本番までの得点の伸びについて】

以下は、各事例と合計の得点の伸びを示しています。

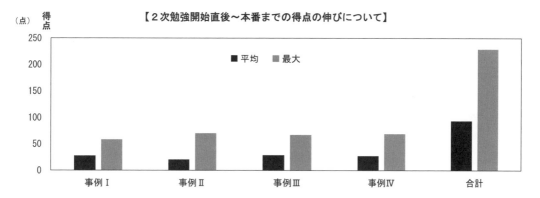

【2次勉強開始直後～本番までの得点の伸びについて】

各事例平均25点前後、合計で約100点伸びているようです。最も伸びた人では2次試験の勉強開始直後は35点だったものの、200点以上伸ばし合格していました。

このことからも、2次試験は決して選ばれた方のみが合格を手にすることができる試験ではなく、着実に学習を継続すれば、誰にでも合格の可能性があるということがわかるのではないでしょうか。

【最後に】

　いかがでしたでしょうか。結論として、どちらかの受験戦略をおすすめするわけではありませんが、強みの強化を選択したメンバーにも、弱点克服を選択したメンバーにも「本番当日は足切りになったかと思った」という意見がありました。本番で何が起こるかわからない2次試験ですから、勉強開始直後に全然できない科目があったとしても、すぐに捨ててしまうのはもったいないです。苦手科目こそ伸びしろですね～とポジティブに捉えて、しっかり対策を練ってみるとよいと考えます。一方で、苦手科目を完全に克服するのには時間を要します。ご自身の現状や環境を踏まえて最適な受験戦略を選択してみてくださいね。

【受験生の皆さまへ伝えたいこと】

　最後に、受験戦略のお話とは少々趣旨がずれますが、ふぞろい16メンバーより皆さまへ受験戦略のアドバイスをお伝えします。どちらの流儀でも参考になる内容ばかりと思いますので、宜しければご覧いただけますと幸いです。

受験生の皆さまへ伝えたいこと

- 今回はたまたま自分の戦略が成功しただけ。バランスよく勉強するのが一番よい。
- やらなくてもよかったことは、過去問を解く前の知識の入れ込み（さっさと過去問を解き始めればよかった）。
- 傾向が変わっても事例Ⅳは裏切らないから頑張ったほうがいい！　たぶん！
- いろいろな流儀がありますが、個人的には国語力の強化がおすすめです。特に、設問文で問われていることを理解する読解力、採点者にとってわかりやすい文章を書く力を鍛えることは最重要と考えています。
- 早めに自分に合った勉強時間・場所を見つけられると、勉強時間を確保しやすかったと思います。朝活にトライしようとして結局起きられなかったり、夜は夜で飲み会に出てしまったりなど、普通に生活しているとなかなか勉強する時間が取れないこともあります。
- 2次試験は本番まで時間が無かったため、最初から過去問演習をスタート。今思えば、1次試験も、2次試験もほぼ過去問しか解いていません（過去問を解いて、『ふぞろい』で採点してました）。こんな古い過去問解いても意味あるのか……となることもあると思いますが、過去問で出た内容がふと出てくることがある！！！と実感した試験でしたので、過去問演習はとても大切だと思っています。
- とにかく余白はNG。当たり前のこと（問題文や前提条件）をそのままでよいから、とにかく書く。事例Ⅳは、そんな感じでしたが、結果的に70点も取れました（ちなみに、第1問の経営分析は全滅なのにです）。

第4節 オールナイトふぞろい　～読者のお便りに答えます～

　ここでは、前作『ふぞろいな合格答案15』の読者アンケートやセミナーアンケートで寄せられた読者のお悩みや疑問に、お答えさせていただきます。

登場人物　左：たくろう（以下「たく」）、右：ほの

【過去問の繰り返しに疲れたあなた、ちょっと一休みして読んでいきませんか？】

ほの：ラジオのトーク番組のように、受験生の皆さまに寄り添いながら、試験突破のヒントを勝手気ままに、そして楽しくお伝えしていくコーナーです。忙しい試験勉強の合間に、ホッと一息ついていただければと思います。

たく：受験生のときにいろんなラジオ番組を聴いて励まされたな。ラジオパーソナリティとして少しでも皆さまに有益な情報を届けられればと思います！

ほの：そうだね、楽しく進行していこう！　それでは、1通目のお便り紹介です！

【勉強期間、試験直前のルーティーンを確立しよう】

> ・緊張して会場の雰囲気に呑まれてしまい、応用力が低下してしまいました。

ほの：私はあがり症だから緊張してしまうのよくわかるな……たくろうはどう対策した？

たく：確かに緊張することはあったけど、僕は試験直前のルーティーンを大事にすることで乗り切ることができた。数年前、ある日本のラグビー選手がキック前に両手を合わせたポーズが話題になったでしょ？　それと同じで、僕はあるサッカー選手を参考に、試験開始前に右手を少し上げて手のひらを見つめるルーティーンをやったんだ。

ほの：右手を上げる……？

たく：ほかの人から見ると異様に見えるかもしれないね（笑）。でも、こうすることで集中力が高まり、緊張せず試験に向き合えるような気がするんだ。模試や過去問を解くときとかに自分なりのルーティーンを試行錯誤して見つけるのがよいかもしれないね。ほのはどうやって乗り切ったの？

ほの：私の場合、緊張する原因は自信がなくて不安になることだったから、「これだけ勉

～事例Ⅲのおススメ勉強法～

スマホの単語帳アプリでとにかく言葉を覚える。

強したし自分は大丈夫！」と自己暗示をかけられるまで勉強することを心掛けたよ。1次試験結果発表後、9月から2か月間は毎朝5時に起きて1日1事例必ず解くようにしたんだ。普段夜型人間で朝は苦手な自分にとって苦行でしかなかったけど、試験当日までやり抜いたことで自信をつけることができ、会場の雰囲気に呑まれず試験問題に向き合えたよ！

たく：毎朝そんな早くから勉強していたのすごいね！　僕とほの、どちらもルーティーンを大事にしてきたことが緊張対策の共通点だよね。

【自分ができない＝周りもできないと割り切るメンタルを持とう】

・事例Ⅳが難化しすぎて泣きそうになりました。

ほの：これ、令和4年度2次試験受験生の半分くらいこんな気持ちになったんじゃない？

たく：今回の事例Ⅳは本当に難しくて混乱したよ。僕はもともと財務会計が得意だったから、事例Ⅳを得点源とする「強み強化型」のスタイルで勉強していたんだ。ほかの参考書や過去問を何度も解き、かなり自信を深めて試験に臨んだんだけど、問題を見た瞬間硬直したね。何をやればよいかわからず、普段絶対に間違えない問題も与件文の見落としがあり得点できない始末……思い返すだけで恐ろしいな。ほのはどうやって乗り切ったの？

ほの：正直、私はあまり動揺しなかったな。最初問題文を見たときは少し焦ったけど、「こんなに難化していたらみんなもできないだろう」と割り切って、すぐに気持ちを切り替えることができたよ！　事例Ⅲまで全力を出して、いい意味で脱力できたのもよかったかもね。簡単な問題を確実に得点することを意識した結果、ほかの事例で十分にカバーできる点数を取ることができたよ。たくろうはどうやって切り替えたの？

たく：僕もほのと同じで、こんな難問はみんなもできないだろうと割り切ることで切り替えられたかな。あとは、事例Ⅰのときに想定外の設問に動揺して時間をロスしてしまったんだけど、その失敗を乗り越えて難問でも冷静さを保つ思考が手に入れられたのも大きかったかも。

ほの：たくろう、本番の2次試験中にも成長してたの……？

たく：勝負強さは鍛えられたかもしれないね（笑）。あ、たぶんいろんな参考書に書いてあると思うけど、部分点狙いで途中式を書く重要性は改めて強く感じたな。どんなにわかりきったことでも途中式を残すことを意識して書きまくったよ。結果は70点台だった！

ほの：普段間違えない問題で点数取れなかったのにすごいね……やっぱり最後の最後まで諦めずに書くことが大事ってことね！

【自分の解答スタイルに合う情報を取りに行こう】

> ・出張が多く、試験前に十分に勉強時間を取ることができず解答の型が身に付かなかった。

ほの：受験生みんなに共通する悩みだよね。ちなみに、ふぞろい16メンバーにもアンケートを取ってみたけど、平日の勉強時間帯の朝派と夜派はちょうど半々くらいだったかな。私も10月に出張があったり、なかなか勉強時間取れなかったな……だからこそ朝の時間だけは守り抜いた！！

たく：偉い！　ほのは解答の型をどうやって身に付けたの？

ほの：私は毎日事例を1つ解いて『ふぞろい』で採点していったら自然と解答の型が身に付いていったかな……たくろうは？

たく：僕は逆に9月末までは事例を解いてもなかなか点数が伸びず、この読者の方と同じで解答の型を身に付けるのに時間がかかったんだ。転機は某受験生支援団体のホームページに掲載されていたファイナルペーパーを見つけたこと。あれには本当にお世話になりました。

ほの：へー、そんなのあったんだ！

たく：そうそう！　各事例の解き方、解答のコツが記載されたファイナルペーパーなんだけど、それをたたき台に自分なりに書き込みを加えていったんだ。作成したのは10月後半で試験直前だったんだけど、作成したことでようやく自分の解答の型を手に入れることができたかな。すでにあるものをベースに作ったので時間はそんなにかからなかったよ。

ほの：全然知らなかった……忙しくてもネットで情報収集することで飛躍的に勉強の効率を高めることはできそうだね！　勉強になりました。

【自分の解答プロセスを徹底的に分析しよう】

> ・独学だとどこがダメかがわからず、学習に苦心しています。

ほの：ただでさえ独学って大変なのに、そのうえ決まった答えのない記述式の試験だと余計難しくなるよね。私も解答の正しさに悩んだことは多々あったけど、とにかく『ふぞろい』を信じて乗り切ったよ。みんなどうしていたかが気になるな！

たく：ふぞろい16メンバーのアンケートを見ると、8割は独学者だった。みんな創意工夫しながら勉強していたみたいだね。たとえば、受験生支援団体の勉強会に参加して議論することで解法を定着させたり、ふぞろいで採点した後になぜそのキーワードが拾えなかったのかを納得するまで考えたり……。

ほの：あ、私もそれはやってたよ！　過去問は2周解いていたんだけど、1周目の採点時は自分の解答と『ふぞろい』を照らし合わせて、書けなかったキーワードを本に直接チェック。2周目採点時にちゃんとその要素を盛り込めているか確認することで

解法を定着させていったんだ。

たく：ほの、しっかりした手順で解答の型を身に付けてるじゃん！（笑）。実は僕も同じように勉強してたよ。与件文にマーカーはしっかり引いたんだけど、ふぞろいに記載されたキーワードが拾えていなかったことが何度かあって、なぜその要素を拾わなかったのかとか、自分の間違える傾向を分析して潰しこむ時間は多く取っていたね。独学の場合、自分の思考の癖にどれだけ早く気づけるかが重要になると思うな。

【合格のバトン】

・模試でCやD評価連発だったけど受かりました！

ほの：おめでとうございます！　私も2次試験勉強開始直後の9月に模試を受けて、結果は全部D。落ち込んだけど、本番と同じスケジュールでやれて良かったとすぐに気持ちを切り替えられたよ。

たく：僕も模試の結果はかなり悪かった。でも、もともと自分の尻に火をつけるために受けたものだから、そういう意味では狙いどおりだったな。ちなみに、ほのは返ってきた答案の分析はしたの？

ほの：ほとんどしてない！（笑）。たくろうは？

たく：僕もほとんどしなかった（笑）。結果で一喜一憂するより、模試を受けた動機や目的が達成できればそれで良いのだと思う！

ほの：私もそう思う！！　このほかにも、多くの読者の方から喜びの声を寄せていただきました。短い時間ではありましたが、少しでも皆さまの勉強にお役立てできたのであれば嬉しいです！

たく：ふぞろい読者の方が1人でも多く試験突破できるよう、心から応援しております！頑張ってください！！

【読者の皆さまへ】

たく：紙面の都合上、今回は一部のお便りしかご紹介できませんでしたが、今後も皆さんの声をブログ（https://fuzoroina.com）で取り上げていきたいと思います。公式Twitter（@fuzoroina）もあるので、ぜひフォローして有益な情報を集めてね！

ほの：ふぞろい16のアンケート回答（286ページ）も、よろしくお願いします。合格者の再現答案（実際の得点結果付き）がもらえる回答特典もありますよ。では、また！

~事例Ⅳのおススメ勉強法~
　過去問を回してよく間違える計算プロセスを洗い出し潰しておく。

受験生支援団体の情報まとめ

この特集では、1次試験や2次筆記試験の勉強法、2次筆記試験の答案の書き方、2次口述試験対策などを教えてくれる受験生支援団体を紹介します。

特に独学の場合、勉強の仕方に迷いが生じたり、間違った勉強方法をしていても気づきにくいというデメリットがあります。これらを解決するために、各受験生支援団体のブログは勉強方法や試験対応方法を得るのに役立ちます。セミナーに行けば疑問点を直接合格者に聞くことができますし、受験生とのつながりもできます。2次筆記試験の解答は客観的に分析することが難しいのですが、受験生支援団体の勉強会で先輩診断士やほかの受験生から助言をもらうことができ、とても役立ちます。

【受験生支援団体情報】

ふぞろいな合格答案	団体概要	その年の合格者による書籍『ふぞろいな合格答案』の出版と受験生の勉強を応援する団体	
	セミナー（予定）	場所：リモートでの開催（状況により会場と併用を検討） 時期：8月頃・9月頃・12月頃 内容：1次試験勉強法、2次試験勉強法、過去問分析、口述対策、懇親会	
	ブログ	https://fuzoroina.com	
一発合格道場	団体概要	今年で14年目に突入した老舗の診断士試験ブログ 独自メソッドを多数公開しつつ12年以上ほぼ毎日更新中	
	セミナー（予定）	場所：当面はリモートで開催（状況により会場を検討） 時期：7月頃、9月頃、12月頃 内容：1次試験勉強法、2次試験勉強法、口述対策、懇親会	
	ブログ	https://rmc-oden.com/blog/	
タキプロ	団体概要	「診断士を目指す方の合格確率を1％でも高める」ため受験生の試験合格を全力でサポート！　前年度合格者の約200名が加入する最大規模の受験生支援団体	
	勉強会（予定）	場所：Web、東京、大阪、名古屋 時期：月4回程度（詳細日程はブログでご確認ください） 内容：2次試験過去問（H30以降）答案を作成し、グループ別討論	
	セミナー（予定）	場所：オンライン開催 頻度：7月上旬、8月中旬、9月中旬、10月中旬、1月中旬 内容：1次・2次試験勉強法・対策、口述対策、実務補習対策	
	ブログ	https://www.takipro.com	
	YouTube	【中小企業診断士】タキプロチャンネル　@takiproch	
ココスタ	団体概要	年間約150回のオンライン勉強会を開催する無料のコミュニティ。前年度合格者が運営として参画	
	セミナー（予定）	場所：オンライン 時期：8〜10月頃 内容：2次試験勉強法、懇親会	
	勉強会（予定）	場所：オンライン 時期：週に3〜5回程度（1日に複数回開催） 内容：2次試験過去問答案を作成し、グループ討論（受験生主体）	
	HP	https://co-co-study.com	

※試験の日程が例年と異なる場合は、セミナー開催月が変更になる場合もあります。
　その他、感染症や災害等の理由により、セミナーが中止・延期になる場合もあります。
　詳しくは、各団体のブログを確認してください。

〜事例Ⅳのおススメ勉強法〜

　『事例Ⅳの全知識＆全ノウハウ』でフレームワークを理解して、語句はスマホの単語帳アプリ。

『ふぞろいな合格答案 エピソード16』にご協力いただいた皆さま

『ふぞろいな合格答案』は、皆さまの「再現答案やアンケート」に支えられています。
今回、ご協力いただきました皆さまのニックネーム・お名前をご紹介いたします。
（令和5年3月時点、記号→数字→アルファベット→カナ→漢字の順、敬称略）

【再現答案のご協力者（再現答案をご提出いただいた方）】

@nsmrsmec	μ	01156	8810	a.taro	ALEX	Anna
Anne	ask728ask728	Atsushi	bunta	chan たけ us	coco	daily
dan	GANSAN	gimura	HAMA Vlog	HARRY FUJIWARA	hide	hiro
iwatoki51	ji-ko0225	Johannes	Jun	K	kat	KD
Kei゛	KEN	kenken	kenmo	KING	KK	kkeio
KOTA	kuniy	kura	Mark	Masa	masa1102	masa56
masasss	MF	MIC_KURO	mura さん	NORETURN	Ohata	okabe
Peaking17	Pelican	polo	PON	PON ●ラ族	RM	ROBIN
S〔スタディング〕	SAI	syun	takasy	Takeshi	TAKIO	Taku
tamy	teaji	Teracy	tktkmimi	tomi	TTT	UMA
YKKzip	ys	Yuji.S	yuya	YXZC	あー	あおい
あおじゅん	あきら	あげる	あさひ sd	あさやん	あっきー	あっさ
アトツギ	あぱ	アビバッチ	あや	あるく	あるぱか	アロハ
アンドゥー	あんパパ	いかまき	いくみ	いっけー	いつでも牛乳	いといと
イトゥ	いのん	イヒカ	イマニン	いわむー	うさこ	うずらとんかち
うっかりアッパ	うっちー	うつを	うま	えいたろう	えとえん	えりー
おいしいメロン	おかっぴき	おすみ	おたちたち	おだっち	おでんでん	おみそ
かさぬ	かず	かずぅ	かずや	がっしー	かっちゃん	かつらぎ
かとくん	かなっち	かまじい	かめ	かん	ききき	きしま
キタジー	きばお	ぎぶそん	きみちゃん	きゅーぴー	きょんこはーと	くらさん
グランピング世代	くるるん	ぐれるりん♪	くろすけ	ケイ	けいた	げるげる
こうすけ	こうたろう	こーむーやーん	ココあんミコだいまり	ゴジロウ	こた	こなた2
こばと	ごま	こまみ	こやちん	ゴンザレス	ざき	さっちゃん @sachihhh
サト	さとっち	さぼりーの	ザンギエフ使い	さんぶろぐ	シゲル	シゲシゲ
じだん	しなさん	しばんど	シマ	しまっち	しゃら	シュウ3
しゅーと	しゅん	しょうた	ジョー	ジョニー	しろー	しんち
しんべえ	すー	ずー	ズーカー	ズーミー	すぎ	すぐさん
ずすき	スライダー	ずんだ	セキヒサ	ゼニガメ	セン	そー
そらまめくん	たー	たーし	だーよし	たかさかりくしゅう	たかたか	たかな
たく	たくちゃま	たけゆき	たこちゃん	ダダリオ	だちょー	たつき@ SE
タック	たっくす	タツヤ	たにっちょ	たべ	たまき	たや

たろすけ	ちいかわ1990	チキンとタイカレー		ちこり	チューヤン	ちんく
てつ	てっちゃん	でてまる	トーマス	トール	とし	トミー
とも	トモキ	ともきんぐ	とよだ	どらねこキャット	どんなり	なーーー
ながさわ	なぎまみむ	なつ	ナベチン	ナマサヤのり	なわちゃん	にし
にしびず	ニック	にっさん	ぬーぴー	のじ	のぶひ	ノリマキマナジュリ
ぱーま	ハイブリ	バウムクーヘン	はぎ	パグさん	ばっさー	はっさく
はっしー	バナナ	はやぽん	ハラショー	ハル	バルサ	はんなり
びー	ビートルDD	ヒグマ隊長	ひでーき雲	ピデスケ	ひとくちぱんだ	ぴぴぴ
ひよこ	びりのすけ	ひろ	ヒロ	ひろP	ヒロキ	ひろし
フエコ	ふじ	ふじもん	ふっきー	ぷら	ぶんた	ペイタ
ホープ計画	ほくろん	ほそやん	ほっ	ほわいとびーち	ぽんた	まいど！！シミズです
マケレレ	まこはや	マサ26	ましてぃ	まそじ	まつしょー	まっち
まな	まひろ	まろち	まんた	みーふー	みかん	みしま
みずれん	みちま	みなみ	みゃお	ミヤビ	むらひろ	もーりん
モト	もりし	ヤジ	やすえR6	ヤスキチ	やすし	やっさん
やっしー	やっすん	やましー	ヤマネ山	ユウ	ゆーきりん	ゆうじ
ゆうすけ	ゆうひ	ゆきひろ	ゆきんこ	ゆとしゃん	ゆとりlaw	ゆゆゆ
よし	よすぎさん	よっく	ヨハンクライフ	よんてん	りっつ	リブラ
りゅう	りゅせ@後輩から中小ニキと命名	リョーヒロ	りょりょ	レティ	レン	
わえり	わしかずま	わたさん	ワトソン	青の種類	英茉パパ	影饅頭
子供三千年	地蔵菩薩です。	十兵衛	手動bot召喚士	善五郎	大地	百井桃太
琵琶湖大ナマズ	福豆	山P	慶史	頼朝	青島　卓哉	芦田裕介
伊藤宏泰	稲垣　伸一	植村裕加	宇都宮淳志	岡崎真吾	奥田将太	尾身　武
加藤　広基	嘉本雄太	木元議宣	楠本真史	河野今朝成	児島諒	小西正剛
近藤雅彦	鷺森尚紀	佐藤奈	宍戸覚	柴田　嘉男	柴田大作	神門千郎
鈴木　皓太	竹内和之	竹中　嘉章	田中俊輔	田中勇気	千葉　貴志	土川　知輝
戸田由美	戸羽伸次	豊田逸郎	永井優斗	中川　大助	永田隆博	中村康平
中村泰規	成瀬初之	樋口友則	松岡恵里	末増　周	丸山哲平	南澤桂樹
三橋　郁香	三村　拓人	三宅　貴大	籾井　裕次	屋敷貴史	矢野陽介	山崎　圭一
山本哲也	吉野一哉					

※上記の方以外にも、再現答案をご提出いただきましたが、ニックネーム・お名前の掲載をご希望されなかった方もいらっしゃいます。また、システムエラーなどにより、再現答案をお送りいただいていたものの、当プロジェクト側に届かなかった可能性もございます。ニックネーム・お名前の掲載を希望されていたにもかかわらず、今回掲載できなかった方には、心よりお詫び申し上げます。

以上、本当に多数の方にご協力いただきました。誠にありがとうございました。

ふぞろいな執筆メンバー紹介のページです。

名前・担当	似顔絵	上段：自己紹介文、下段：仲間からの紹介文
仲光 和之 かずさん プロジェクト リーダー		ふぞろい12よりプロジェクトリーダーに就任。ふぞろい10の事務局長や10年データブックの編集に携わる。メンバーを後ろからそっと見守っています。 独立診断士として多くのクライアントを抱え、日々パワフルに奔走中。舌鋒鋭い発言の裏には愛があり、その魅力に中毒者多数。「俺をいいように使って！」と言い、皆の力になろうとしてくれる頼れる兄貴的存在。
野中 聡志 さとしん 事務局長 事例Ⅲ分析		営業職と経営企画兼務の30代会社員。大学まで部活動中心で過ごした体育会系だが、厳しい上下関係が嫌いで平和を好む。将来の不安解消と成長を求め診断士を目指す。 メンバーを愛してやまないふぞろい16の事務局長。穏やかな振る舞いや溢れ出るやさしさでメンバーをまとめ導く姿はもはや仏。とあるスポーツでは国体選手に選抜されるほどの実力の持ち主。プレーする姿は鬼神のようだという噂。
岩村 隼人 はやと 事務局 事例Ⅲ分析		富山県在住の35歳。趣味はスノボ、筋トレなど運動すること。家族は妻と息子（1歳半）。夢は家族皆でいろんなゲレンデを巡ってスノボをすること。 家族とスノボを愛し、3度の転職経て北国に辿り着いたロマンチスト。クールに状況判断し的確な指摘をしてくれるふぞろい16の潤滑油。時偶発するキャラに合わない奇想天外な発言はチームの潜在能力を最大化（崩壊）させる力を持つ。
いのっち 分析統括 事例Ⅲ分析		唐揚げづくりにハマり中の29歳。勉強を言い訳に結婚式の準備を妻にぶん投げていたため、背水の陣で2次試験に臨んだ。 結婚式＆新婚旅行のハードスケジュールのなかで驚異的な効率の良さを発揮し、短期ストレート合格。深い考察力で答案分析の根幹を担う、見た目も中身も良い男。ハイスペックの根源である「昼寝」には独特の拘りを持つ。
柏原 雄太 かっしー 事例Ⅲ分析 リーダー 企画		平成で始めた勉強が、気づけば令和も4年……過ぎた時間を思い返し自問自答も、一度始めたことは最後まで貫いて良かった。240点で合格！ 柔軟な頭で湯水のごとく発想を繰り出すアイデアマン。また、チームリーダーとして皆を率いる統率力も併せ持っている。彼の発想がふぞろい16の通奏低音になっていると言っても過言ではないだろう。
おみそ 事例Ⅲ分析 再現答案 リーダー		ある時は診断士、ある時はプログラマー、ある時は平社員、ある時はパパ、ある時はボクサー。しっちゃかめっちゃかな人生ですが楽しく生きてます！ ふぞろい16のエンタメ隊長＆再現答案の頼れるリーダー、その実態はメンバー内最高点を叩き出した天才ボクサー。2,600時間×300事例から繰り出される圧倒的な答案構成力は高い再現性を誇り、読者を合格へと導く。

名前・担当	似顔絵	上段：自己紹介文、下段：仲間からの紹介文
勝又　明彦 えとえん 事例Ⅲ分析 答案管理 リーダー		糖尿病専門医×労働衛生コンサルタント×中小企業診断士（登録予定）のえとえんです！　医療・産業保健業界に新たな風を巻き起こすため奮闘中です！
		スーパードクターの当直の朝は早い。そこから翌日まで32時間戦い続ける。メンバー1切れるその頭脳と裏腹に、合格の秘訣は「体力」と言い切るのがえとえんの流儀。彼からほとばしるバイブスを感じない者など、この世に存在しない。
梶原　勇気 ゆーき 事例Ⅳ分析 答案管理		3年かけてようやく合格できた中小企業診断士。30代に突入したが、三十にして立つことはできるのか。
		過去最多424名の再現答案を、過去最速わずか一晩で処理した答案管理の神！優しい語り口調と冷静な分析力で、難解な事例Ⅳ攻略に取り組むチームを牽引。英語、ボイトレ、料理が趣味という多彩さも魅力な必殺仕事人。
小山　俊一 こやちん 事例Ⅳ分析 リーダー 再現答案		彷徨うこと46年、経験値だけは人並み以上。これから世界に大きく貢献してゆきます！（まだ本気出してないだけ。）
		最高難度の事例Ⅳ分析を引っ張るリーダー！　仕事では世界中を渡り歩き、広い視野で多面的な意見をくれる頼れる存在。自分に慢心せず難関資格へ挑戦する高い向上心の持ち主だが、MTG中に愛猫を甘やかす姿にはギャップ萌え。
亀井　周斗 しゅうと 事例Ⅳ分析 企画 リーダー		今年、社内異動でECの企画からタオル工場の買収と経営という新規事業に参画。中小企業診断士試験で学んだ知識を生かし工場を再建できるのか！？
		ふぞろい16の企画チームリーダー＆事例Ⅳの答案分析をスピーディかつ的確にこなす若きエース。熱さとクールさを併せ持ち、スマホ・タブレット・PCを駆使した勉強法でストレート合格。趣味のサウナで整ってます。
けーた 事例Ⅳ分析 分析統括		旅行とラーメン好きの30代。最近ではYouTubeやら漫画と、すっかりインドア派に。
		物腰柔らかに分析統括と事例Ⅳチームの架け橋となってくれ、責任感が強く周囲からの信頼が厚い。海外移住に憧れを持っているが、海外で納得のいくラーメン屋さんに巡り合えるか深く憂慮している様子。
伊丹　千里 ちさと 事例Ⅳ分析 事務局		旅した国は世界70か国。診断士試験合格を機にさらに世界が広がりそうな予感！会社を退職して学生になり、これからどのような航海が始まるのかワクワクしている旅人です。
		二拠点生活というハードな生活のなかで自らたくさんのタスクをこなしながら、なんでも気づく観察眼でプロジェクト全体の流れも整理してくれる頼れるお姉さん。事例Ⅳチームは皆その頑張りに背中を押されています。
今泉　卓真 たくま 事例Ⅰ分析 事務局		キャリアに悩む30代。大都会東京から脱出して地方でダラダラ過ごそうと思いきや、合格し予想外に忙しく楽しく過ごす。
		淡々とした口調で、チームを積極的にフォローしてくれる生まれながらのサポート気質、頼りにできる体育会系スポーツマン。お酒も嗜む日本酒好き。WEB会議中に口にするタンブラーの中身に注目が集まる。
樋口　光夏 あきか 事例Ⅰ分析 分析統括 リーダー		最近自分が何歳かわからず毎回西暦下2ケタから計算している。何歳になっても「いつだって今がベスト！」と叫ぶ姉の強靭なメンタルを見習っていきたい。
		憧れの元上司を追いかけていたら、なぜかふぞろいに参加していた。多忙でもメンバーへの感謝の言葉は決して忘れない、優しさに満ち溢れた分析統括リーダー。試験勉強中に洗練されすぎた夫の手料理に、ここ最近脅威を感じている。
池田　一樹 いっけー 事例Ⅰ分析 分析統括		クリエイティブな才能に憧れをもつ男。趣味は邦ロックを聴くことで、1人でもガンガンライブに行っている。その一方で温泉や散歩などゆったりと過ごすことも好き。
		これどう？　いつもいろんな切り口を出してくれるアイデアマン。そのアイデアの源は数多くのライブ通いやふらっと出かける散歩で思いつく。しかし、飼い猫が心を開いてくれるアイデアはまだ思いついていない。
中村　宇雄 ぜあ 事例Ⅰ分析 再現答案		いつも「隣の芝が青く」見える40代。座右の銘は「珍しきが花」（by世阿弥）で、「ぜあ」の由来は世阿弥から。妻もかつてのふぞろいメンバー。
		海外出張が多いが、ホテルでも時差ぼけでもミーティングに繋ぐふぞろいメンバーの鑑。前職のマスコミ業で培われた類まれな速筆力で、幾度もリーダーの窮地を救ってきた。同じく診断士の奥様とは、大変なおしどり夫婦のご様子。

名前・担当	似顔絵	上段：自己紹介文、下段：仲間からの紹介文
耳川　直諒 みみ 事例Ⅰ分析 再現答案		毎日楽しく生きていこうと心がけている会社員。診断士の勉強は楽しい日々でした。また何か楽しそうなことを探します。
		勤務先の会社では、決算から確定申告までを担うスーパー経理マン。「ふぞろい」のミーティングで時折発せられる、本質を突いた発言の納得感はハンパない。一見、物静かに見えて、プロレス観戦好きという意外な一面も。
中村　泰規 やーみん 事例Ⅰ分析 リーダー 再現答案		関東でも東北でも中部でもない県から参戦。3月勉強開始→10月2次試験の短期集中型。覚えるのは早いが忘れるのも早い。
		相手を思いやれる頼れる事例Ⅰリーダー。普段やらないにもかかわらず果敢にリーダーに挑戦し絶大なコーチング力を発揮しチームをまとめ上げる。敬語とタメ語がごちゃまぜでツッコみたくなるが、あえてしていない（笑）
松本　江利奈 まっち 事例Ⅱ分析 再現答案		迷ったらとりあえずやってみるがモットー。診断士試験もとりあえずやってみて良かったことの一つ。勢いで何でもやりすぎフットワーク軽めの自転車乗り。
		どこか懐かしさを覚えるオールナイトニッポン女子。のんびり癒し系かと思いきや、自転車担いで世界の果てを旅するタフガール。会議終了直後にアップされる、要点をついた議事録の作成スキルは、もはや神業！
神竹　穂香 ほの 事例Ⅱ分析 企画		モーニング娘。が大好きな社会人。しっかりとした人間になりたいものの、なかなか社会に適合できず苦戦中（笑）。診断士取得で少しは社会に貢献したいところ……
		チームの雰囲気をフワッと和ませてくれる存在だが、自分が信じたキーワードは絶対時刻が遅いMTGでの最初の一言は「もう、晩御飯食べた？」。九州、四国、中国と西日本を渡り歩く企画チームの看板娘。
たくろう 事例Ⅱ分析 企画		20代、30代と自己啓発とは無縁の生活だったが、「将来に対する唯ぼんやりした不安」を感じ、不惑を契機に一念発起。普段は寡黙、お酒が入ると饒舌。
		チームを支える優しいお父さん。チーム全体を見たうえで的確なアドバイスをそっと供えてくれる、やさしさの塊。仕事の速さ、クオリティーもピカイチな頭脳派だが、お酒を投入するとネタ的センスまでもが解放され、無敵状態となる。
立木　淳之介 じゅん 事例Ⅱ分析 リーダー 企画		20代後半、金融業界で勤務。面白い（奥行きがある）人間になるために自己研鑽できる資格を探していたところ診断士資格と出会う。趣味はバイオリン。
		頼れる事例Ⅱのリーダー！　と同時に、日々仕事関係や趣味のバイオリンに活発でどう時間管理できているの？　時折発する魔法の言葉「えぐってる」に一生青春を感じざるを得ません。もう十分面白い（奥行きがある）人だよ！
梶原　駿 かじしゅん 事例Ⅱ分析 分析統括		零細企業を経営しながら、二足の草鞋として教育哲学を少し教えたりかなり教えられたりしています。似顔絵がどこを見ているかは自分でもわかりません。
		縁と直感を大事にする経営者。即レスで神対応なしっかり者だけど、本当は自然あふれる土地でのんびりするのが好き。マレットゴルフができる人は彼に連絡すると喜びます。気遣い＆メンバーの良さに気づき褒める天才。
尾関　将徳 Masa 分析統括		長期の育休で培った寝かしつけ力で勉強時間を確保する診断士受験生。家族のためにも今年は合格する！
		受験生の目線からいつも分析統括チームを支えてくれている二児のパパ。海外高校進学やフリーランスとしての独立など、他人にとっては大きな壁でも思い切って超えていける逸材。現在は子育てにも奮闘中！
樋口　友則 ともぐら 分析統括		R4は236点で不合格。「過去は変えられない、これからどうする」が口癖。人生は一度きり！　面白く楽しく、やれることはやり尽くす！　R5リベンジ！
		彼の経験をすべて書くには字数が少なすぎるため箇条書きで記します……。喧嘩の仲裁・海外店舗のトラブル解決・全社的な値付け変更・PMI・CX。そんな百戦錬磨のともぐらは怖い人？　いいえ、海好きの優しいパパです。

あとがき

親愛なる『ふぞろいな合格答案　エピソード16』の読者の皆さま

　このたびは本書をご購入いただき、ありがとうございます。皆さまの受験勉強の参考になっていますでしょうか。本作でふぞろいシリーズも16作目となりました。本作も多くの方々のご協力をいただき、世に出すことができました。この場をお借りして、厚く御礼申し上げます。

　さて、ここ数年はコロナ禍に代表されるように、企業経営の外部環境が大きく変化してきました。当たり前だったことがそうではなくなり、これまでのセオリーが通用しなくなったために、スピード感と柔軟性を持って解決策を導き出すことがより求められています。

　また一方でIT化が急速に進み、AIなどの先端技術がより身近になってきました。世の中の情報を収集して、目的に合わせて整理、活用する、そんなことを誰でも、いつでも、どこでも、AIを活用して進めることができる時代です。そのような時代において、経営者が外部の専門家にサポートを依頼するとしたら、いったいどのような役割を求めているのでしょうか。

　それは、その企業の特徴と外部環境を把握しながら、目指す姿と現状のギャップを解消するための課題を抽出し、経営者や社員の取り組み意欲が喚起され成果につながる、そのような解決策を共に創り上げることだと思います。まさに中小企業診断士2次試験で問われていることそのものです。変化が激しく、常に自問自答が必要な時代だからこそ、経営者のお困りごとに寄り添いながらビジョン実現をサポートする、そんな伴走型のコンサルタント、つまり中小企業診断士が求められているのです。近い将来、皆さまとともに、悩める中小企業をサポートする仲間として活動することができれば、とても嬉しく思います。

　この『ふぞろいな合格答案　エピソード16』は、直近の診断士試験に合格した人に受験生メンバーを加え、総勢24名により執筆しました。年齢やキャリア、受験歴や勉強方法など、属性もさまざまな、まさにふぞろいなメンバーたちです。その彼らが「受験生が求める、受験生に役立つ参考書づくりを通じて、受験生に貢献していくこと」を目的に、お預かりした再現答案に真摯に向き合い、一切の妥協を許さず分析して書き上げた結果が本書です。まだまだ発展途上な部分もあるかと思いますが、温かい叱咤激励、ご要望をいただけますと幸いです。皆さまが合格の扉を開き、中小企業診断士の世界に足を踏み入れられること、そして本書がその一助になることを心から願っております

　最後になりましたが、試験当日、皆さまが普段どおりの力を発揮し、見事合格されますことを、メンバー一同祈念しております。

ふぞろいな合格答案プロジェクトメンバーを代表して

仲光　和之

令和5年度中小企業診断士2次試験（筆記試験）
再現答案ご提供のお願い

　平成20年より毎年発刊している『ふぞろいな合格答案』も本作で16冊目となります。これまでたくさんの受験生の方に再現答案をご提供いただいたおかげで、現在まで発刊を継続することができましたことを心から感謝申し上げます。

　ふぞろいな合格答案プロジェクトでは、令和5年度（2023年度）2次試験を受験される皆さまからも、再現答案を募集いたします。ご協力いただいた方にはささやかな特典をご用意しております。『ふぞろいな合格答案』は、皆さまからの生の情報によって支えられています。ご協力のほどよろしくお願いいたします。

◆◆◆◆◆◆◆　募集要綱　◆◆◆◆◆◆◆

■募集対象
　令和5年度第2次試験（筆記試験）受験者
　（合格者・未合格者、いずれの再現答案も歓迎しております）

■募集期間
　第2次試験翌々日～令和6年1月31日（予定）

■応募方法
　『ふぞろいな合格答案』公式HP（https://fuzoroina.com）上で、2次試験終了後、解答入力フォームをお知らせします。フォームに従って解答をご入力ください。

　※独自フォーマットでのメール送信や、書類送付などは受け付けておりませんのでご了承ください。なお、合格発表後、ふぞろいプロジェクトより合否および得点についての確認メールを送らせていただきます。分析の性質上必要となりますので、お手数をおかけしますが評価のご返信にご協力をお願いします。

■ご提供いただいた方への特典
　特典1　【再現答案へのアドバイス】（令和6年夏予定）
　　残念ながら合格されなかった方には、次版執筆メンバーより、ご提供いただいた再現答案へのアドバイスをお送りいたします。再挑戦される際の参考にしてください。
　　（※得点の返信をいただいた方に限ります。）
　特典2　【書籍内へのお名前掲載】
　　次版の『ふぞろいな合格答案』の「ご協力いただいた皆さま」のページに書籍へのご協力者として、お名前（ニックネーム可）を掲載いたします。

ふぞろいな合格答案　公式ブログ

受験生の皆さまのお役に立てる情報を発信しています。

https://fuzoroina.com

■支援スタッフ（順不同）

赤坂優太（ゆうた）、飯田裕貴（ゆーきち）、石垣健司（がき）、一条真（まこと）、梅田さゆり（うめりー）、浦野歩（ちゃんみ）、沖忠彦（ただ）、小峰智之（とも）、志田遼太郎（しーだ）、篠田章秀（しの）、関聡恵（さと）、髙橋賢人（けんと）、高橋健也（けんけん）、谷口美保（みほ）、中島正浩（まさひろ）、三井崇史（みっちー）、宮下聡一郎（ソーイチ）、宮本咲子（Tommy）、安田昭仁（あっきー）、山本桂史（けーし）、山本勇介（もっちゃん）、good_job

---

2023 年 7 月 20 日　第 1 刷発行
2023 年 8 月 25 日　第 2 刷発行

2023年版 中小企業診断士2次試験
ふぞろいな合格答案　エピソード16

ⓒ編著者　　ふぞろいな合格答案プロジェクトチーム

発行者　　脇　坂　康　弘

〒113-0033　東京都文京区本郷 3-38-1
TEL. 03 (3813) 3966
FAX. 03 (3818) 2774
URL　https://www.doyukan.co.jp

発行所　株式会社 同友館

乱丁・落丁はお取替えいたします。　　　　　　三美印刷
ISBN 978-4-496-05659-8　　　　　　Printed in Japan

読者プレゼント

　『ふぞろいな合格答案　エピソード16』をご購入いただいた皆さまに、執筆メンバーから2次試験対策に役立つプレゼントをご用意しました！

1．生問題用紙

　第3章に登場した、ぜあ、やーみん、こやちん、おみそ、まっち、みみの6名が、試験当日にアンダーラインやメモの書き込みなどをした問題用紙をPDFファイルでご提供します。80分間という時間のなかで合格者が試験会場で取った行動を疑似体験することができます。

2．ふぞろい16メンバーの再現答案と実際の得点

　本書では2次試験受験生からお預かりした再現答案を分析し、ふぞろい流の採点結果をご提供しています。その背景は、模範解答や採点方法が公表されない2次試験の特徴からきています。

　そこで今回も、ふぞろい16メンバーの再現答案と実際の得点をセットでご提供します！　再現答案と実際の得点を複数得る機会は、受験生にとって非常に貴重だと思います。『ふぞろいな合格答案』の理念に則り、ふぞろい16メンバー総力を挙げて受験勉強に活用できる情報を提供したい、その思いを読者プレゼントに込めました。ぜひともご活用ください！

◆◆◆◆◆◆◆◆◆　ダウンロード方法　◆◆◆◆◆◆◆◆◆

　以下のサイトの『ふぞろいな合格答案　エピソード16』のバナーからアクセスしてください。簡単な読者アンケート（パスワードが必要）にご協力いただいた後、プレゼントのダウンロードができます（『ふぞろい17』の発行まで実施）。

　□同友館ホームページ（https://www.doyukan.co.jp）
　【パスワード：fuzoroi2023】